国家卫生健康委员会"十四五"规划教材

全国高等学校教材
供卫生管理及相关专业用

公共事业管理概论

General Introduction to the Management of Social Public Affairs

第2版

主　编　郑建中

副主编　张　翔　张持晨

编　委　（以姓氏笔画为序）

王盈盈　贵州中医药大学	郑建中　山西医科大学
田志强　山西白求恩医院	姚中进　广州中医药大学
孙　涛　杭州师范大学	黄　宵　西南医科大学
张　仲　哈尔滨医科大学	曹文君　长治医学院
张　翔　华中科技大学	谢冬梅　成都中医药大学
张持晨　南方医科大学	

编写秘书

田志强（兼）

人民卫生出版社
·北京·

图书在版编目（CIP）数据

公共事业管理概论 / 郑建中主编. -- 2版. -- 北京：
人民卫生出版社，2025. 1. --（全国高等学校卫生管理
专业第三轮规划教材）. -- ISBN 978-7-117-37418-7

I. D035

中国国家版本馆 CIP 数据核字第 2025PN1548 号

| 人卫智网 | www.ipmph.com | 医学教育、学术、考试、健康，购书智慧智能综合服务平台 |
| 人卫官网 | www.pmph.com | 人卫官方资讯发布平台 |

公共事业管理概论
Gonggong Shiye Guanli Gailun
第 2 版

主　　编：郑建中
出版发行：人民卫生出版社（中继线 010-59780011）
地　　址：北京市朝阳区潘家园南里 19 号
邮　　编：100021
E - mail：pmph @ pmph.com
购书热线：010-59787592　010-59787584　010-65264830
印　　刷：天津善印科技有限公司
经　　销：新华书店
开　　本：850 × 1168　1/16　印张：17
字　　数：480 千字
版　　次：2013 年 8 月第 1 版　2025 年 1 月第 2 版
印　　次：2025 年 2 月第 1 次印刷
标准书号：ISBN 978-7-117-37418-7
定　　价：69.00 元
打击盗版举报电话：010-59787491　E-mail：WQ @ pmph.com
质量问题联系电话：010-59787234　E-mail：zhiliang @ pmph.com
数字融合服务电话：4001118166　E-mail：zengzhi @ pmph.com

全国高等学校卫生管理专业
第三轮规划教材修订说明

我国卫生管理专业创办于 1985 年，第一本卫生管理专业教材出版于 1987 年，时至今日已有 36 年的时间。随着卫生管理事业的快速发展，卫生管理专业人才队伍逐步壮大，在教育部、国家卫生健康委员会的领导和支持下，教材从无到有、从少到多、从有到精。2002 年，人民卫生出版社成立了第一届卫生管理专业教材专家委员会。2005 年出版了第一轮卫生管理专业规划教材，其中单独编写教材 10 种，与其他专业共用教材 5 种。2011 年，人民卫生出版社成立了第二届卫生管理专业教材评审委员会。2015 年出版了第二轮卫生管理专业规划教材，共 30 种，其中管理基础课程教材 7 种，专业课程教材 17 种，选择性课程教材 6 种。这套教材出版以来，为我国卫生管理人才的培养，以及医疗卫生管理事业教育教学的科学化、规范化管理作出了重要贡献，受到广大师生和卫生专业人员的广泛认可。

为了推动我国卫生管理专业的发展和学科建设，更好地适应和满足我国卫生管理高素质复合型人才培养，以及贯彻 2020 年国务院办公厅发布《关于加快医学教育创新发展的指导意见》对加快高水平公共卫生人才培养体系建设，提高公共卫生教育在高等教育体系中的定位要求，认真贯彻执行《高等学校教材管理办法》，从 2016 年 7 月开始，人民卫生出版社决定组织全国高等学校卫生管理专业规划教材第三轮修订编写工作，成立了第三届卫生管理专业教材评审委员会，并进行了修订调研。2021 年 7 月，第三轮教材评审委员会和人民卫生出版社共同组织召开了全国高等学校卫生管理专业第三轮规划教材修订论证会和评审委员会，拟定了本轮规划教材品种 23 本的名称。2021 年 10 月，在武汉市召开了第三轮规划教材主编人会议，正式开启了整套教材的编写工作。

本套教材的编写，遵循"科学规范、继承发展、突出专业、培育精品"的基本要求，在修订编写过程中主要体现以下原则和特点。

1. 贯彻落实党的二十大精神，加强教材建设和管理　二十大报告明确指出，人才是第一资源，教育是国之大计、党之大计，要全面贯彻党的教育方针、建设高质量教育体系、办好人民满意的教育，落脚点就是教材建设。在健康中国战略背景下，卫生管理专业有了新要求、新使命，加强教材建设和管理，突出中国卫生事业改革的成就与特色，总结中国卫生改革的理念和实践经验，正当其时。

2.凸显专业特色,体现创新性和实用性 本套教材紧扣本科卫生管理教育培养目标和专业认证标准;立足于为我国卫生管理实践服务,紧密结合工作实际;坚持辩证唯物主义,用评判性思维,构建凸显卫生管理专业特色的专业知识体系,渗透卫生管理专业精神。第三轮教材在对经典理论和内容进行传承的基础上进行创新,提炼中国卫生改革与实践中普遍性规律。同时,总结经典案例,通过案例进行教学,强调综合实践,通过卫生管理实验或卫生管理实训等,将卫生管理抽象的知识,通过卫生管理综合实训或实验模拟课程进行串联,提高卫生管理专业课程的实用性。以岗位胜任力为目标,培养卫生领域一线人才。

3.课程思政融入教材思政 育人的根本在于立德,立德树人是教育的根本任务。专业课程和专业教材与思想政治理论教育相融合,践行教育为党育人、为国育才的责任担当。通过对我国卫生管理专业发展的介绍,总结展示我国近年来的卫生管理工作成功经验,引导学生坚定文化自信,激发学习动力,促进学生以德为先、知行合一、敢于实践、全面发展,培养担当民族复兴大任的时代新人。

4.坚持教材编写原则 坚持贯彻落实人民卫生出版社在规划教材编写中通过实践传承的"三基、五性、三特定"的编写原则:"三基"即基础理论、基本知识、基本技能;"五性"即思想性、科学性、先进性、启发性、适用性;"三特定"即特定的对象、特定的要求、特定的限制。在前两轮教材的基础上,为满足新形势发展和学科建设的需要,与实践紧密结合,本轮教材对教材品种、教材数量进行了整合优化,增加了《中国卫生发展史》《卫生管理实训教程》。

5.打造立体化新形态的数字多媒体教材 为进一步推进教育数字化、适应新媒体教学改革与教材建设的新要求,本轮教材采用纸质教材与数字资源一体化设计的"融合教材"编写出版模式,增加了多元化数字资源,着力提升教材纸数内容深度结合、丰富教学互动资源,充分发挥融合教材的特色与优势,整体适于移动阅读与学习。

第三轮卫生管理专业规划教材系列将于2023年秋季陆续出版发行,配套数字内容也将同步上线,供全国院校教学选用。

希望广大院校师生在使用过程中多提宝贵意见,为不断提高教材质量,促进教材建设发展,为我国卫生管理及相关专业人才培养作出新贡献。

全国高等学校卫生管理专业
第三届教材评审委员会名单

顾　　问　李　斌

主任委员　梁万年　张　亮

副主任委员　孟庆跃　胡　志　王雪凝　陈　文

委　　员　（按姓氏笔画排序）

马安宁　王小合　王长青　王耀刚　毛　瑛
毛宗福　申俊龙　代　涛　冯占春　朱双龙
邬　洁　李士雪　李国红　吴群红　张瑞华
张毓辉　张鹭鹭　陈秋霖　周尚成　黄奕祥
程　峰　程　薇　傅　卫　潘　杰

秘　　书　姚　强　张　燕

主编简介

郑建中

　　男，1961年9月生于山西和顺。二级教授，博士研究生导师，山西省教学名师。现任山西医科大学医院管理研究所所长。历任山西医科大学研究生学院院长、教务处处长、副校长，长治医学院党委副书记、校长。担任全国高等学校临床医学专业应用型本科创新规划教材评审委员会副主任委员、全国医学考试专家指导委员会公共卫生专业副主任委员、全国高等教育医学数字化规划教材教学管理委员会副主任委员、中国教育发展战略学会高等教育专业委员会常务理事等。

　　从事教学工作40年，主持和参与世界银行、联合国儿童基金会、联合国开发计划署、国家自然科学基金、省自然科学基金和高校人文社会科学研究等10余项科研课题的研究，指导博士、硕士研究生100余人，发表学术论文80余篇，荣获国家级教学成果奖二等奖1项、省级教学成果奖二等奖2项，出版学术专著4部，主编和参编国家级规划教材10余部。

张 翔

男，1967年10月生于湖北嘉鱼。博士，华中科技大学同济医学院医药卫生管理学院教授，博士研究生导师。兼任中国妇幼保健协会妇幼公共卫生专业委员会主任委员、湖北省社会学学会医学社会学专业委员会副主任委员兼秘书长、中国农村卫生协会理事等。同时担任《中国卫生经济》《医学与社会》等学术期刊编委。

从事卫生管理领域教学和科研工作30余年，主要研究方向是卫生政策与管理、基层卫生服务体系、医学社会学、妇幼健康管理等。主持及参与多项国家自然科学基金和省部级课题，发表SCI论文和国内权威、核心期刊论文100余篇，出版专著2部，主编和副主编教材3部。获省级科技进步奖二等奖、三等奖和中华医学科技奖（卫生管理奖）共7项。

张持晨

男，1981年11月生于山西太原。教授，博士研究生导师，博士后合作导师。现任南方医科大学卫生管理学院副院长，国家"万人计划"青年拔尖人才，山西省"三晋英才"，广东省社会科学研究基地（卫生政策与健康治理研究中心）执行主任，广东省普通高校哲学社会科学（健康管理政策与精准健康服务协同创新研究）重点实验室主任。兼任教育部全国学校预防艾滋病教育专家组专家，全国公共卫生与预防医学名词编写委员会健康教育学名词编写分委员会编委，中国健康促进与教育协会健康教育人才培育分会副主任委员，广东省高校健康教育教学指导委员会副主任委员，广东省预防医学会健康促进与教育专业委员会主任委员，广东省健康教育协会副会长。

从事教学工作近20年，主持国家自然科学基金等各类科研项目40余项，发表学术论文150余篇，荣获首届全国高校微课教学比赛二等奖、省级赛区一等奖，首届全国卫生事业管理专业青年教师教学基本功竞赛一等奖，国家级教学成果奖二等奖，华夏医学科技奖（华夏医学卫生事业管理奖）等。

前　言

公共事业管理是公共管理的一个重要领域。在我国，公共事业所涉及的领域大都与社会公众的基本生活密切相关，是为了满足公众的公共需求而产生的。随着公共事业的社会化，政府的角色和职能也在发生相应改变，由经济型政府向公共服务型政府转变，加之社会组织与非政府组织的产生与不断发展，以及国民素质的提高，促使民众参与意识与民主意识日益增强，为公共事业管理部门社会化管理提供了基础，进一步促进了公共事业管理学科的快速发展。公共事业管理作为一个新的研究领域和学科，在理论和实践上日益受到重视。加强公共事业管理的教学与研究，具有十分重要的意义。

本教材是在 2013 年 8 月出版的国家卫生和计划生育委员会"十二五"规划教材《公共事业管理概论》的基础上修订完成的。10 余年来，我国公共事业各领域理论和实践有了长足发展，为了及时地反映这些变化和成果，我们在第 2 版的修订中，增加和更新了相关政策、法规、制度等内容，完善了相关理论，补充了相关信息。此外，在编写过程中考虑到本教材主要适用于卫生事业管理及相关专业的学生，对教材字数和内容均作了适当的调整与精简，以更加适应课程设置和学生学习的实际需要。

本教材的结构分为有逻辑联系的四大部分。第一部分是公共事业管理的基本概念、理论基础及国内外公共事业管理介绍，包括第一章到第三章。第二部分是公共事业管理的四大基本要素：管理环境、管理模式、管理组织、管理过程，包括第四章到第七章。第三部分是公共事业管理的四种基本方法：战略管理、绩效管理、项目管理、公共危机管理，包括第八章到第十一章。第四部分是公共事业的分类管理和社区公共事业管理的相关内容，包括第十二章和第十三章。

本次修订工作是由山西医科大学、南方医科大学、华中科技大学、哈尔滨医科大学等 11 所学校、医院的 11 名编委共同完成的。虽然已尽可能地对公共事业管理学科现有的研究成果进行借鉴，但由于编委自身学术水平有限，因而本书难免存在不足、疏漏、错误之处，诚请专家、读者批评指正。

主编　郑建中

2024 年 8 月 23 日

目　录

第一章 绪 论

公共事业管理属于管理范畴，是公共管理的重要组成部分。本章从公共需求、公共产品和公共服务等基本概念出发，阐明公共事业管理的概念、内涵、基本特征与原则，介绍公共事业管理的职能和手段，分析公共事业管理与其他管理的区别与联系，阐述学习和研究公共事业管理的方法及意义。

第一节 基 本 概 念

现代社会的公共事业以满足公共需求、处理公共事务、解决公共问题为目标，是一个提供公共产品或公共服务的过程。因此，学习公共事业管理，必须从理解公共需求、公共事务、公共问题、公共产品和公共服务等基本概念入手。

一、需求与公共需求

（一）需求

需求，在经济学中被定义为一定时期内，在各种可能的价格水平下，人们愿意并且能够购买的产品的数量，其内涵同时包括了人们获得产品的意愿和获得产品的能力。但在当前公共管理领域中，需求多指社会公众在一定的社会环境下对公共产品或公共服务的需要。

人类的需求是多样且复杂的，根据马斯洛的需求理论，人类既有生理、安全等较低层次的需求，也有自尊、爱与归属、自我实现等较高层次的需求。但从需求的主体来看，需求可以分为个体需求和公共需求两个部分。个体需求是单个个体以自身利益为出发点对客观事物的需求，它是开展一切社会活动的基本动因，是社会需求中最基本的需求。

（二）公共需求

公共需求（public demand）是指一定社会条件下为保证公众基本生活，由公共部门（主要是政府）以多种形式提供公共产品或公共服务来满足的基本生活需求。如社会公共秩序、环境保护、国防安全等公共需求关系到每个个体的根本利益，但是其需求量并不是个体需求量的总和。由于公共需求具有公共性、共享性的特点，因此公共需求中"获得产品的能力"不应该再由个人来承担。对应于个体需求要通过个体消费和进行社会活动来满足，公共需求则要通过公共经济和公共事务提供公共产品或公共服务来满足。

在不同的社会发展阶段，社会公共需求的具体内容和表现形式虽各不相同，但是都具有如下特点。

1. 公共性和共享性 公共需求是人类社会在生产、工作和生活的发展过程中形成的共同需求，是社会和个体存在与发展的必要条件。就整个社会而言，公共需求是集合社会成员的整体要求而形成的客观需要，它代表的是社会共同的需要和利益。为了维持有序的社会生产、文化生活和公共安全，必须由政府执行相应的社会职能来满足社会成员的共同需求。公共需求基于个体需求而产生，与社会中每个个体的利益密切相关，但是个体不能享受其消费独占权。这是因为公共需求不同于个体需求，一个或一些社会成员在获得公共服务和公共产品的过程中，并不影响其他社会成员享用的可能性，即社会成员可以同时无差别地获得公共产品和公共服务。社会公共需求的这种公共性和共享性的特点，决定了公共事业管理的主要责任必须由政府来承担。

2. 主观性和客观性 公共需求的形成既受到人们获得公共产品的主观意愿影响，也受到社会物质文明程度和社会发展状况的制约，即公共需求具有主观性和客观性相统一的特点。社会成员的主观认识会影响他们对公共需求的诉求，而个体的主观认识不仅会受到自身认识能力、认识水平和思想观念的制约，也会被社会文化和经济环境等客观因素所影响。因此，在不同的社会发展阶段和社会条件下，社会成员对公共需求的提供形式和数量的要求不同。即使在相同的社会发展阶段和社会条件下，社会成员由于主观认识水平的差异，对公共需求的提供形式和数量的要求也不相同。随着工业化进程加快，环境污染一直影响着人类健康。但在工业发展初期，人们对环境污染的严重性和治理环境的紧迫性缺乏足够的认识，此阶段环境保护还没有成为公共需求；随着经济的发展和社会的进步，人们对环境问题的关注度越来越高，环境保护才得以成为社会公共需求。即使在今天，受个体认识水平的影响，不同社会群体对环境问题的关注程度仍有差异。客观来看，公共需求的满足程度取决于社会发展水平：社会成员依据自身意愿提出共同需求，而公共需求的满足程度则受到社会经济、文化和科技发展水平等客观因素的制约，随着社会经济、文化和科技水平的不断提高，公共需求的满足程度才会逐步提高。如前所述，人们只有充分认识到环境污染对人类健康的影响后，环境保护才能成为社会公共需求，但是在经济落后、科技水平低下的地区，环境保护的公共需求不可能得到较高程度的满足。公共需求的满足需要从实际出发，并科学合理地界定一定时期内国家或地区的综合实力，明确公共事业的职能范围，从而为社会成员提供适当的公共服务和公共产品。

3. 复杂性和多样性 公共需求的复杂性和多样性是指公共需求在不同的社会条件下具有不同的性质和表现形式。从公共需求的性质来看，公共需求可以分为同质性公共需求和异质性公共需求。同质性公共需求是指基于共同的根本利益和具体利益所形成的需求共同体，体现了社会成员需求的公共性，反映了社会全体成员的共同意志。异质性公共需求则是指基于共同的基本利益和不同的具体利益，由多个子集团所组成的集团需求。在不同社会环境下，人们在收入、文化、信仰等方面上的差异导致公共需求有群体性差异，从而形成不同的利益集团。由于各个集团之间存在不同的具体利益，因此必须有相应的机制去制约和协调不同利益之间的矛盾和冲突。公共需求异质性的存在形成了公共事业的多层次性，需要社会机制、政治机制和市场机制等多重机制相互支撑、相互制约，为利益均衡提供协调的力量和环境。

不同的社会发展状况、社会生产方式和社会文化特点必然形成公共需求的多样性。公共需求的多样性体现在由低层次到高层次发展的多样性，以及由物质到精神形式和种类的多样性。不同阶层、背景和环境中的社会成员对公共服务和公共产品的质量、种类、形式和规模的需求不尽相同。社会经济地位处于相对优势的群体，对较高层次的公共服务和公共产品的需求较大；社会经济地位处于相对劣势的群体，对较低层次的公共服务和公共产品的需求更大。例如，在医疗卫生服务的需求上，高收入人群对医疗保健服务的需求较高；而低收入人群对基本医疗服务的需求更高。了解社会公共需求的复杂性和多样性，有助于充分考虑社会各利益集团的公共需求，并深入认识和分析各种形式的公共需求，以便合理利用社会资源有效发展公共事业。

二、公共事务与公共问题

（一）公共事务

1. 公共事务的概念 事务是一个广义的概念，它包括人类生活活动或一切客观存在的社会现象。事务与需求和问题密切相关。根据马克思主义的观点，对利益的追求是人类一切社会活动的动因，具体表现为对客观事物的需求，即在满足需求的过程中，由于客观条件不足从而形成矛盾，或者在利益的驱动下展开了满足需求的活动，从而形成客观存在的活动或社会现象，形成人类社会的事务。也就是说，事务是在出现需求并产生问题后所形成的。相应地，公共需求的产生和公共问题的出现必然在客观上导致公共事务的产生，或者说必然表现为社会公共事务。

因此，公共事务是指涉及社会公众整体的生活质量和共同利益的那些社会事务。具体来说，公共事务（public affair）是需要由政府等公共组织提供的，一般个人、家庭、企业无力或不愿承担的，对社会全体公民基本生活和整个经济和社会发展必不可少的事务，它是公共需求和公共问题发展的必然结果和表现形式。公共事务涉及的范围十分广泛，涵盖了从劳动管理到国防、行政、治安等国家事务，以及法律、艺术、教育、科学等方面的事务，且随着社会和经济的发展其范围不断扩展，内容不断丰富。

2. 公共事务的类别　按照公共事务的性质来划分，可以分为政治公共事务、经济公共事务和社会公共事务（狭义的社会事务）三大方面。①政治公共事务，即社会公共层面上的政治事务，是指与国家政权建设紧密相关，涉及国家政权稳定和国家政治发展的，需要依靠国家强制力加以解决的公共事务，如军事、外交、司法、维护公共安全等。政治公共事务具有明显的阶级性特征，但同样具有公益性，比如，国家安全和公共安全不仅对统治阶级有利，也对被统治阶级有益。②经济公共事务，即社会公共层面上与整个经济运行直接相关的事务，主要包括宏观调控和经济管理两个方面的事务。③社会公共事务，是不必然依靠国家强制力来解决的公共事务，如教育、科技、公共交通、医药卫生等。这类公共事务与社会成员的切身利益休戚相关，显示了较强的社会公益性，但在阶级社会中，任何社会公共事务同样具有阶级性，都必然反映统治阶级的意志与利益。

3. 公共事务的特征

（1）社会性：社会性是公共事务的基础性特征。公共事务来源于社会，产生于社会，并随着社会的发展而发展，而社会又是人类生活的共同体。马克思主义认为，社会是以生产关系为基础的各种社会关系的总和。换言之，社会不是单个人的堆积或简单相加，而是人们的相互交往或联系。公共事务就是在人们的交往或联系中所产生的。

（2）公共性：公共性是公共事务的本质特征。"公共"的对立面是"私人的"和"企业的"。公共事务是与私人事务相对存在的，没有私人事务的存在，也就没有公共事务的存在。因此，公共事务与私人事务有联系，也有本质的区别，不能把公共事务与私人事务截然分开。

（3）共享性：公共事务是与社会公众整体利益、公共利益相联系的各种活动。公共事务所提供的物品和服务由全体社会公众共同享有，而不能为一个人所单独享有。虽然社会公众的具体范围有所不同，但作为社会公共事务，就意味着这个社会中的全体公众都可以享用相应的物品和服务。

（4）非营利性：非营利性是公共事务区别于私人事务的重要标志之一。作为涉及社会利益和全体公众利益的一系列活动，公共事务的性质和目的在于为社会公众谋福利，不以营利为目的，这是由公共事务的公共性决定的。

（二）公共问题

1. 公共问题的概念　公共问题（public problem）是指关系到一个社会或一个地区绝大多数社会成员的切身利益和生活质量的问题，是属于公共领域的共同性问题。公共问题具有广泛性、复合性和不可分性等特征。公共问题产生于公共需求形成后，是因主观的需求在客观条件的制约下得不到满足而产生的主、客观之间的矛盾。公共问题是一个社会或地区的所有人员都会面临的，是这一社会或地区的共同问题，如人口问题、生存环境问题、社会秩序问题、社会弱势群体的保护问题等。

2. 公共问题与私人问题的区别　从量的方面来看，公共问题涉及一个地区大多数人的利益,具有广泛性和普遍性。例如,公共安全事件往往动辄死伤数十人,牵涉许多家庭和部门;公共环境直接或间接地关系到周围多数人的生活,甚至超出一国界限,而成为国际性的问题。在当代,随着社会经济的发展和公众交流的日益密切,公共问题逐渐突显。

从质的方面来看,公共问题具有公共性。其公共性表现为公共问题已经超越了私人问题狭隘的个人利益的界限,体现出社会公众所共有的价值观和根本利益。因此,公共问题通常与人类社会的制度、价值等相关,体现了公意,是一定社会中绝大多数人的利益、价值、观念及生存条件受到威胁时出现的问题,或者说是与一定社会中绝大多数人的基本生活的满足和保证息息相关的问题。

3. 公共问题与公共需求的区别　公共需求是一定社会中绝大多数社会成员对客观事物共有的、具有共享性的需求;而公共问题则是在共同的需求形成后,因客观条件的制约使主观的需求得不到满足而产生的主、客观之间的矛盾,是一个客观存在的现象。因此,由于社会公共问题超出私人问题的范畴,是与广泛的社会生活发生关系的客观存在的现象,其能否解决和在什么范围内、在何种程度上解决,必然会产生广泛的社会影响,并关系到公共利益和社会的存在与发展。因而为了维持正常的社会秩序,促进社会发展与进步,必须认真解决人类社会出现的社会公共问题。

三、公共产品与公共服务

(一) 公共产品

公共产品(public goods)又称为公共物品,是指那些在消费和使用上具有非竞争性和非排他性的物品,是用于满足社会公共需求的产品,如国防、环保、科技等都属于公共产品。

1. 公共产品的特征　公共产品的非竞争性和非排他性是公共产品区别于私人产品的基本特征。换言之,公共产品与私人产品最显著的区别在于消费方式的不同,而不在于产品由谁来生产和提供。

(1)公共产品的非竞争性:非竞争性是指消费者在使用某个产品的过程中并不减少它对其他消费者的供应。公共产品的非竞争性具有两个方面的含义:第一,公共产品使用过程中的边际成本为零。此处所述的边际成本是指每增加一个消费者给供给者带来的边际成本,而非微观经济学中所指的生产者每增加一单位产量导致的边际成本。公共产品的边际成本为零,是指每增加一个公共消费者,公共产品的供给者不会额外增加成本。例如,夜晚道路两旁的路灯就是一种典型的公共产品,通过道路的行人增多并不会额外增加任何生产成本。第二,公共产品的边际拥挤成本为零。边际拥挤成本是指消费某种产品的人数每增加一个单位而出现或加剧拥挤现象给消费者带来的额外成本。而公共产品的边际拥挤成本为零则是指每个消费者在使用公共产品时不影响其他消费者的消费数量和消费质量。表现为社会安全产品,如维护食品安全或交通安全的设施和服务,不会因为增加了消费和使用的人数而影响其他人消费该类产品的数量和质量。

(2)公共产品的非排他性:非排他性是相对于经济学中排他性的概念而言的。在经济学中,排他性是指个人在消费某一产品时,会将一些人排斥在该产品的消费过程之外,不让他人使用该产品,也不允许他人享有该产品带来的利益。通常由企业或个人购买并享有完全消费权的产品都具有消费的排他性。公共产品的非排他性则是指当产品投入使用时,任何个人不能独占使用,使用者也很难独自享受产品的利益。

公共产品的非排他性是由公共产品的外部性决定的。公共产品的外部性是指公共产品在生产或消费的过程中,会对其他生产者或消费者产生有益或有害的影响。其中,有益的、积极的影响被称为正外部性,有害的、消极的影响被称为负外部性。例如抗生素的产生为人类健康带来了福音,它的恰当使用不仅可以治疗感染的患者,还可以减少他人被感染的风险;但是滥用抗生素将导致耐药菌产生，从而危及患者生命健康。公共产品的外部性决定了这类产品既不能被个人独占使用，也不能被个人排斥拒绝，即公共产品具有非排他性。因此，非排他性是衡量产品是否为公共产品的主要特征。

事实上并不是所有的公共产品都具有绝对的非排他性，有些产品可以通过采用一些技术或方法来排斥他人的消费和使用，但是这样的做法需要付出较大的代价：不仅产品的提供者需要付出高昂的成本来管理和监督使用者，而且公众的共同利益也会因此受到损害。例如，公园可以通过设置门禁限制他人进入，但这样做的代价是：一方面需要派人在各门禁处进行日常管理并在园内四处巡逻，增加了公园管理的成本；另一方面公众不能随意进入公园，失去了健身场所，进而不利于促进公众健康。故这样的做法不经济且不可取。由此可见，公共产品的非排他性决定了公共产品不适合由个人或企业生产经营，只能由政府主导进行经营管理。

2. 公共产品的类型 根据公共产品的非竞争性和非排他性的特点，可以将其区分为纯公共产品和准公共产品。

纯公共产品是指那些可以被整个社会共同消费的产品，是在消费过程中具有完全意义上的非竞争性和非排他性的产品，即任何人在使用纯公共产品时都不会影响他人对该类产品进行同样的使用。纯公共产品除具有非竞争性和非排他性外，还具有不可分割性，即纯公共产品在公众消费使用时仍然可以保持其完整性。例如国防、司法、公安、环保等部门提供的公共产品多属于纯公共产品，这些类型的产品由公众共同享用，并且在消费使用时互不影响产品消费使用的数量和质量。

准公共产品又称为混合产品，是指具有有限的非竞争性或有限的非排他性的公共产品，即只具有非竞争性和非排他性中的一种特性，另一个特性或不充分或完全不具备，或者两个特性都不充分。准公共产品介于纯公共产品和私人产品之间，范围非常广泛，如教育、医疗、公园和公路等公共设施都属于准公共产品。根据准公共产品非竞争性和非排他性不充分的特点，可以将准公共产品分为以下三个类型。

（1）具有非排他性但是非竞争性有限的准公共产品：这类准公共产品具有较强的非排他性，可以被公众共同使用。但是人们在消费和使用这类产品时会影响其他人消费和使用的数量与质量，因此在消费和使用上具有一定的竞争性。如水资源就属于这类准公共产品，人们无节制地使用水资源会导致地球水资源的减少，从而影响后代水资源使用的数量和质量。

（2）具有非竞争性但是非排他性有限的准公共产品：这类准公共产品具有消费上的非竞争性，但是具有较明显的排他性。如高速公路就属于这类准公共产品，当高速公路上车辆较多时，车辆行驶的速度会受到影响，失去"高速"的意义，同时也会增加交通事故发生的风险。为了减少高速公路的"拥挤"现象，就需要采取付费使用高速公路的措施。

（3）非排他性和非竞争性都有限的准公共产品：这类准公共产品在消费和使用时具有一定的排他性和竞争性，但是却具有明显的外部效益，总体上还是表现出了公共产品的特性。多数医疗产品就属于这类准公共产品，例如医院感染科的医护人员和床位数是有限的，因此医院不能无限制地接诊患者，但是患者一旦被治愈，在一定程度上可以使他周围的人免于感染相同的疾病。

准公共产品虽然具有一定的排他性或竞争性，但是这两个特性弱于私人产品，同时由于其外部效益明显，总体表现出公共产品的特性，属于公共产品的范畴。由于准公共产品具有一定的排他性或竞争性，人们在消费和使用时难免会出现"拥挤效应"或过度使用的问题，为了避免这样的问题发生，则需要对准公共产品进行适当收费，同时在供给方式上应该采取政府和市场共同分担的方法。

（二）公共服务

公共服务（public service）是与公共产品密切相关的概念，是指政府或公共组织运用其行政管理资源向公众提供具有共同消费性质的公共产品和服务的行为。公共服务不以营利为目的，它以满足社会公共需求为导向,优先关注社会公平,进而兼顾效率。公共服务和公共产品一样具有非排他性和非竞争性的特点,在现实生活中也同样存在大量的"准公共服务",即狭义的公共服务。狭义的公共服务则是指为满足公众生存、生活、生产和发展等直接需求而提供的服务。其中衣食住行、娱乐、教育、文化、卫生、体育等都属于公众的直接需求,政府和公共组织满足公众的某些直接需求,能使公众享受服务带来的收益。例如每个人都需要公共卫生,政府和有关部门提供公共卫生服务有助于促进公众健康,提高生存质量。狭义的公共服务与公众关系更加密切,因此通常提到的公共服务主要指狭义的公共服务。而广义的公共服务是指政府或公共组织为满足社会公共需求、解决社会公共事务而提供的一切服务,包括维护社会秩序而实施的监管行为和行政管理行为,以及影响国家宏观经济和社会发展的操作性行为等。

1. 公共服务的分类　根据公共服务的内容和形式,可以将其分为基础性公共服务、经济性公共服务、安全性公共服务和社会性公共服务四类。基础性公共服务是指由国家集合公共资源,为公众提供从事生产、生活、发展和娱乐等活动所需要的基础性服务,如国家向公众提供的水、电、燃气、通信、邮电、交通和气象等公共服务。经济性公共服务是指国家为企业和个人从事经济发展活动所提供的各种服务,如科技推广、信息提供以及政策性信贷和减免税收等公共服务。安全性公共服务是指国家为保障公民生命和财产安全而提供的各类安全服务,如国防、安保和消防等公共服务。社会性公共服务则是指国家为满足公民从事社会发展活动的直接需求所提供的公共服务,如教育、文化、医疗卫生、社会保障以及环境保护等都属于社会性公共服务的范畴。

2. 公共服务与公共产品的关系　公共服务与公共产品是两个关系密切的概念。政府和公共组织在提供公共服务的过程中,通常伴随着一定数量的公共产品的供给;而公共产品的供给,也需要以一定的公共服务形式来完成。换言之,公共服务要通过提供公共产品来实现,公共产品则是公共服务依托的工具和载体,二者相辅相成,界限日渐模糊。因此,学者们在对公共服务与公共产品的关系解析中产生了一些分歧,目前学者们的理解主要有这样几类:第一,并列关系。经济学中通常将产出分为无形的服务和有形的产品,即服务是过程,产出是结果。因此,有学者依此将政府和公共组织的产出分为公共服务和公共产品,公共服务是政府和公共组织提供的无形产出,公共产品则是有形产出。第二,包含关系。通常公共服务的提供过程中伴随着公共产品的供给,因此很多西方学者认为公共产品是公共服务的外延物品,公共产品是度量公共服务的工具和标准。但是也有很多学者认为公共服务只是公共产品的一种表现形式,他们把公共产品分为物质形态(有形)的公共产品和服务形态(无形)的公共产品。第三,替代关系。在西方传统经济学和公共行政学理论中,公共服务和公共产品被看作是可以相互替代的概念,甚至认为公共服务就是公共产品。由于公共服务与公共产品都具有非排他性和非竞争性的特点,学者们在使用时经常出现两个概念混用的情况。

事实上,从公共服务和公共产品的概念来看,二者还是有所不同的。首先,二者解决的问题不同。公共服务主要解决公众的保障性问题,而公共产品主要解决资源配置效率的问题。其次,二者的体现形式不同。公共服务是政府职能的体现形式之一,而公共产品则是衡量政府及公共组织供给公平和效率的分析工具。忽视公共服务和公共产品的差异来谈二者的关系,就会降低公共服务的层次和价值。因为政府的主要职能是提供公共服务,从这个层面来看,公共服务的内涵比公共产品更宽泛,又由于二者在消费和使用上具有相同的特性,因此下文以公共服务为主介绍公共服务与公共产品的提供方式。

3. 公共服务的提供方式　第二次世界大战(简称二战)后到 20 世纪 70 年代,政府是公共服务的唯一提供者。由于公共服务具有非排他性、非竞争性、外部性的特点,并且在提供公共服务的过程中存在供需双方信息不对称、"搭便车"(某些人在享受公共服务时,不愿意承担相应的费用,而是期望他人支付费用,自己免费享受服务)的现象,早期公共服务理论界普遍认为市场供给容易产生公共服务和公共产品供给的低效率和不公平的问题。在这种情况下,政府则是公共服务最好的提供者,因为政府可以最大限度保障公众享有较好的生活设施。但是随着社会经济的发展和人口的大幅度增长,单纯依靠政府提供公共服务的模式不再适用,政府财政问题、监管问题等"政府失灵"的现象导致公共服务供给效率低下,政府已经无法独立承担公共服务供给,必须采取以政府为主导并联合其他非营利组织甚至是营利组织共同管理和提供公共服务的多元供给模式。纵观国内外,从公共服务的供给主体来看,确实形成了政府、营利组织和志愿组织三方主体相结合的多元供给模式。

(1)政府供给模式:政府供给作为一种传统的公共服务供给模式,是由政府单独向公众提供公共服务。在公共事业领域,无论在何种社会体制中,政府都是最有力量的公共服务提供者。即使在其他公共服务供给模式下,政府的作用也非常重要。在政府供给模式中,政府全权负责公共服务供给,是资金供给者、生产安排者和服务提供者。政府面向全体公民,直接提供无偿或低价的公共服务。

政府供给模式有其他模式难以替代的优越性。首先,供给具有权威性。政府代表国家行使职权,提供公共服务时通常有法律作为保障,通过法律和各项规章制度来规范公共服务的管理和供给,增强了政府供给模式的权威性和强制性。其次,供给具有计划性。政府在提供公共服务之前须制订和部署各项公共服务计划,通过特定的管理体系,自上而下对公共服务的生产和分配进行指导和调控。在提供公共服务的过程中,中央政府具有绝对的主导权来调控全国公共服务的供给规模和发展方向,地方政府则因地制宜地调整公共服务供给的数量和形式。最后,供给具有全面性。政府供给模式将全体公民纳入公共服务范围,诸如公共卫生、基本医疗和基础教育等就是由政府免费或低价提供给全体公民的公共服务。事实上,由于纯公共服务具有非竞争性和非排他性的特点,当非政府组织提供这类公共服务时容易出现"市场失灵"或"志愿失灵"的现象,因此纯公共服务适用于政府供给模式。

随着社会经济的快速发展,政府供给模式也表现出一定的局限性:第一,政府供给有时会出现低效率的问题。由于政府供给模式具有垄断性,没有行业竞争压力,同时难以对政府供给进行量化评估和投入产出分析,因此该模式缺乏改善公共服务供给质量和提高供给效率的动力。这也是政府供给模式出现高成本、低效率和分配不公平等"政府失灵"现象的原因。第二,政府供给成本过高导致较大的财政压力。政府提供的公共服务越多意味着公共财政支出越多。由于政府提供公共服务时不以营利为目的,当政府提供的公共服务规模过大时,供给成本也会非常高,进而导致政府财政支出过多。长此以往,政府将在较大的财政压力下不胜负荷。第三,政府利益对公众利益的偏离。政府在提供公共服务的过程中经常面临短期利益和长期利益、局部利益和整体利益的抉择,有些政府管理人员可能更倾向于关注短期利益和局部利益,而忽视长期利益和整体利益。此外,政府提供的公共服务越多,人们对公共服务的依赖性就越强,导致政府在提供公共服务的过程中可能会引发"道德公害",导致公共资源流失,损害社会整体利益。

(2)市场供给模式:市场供给模式的主体为私营部门,私营部门由政府授权进入公共服务领域。市场供给模式依据市场机制提供公共服务,提高了公共服务的供给效率,在一定程度上解决了"政府失灵"的问题。但是私营部门在提供公共服务的过程中往往追求利润最大化,从而忽视部分公众的需求。因此,市场供给模式适用于准公共服务的供给,同时需要政府提供相应的交易制度保障。

市场供给模式注重供给的效率和效益,这一特点使该模式具有政府供给模式无法比拟的优势。第一,减轻财政负担。私营部门提供公共服务的过程中政府无须投资或无须大力投资,也无须承担因公共服务项目产生的贷款债务,极大程度地解决了政府在公共服务供给上的财政负担。第二,有效控制成本。私营部门出于盈利的考虑,会自觉加强公共服务项目的成本核算,努力降低成本,以求获得更多的利润。在政府监管有力的情况下,私营部门降低成本的行为可以避免或减少资源浪费;反之,将导致公共服务质量下降。第三,绩效和竞争导向。市场供给模式涉及多个利益相关关系。一方面,私营部门由政府授权进入公共服务领域,不同部门之间为了争夺政府合同和资助会尽力提高公共服务供给绩效;另一方面,公众获得公共服务不只取决于政府部门,公众还可以自主选择满意的私营部门来获得公共服务,私营部门则需要通过提供优质的公共服务来争取消费者。第四,多样化供给。在市场机制的作用下,私营部门根据消费者的实际需求和偏好决定公共服务供给的类型和数量,为不同群体提供多层次、多样化的公共服务。

由于技术和制度的因素,市场供给模式也有其局限性。首先,难以杜绝公共服务提供过程中出现的"搭便车"行为。按照市场"谁受益谁付费"的原则,公共服务的供给成本应该由受益者来分担,但是由于排他性技术问题的存在,无法排除非排他性公共服务的"搭便车"行为,这就使私营部门盈利困难甚至造成亏损,打击了私营部门提供此类公共服务的积极性。其次,非排他性公共服务的可获得性较低。私营部门提供公共服务时追求利润最大化,更关注边际收益和边际成本的平衡问题,而不是公众对此类公共服务的需求情况。因此某些社会需求量大但是盈利能力不足的公共服务容易出现供给不足的情况,或者私营部门为了获得利润向公共服务需求者收费,导致无购买力的公众难以享受到公共服务。最后,市场化供给使公共服务质量参差不齐。市场供给模式中,政府不直接提供公共服务,相应的公共服务权力被分散到不同的私营部门,因此政府对公共服务的调控能力大幅降低。如果部分私营部门一味追求高利润,必定要降低公共服务的成本,致使提供公共服务的质量难以保证。另外,如果私营部门在竞争政府授予权或签订项目承包合同的过程中存在腐败问题,同样会影响公共服务提供的数量和质量。

(3)志愿供给模式:也称为第三部门供给模式,是由志愿团体和个人以自愿贡献的方式提供公共服务,是为应对政府和市场双重失灵的困境而产生的另一种公共服务供给模式。这里的志愿团体是指在非政府、非市场的民间领域中,由社会自发组织形成的非营利组织。在志愿供给模式中,志愿者不计报酬为公共事业提供资金、技能和各类资源,或通过非营利组织提供无偿的公共服务。非营利组织在活动过程中会使用社会资源,因此理应承担公共责任,提供公共服务。

志愿供给模式具有组织性、民间性、非营利性、自治性和志愿性的特点。它具有以下优势:第一,志愿团体来自民间,贴近民众,能调动民众参与公共事业的积极性,并通过自主治理有效解决社会问题;第二,志愿团体来自不同的专业领域,专业涉猎广泛,具有专业性、灵活性和广泛性的独特优势,可以满足公众多元化的社会公共需求,并以志愿机制提供公共服务,增强了公共服务供给的社会化程度,同时提高了公共资源配置的合理性和有效性。

志愿供给模式也存在"志愿失灵"的问题。志愿团体难以持续、稳定地从社会各界募集到充足的资金和资源,因此没有坚实的经济基础来满足社会公共需求的日益增长。在这种情况下,志愿团体会在可分割的公共服务上收取一定的费用,以保障公共服务的供给。但是,这种商业化的经营方式又会与志愿供给模式的非营利性相冲突。

综上所述,政府供给模式、市场供给模式和志愿供给模式有各自的优越性和局限性,无论单独采用哪种模式,都会导致公共服务供给不足。因此全球都在探讨和改革公共服务供给方式和供给机制,以期融合更多的政府、市场和社会力量来提高公共服务供给的有效性。

第二节 公共事业与公共事业管理

公共事业是我国特有的概念,是指社会中政治、经济、军事之外的社会活动领域,是当代中国社会特定的公共服务。而公共事业管理在从属一般的计划、组织、协调和控制等的管理活动的情况下,又有其特定的管理主体、管理客体、管理目标、管理职能、管理环境等构成要素。因此,明晰公共事业和公共事业管理的概念、内涵及特征,有助于更加全面、深入地学习与掌握公共事业管理这门学科。

一、公 共 事 业

（一）公共事业的基本内涵

公共事业（public affair）特指那些面向全社会，以满足社会公共需求为基本目标，直接或间接为国民经济和社会生活提供服务或创造条件，并且不以营利为主要目的的社会活动。公共事业的范围包括教育、科技、文化、卫生、体育、基础设施、公共住房、环境保护、社会保障、生育支持和人口等社会活动领域。

事业与公共事业的联系在于：都是以满足社会公众需求为基本目标，都不以营利为主要目的。此外，公共事业是在社会资源重新分配和国家权力淡化的基础上由事业拓展而来的，它是事业在内容和形式上的新发展阶段。但是二者又有显著的区别：第一，举办的主体不同。事业的举办主体是政府及其相关事业单位，公共事业的举办主体是以政府为核心的社会公共组织。第二，资产来源不同。事业是利用国有资产举办的，公共事业是利用包括国有资产在内的社会资源举办的。第三，活动内容不同。事业局限于传统的教育、科技、文化、卫生、体育，公共事业除上述内容外，还包括环境保护、社会保障和基础设施等。

公共事业与公共事务的联系在于：公共事务是指涉及社会全体公众的共同利益和生活的社会事务，是企业和个体、家庭不愿意承担也无力承担的，但是对于社会发展和公众基本生活而言又是不可缺少的事务。公共事务可以分为政治性、经济性和社会性的公共事务。从公共事业的活动领域来看，公共事业也属于狭义的社会公共事务。二者的区别在于：广义的公共事务具有明显的政治性和阶级性；公共事业主要涉及教育、科技、文化和卫生等领域，具有更强烈的社会性和服务性。

对公共事业基本内涵的理解，可以归纳为以下几点。

1. 公共事业属于社会公共事务的范畴，对公共事业的管理方式不同于对私人事务的管理方式，公共事业具有公共性。

2. 公共事业是社会全体公众共同的事业，一般来说，公共事业的范围包括政治性、经济性和社会性的公共事务。但是由于我国公共事业的概念是在计划经济体制所特有的"事业"的基础上发展而来的，而"事业"的基本内涵主要是非政治、非经济的事务，即狭义的社会公共事务，因此，狭义的社会公共事务是公共事业的基本内容。

3. 公共事业通过公共服务得以实现。随着社会经济的发展，现代社会的公共事务日益丰富，不仅表现在许多私人事务涉及公共利益，而且狭义的社会公共事务的实现也与经济密切相关。从公共产品理论看，任何一种社会产品的提供都是一个生产过程和经济行为过程。因此，公共事业的内容不再是传统的"非经济"事务，确定公共事业内涵的基本标准之一不是其与经济的关系，而是其是否与公众日常的、基本的生活相连。

4. 公共事业提供的公共产品包括纯公共产品和准公共产品两部分。在公共事业产品中，公共事业涉及的纯公共产品只占少数，如气象、基础科学研究、基础公共设施等，而准公共产品占大多数，如教育、文化、卫生、体育，以及公共交通、水、电、煤气等公用事业。

综上所述，公共事业就是社会全体公众的事业，即关系到社会全体公众基本生活质量和共同利益的特定社会公共事务，是以公共事务中狭义的社会事务为基础和主要内容，并包括一定的经济事务所构成的一种特定的社会公共事务。同时公共事业产品由纯公共产品和准公共产品构成，但是以准公共产品为主。

（二）公共事业的基本特征

公共事业在不同的活动领域中满足不同的社会公共需求，在实现公共事业规划的过程中根据不同的目标有其特有的行动方式与手段，但是也存在着一些普遍性的基本特征。

1. 公共性　公共性是公共事业最主要的特征，它体现在公共事业开展的各个方面。首先，公共事业承担的主体是以非营利为目标的公共组织。公共组织以政府管制为前提，并被纳入公共管理社会化和市场化的管理框架中，依据和遵循公共权力运行的要求开展公共事业。其次，公共事业服务的对象为社会全体公众。它以公众的共同需求为出发点，保障公众的基本生活，为社会安全和发展创造有利条件。最后，公共事业发展的目标是维护和增进全社会的公共利益。公共事业的开展不以营利为目的，而是以努力满足公众的共同需求为目的，主要表现为公共组织举办公共事业时产生的一切利益都可以被全体社会成员共享。

2. 非营利性　公共事业的公共性决定了其非营利性的特点。公共事业的基本目标是满足公众基本生活的物质和精神需要，为公众提供基本社会服务。这些基本社会服务是保障社会安定发展的基础条件，因此公共组织在举办和发展公共事业过程中产生的利润不能用于成员分红。当公共组织解散或终止活动时，其资产也不能在成员之间再分配，而应当上交政府财政或转让给其他类似的公共组织。通常情况下，事业产品的生产与供给是以公共财政为主要基础的，产品本身具有非营利性，社会公众可以无偿享用这些产品。尽管有时为了弥补公共事业经费的不足，或者为了平衡公众在享受公共事业提供的服务方面实际存在的差异，也会采取收费的办法，但通常是辅助性的，并不以营利为目的。随着现代社会公共需求日益扩大，有偿享受某些公共服务可以在优先保障公平的前提下，一定程度地提升公共服务提供的效率并避免公共资源的浪费。

在现代社会中，企业也可以承担公共事业产品的生产，但是必须在政府的管制下遵循相应的政策法规，在保证社会公共效益和有限利润的前提下，生产和提供相关的公共事业产品。因此企业在承担公共事业时，其经营活动不是主要由市场决定的，活动的性质仍然表现为非营利性。

总之，公共事业的公共性决定了公共事业的基本目标是满足社会公众基本需求，其发展目标为维护和增进社会公共利益，基于这样的目标，公共事业必然具有非营利性的特点。因此，在发展公共事业的过程中，当公平与效率难以兼顾时，公共事业更倾向于对公平价值的追求。

3. 规模性　公共事业是社会生产和发展的基础，为了满足社会公共需求，公共事业必须解决诸多公共问题，因此其事业产品涉及的范围非常广泛，必须具有相当的规模才能满足一个国家或地区公众的共同需求。公共服务体系的建立需要各类资源的大量投入，加之公共事业的很多活动要达到一定规模后才能提供相应的服务，比如公路、铁路等基础设施，因此公共事业普遍具有规模大、投资多、见效慢和发展周期长的特点。同时，社会公共需求是逐渐增长的，公共事业的规划与发展在基于社会公共需求的前提下还应具有一定的前瞻性，但是不能过度超前。公共事业的发展规模必须建立在对客观条件的切实把握、对公共需求的科学预测和对事物发展规律的充分认识的基础上。

4. 专业性　公共事业涉及多个活动领域，具体到每个领域都有其独特体系，这就要求承担公共事业的主体要具有很强的专业性。无论是教育、科技、文化、卫生、体育等传统公共事业，还是社会保障和环境保护等新型公共事业，都是由公共组织在某个特定的专业领域中生产公共产品、提供公共服务。公共组织集中活动于某个特定领域，使其能够积累丰富的工作经验、发展深层次的理论知识，从而更好地凭借自身专业知识、技能和经验来为社会提供专业的公共服务。因此公共事业具有专业性，公共事业需要特定的专业人员从事相关工作，更需要专业人员具有积极的价值取向、敬业精神甚至奉献精神。公共事业的专业性使得公共组织成为专业人才的聚集地，使公共事业具有了知识密集性的特点。

5. 服务性　我国的公共事业结合其特有的硬件条件和软件条件，依托公共组织建立一定的基础设施（如学校、医院、科研机构），通过提供公共服务来满足社会公共需求。在开展公共事业管理活动的过程中，立足公众，以公共需求为导向，提供多种形态的服务内容，服务的生产过程和消费过程具有同步性和即时性的特点，因此公共事业具有服务性的特征。

随着社会的发展、科技的进步，公共事业涉及的领域不断发生变化，一些原来属于公共事业范围内的事务不再属于公共事业（例如福利住房），但是公共事业领域也顺应时代的发展纳入了一些新的社会事务（例如医疗保障）。虽然公共事业的内涵随着时代变迁不断演变，但是其公共性、非营利性、规模性、专业性和服务性的基本特征不会改变，因此公共事业的本质始终保持不变。

二、公共事业管理

公共事业是我国特有的社会事业，涵盖除政治、经济、军事之外的诸多社会活动领域。从管理学的角度来看，公共事业管理就是对公共事业的各项活动进行计划、组织、协调和控制的过程。此外，我国的公共事业管理具有中国特色社会主义的特点，它从属于一般的公共管理活动，又有其特定的管理主体、管理客体、管理目标、管理职能和管理环境等要素。

（一）公共事业管理的概念及内涵

1. 公共事业管理的概念 公共事业管理是指在一定环境和条件下，公共组织动员和运用有效资源，采用计划、组织、协调和控制等方式开展公共事业来满足社会公共需求、提高公众生活质量、保证社会利益目标的活动过程，即公共组织为了实现组织的目标而进行的组织内部管理。

公共事业管理作为现代管理中一个重要的领域，其概念中包含了管理主体、管理客体、管理目标、管理职能和管理环境等五个特定的要素。其中管理客体决定着管理主体为社会公共组织，并且管理主体为了达到其管理目标，需要依托一定的管理环境并行使其管理职权。

（1）管理主体：社会公共组织是公共事业管理活动的基本单位，也是公共事业管理的主体。这需要区别于行政管理的主体"政府组织"或企业管理的主体"企业组织"。所谓公共组织，是指不以营利为目的，致力于协调社会公共利益关系，以服务社会大众、增进公共利益为宗旨的组织，公共性是其基本属性。在我国公共事业管理中，依据公共组织是否拥有公共权力、拥有公共权力的大小及其类别，将公共组织分为政府组织、非政府组织和准政府组织。

1）政府组织：广义的政府组织包括立法、司法和行政机关，而狭义的政府组织仅指行政机关，通常所说的"政府"就是指狭义的政府组织。在任何社会体制下，社会公共事务都是极为重要的存在，因此政府组织在公共事业管理中具有不可替代的、极其重要的地位。在我国，政府组织在公共事业中发挥着巨大的作用，就其地位与作用而言，它是我国公共事业最重要的主体。

2）非政府组织：非政府组织通常是指那些不属于政府机构、不由国家建立的组织，它们独立于国家政府，通常具有志愿性、非营利性和服务性等特点。这类组织致力于社会、经济、文化、教育等领域的公益活动。非政府组织和非营利组织在很多情况下可以互换使用，因为它们都强调不以营利为目的，致力于社会公益事业。二者在一些方面存在细微的差别，即虽然它们都强调不以营利为目的，但"非政府组织"一词更侧重于组织的性质和与政府的关系，而"非营利组织"则更侧重于组织的财务状况和运营方式。此外，由于各国文化、法律等的差异，不同国家对这两个概念的适用范围也有所不同。

3）准政府组织：又称为准行政组织，它是指通过政府授权行使一定的行政职能，具有一定的服务性，但不具备国家行政机关性质的组织。在市场经济体制下开展公共事业管理活动，完全依靠政府的行政手段生产和提供公共产品容易导致社会资源的浪费和产品供给的低效率，即出现"政府失灵"。但是仅靠非营利组织以柔性手段开展公共事业管理活动又难以实现管理目标，因此需要一些特定的公共组织，在政府授权的情况下适当行使行政权力，促使社会公众遵守社会契约，从而促进公共事业的有效开展。目前，我国存在一些有一定行政执法权的团体，如中国残疾人联合会、消费者权益保护委员会等，这些团体就属于准政府组织。

（2）管理客体：公共事业管理的客体是公共事业，公共事业与特定的公共事务相联系，即以教育、科技、文化、卫生、体育、环境保护、社会保障等狭义的社会公共事务为主，因此有些学者直接将公共事业管理的客体指向公共事务,也有学者将公共事业管理的客体定义为准公共产品和部分纯公共产品。事实上,这几类客体指向的管理对象都是相同的,只是表现形式不同而已。由于公共事业管理的客体具有公共性的基本属性,公共事业管理与政府管理、企业管理等存在质的区别。

(3)管理目标:公共事业管理的基本目标是追求社会公众利益的最大化。公共事业产品的生产直接关系到社会公众的基本生活和共同利益。公共事业管理通过提供公共产品和准公共产品,满足社会公共需求和维护公共利益。即使某项公共事业管理的直接受益对象是特定群体,由于其具有较强的正外部性,对全社会来说仍是受益的。因此,公共事业管理具有明显的公共性和服务性。由于公共事业管理的目标对象为社会大众,因此在管理上强调公众参与,具体表现为公众对公共事业管理决策过程产生影响,通过法律法规对公共事业管理行为进行约束,以及通过各种渠道对公共事业管理进行监督,或者通过一定的非政府组织对一定层次和内容的公共事业进行管理。

(4)管理职能:公共事业管理的职能是指公共事业管理主体管理公共事业的职责和功能。一般来说,公共事业管理主体在实施管理的过程中,主要有四个基本职能:计划职能、组织职能、协调职能和控制职能。计划职能是公共事业管理主体的首要职能,计划的内容通常包括公共事业管理目标和为实现目标必须采取的措施与行动,以及行动过程中公共事业主体系统的工作程序。组织职能是公共事业管理主体的基本职能。公共事业管理主体依据管理目标,将各种业务活动进行组合分类,并授予这类活动的主管人员行使监督管理权,通过职权关系和信息系统协调组织单位和部门。协调职能是公共事业管理主体的主要职能之一,它与计划职能和组织职能直接相关,其任务是确保计划职能和组织职能的实现。控制职能的任务是把具体的运作与最终目标联系起来,因此控制职能与计划职能关系最为密切,计划为控制活动提供标准,计划也因控制得以实现。

(5)管理环境:任何公共事业管理主体都不是孤立存在的,而是在特定的环境中从事活动。环境既可以为公共事业管理活动提供发展的条件,又是公共事业管理活动的制约因素。由于公共事业管理主体(即公共组织)同时受到组织内部因素和外部因素的影响,相应地,公共事业管理环境就分为内部环境和外部环境。公共事业管理的内部环境主要是指公共事业管理主体内部的各种关系和要素的组合,比如内部人事管理问题。公共事业管理的外部环境则是指公共事业管理主体之外的影响因素,诸如政治、经济、地理、人文等。内部环境和外部环境的划分是相对的。公共事业管理主体具有系统性,对于单个公共组织而言,影响其活动的外部环境因素在整个公共事业管理主体系统中就成了内部环境因素。此外,公共事业管理的环境因素有其自身的规律和运行轨迹,探索环境因素的规律及其对公共事业管理的影响并创造有利的环境,可以促进公共事业管理目标的实现,进一步有利于促进公共事业的可持续发展。

2. 公共事业管理的内涵　结合公共事业管理五个要素在实际管理活动中的作用和地位,以及它们之间的内在逻辑关系,不难发现,公共事业管理从公共事务的角度看,协调和控制的过程就是处理与社会全体公众共同利益密切相关的特定的社会公共事务的过程;从公共产品的角度看,协调和控制的过程就是纯公共产品和准公共产品生产和提供的过程。此外,对公共事业管理内涵的理解还应该注意以下几个方面。

(1)现代公共事业管理的层次性:主要体现在两个方面。一方面,公共事业所包含的特定的社会公共事务和公共事业产品本身具有层次性。例如公共事业产品包含纯公共产品与准公共产品、全国性公共产品和地域性公共产品、公益性公共产品和互益性公共产品等,各类公共产品承担主体的大小和活动层次与范围不同,相应地,公共产品的生产和提供的层次与范围也不同。另一方面,公共事业组织的公共权力配置具有层次性。这种层次性具体表现为政府组织、非政府组织和准政府组织在管理过程中负有不同责任。由于公共权力配置的层次性,不同管理主体在管理职能上又有监管、实施和服务的区别。

（2）现代公共事业管理主体的多样性：政府和其他种类繁多的公共事业组织都是公共事业管理的主体。公共性是它们的共同特征，也是基本特征。在众多公共组织中，政府是核心组织，其他非政府组织和准政府组织是公共组织的补充形式。随着社会的发展，各种公共组织承担的管理职责和所发挥的作用会有所变化，但是政府组织的主导地位不可替代。

（3）现代公共事业管理中的"管理"丰富性：传统的事业管理受计划经济体制和传统政治文化的影响，主要强调和体现的是政治权力。政府是传统事业管理唯一的主体，事业单位作为被管理的对象多考虑的是对行政命令的执行和组织内部的管理。在现代公共事业管理中，公众对公共服务的要求日益提高，公共事业管理主体要更多地考虑如何生产和提供更多、更好的公共事业产品来适应外部环境的变化，尤其是公共需求及其条件的变化。这就意味着仅靠公共财政难以承担高质量、多元化的公共服务和产品的供给。随着社会公共事务管理范围的不断拓宽，公共事业领域需要引进市场化机制来解决各种问题。也就是说，将能够进行经营性投资、开展市场竞争的领域，如出版发行、大众娱乐项目及体育活动，以及原有营利性的传统公用事业等，交给社会资本经营；不完全适宜市场化经营的领域可交由民营企业承包；另一些不适宜市场化的公共服务领域，如博物馆、图书馆等，也可引入效益、效率机制进行管理。通过多种管理理念的实施和多重管理职能与手段的运用，不断完善公共事业管理体系。

（二）公共事业管理的基本特征

公共事业的公共性、非营利性和服务性等特点，使它明显有别于一般的社会事务和行政事务，相应的公共事业管理也具有区别于一般管理的基本特征。

1. 公共性 公共事业管理以满足社会公共需求为目标，公共性是其最鲜明的特点。在公共事业管理活动中，以社会公众特定的需求为出发点，通过运用公共权力和公共资源为社会的生存和发展创造条件，为社会公众提供必需的公共产品。此外，在活动过程中，公共事业管理追求社会整体效益和长远利益，如科技、教育、基础设施等领域投资期长、投资量大，而其效益往往不易立即显现或者无法度量，但是对社会的发展与进步又起着巨大的作用。在此种情形下，市场机制无法在这些领域发挥有效作用。如此看来，公共事业管理就必须借助公共权力的影响力，促使公众参与到公共事业中来，并通过法律法规对公共事业管理行为进行约束，通过各种渠道对公共事业管理进行监督，同时在公共组织生产和提供公共事业产品的过程中，引导公众通过一定的非政府组织或准政府组织对一些公共事业的活动领域进行监督和管理。

2. 强制性 政府及其相关部门是公共事业管理最主要的主体，同时也是公共权力部门，而强制性正是公共权力最基本的表现形式。在利益多元化的社会中，强制性也是公共权力有效控制社会公共事务的必要条件。由于公共事业本身具有的公共性，依靠市场调节机制难以保证公共事业产品的生产和供给，更遑论对社会公共利益的维护和促进。只有以政府为代表的公共组织对公共事业进行统筹管理，才能弥补市场机制的不足。为了协调统筹社会资源，公共组织必然要凭借公共权力的权威，通过大量的立法、管制、政策以及规章制度等，对一些公共事业的活动领域作出强制规定，例如义务教育就是国家依照法律规定对适龄儿童和青少年实施的一定年限的强制教育活动。当公共组织通过公共权力主导社会公共事业管理的时候，公共事业管理就自然具有了一定的强制性特点。公共事业管理的强制性随公共权力应运而生，它的基本功能主要体现在两个方面：第一，通过维护社会的秩序、规范和公平，从而维护和促进社会公众的共同利益；第二，通过公共事业管理的职能和手段，使公共事业管理的主体（即公共组织）承担起社会公共责任。公共事业管理的强制性存在于公共事业的各个活动领域中，因活动性质不同而程度不同。

当然，公共事业管理具有强制性并不意味着公共事业管理者可以随心所欲地运用公共权力。合法合规地实施管理行为，是现代公共事业管理的基本要求，也是公共事业管理强制性能够发挥出应有效力的基本前提。

3. 非营利性 公共事业的基本特点决定了公共事业管理的主体必须是公共组织，而公共组织代表着公共权力，无论哪种类型的公共组织，在开展公共事业管理活动时都不能以营利为目的，因此非营利性是公共事业管理区别于市场管理行为的重要标志。尽管在公共事业管理活动的整个实际运作过程中存在着管理的成本和效益问题，但政府在制定公共事业管理政策时并不会考虑从管理的结果中获得经济收益，然而这并不意味着政府在公共事业管理的活动过程中可以不计成本。由于公共事业管理的基本目标是满足社会公共需求和维护社会公共利益，因此政府在制定相关管理政策和规定以及实施管理的过程中，优先考虑的管理结果是社会效益的大小。加之公共事业管理经费大多来源于国民税收和社会捐赠，取之于民必然要为民负责。因此，为了在有限的资源下为社会公众提供尽可能好的公共事业产品，政府必须充分衡量投入与产出，力求以最小的成本投入获得尽可能大的社会效益。

4. 服务性 以满足社会公共需求为出发点，以服务公众为基本职责，是现代公共事业管理发展的必然趋势，也是对公共事业管理主体的基本要求。公共事业管理活动涉及人们日常生活的方方面面，从其内容形式来看，公共事业管理活动多以非物质服务形式出现，如教育、科学、文化、邮政、电信、交通、市政、气象、医疗卫生等都属于这样的公共事业管理活动。面对诸多公共事业管理活动领域，管理主体需要创造更多、更好的条件以保证给予公众充足且高质量的公共服务。因此在管理过程中，管理主体需要运用价格管制、质量检查、法律监督、经济手段等来统筹协调公共事业管理活动，在满足社会公众的日常基本需求的基础上，进一步提供优质的公共服务和公共事业产品。从根本上来看，公共事业管理活动的本质就是为公众服务。因此，现代公共事业管理必然要求管理主体具有高度的服务意识，同时在推动公共事业管理社会化的过程中，传统管理模式中单向的监督管理逐渐转变为多方位的服务模式。这就要求未来在改进公共事业服务水平方面，一方面加强管理要立足于提供更好的公共服务，通过改革管理来促进公共服务水平的提高；另一方面建立和完善公共基础设施，为公共事业产品的生产和供给，以及更好地服务公众创造必需且良好的条件。

（三）公共事业管理的基本原则

原则即行事所依据的准则。在管理过程中，管理的原则就是管理主体发生管理行为时必须遵循的准则。同理，公共事业管理的基本原则就是公共事业管理主体活动的基本准则。公共事业管理的基本原则由公共事业管理的基本属性决定。由于公共性是公共事业管理的本质属性，因此公共事业管理的基本原则就是依据其公共性的特点和要求来规范和引导管理主体的行为，限制和约束管理主体的职能，从而保证公共事业管理目标的实现。

1. 公众为本原则 人是社会活动的资本，也是社会可持续发展的根本。以公众为本，就是从社会公众共同的根本利益出发，满足公众不断增长和变化的公共需求，保障公众在经济、政治、文化、健康和安全等方面的共同权益。以公众为本就是以公众的发展为本，从而促进社会的发展，进而将社会发展成果惠及公众。以公众为本是公共事业管理的最基本原则，也是对公共事业管理公共性最集中的反映。要做到以公众为本，需要满足以下几点要求。

（1）重视公众的需求，以维护和增进公众利益为管理的出发点和落脚点。从管理过程看，公共事业管理通常针对普遍存在的且影响社会公众正常生产生活的公共问题，确立管理目标、提出管理策略并开展管理活动。但是在现实社会中，社会成员提出的问题各式各样、层出不穷，哪些问题反映的是少数社会成员的意愿，哪些问题能反映多数社会成员的要求，需要公共事业管理主体细致深入地分析与辨别。甚至有一些更为复杂的情况：有些问题虽然是少数社会成员提出的，但却能反映社会成员的普遍要求；有些问题看似由很多社会成员提出，却只反映提出者的要求，不具有普遍代表性，稍有不慎就容易导致管理主体要解决的公共问题与社会公众的集体诉求产生偏差。这就需要管理主体切实地以公众共同利益为着眼点，甄别出真正需要解决的社会公共问题，并将其纳入到公共事业管理的范畴中，依此确立管理目标、开展管理活动。

（2）以公众为中心行使公共事业管理主体职能。社会公众是公共事业管理服务的对象，因此公共事业管理主体在行使计划、组织、协调和控制等职能时，要以社会公众为中心，将管理主体与社会公众联结起来，管理主体在制定管理政策、实施管理措施和运用管理方法时要充分考虑社会公众的特点和需求，同时要鼓励社会公众积极参与到管理过程中来，充分发挥社会公众的主观能动性，从而有效实现管理目标。

（3）充分激发管理主体开展公共事业管理活动的积极性。公共事业管理的成效取决于管理主体的工作效能，其工作效能又与管理人员对公共事业重要性的认识、专业水平和工作能力密切相关。从激发管理人员工作积极性的手段来看，首先应当建立有效的激励机制，包括物质激励和精神激励，将满足管理人员需要的措施与公共事业管理目标的实现有机结合起来；其次要建立约束机制，从制度规范和伦理道德规范等方面约束管理人员的管理行为；最后要建立环境机制，使从事公共事业管理的工作人员有良好的人际关系环境和工作环境，从而促进他们提高工作效能。此外，以服务公众为核心制订切实可行的绩效指标、适当增加管理人员学习交流的机会等措施，都可以激发管理人员工作的热情和积极性。

2. 服务原则 公共事业管理同时具有强制性和服务性的特点，所以当公共事业管理主体从事管理活动时，虽然不可避免地要采取一些强制性管理手段，但是其最终目的是为社会公众提供更好的服务。随着我国社会的发展，公共事业的内涵日渐丰富，公共事业管理的主体结构和活动形式随之发生变化，其服务性越来越突出。从本质上来看，强制性管理手段的立足点也是提升服务数量和质量，其根本目的就是为社会公众提供足量和优质的公共服务与公共事业产品。也就是说，作为公共事业管理的主体，公共组织要同时完成强制管理和服务管理两大任务，但其重心和落脚点最终还是服务。

公共事业管理必须遵循服务原则，原因有两方面：一是现代公共事业管理是市场经济条件下的管理，而市场经济的核心在于尊重行为主体的基本权利，尤其是自利权利，通过提供一定的环境或条件，让行为主体合乎规范的自利行为在实现自身利益的同时增进整个社会利益，因而公共事业管理主体必须顺应管理对象的意志和愿望来实施职能行为，为他们愿望的满足提供必要的条件；二是公共事业管理内容的社会性要求管理的方式方法合乎社会事务本身的规律，要求提供条件以充分发挥社会权力的作用，让社会自我管理、自我服务，实现国家与社会的良性互动。

3. 社会效益优先原则 公共事业管理是通过提供优质足量的公共事业产品来保证公众的基本生活质量，促进社会公共利益的发展。其中优质足量涉及效率，而保证公众的基本生活质量和促进社会公共利益的发展则涉及公平，即社会效益。就此而论，公共事业管理是在公共事业这一特定领域中有效地增进与公平地分配社会公共利益。效率与公平是公共事业管理中必须认真考虑的两个基本目标。

效率强调的是公共事业管理过程中的投入要素与实际产出之间的关系，公平则强调公共事业管理的实际结果与公共事业管理的本质和最终目的的关系。从理论出发，在公共事业管理过程中必须坚持效率与公平两者并重，且不相分离。提高效率是为了提供更多更好的公共事业产品，而要真正保证公平，只有以提高效率为基础。但是在现实中，往往会出现两者矛盾和冲突的情况，甚至只能首先顾及其一。增进公共利益最终还是为了将社会资源分配给每一个社会成员，而且公共事业管理本质上是一种涉及社会公众基本生活质量的管理，是以政府为核心的公共组织的管理。在现代市场经济条件下，政府的政策机制以及非政府组织的基本职责主要是解决公平问题。所以，在公共事业管理中，必须以社会效益为先，首先解决公平问题。

社会效益优先涉及公共事业管理中的管理战略及结果的评价等，主要有以下规定。

（1）在结果管理与过程管理相统一的基础上，重视结果管理。从管理过程的角度看，公共事业管理是以社会问题为基本内容的管理，一般包含三项内容，即问题提出的管理、问题解决的过程管理和结果管理。其中，过程管理更多地强调效率，而结果管理更多地突出公平。社会效益优先，就要求在管理过程中不仅要围绕如何实现这个目标去协调资源，关注管理过程，更必须考虑目标确定的合理性以及实际分配的公平性，也就是必须重视结果管理，更多地突出公平。

（2）在内部管理与外部管理相结合的基础上，重视外部管理。公共事业管理面向社会，解决关系到社会公众基本生活的公共问题。显然，强调公共利益、重视结果管理、突出公平平等，就要求整个公共事业管理必须围绕公共组织对外实施管理展开。企业管理理论主要研究企业内部问题，而传统的政府管理研究中，围绕提高"行政效率"，通常也把注意力放在政府的内部管理上。当然，为了实现公共事业管理的目标，加强公共组织内部的管理是必要的，在一定程度上也应该先行。但是，加强内部管理最终还是为了更好地进行外部管理，即对社会公共事业的管理。正因如此，现代公共事业管理的一个重要特点就是强调以外部管理为目标的战略管理。

（3）必须在对公共事业管理的评价中，将社会效益作为绩效评估标准的最重要的内容。公共事业管理具有自己的绩效评价标准，即公平与效率要统一且重在公平，具体的评价指标通常是行为的合法性、公众舆论好坏、减少各种冲突的程度、公共项目的实施与效果、公共产品的数量及其消耗程度等。这是公共事业管理中社会效益优先在评价中的具体要求和体现。

4. 法治原则　当代的公共事业管理是市场经济条件下对公共事务的管理，或者是市场经济条件下公共事业产品的生产和提供，而市场经济是法治经济，因而现代市场经济条件下的公共事业管理也必然是依法进行的管理。例如，公共事业管理主体中最基本也是最为重要的主体是政府，从国家宪政制度来讲，公共事业管理机关受立法机关和司法机关的法律监督。其中，立法机关制定各种法律，以此作为行政机关行政行为的依据；司法机关通过行使司法审判权来监督行政机关的活动。具体体现在以下几点：政府组织必须依法设立，在法律规定的范围内活动，所行使的权力不能超过法律授权的范围；行政机关有一定的存在期限，超过法律所规定的活动期限，该政府组织就要被取消；行政行为必须依法和依照相应的行政程序进行，否则就是违法；行政机关及其工作人员拥有作出行政决定的自由裁量权，但自由裁量权的行使有一个制约，即不能超过法律的界限和规定。

（四）公共事业管理的研究内容

公共事业管理的研究内容涉及范围十分广泛，主要可以归结为以下两个大类。

1. 对为社会全体公众提供准公共产品和部分纯公共产品的活动过程与环节进行管理，包括资源配置管理、环境管理、需求管理、目标管理，这是公共事业自身运行管理的前提和基础。

（1）资源配置管理：公共事业管理中的资源配置管理是指通过对公共资源及其他社会资源进行优化配置，达成公共事业组织的目标，满足公共需求、实现公共利益、追求公共价值。由于公共资源的稀缺性，公共事业组织通过政府委托授权所获得的公共资源及公共权力是有限的，因而需要管理主体通过一定的管理手段与管理职能实现资源的优化配置。

（2）环境管理：公共事业管理中的环境管理是指公共事业组织与社会中其他机构和组织进行资源的交换与互动，以实现公共事业目标的过程。公共事业组织目标的实现，除了需要利用公共资源外，离不开其他的社会资源，尤其是资金资源和人力资源，这些资源更多地存在于数量众多的企业与其他营利组织中。由于企业和其他营利组织在实现自身目标的同时，还具有一定的社会公共责任，并且作为"社会人"具有内在的利他主义行为动机，因此公共事业组织可以通过环境管理从企业和其他营利组织中获得资金、人力、物质和技术等的支持，最终实现公共事业管理的目标。

（3）需求管理：公共事业管理中的需求管理是指公共事业组织通过对公共需求及公共利益的研究、分析和预测，从而进行合理设计组织目标、制订组织发展计划等基本准备的过程。公共事业组织的目标就是实现社会公共需求的满足。只有科学准确地了解公共需求、分析研究公共需求、预测公共需求的发展变化，才能有效地满足公共需求，提高公共服务的满意度。随着人类活动的社会化程度提高和个人需求的异质程度增强，公共需求的多样化、复杂性也不断增加，公共需求发展变化的趋势越来越显著。因而，公共事业组织应该顺应公共需求的变化趋势，通过对公共需求的研究与预测，依据不同的需求来合理安排公共事业各环节的计划与决策，提高公共服务的能力与质量，最终实现公共利益的最大化。

（4）目标管理：公共事业管理中的目标管理是指公共事业组织以满足公共产品（服务）的消费者需求和实现社会公共价值为基础对其组织目标进行分类、梳理，从而使公共事业组织目标具体化、规范化的过程。由于公共需求的多样性，公共事业的目标往往也具有多样性、复杂性的特征。一方面，公共事业组织通过提供公共产品或服务来满足社会成员的公共需求，因而公共需求的满足与满意程度成为考察公共事业组织的重要指标。另一方面，公共事业组织通过提供公共产品（服务），在一定程度上也实现了公共利益、社会公平和社会福利，因此社会福利的实现程度、社会公平程度和公共事业组织在提供公共服务过程中的责任心也是评价公共事业组织的重要指标。

2. 对公共事业管理部门本身的运营和人员配置等自身规范与发展的管理，即公共事业运行管理。公共事业运行管理是指公共事业组织对其承担的社会公共事务进行计划、组织、领导、决策与控制的过程。公共事业运行管理按照过程及内容可以分为过程管理和经营管理。

过程管理是公共事业组织对公共事业的发展开展计划、组织、领导、决策与控制等，以实现公共事业组织目标的过程。过程管理是针对公共事业自身的组织管理，是公共事业经营的基础。公共事业组织的规范和高效运转，最大限度地提供公共产品（服务），是满足公共需求、实现公共利益的前提。公共事业经营管理是公共事业组织借鉴与引入营利组织的商业运行机制，为实现公共事业的目标而进行的一系列市场经营活动。

第三节　公共事业管理的职能与手段

公共事业管理的职能和手段贯穿公共事业管理活动过程的始终，公共事业管理的职能规定了公共事业管理活动的方向，公共事业管理的手段影响着公共事业管理效率的高低，它们在整个公共事业管理活动中均占有重要地位。探讨公共事业管理职能的运行与变化规律，有助于有效定位公共事业管理的作用与地位，有助于明确公共事业管理的目标与管理计划，指导公共事业管理的整个过程。在公共事业管理的过程中，运用恰当的方法与手段，有助于提高公共事业管理绩效，取得较高的社会效益，最终达成管理的目标。

一、公共事业管理的职能

公共事业管理职能（public management function）是指在一定的历史时期内，公共事业管理主体依据相关法律法规的规范，在履行公共责任、实现公共目标和向社会提供公共产品和服务的过程中应该体现的职责与功能。公共事业管理职能的实施者是以政府为核心的各类公共管理组织。在这个过程中，政府根据国家和社会发展的需要承担其应有的职能。英国学者伯特兰·罗素（Bertrand Russell）认为政府天然就具有两种职能：一种是制定和实施法律、维护社会秩序，以达到阻止暴力行为、保护生命和财产的目的，称为消极职能；另一种则从教育和经济两方面入手，帮助多数人实现普遍愿望和满足基本需求，称为积极职能。马克思主义也认为：任何国家都有两种职能，即政治职能和社会公共职能。上述两种看法对政府职能的定义不尽相同，但是都将政府职能划定在政治和社会属性的层面。在当代社会，政府的公共职能日益扩大，涉及国防、法律、教育、科技、文化、卫生和体育等各方面。如果加以细致分类，可以将政府职能划分为政治职能、经济职能和社会职能等。其中,政治职能是政府最基本的职能,主要是指管理国防、外交、内政、司法、治安等事务,以达到维护国家安全、国际地位和社会秩序的目标;经济职能主要是指管理和维护市场秩序、优化经济结构和提高生产力等,以法律、行政和经济为手段,促进社会经济持续稳定地增长,以满足人们日益增长的物质需求;社会职能则主要体现在对教、科、文、体、卫等内容进行一般的社会事务管理。

相比政治职能和经济职能,社会职能具有更强的公共性。社会职能以全体社会成员为实施对象,以实现全社会共同利益为目标。社会公共事业是政府社会管理的最主要内容,政府对公共事业的管理是政府承担社会职能的最重要的体现。其中政府在公共事业管理上主要有计划、组织、协调和控制等基本职能。

(一)计划职能

计划是公共事业管理的首要职能。计划的内容通常包括公共事业管理目标和为实现目标必须采取的措施、行动,以及行动过程中公共事业主体系统的工作程序。计划是公共事业管理中必不可少的第一个环节,科学合理的计划是公共事业管理的前瞻性安排。它为公共事业管理活动的良好开展奠定了基础,有利于社会资源的有效配置;减少了外在因素对公共事业管理活动的影响,有利于公共事业管理目标的实现;协助管理者细化行动目标,有利于管理者激发思维和拓宽思路。同时,计划也是管理者评价工作绩效的基本依据。

公共事业的计划可分为长期计划和短期计划。长期计划更宏观,时限一般在三年以上,它着眼于长远的公共需求和公共利益,设定的公共事业发展目标更具有前瞻性。短期计划是长期计划中的一部分,时限一般在一年以下,短期计划更具体,旨在解决公共事业管理过程中可能会遇到的问题。

计划应该具有科学性、合法性、完整性和有效性。因此,在制订计划之前首先要进行现况调查和评估;制订计划时必须实事求是、从实际出发,并且遵循一定的程序和步骤;在实施计划时,如果主、客观条件发生变化从而影响到计划的实施,则需要及时修正和完善计划。

(二)组织职能

组织职能是公共事业管理主体的基本职能。公共事业管理主体依据管理目标,将各种业务活动进行组合分类,授予这类活动的主管人员监督管理权,并通过职权关系和信息系统协调组织单位和部门,其作用是确保计划的实施。在公共事业管理活动中,只有采取科学、有效的手段对公共资源进行合理配置,才有可能高效地完成计划、实现目标。换言之,公共事业管理主体为了完成某一特定目标,需要充分发挥其组织职能对权力和资源作出有效配置。通常,管理主体通过建立权责明确的组织结构,合理配置有限的人、财、物资源,以保障目标利益的实现。在此过程中,科学合理地安排公共事业发展的进度,将组织的总目标和总任务层层分解和落实到位,也是极其重要的。

(三)协调职能

协调职能是公共事业管理主体为了实现一定的共同目标,对组织的功能和个人的行为以及相互利益关系进行规范和调节的过程,它与计划和组织职能直接相关,其任务是确保计划和组织职能的实现。协调职能是公共事业管理的主要职能之一,旨在保证组织工作的整体性和公共事业管理活动的顺利开展。在开展公共事业管理活动的过程中,通常需要多个组织或部门的协作,组织与组织之间、部门与部门之间难免会有认知不同、利益差异和沟通障碍。为了保障组织目标得以实现,就需要管理主体发挥协调职能。通过有效的协调,组织之间、部门之间形成良好配合的局面,减少甚至消除由矛盾和冲突引起的内耗,建立起内外相互支持、相互促进的和谐局面,顺利实现管理目标。

(四)控制职能

控制职能就是公共事业管理主体对管理活动过程的调节。换言之,管理主体根据公共事业发展的计划规范公共事业管理活动的流程，并对组织成员的行为进行引导和约束，以保证公共事业管理活动目标的实现。控制职能是公共事业管理中的基本职能，它的任务是把具体的运作与最终目标联系起来，因此控制职能与计划职能关系最为密切，计划为控制活动提供标准，计划也因控制得以实现。公共事业管理的控制过程必然是一个公共权力行使的过程，也必然是一个信息反馈的过程。要履行好控制职能，就必须建立控制系统、制定控制标准，以此作为衡量的尺度；必须实施检查监督，以获取和掌握相关信息，以便对管理过程中所发生的各种行为进行及时的引导、约束、调节和限制；必须采取有效措施来纠正偏差，以便对公共事业的发展实施有力的控制，促使公共事业的运行与其发展目标保持一致。

二、公共事业管理的手段

公共事业管理的手段是指为了实现公共事业管理的目标，公共事业管理主体针对公共事业管理客体所采取的方式、方法和措施。公共事业管理的手段是由多种方法构成的方法体系，在该方法体系中，行政手段、法律手段和经济手段是最基本的方法。随着时代的发展和科技的进步，现在公共事业管理的方法体系中又逐渐增加了社区手段、宣传教育手段和技术手段等。

（一）行政手段

行政手段是行政组织依靠组织的权威，运用命令、指示、政策、规定、条例和规章制度等措施，按照行政组织的系统和层次进行行政管理活动的方法。行政手段是管理活动中运用最普遍的方法，也是极为有效的方法。行政手段借助组织中的职位和职务加以实施，其特点是凭借上下级之间的权威和服从关系，采取强制手段直接指挥下级，要求下级按照上级指示行动，以实现行政组织的目标。

行政手段具有如下特点。

1. 强制性 行政手段的强制性体现在行政组织需在思想上和纪律上服从集中统一的意志，即对于行政主体发出的命令、指令、指示等，下级必须服从和执行。当然，行政手段的强制性不同于法律手段的那种强制性，不具有普遍约束力，特殊情况下，行政手段允许灵活机动地去执行。

2. 权威性 行政手段所依靠的是强制性权威，职务和行政职位越高，其权威性就越高，所带来的服务度也就越大越广。

3. 垂直性 行政手段是根据行政组织的纵向结构自上而下进行管理的，行政指令一般都是直线传递、层层下达。

4. 直接性 行政手段通常是按照行政系统、行政层级的上下级隶属关系来实施的。每一层级的管理组织依靠自身的行政权力，直接指挥下一层级的管理活动，使下一层级的组织完全处于上一层级的直接控制和影响之下。这些特点使行政手段在管理中表现出更强的针对性和有效性。

行政手段是公共事业管理必不可少的手段，也是实现政府职能的一种基本手段，它有着其他管理手段无法比拟的优点。行政手段的实施，确保了管理系统保持集中统一，使组织成员遵循一个统一的目标，服从统一的意志，在统一指挥下协同一致地行动；保证了党和国家的路线、方针、政策在公共事业发展的过程中得到全面的贯彻执行；能够凭借行政组织的权威性和层级化，直接对管理系统的各种活动进行组织、指挥、控制，可以有效地发挥管理的职能，使组织的决策、计划作用得以落实；能够迅速有效地解决管理过程中出现的特殊或紧迫的问题。

行政手段适用范围最广、适应性最强，无论是政治管理、军事管理、经济管理，还是社会管理、公共事业管理，都离不开行政手段。然而，行政手段也有其局限性，主要表现为：管理效果受领导水平的限制；不便于分权管理，易产生个人专断、"一言堂"的不良作风；不利于参与式民主管理；容易忽略横向的协调，形成部门间的矛盾；当行政层级繁复时，容易导致信息传递迟缓和失真。

综上所述，行政手段既有优点也有不足。在公共事业管理过程中，若要有效地发挥行政手段的管理作用，必须坚持几个基本原则：一是中国共产党的领导和社会主义民主原则；二是集中管理、统一指挥的原则；三是系统原则；四是权责一致的原则。同时，在运用行政手段管理公共事业的过程中，还必须注意以下几个方面：一是必须符合客观规律，调查研究在先。对下级的思想动态、工作动态、工作环境和工作条件等情况都要尽量掌握，避免强迫命令、个人专断、官僚主义的出现。二是要掌握适用范围和尺度，具体情况具体指导。上级应根据指示、命令的内容多给下级具体指导，启发和鼓励下级开动脑筋，灵活、创造性地贯彻落实上级指示、执行上级命令。三是要与思想政治工作相配合，通过有效的思想政治工作，下级可以更好地理解上级的意图，了解上级所发指令和所下命令的依据与理由，从而更自觉、更有效地执行和贯彻上级指令。

（二）法律手段

法律手段，即行政法律规范和国家法律法令，是指公共事业管理主体根据公众的根本利益及其对公共事业发展的需要，通过制定和实施法律规范，调整公共事业领域内的公共关系、处理公共矛盾、解决公共问题、惩治违法行为，以维护公共事业管理活动基本秩序和关系的一种管理方法。

法律是由国家制定或认可并强制实施的，是统治阶级意志的体现。公共事业管理的法律手段本质上属于法律的范畴，因此也就具备了以下几个特点。

1. 普遍的约束性 公共事业管理活动的法律规范是由国家制定或认可，并以国家的名义颁布实施的，因此其法律手段是国家意志的体现，它要求所有公共事业管理活动的参与者都必须严格遵守，具有普遍的约束力。

2. 严格的强制性 公共事业管理活动的法律法规一经制定，便有国家的强制力量作保障，它要求所有公共事业管理活动的参与者无论是否主观愿意，都必须遵守，一旦违背就会受到法律的制裁。

3. 明确的规范性 公共事业管理的法律规范是用严肃的文字和准确的概念来清楚地阐明立法者的主张和观点，并且每个条文的解释权都有明确规定。它明确了公共事业管理活动的参与者应有的权利、义务与责任，也明确地告知参与者什么可以做、什么不可以做，同时也明确说明了违反法律法规应受到的制裁与惩罚。它为公共事业管理活动的参与者提供了活动的基本依据与准则。

4. 相对的稳定性 任何法律法规的制定、修改和废除都有严格的法律程序。法律法规一经颁布，将在较长时间内保持不变，具有相对的稳定性。

除此之外，法律手段还具有概括性、明确性和平等性等特点，能够使管理活动的参与者有法可依、有章可循，减少其主观随意性，达到行政管理的统一与稳定，为社会全面发展提供可靠的环境和规范的秩序保障。

在社会主义市场经济体制下，法律手段在公共事业管理中的作用范围日益扩大，成为国民经济管理和社会管理的主要手段之一。当然，法律手段也有其局限性：它只适用于共性的问题与关系的处理，针对特殊性的具体问题缺少灵活性和弹性；同时，法律手段以严格的规范来处理问题，使人们习惯于在允许和禁止中作简单选择，容易导致人们思想僵化，不利于公共事业管理主体发挥积极性、主动性和创造性；此外，法律手段对思想认识问题的解决也显得无能为力。因此，法律手段还要与其他手段结合起来使用，以提高公共事业管理效率。

（三）经济手段

经济手段是指公共事业管理主体依据客观经济规律，运用经济杠杆影响公共事业管理活动参与者的经济利益，以保证公共事业的发展按照国家意志进行的一种管理方法。追求物质利益是人们从事各种社会实践活动的主要动力。对物质利益的追求是人们从事各种活动的内在动力之一,价值规律在其中发挥着重要作用。因此,在公共事业管理中运用经济手段进行管理是非常必要的。经济手段可以分为宏观经济手段和微观经济手段。

宏观经济手段主要有财政手段和金融手段等。财政手段是指与财政调节机制有关的一系列调控方法的总称,即利用财政收入和财政支出手段参与公共事业管理。其主要内容包括财政收入中的各种税收及财政支出中的政府投资和财政补贴。具体表现为:一方面,国家利用税收杠杆,通过制定税收政策,调整税种和税率,鼓励或限制人们的活动;另一方面,利用政府投资和财政补贴来影响国民经济投资总额和投资结构,调节国民收入中的积累和消费比例,以及其内部的各种比例,从而制约国民经济的发展规模、速度和经济结构。金融手段是指利用金融货币机关对货币资金流动的调整,从而实现对经济运行的干预的方法。金融手段作为重要的经济调控手段,通过中央银行对货币发行率、存款准备金率、中央银行贷款利率、公开市场业务活动等的调控来实现其经济管理的功能。

微观经济手段是利用价值规律鼓励或禁止公众行为,以达到公共事业管理的目的。微观经济手段主要包括工资、奖金和罚款等。通常,为了实现某种期望目标,公共事业管理主体会通过实现或增加经济收入的方式表示奖励;为了避免或减少某些公众行为,则以减少经济收入或进行经济处罚等方式来加以阻止。

经济手段虽然具有一定的强制性,但是不如行政手段和法律手段那样强烈。经济手段更多地强调运用价值规律来协调公共事业管理活动中的各方关系。经济手段通常具有如下特点。

1. 引导性 运用价值规律,贯彻物质利益原则,通过调整各方面的经济利益关系来引导公共事业管理活动的参与者从事有益的活动。

2. 调节性 运用各种经济手段、经济杠杆可以有效调节公共事业管理活动,制约活动参与者产生不利于活动进程的行为。

3. 间接性 运用经济手段,通过改变各种经济变量来调整利益关系,引导公共事业管理活动的参与者去追求某种利益,从而间接地影响、干预参与者的行为,以达到调节的目标。

经济手段运用得当,能够充分调动各方面的积极性,减少管理事务,提高管理效率。但是经济手段也不免产生一定的盲目性和自发性,容易导致经济紊乱。它不能解决需要严格规定或立即采取措施的管理问题,同时,对人们的思想意识会产生一定的副作用。因此,运用经济手段要注意遵循按客观经济规律办事,兼顾国家、集体、个人三方利益,保证宏观经济计划贯彻实施,以及追求实时有效的奖罚机制等原则。为了提高经济手段的有效性,还要注意综合运用各种经济手段,合理划分经济手段的使用权限,建立健全经济手段法规,严格依法办事。

(四)社区手段

社区是社会的重要组成部分。随着社会主义市场经济的发展,政府转出的部分职能相应地由社会载体来承担,这个载体就是社区。同样,在公共事业管理过程中,很多活动也由社区来承担,例如社区在治安管理、环境管理、宣传教育、福利工作等方面承担了大量的工作。因此,以社区为单位开展公共事业管理活动时,就要以社区的手段进行管理。

社区手段是指以社区为基础,通过服务和管理的方式为居民营造稳定、安全的社区环境和方便、有序的发展环境,从而达到提高居民生活质量、促进社会持续稳定发展的目标。在公共事业管理过程中,以行政手段进行垂直管理的模式下,一旦产生矛盾,极易造成冲突,从而给政府带来直接的压力。借助社区手段进行管理,等同于在居民与政府之间建立了一个可靠的缓冲带,使政府与居民之间能够有效且及时地沟通信息,加强理解,减少冲突,从而有利于形成政治安定、社会稳定的良好局面。除此之外,社区手段还具有以下几个特点。

1. 整合性 社区可以将居民有机地组织起来,形成生活共同体,使居民在不脱离共同体的情况下获得最大的发展与收益。一方面,利益是促使人们走向整合的内在驱动机制,在共同利益面前，人们很容易就能团结起来并采取一致行动。另一方面，文化制度、价值观念和社会规范则是人们走向整合的外在驱动机制，促使人们协调行动，以实现共同利益。

2. 服务性 服务性是社区手段最基本的特点。社区手段以人为本，满足居民的各种生活需求是其最重要的任务。社区手段的服务性主要体现在通过基础性和福利性照顾来满足社区居民的日常生活需求。社区服务的受益者是全体居民。

3. 凝聚性 社区手段的凝聚性是指通过培养社区居民的社区意识，提高居民对社区的认同感和参与感，从而使社区居民愿意积极主动地参与社区组织的各类公共活动。

随着社会主义市场经济的持续发展、政府角色的转换和功能的全新定位，社区手段在公共事业管理中将不断增强，社区所起的作用将不断增大。无论是公共事业的发展，还是公众思想道德文化的建设，都离不开社区手段这种管理方式。

（五）宣传教育手段

宣传教育手段是指对公共事业管理活动的参与者进行讲解和教育，启发其觉悟，从而自觉地参与公共事业管理活动的管理方法。公共事业管理活动中，管理主体运用宣传教育手段，从思想层面激发和引导人们的行为动机，促使人们积极地参与活动，从而实现管理目标。广泛、深入的宣传教育能够为人们的管理行为提供统一的思想基础，使管理系统的运转获得巨大的精神动力，同时，也能够使人们的思想道德素质得到不断的提高。

宣传教育手段具有明确的目的性、启发性、间接性、广泛性、多样性、长期性和反复性的特点，它是公共事业管理手段的重要组成部分。公共事业管理活动中，参与者是核心要素，参与者的积极性和活跃度直接决定了管理活动目标的完成程度。通过强有力的宣传教育工作，提高参与者的思想觉悟，激发他们的行动动机，充分调动他们的积极性，将其引导到实现社会或组织的共同目标上来，形成强大的精神凝聚力，在完成管理任务的过程中就会达到事半功倍的效果，进而有效地实现社会目标或管理目标。宣传教育手段在公共事业管理中的作用表现为以下几方面：①正确贯彻和执行党的路线、方针和政策。②确保社会主义方向。③有助于完成各项工作任务，实现管理目标。④有利于其他管理手段充分发挥作用。

运用宣传教育手段进行管理，要遵循理论联系实际的原则、宣传教育结合业务工作的原则、民主原则、正向鼓励为主的原则、提高思想认识与关心群众物质利益相结合的原则、宣传教育手段与其他管理手段相结合的原则等。宣传教育工作形式多样，主要有灌输与疏导、说理教育与形象教育、感化教育与养成教育、言传身教与典型示范等形式，在具体方法的应用上，要根据管理中出现的不同情况和特点，因人而异地灵活运用。

（六）技术手段

技术手段是指公共事业管理主体在开展公共事业管理活动的过程中所利用的技术知识经验与先进的或创新的技术方法。在信息时代，信息技术是最基本和最普遍的技术手段，被人们广泛应用于生产和生活中。信息技术在公共事业管理中的积极作用也是显而易见的。其中，信息获取与处理的各种知识和技术，如数据统计分析技术、规划决策技术等，被广泛应用于公共事业管理活动中，极大地提升了管理的效率，具体体现在以下方面：①打破了时空限制，降低了信息传输的时间成本和人力成本，便于公共事业管理者学习现代化的管理知识。②开阔了管理者的视野，提高了判断、分析和解决问题的能力。③促进了公共事业管理民主化和科学化。④改善了现有行政手段的信息基础和信息通信手段。⑤推动了公共事业行政管理模式的变革。

但是，信息技术在飞速发展的进程中，也为管理主体带来了一些挑战。一是信息技术必然导致传统的国家主权弱化。信息技术的发展增加了国际活动的透明度，但在国际社会的注视、舆论的监控和可能的外部干涉的影响下，国家在国内外事务，特别是在军备采购、能源政策、污染标准等具有全球影响的事务上作出决定的自主性日益被削弱。二是互联网的发展带来了信息污染。信息技术的发展导致信息爆炸，信息量增大的程度远远超出人们的接受能力。在大量的信息中，往往混杂着错误信息、冗余信息、污秽信息等，侵占了信息存储资源，影响了信息处理的速度，污染了信息环境。三是信息技术的国际化发展导致信息渗透。信息化发展的渗透性表现为对国家或社会的政治、经济、文化和日常生活等各个层面的深刻影响，它使得民族文化的独特性和差异性也受到挑战。这就提出了一个严肃的课题：如何规范网络行为？积极寻求对策是公共行政部门不可推卸的责任。

公共事业管理主体可以通过发展电子政务推进公共事业管理体制的创新，提高政府的公共事业管理水平。通过整合公共事业管理资源，构建起基于电子政务平台的公共事业管理体系。结合公共事业管理规律和时代特色，采用创新的管理手段，拓宽服务领域，为公众提供更加便捷和优质的公共服务。在公共事业管理领域发展电子政务，还可以帮助政府构建新型的社会治理模式，实现政府和公众的良性互动，有利于建立公正、文明的社会发展环境，能够促进社会公共事业的良性发展。目前，我国仍然存在地区间经济发展不平衡的现状，农村和城市的发展水平整体上不均衡，社会各阶层的信息能力不对称。在借助信息技术的优势开展公共事业管理活动时，要注意把握"以人为本"的原则，要照顾到经济发展较差的地区和信息技术掌握不足的人群，因地制宜、因人而异地采取恰当的管理手段开展公共事业管理活动。

任何管理手段都有其优点和不可避免的缺点，因此，每一种管理手段都具有特定的适用范围。在大多数情况下，综合应用各种管理手段，才能做到取长补短、相辅相成，取得良好的效果。虽然如此，但在不同类型的管理活动中，各种管理手段的地位和作用却是不同的。一般来说，在行政组织管理中，行政手段和法律手段是主要的管理手段；在经济管理中，主要采用经济手段，行政手段和法律手段只是必要的补充。

在不同时期的管理活动中，各种手段的地位和作用也是不同的。改革开放以前，我国的公共事业管理主要依靠行政手段；随着改革开放的不断深入，法律手段和经济手段的地位和作用日益突出。在政府职能的转换过程中，除了法律手段和经济手段的作用更加突出以外，社区手段也应运而生。同时随着科技的进步，技术手段也逐渐应用到公共事业管理活动中。总的来说，公共事业内容丰富、情况复杂，各种管理手段的优点要兼收并用，才能取得更好的效果。

第四节　公共事业管理与其他管理的联系和区别

公共事业管理是公共管理的重要组成部分，它具有一般管理活动的属性和特点，因此在公共事业管理过程中，管理主体也履行一般的管理职能，如预算、决策、组织、协调、控制等。同时，公共事业管理又具有自身的独特性，它与公共管理、行政管理和企业管理之间既有联系又有区别。辨析公共事业管理与这些管理形式之间的关系，既要把握它们的联系，又要认识到它们的特性，这对深入学习和研究公共事业管理十分重要。

一、公共事业管理与公共管理

公共管理是当代社会科学和管理科学研究的重要领域之一，是以政府为核心的公共部门处理公共事务、提供公共产品和服务，以保障和增进社会公共利益的活动。公共事业管理是公共管理的分支学科之一，二者之间既有联系又有区别。

（一）公共事业管理与公共管理的联系

如前所述，公共事业管理是公共管理的重要组成部分和分支学科，二者是部分与整体的关系。从管理的范畴来看，公共管理的范畴包括整个社会公共事务，公共事业管理则是对狭义的社会公共事务的管理；从管理目标来看，二者都致力于满足社会公众的公共需求、实现社会公共利益的最大化；从管理的主体来看，二者的管理主体都是社会公共组织；从管理的客体来看，二者都以公共事务为对象，为社会公众提供纯公共产品和准公共产品，以满足社会公共需求、解决社会公共问题。公共事业管理的内容涉及公共管理中社会管理职能的领域，是公共管理的子系统和分支学科。综上所述，二者的管理主体都是社会公共组织；主要目标都是实现公共利益的最大化；二者都属于现代管理学的范畴，都倾向于采用现代化的管理方法和技术，对公共事务进行管理。

（二）公共事业管理与公共管理的区别

公共事业管理作为公共管理的一部分，虽然与公共管理有很多相似之处，但是在管理的细节内容上又有显著的区别。

1. 管理的范围存在差异　公共管理的范围是广义的公共事务，包括涉及社会整体利益的政治事务、经济事务和社会事务，因此公共管理即广泛的国家和社会事务管理，由政务管理、经济管理和公共事业管理组成。其中政务管理是指对国防、国家安全、民族工作和政府自身的管理；经济管理主要是运用各种经济政策对经济运行进行调控，促进经济持续、稳定的发展；而公共事业管理的范围是特定的社会公共事务，主要体现在对教育事业、科技事业、文化艺术事业、卫生事业、体育事业、环保事业、社会保障事业等方面的具体管理。因此，公共事业的管理范围只有狭义的社会公共事务，而公共管理除了包括公共事业管理的内容之外，还涉及政治事务和经济事务。

2. 管理的主体不同　公共管理主体包括政府和各类公共事业组织，如事业单位、非营利组织以及部分营利组织。其中政府是公共管理最主要的组织机构，承担着主要的公共责任，其管理活动和所提供的服务带有明显的权威性和强制性。在公共事业管理中，公共事业管理的主体主要是非政府组织，在政府的监管下，非政府组织依据一定的政策法规，在非营利的前提下，专业且高效地为社会公众提供各种公共服务。在公共事业管理中，政府依然是管理主体之一，但是很多时候是起监督管理的作用，并不直接提供公共事业产品，因此公共事业管理活动虽然也有强制性的特点，但是其强制力不如公共管理那么严格和广泛。此外，从服务的对象上来看，公共管理服务于社会全体成员，而公共事业管理的服务对象既可以是社会全体成员，也可以是社会部分成员。在公共事业的活动领域，社会成员既可以接受服务，也可以拒绝服务，具有较强的自主性。

3. 管理的手段不同　在管理的手段上两者也存在区别。公共事业管理在具体的管理环节中更强调柔性管理手段，如说服、公共规范、榜样、价值导向等，着重强调管理的服务性和技术性；而公共管理因管理内容还包括政务管理和经济管理，因此在管理中常常采取刚性手段和柔性手段并重的管理方式，其中刚性手段包括行政手段、法律手段、经济手段等。

4. 管理的职能不同　公共管理与政府的政务职能、宏观调控职能、经济管理职能和社会公共事务职能紧密联系，因而侧重于研究一些宏观上的基本理论问题和综合性实践问题，一般是进行宏观上的指导、控制与调节；而公共事业管理主要与政府的社会管理职能密切相关，侧重于微观上的具体实践和操作层面上的公共问题的解决，强调管理的实践性和可操作性。

二、公共事业管理与行政管理

行政管理是指国家权力机关的执行机关依法直接对国家事务、社会公共事务和机关内部事务进行管理的活动。通常所说的行政机关就是指政府，因此行政管理在一定程度上就是指政府部门的管理。行政管理和公共事业管理在一定程度上都是为了处理好社会公共事务而开展的管理活动。但是公共事业管理是将社会公共事务作为管理对象来开展管理活动的，而行政管理则是将国家事务、社会公共事务和机关内部事务作为管理对象来开展管理活动的。具体来看，行政管理主要包括两个方面的内容：一是政府对国家和社会公共事务的宏观管理，二是政府对内部公共事务及人员的管理。

（一）公共事业管理与行政管理的联系

1. 二者的管理目标一致 虽然公共事业管理与行政管理各专其长，并且管理的具体目标不一定完全相同，但是最终目标均是实现社会公共利益的最大化，维持社会秩序并维护社会稳定发展。

2. 二者都具有公共性和服务性 公共事业管理与行政管理在管理上都致力于解决社会公众的公共问题、满足社会公众的公共需求，并为公众提供足量和优质的公共产品。二者的管理活动都具有明显的公共性和服务性。

3. 二者在管理主体上有联系 公共事业管理的主体是公共组织，其中包括政府组织、非政府组织和准政府组织；行政管理的主体只有政府，它属于公共组织中的核心组织，在公共组织中起着主导和领导的作用。显然，公共事业管理与行政管理的主体存在着交叉性和共性，但是它们之间也是有区别的。

（二）公共事业管理与行政管理的区别

1. 管理对象与范围不同 公共事业管理的对象是公共事务中特定部分的社会事务；而行政管理的对象则是广义的社会公共事务，包括政治事务、经济事务和社会事务。公共事业管理更多体现的是社会管理职能；而行政管理的职能要更广泛，包括政务管理职能、经济管理职能和社会管理职能。总之，公共事业管理与行政管理的管理对象与范围既有交叉，又有区别。

2. 管理的方式与手段不同 通常来说，行政管理主要依靠行政管理手段，如采取带有强制性的行政命令、指示、规定等对政治事务、经济事务与社会事务进行监督、检查、管理和调控，它侧重于宏观调控，并且带有很强的权威性和强制性。而公共事业管理主要采取的是柔性手段，强调管理的科学性、技术性和服务性，并且公共事业管理的发展趋势是逐渐将管理与服务融为一体，注重增强对社会成员的服务意识与社会化意识。

3. 管理的主体不同 行政管理的主体是国家行政机关或政府部门，而公共事业管理的主体是社会公共组织。行政管理的主体具有等级性；而公共事业管理的主体则没有明显的等级性，各类公共组织之间彼此监督，只在社会分工上有明显差别。行政管理的经费来自政府财政；而大多数的公共事业组织虽然对财政有较强的依赖性，但还有一部分是通过有偿的服务来维持正常的运转，并且在经济上是实行独立核算、自收自支、自负盈亏的模式。

三、公共事业管理与企业管理

公共事业管理与公共管理或行政管理在管理目标上具有高度的一致性，只是在具体的管理内容、手段、职能等方面有所区别。公共事业管理与企业管理则是性质完全不同的两种管理类型。虽然在社会主义市场经济体制下，现代公共事业管理中适当引入了市场机制，使得公共事业管理在一定程度上借鉴了企业管理的方法和手段，加上私营部门在公共事业领域的介入，使得二者之间也有一定的联系，但是亦有显著的区别。

（一）公共事业管理与企业管理的联系

随着社会的发展与进步，社会公共事务呈现出复杂和多样化的特点。同时社会公众对公共服务的需求增加、要求提高，使得公共事业的活动领域不断拓展。因此在当前公共事业管理发展中，公共组织越来越注重与外部的关系，并倾向于将私营部门的战略管理及过程管理的技术与方法引入公共事业管理的过程中，以提高公共服务的效率，并且为社会公众提供更优质的公共事业产品。总之，在市场经济体制的作用下，公共事业领域适当引入企业的管理机制进行管理，适当运用企业管理中的方法如民营化、顾客导向、全面质量管理、绩效评估等，有利于提高公共事业管理的效率。

（二）公共事业管理与企业管理的区别

虽然在公共事业管理中可以不断借鉴企业管理中所运用的方法以提高管理效率，但两类管理毕竟分属于根本性质不同的部门，因而两者之间也存在着较为明显的区别。

1. 管理的目的不同　公共事业管理主要通过提供公共产品与处理社会事务的形式，实现提高人们的生活质量、增进社会公共利益的目的；而企业管理最主要和直接的目标就是利润最大化，主要是通过提高私人产品的生产效率和服务质量，实现营利的目的。但是值得一提的是，为了平衡社会资源和弥补事业经费的不足，同时也为了进一步提高公共服务的质量，有些公共事业组织会以收费的方式提供部分公共服务或公共产品，但是收费的最终目的并不是营利，而是更好地保障公共事业的可持续发展。这是有别于企业管理中将所获得的收入直接纳入利润中去进行分配的特点。

2. 管理的主体与性质不同　公共事业管理的主体为社会公共组织，这些公共组织具有很强的公共性和服务性；企业管理的主体是以企业法人为依托的企业组织，企业组织最主要的特征就是营利性，其经营管理以实现企业利润最大化为目标。

3. 管理所依托的权力不同　公共事业管理中所使用的权力是公共权力。公共权力是基于公共事务的政治权力、经济权力和社会权力的综合，是通过全体社会公众授权的方式获得并行使的；而企业管理所依托和运行的权力则主要是私有权中的财产所有权。

4. 管理的物质基础不同　公共事业管理与企业管理在管理目的上的不同，决定了二者属于两种性质完全不同的管理模式。因此，二者的管理主体在运营与发展上所需的经费与收入来源也是不同的。其中，公共事业管理运营所需经费主要来自公共财政收入，即税收，其耗费的资源也主要是社会公共资源。由于公共事业管理的经费和资源取之于民，其决策就要反映社会公众的意愿，经费支出不能任由公共管理人员支配，而是必须公开化，接受纳税人的监督。而企业管理运营所需成本来自自有资金、投资回报，因此企业的经费预算与运营管理都是自主完成的，企业自主经营、自负盈亏，经费支出不需要公开化，管理决策也属于企业内部事务。

5. 对管理人员的要求不同　公共事业管理中的大部分人员属于国家公务人员，另外一部分属于事业单位的专业人员，他们从事特定的社会公共事务管理。因此公共事业管理人员必须遵循公共伦理和公共管理规范，其中国家公务人员更要遵守国家关于公务员管理的相关规定。而企业管理人员是由企业聘用的，政治性规范并不是影响企业人员的主要因素，但是他们仍然需要遵守公共伦理道德和公共管理规范。

6. 绩效评估的指标不同　在绩效评估上，公共事业管理侧重于将社会效益作为主要的衡量指标，企业管理则将经济效益摆在首位。公共事业管理针对社会的公共事务进行管理，在兼顾经济效益的情况下，更侧重于将其行为的合法性、公众舆论、冲突减少程度、准公共产品的质量和社会效益作为评估公共事业管理成效的衡量指标。在企业管理中，最重要和最直接的目的就是获得经济利益最大化，因此管理中用以衡量绩效的因素也是围绕经济利益这个根本目的来确定的，如销售额、净收益率、资本净收益、市场占有率以及生产规模的扩大程度等。总的来说，在兼顾公平与效率的基础上，公共事业管理更侧重于社会效益，企业管理更侧重于经济效益。

第五节　公共事业管理的研究方法和意义

公共事业管理是用于指导公共事业组织为实现组织目标而进行组织内部科学管理的一门应用性较强的学科。公共事业管理的水平直接关系公众的物质生活和精神生活的质量，对我国政治经济体制改革、和谐社会的构建以及社会的全面进步都有着十分重要的作用。因此，通过恰当的研究方法正确认识和指导公共事业管理十分有必要。同时公共事业管理的复杂性决定了通常需要采用多种方法相结合的方式来对其进行研究。

一、公共事业管理的研究方法

学习与研究公共事业管理,要从中国公共事业发展的实际情况和现实要求出发,同时借鉴世界各国在公共事业管理实践中的一切优秀经验成果,探索出具有中国特色的社会主义公共事业管理体制,不断丰富和完善中国特色社会主义公共事业管理学科体系,加强其对实践的指导价值,更好地为促进政治、经济、社会的协调发展而服务。公共事业管理研究是一项跨学科的活动,是建立在管理学、政治学、经济学、行政学、社会学等学科的基础上发展而来的,因而其研究方法也是多样的。公共事业管理学中常用的研究方法有以下几种。

(一)比较分析法

比较分析法(comparative analysis method)是指将研究对象与不同或相似的事物放在一起进行比较,或者将同一研究对象的不同发展阶段进行比较,分析事物之间存在的异同及其制约因素等,进一步加深对研究对象的了解和认识,同时从中找到共同点、本质或规律性。比较分析法分为横向比较分析法和纵向比较分析法,即按时间节点分为同时性比较和历时性比较。横向比较分析法为同时性比较,其在公共事业管理中的应用是对不同国家或地区的公共管理系统及过程加以比较;纵向比较分析法是历时性比较,其在公共事业管理中的应用是对同一国家或地区在不同历史时期的公共事业管理系统及过程加以比较。通过比较分析,发现各国或各地区在不同时期的公共事业管理特色,并从中获取有关公共事业管理的普遍认识,探究公共事业管理的一般规律。

(二)实践抽象法

在公共事业管理理论产生之前,公共事业管理的行为早已存在于社会管理的行为和实践中。在长期的公共事业管理实践中,人们已经形成一些较为稳定且行之有效的管理方式,对已产生的管理实践进行总结、概括和抽象,以获得新的公共事业管理理论的方法,就是实践抽象法(practice abstract method)。实践抽象法的基本思想是:从实践中来,到实践中去。公共事业管理人员在具体的管理实践中,针对如何确立问题、如何搜集信息去分析问题、如何辨别和选择解决问题的办法、如何选择出最优方案等过程或某一环节进行总结、概括和抽象,就可以得到公共事业管理的理论、原则和方法等,进而用以指导新的公共事业管理实践。

(三)系统分析法

系统分析法(system analysis method)是指将研究对象视为系统工程理论意义上的系统,从事物的整体出发,分析事物的结构与功能、整体与结构、整体与部分、整体与外部环境等方面的相互关系和作用,注意系统的整体协调性和环境适应性,力图实现整体功能的最优化。公共事业管理学中使用系统分析法的目的是帮助人们理解公共事业管理系统及其与社会环境的关系,鼓励对公共事业管理系统的各个组成部分、公共事业管理过程的各个环节同时进行研究,引导人们注意这一系统中的结构、层次与功能,促使人们从不同的角度提出问题,开拓新的学问领域。系统分析法的内容包括整体分析、环境分析、结构分析、层次分析、相关分析等。

(四)实体分析法

所谓实体,这里是指一种物质实体,即占有一定的空间并有一定结构和功能的物质存在。公共事业管理中的实体分析法(entity analysis method)是指在进行公共事业管理研究时,将公共事业管理的主体即公共组织,如政府、非政府组织和准政府组织作为一个实体来看待,重点分析该实体存在和发展的前提条件及其与环境的关系,从而获得对这一实体活动的条件和规律等的认识。

运用这一研究方法的一个前提条件是要熟悉政府部门和相应的非政府组织及其行为过程,

了解法律、政策等要素。例如,制约公共事业管理机构的因素有哪些,公共事业管理机构的目的是什么,它开展了哪些活动,它拥有哪些资源和权限,它面临的主要问题是什么,等等。通过对这些基本问题的回答,分析公共事业管理机构作为实体性存在的基本情况,从而获得关于公共事业管理的认识和理论。

实际上,实体分析法不仅仅是研究公共事业管理的方法,也是公共管理实践中经常使用的工作方法,因为公共事业管理通过这种实体分析法,往往可以形成一套理论和技术,帮助公共事业管理人员分析本机构关于管理目的、制约因素、资源和权限以及其他面临的主要问题等情况,从而制定并实施相应的管理方案和措施,提高管理的效率。

(五)案例分析法

案例分析法(case analysis method)也称为问题法,是被广泛应用于社会科学中的一种重要研究方法,它主张对已经发生的管理事件进行分析总结,从公共事业管理的场景去发掘事件本质,找到问题的答案。分析者应以旁观者的立场尽可能客观公正地对其加以全面描述,使事件发生当时的情景(包括环境和当事人的言行等)得以再现,以供读者分析、评价。这种方法具有真实感和启发性,对于没有实践经验的学习者有很强的指导作用。但是,案例的选取要切合实际,能结合公共事业管理的相关理论进行分析,能够便于分析者和学习者双方进行交流。案例可以来自实际,也可以来自对现实的模拟,且有某种特定的研究和学习价值。同时,案例可以是成功的或者失败的案例,根据案例中给出的现象和情况,运用公共事业管理理论去加以说明,并从中得到启发和提示,为公共事业的未来发展提供借鉴并形成新的思维模式。

案例分析法对于分析者和学习者的素质要求较高,需在讨论之前熟悉案例和公共事业管理的相关理论,这一方面在某种程度上增加了使用案例分析法的难度,但另一方面又能激发学习兴趣,增进学习效果。

(六)实验分析法

实验分析法(experimental analysis method)源自自然科学,其本质是通过设计实验,高度模拟事物的影响因素和发展过程,以找到这种事物在真实世界中的各种可能数据和面貌。由于公共管理的过程中涉及人的行为,而人的行为是难以准确预测的,所以社会科学的实验无法做到像自然科学实验那般精确无误。因此公共管理研究中的实验分析法只是一种近似的准实验分析,它只是通过选取某些现象或领域,在人为干预下开展政策或管理的试验,为全面推广积累宝贵经验。现实中的改革试点可以被看作是实验分析法的一个例子,我国的政策普遍采用先试点后推广的实施模式,通过试点积累较为成熟的经验后,再进行大范围落实。这就是一种实验分析法的应用,即在管理试验过程中不断地进行经验总结,对某些不成功之处进行调整,以期达到理想效果。在管理领域较为常用的实验分析法有对比实验、可行性实验、模拟实验等。

(七)数理分析法

数理分析法(mathematical analysis method)是借用数学概率论与数理统计的理论,同时结合计算机及相关软件强大的计算功能,对广泛收集的公共事业管理数据进行定量分析,查找和把握公共事业管理现象之间的关系,以探求公共事业管理活动规律的一种研究方法。数理分析法需要以定性分析作为理论基础,在此基础上实现公共事业管理研究的定量化,实际上是将定性分析与定量分析结合起来的研究方法。

二、公共事业管理的研究意义

公共事业管理作为一个专门的研究领域和学科,在我国刚刚起步。但目前,我国传统的事业管理体制与新型公共事业发展之间依然存在一系列矛盾,因而加强公共事业管理的学习和研究,正确认识市场经济体制下政府的职能,调整政府与社会的关系,深化行政管理体制和事业单位管理体制改革,构建中国特色社会主义公共事业管理体制是深化改革的迫切要求,具有十分重要的意义。

（一）构建中国特色社会主义公共事业管理体制是当前改革的迫切需要

第一,在当前市场经济体制下,政府职能需要向创造良好发展环境、提供优质公共服务、维护社会公平正义的方向转变。构建中国特色社会主义公共事业管理体制,有助于明确政府在公共事业管理中的角色和定位,推动政府从直接提供者向监管者、协调者和服务者的角色转变。通过优化管理体制,可以提升公共服务的供给效率和质量,满足人民群众日益增长的需求。第二,传统的事业管理体制与新型公共事业发展之间存在一系列矛盾,深化行政管理体制和事业单位改革成为必然要求。构建中国特色社会主义公共事业管理体制,可以推动事业单位分类改革,优化资源配置,提高公共服务水平。同时,通过理顺政府与社会的关系,激发社会活力,形成政府主导、社会参与的公共事业管理格局。第三,公共事业管理涉及教育、医疗、卫生、文化等多个领域,直接关系到人民群众的切身利益和社会整体协调发展。构建科学、合理的公共事业管理体制,可以确保公共资源的公平分配和有效利用,缩小城乡、区域、群体之间的差距,促进社会公平正义。同时,通过加强公共事业管理,可以提升社会整体文明程度和公共服务水平,推动社会全面进步。第四,随着经济社会的发展,公共事业管理面临着越来越多的挑战和风险,如人口老龄化、环境污染、资源短缺等。构建中国特色社会主义公共事业管理体制,可以增强政府应对社会挑战和风险的能力,通过制定科学合理的政策和措施,有效预防和化解社会矛盾和问题,维护社会稳定和谐。第五,公共事业管理体制改革是社会主义市场经济体制改革的重要组成部分。通过构建中国特色社会主义公共事业管理体制,可以进一步理顺政府与市场的关系,发挥市场在资源配置中的决定性作用和更好发挥政府作用。同时,通过优化公共服务供给机制,可以激发市场活力和社会创造力,推动经济持续健康发展。

综上所述,构建中国特色社会主义公共事业管理体制是当前改革的迫切需要。从促进政府职能转变、深化行政管理体制和事业单位改革、促进社会整体协调发展、应对社会挑战与风险以及推动社会主义市场经济体制改革深入发展等多个目的角度来看,这一改革都具有十分重要的意义。

（二）公共事业管理研究能为国家治理复杂的社会问题提供理论基础,促进科学公共事业管理体制的形成

公共事业管理的主体需要能够综合运用各种知识技术,跨越自然科学、社会科学等传统学科分类的鸿沟,结合各种学科的方法进行研究,并提出合理的解决办法,这种历史使命正是公共事业管理研究兴起的基础。以各类学科为基础构建起来的公共事业管理研究综合了各种理论,运用更加灵活多变的方法来分析复杂的现实问题,并提出解决策略。只有通过这种新的综合性研究才能有效解决当前急迫的社会问题,才能保持人类社会和谐、稳定、持续的发展。所以,公共事业管理研究已经成为人类社会处理急迫问题的理论前提和基础,没有科学的理论,就难以应对错综复杂的现实。

随着社会经济的发展,社会问题呈现出复杂化、多样化的特点,新型公共事业蓬勃发展,而传统的公共事业管理存在诸多问题与缺陷,改进公共事业管理成为亟需面对的重要问题和现实需要。尤其是当前,公共部门面临传统社会问题和新兴社会问题的双重挑战,在这种急迫的社会形势下,不断加强对公共事业管理的研究,进行科学理性的改革以构建科学公共事业管理体制,成为一项重要而艰巨的任务。

（三）公共事业管理研究能够有效推进政府管理体制的改革,提升政府、公共机构的公共服务效能,推动国家与社会良性互动关系的形成

公共事业管理研究既是政府处理复杂社会问题的前提,也是推进政府管理体制改革和提升政府、公共机构服务效能的基础。公共事业管理研究能够为政府应对社会问题提供各种政策手段。通过不同领域专家的介入，政府能够利用专业知识制定出更加适合社会需要、更加有效能的公共政策，从而实施调控社会、处理问题的各项措施。公共事业管理研究还可以为政府各项公共服务探究传递新的理念、构建新的方法，促进政府提供更加丰富的公共服务。

随着社会主义市场经济体制改革的不断深入，我国政府管理体制的改革也与时俱进，当前的一项重要任务就是要在调整政府职能的过程中，加强社会主义市场经济条件下政府的社会公共事务管理职能，探索相应的管理方式，并积极推动事业单位体制改革，实现"政事分开"，最后形成具有中国特色社会主义公共事业管理体制，以适应经济体制改革的不断深入和社会发展的需要。

（四）公共事业管理研究是推进健康中国建设，推动卫生事业发展的必要保证

从公共事业的服务对象来看，公共事业管理研究对社会公众生活水平与生命健康有着特殊的价值。公共事业关注的领域不是一成不变的，从过去特别关注公民的经济生活状况，转变为当前更加关注公民的总体生活质量，尤其是公民的生命健康。一人健康是立身之本，人民健康是立国之本。《"健康中国2030"规划纲要》明确指出：健康是促进人的全面发展的必然要求，是经济社会发展的基础条件；实现国民健康长寿，是国家富强、民族振兴的重要标志，也是全国各族人民的共同愿望。党的二十大报告强调：要推进健康中国建设，把保障人民健康放在优先发展的战略位置；深化医药卫生体制改革，促进医保、医疗、医药协同发展和治理。对此，公共事业管理研究人员有必要从微观的技术问题到宏观的体制问题开展研究，发现其内在关联，寻找到关键要素，从而设计出更加理想的管理和服务方式。

（五）公共事业管理研究有助于推进公共事业的健康发展，进而推动社会整体结构的优化与发展动力的提升

公共事业管理研究不仅有助于推进公共事业的健康发展，其更深层次的意义在于，它作为社会进步的重要引擎，能够全面推动社会整体结构的优化与发展动力的提升，进而引领社会向更加繁荣、公正、可持续的方向迈进。这种推动作用体现在：通过深化公共事业管理研究，可以更科学地规划和设计公共事业的发展路径，确保公共服务的高效供给与公平分配，从而夯实社会发展的基础。同时，研究过程中产生的创新理念和管理模式，能够为社会其他领域的改革提供有益借鉴，激发社会整体的创新活力。更重要的是，公共事业管理研究关注社会整体利益的最大化，致力于构建公平、包容、可持续的社会发展环境。这不仅有助于提升社会成员的福祉水平，还能在深层次上促进社会的和谐稳定与长期繁荣。因此，公共事业管理研究不仅能够推动社会在物质层面的发展，更能在精神、文化、制度等多个层面引领社会向更高阶段迈进。

本章小结

1. 我国的公共事业是在社会主义市场经济体制不断完善的过程中形成的，具有鲜明的中国特色，其具体形式是向公众提供特定的公共服务或公共产品。因此，要理解公共事业的内涵，必须先厘清公共需求、公共服务、公共产品等基本概念，了解公共服务的提供方式。

2. 公共事业是指以政府为核心的公共组织利用各种社会资源举办的不以营利为目的的公共服务活动，它是社会全体公众的事业，以满足社会公共需求为基本目标。公共事业具有公共性、非营利性、规模性、专业性和服务性等基本特征。

3. 政府作为公共事业管理最重要的管理主体，为教育、科技、文化、卫生、体育等公共事业领域提供具有强制性的公共服务，进行必要的规划、组织、协调、控制和监督，并提供必要的公共产品和信息服务。

4. 公共事业管理以满足社会公共需求为目标，公共性是其最鲜明的特点。以公众为本是公共事业管理的最基本的原则，也是公共事业管理公共性的最集中体现。公共事业管理与其他管

理形式在管理主体、客体和内容等方面有交叉,但是由于本质的不同,公共事业管理与其他管理形式又有显著的区别。

思考题

1. 公共事业的基本内涵是什么?
2. 如何理解公共事业与公共产品和公共服务之间的关系?
3. 如何认识公共事业和公共事业管理的特征?
4. 公共事业管理的基本原则是什么?
5. 公共事业管理与公共管理、行政管理、企业管理有什么联系与区别?
6. 学习和研究公共事业管理有什么意义?

(郑建中)

第二章　公共事业管理的理论基础

　　20世纪早期，美国学者提出公共事业管理的概念，主要的理论基础来自泰勒的科学管理理论和马克斯·韦伯的层级官僚制理论。虽然此时的公共事业管理带有官僚制的发展本色，但因其实践发展速度很快，为社会的发展和进步作出了重要贡献。随着社会的进一步发展，公共事业管理的范围逐渐扩大，政府管理逐渐专业化。直到20世纪70年代，全球石油危机爆发，使工业化国家的经济增长明显放缓，社会公众对公共事业管理的质量提出了新的要求。再加上全球化、信息化、市场化的发展趋势，促使公共事业管理也随之进行改革。此后，政府逐步退出部分社会事务的管理，由市场管理接替，逐步实现政府监管下的公共事业管理市场化模式。此时期以公共选择理论、新制度经济学理论、多中心治理理论等作为公共事业管理的理论基础，这些理论为公共事业管理的发展提供了理论支撑和实践指导。21世纪初期，以美国著名公共行政学家罗伯特·B.登哈特为代表的一批公共行政学者提出了新公共服务理论。2010年以后，在国际公共事业管理领域，公共价值、复杂治理、整体智治、共同生产以及数字治理等理论体系逐渐成熟。同时，我国公共事业管理实践不断积淀和创新，引发了公共事业管理的中国视角的讨论，我国由过去的引介理论逐渐转向生成本土化理论。总体而言，随着技术变革、社会改革以及观念变迁，公共事业管理实践与理论也不断演化。了解公共事业管理领域的核心理论及其前沿进展，对学习和掌握公共事业管理知识具有积极意义。

第一节　公共选择理论

　　公共选择理论诞生于20世纪40年代末至50年代初，二战后凯恩斯经济学的盛行，导致了巨额的政府赤字和持续的通货膨胀，此时主流思想认为，国家应当担负起纠正市场机制缺陷、优化社会资源的责任。因此西方各国不断加强政府干预经济的力量，导致政府职能增强、规模不断扩大、资源严重浪费，政府干预经济的缺陷也日趋明显，在这种背景之下产生了公共选择理论。随着公共选择理论的发展，其研究范围也从最初的政治科学范畴逐步发展到公共管理、法律和道德规范等一系列领域中。

　　公共选择是指通过集体行动和政治过程来决定资源在公共领域的分配，是人们通过民主政治过程，将个人的私人选择转化为集体选择的一种过程或机制。从研究方法来看，公共选择理论运用经济学的方法，在"经济人"假设的前提下，对政府管理出现的问题进行分析。换言之，公共选择理论是用经济学的方法分析非市场决策的一类理论。公共选择理论认为市场由两个部分组成，一个是经济市场，另一个是政治市场。经济市场的主体为厂商（供给者）和消费者（需求者）；与经济市场类似，政治市场的主体也是由供需双方组成的，其中供给者是政治家和政府官员，需求者是选民和纳税人。政治家与政府官员负责向社会提供一定数量与质量的公共产品，选民与纳税人获得公共产品并支付一定金额的税收款项，至于具体公共产品的种类、数量、税收额等，则是通过选举过程的"讨价还价"完成的。每一个政治市场的参与者，无论是纳税人还是政府官员，在进行选择时都要先对个人的成本与收益进行计算。如果一项集体决策给参与者带来的收益大于他投赞成票时所需承担的实际成本，那么他就会支持这项决策，否则就会不支持甚至反对这项决策。

1986年公共选择学派创始人詹姆斯·布坎南提出公共选择理论的三大方法论,是公共选择理论最基本的方法理论,之后的许多理论都是在该基础之上展开的。

一、"经济人"假设

"经济人"假设是指假定处于经济市场中的每一个人都是完全理性的,同时也是自利的。"经济人"在经济市场中的行为原则是:在既定的约束条件下,选择使自己利益最大化的行为。公共选择理论认为,经济学中的"经济人"假设同样适用于政治分析,个人在政治领域的行为也会受到利己动机的支配,并与经济市场相对应,政治领域也称为政治市场。"经济人"假设是公共选择理论和传统政治学理论相区别的根本点。传统政治学理论假定处于政治领域的人具有利他主义精神,但是公共选择理论认为同一个体的行为应当适用于不同的制度或不同的规则体系。因此,同样的人在经济活动和政治活动两种场合中不大可能有完全不同的行为动机,并因此追求不同的目标。换言之,既然假定在经济市场中的个体会在市场规则的约束下理性地追求自身利益最大化,那么也必须假设在相应的政治市场中,个体在政治规则的限制下也会以完全相同的方式追求自身效用最大化。

公共选择理论中的"经济人"假设受到了正统政治学家的猛烈批评,批评主要集中于两点:一是"经济人"假设以偏概全,没有准确刻画政治领域中的个人行为模式;二是很多结论得不到现实的验证。从科学方法论的角度来看,"经济人"假设只是一种"有用的虚构",面面俱到的个人模型只能作描述性的说明,不可能得到明确的分析结论。从社会实践的角度来看,公共选择理论中的"经济人"假设也是最接近实际的假设,即仅靠个体的思想觉悟和道德约束,难以形成理想的公共决策和有效的公共管理。从应用的角度来看,"经济人"假设确实为公共决策的制定提供了具有启发性的思路,依此制定出了有效率的制度和政策。同时,这一假设提示人们:政策若要符合公共利益最大化的要求,就必须建立一套有效的约束与监督机制。

二、方法论上的个人主义

公共选择是指一个社会如何作出集体选择。从其内涵来看,公共选择理论是与传统政治理论和社会学理论具有明显区别且独特的理论体系。方法论上的个人主义是使公共选择具有独特性的基本方法之一。个人主义的理论认为人类的一切行为都应从个体的角度来理解,个人是社会决策的基本单元,个体行为的集合构成了集体行为。无论是在个人活动还是在集体活动中,个人都是最终的决策者。而社会选择不过是个人选择的集合,因为只有个人才具有理性分析和思考的能力。个人有目的的行动和选择,是一切社会选择的起因。这种从个人选择入手分析社会选择的研究方法,被称为方法论上的个人主义。

个人主义的分析方法强调个人的动机与选择对集体行为的影响。在个人主义的分析模型中,无论是在私人行动还是在社会行动中,个人都有自己独立的目标,公共选择是个人选择通过一定规则的集合。基于这样的分析思路,政治秩序能够从个人选择的计算中得到合理的说明。传统的政治学和社会学认为集体单位是一个有机体,但是公共选择理论排斥这种认识,该理论认为,并不存在独立、客观的"公共利益",个人是唯一的意识单位,只能完全从人类个体的角度来定位价值;任何社会决策都是个人决策的结果,社会决策不过是社会中的个人决策通过某种特殊的决策规则进行集结的结果。

三、交易政治学

交易政治学是把政治看作复杂交换的理想化概念。公共选择学派认为经济学是关于交换的学科,主要研究交换的过程和交换过程中次序的产生。该学派同样认为政治过程是一种类似市场机制中的物品交换过程,不同的是,市场过程中的交换对象是私人产品,而在政治过程中交换的是条约、制度、规定等公共产品,其中供给者由生产者变为政治家和政府官员,而需求者则由消费者变为选民和纳税人。

交易政治学用交换的方法观察政治,使人们能够以在权力政治之外的全新视角来理解政治过程。公共选择理论把国家看作是个人进行政治交易的场所。和经济市场一样,政治交易也以交易者之间的自愿合作为基础,政治交易的结果也是交易双方相互获利。虽然政治领域中权力的存在使得政治市场中存在一定程度的强制性交易,但也多是集体决策对少数决策的强制,只要参与者都有参与或不参与、合作或不合作的自由,强制性就不会影响交易各方的相互获益。同时,交易政治学也提出了对公正性的全新解释,即有效率的政策结果并不产生于政治家的头脑,而产生于集团之间或集团中个体之间的讨价还价、相互妥协的政治过程。也就是说,在政治领域中,公共政策的制定不是作为一个整体来运作的,而是由理性“经济人”(如选民、政府官员、利益集团等)进行交易与竞争、摩擦与妥协的政治活动过程。各方为了自身的目的和利益参与到这个过程中,最终的结果不是某个人所能控制的最优结果,而是一个由多方博弈后演化出来的次优结果。总之,社会的发展和变革不由单独的个体所控制,它是多方博弈演化产生的结果。

四、政 府 失 灵

在公共选择理论中,还提到一个重要的理论:政府失败论,即政府失灵。同时,该理论也指出了政府失灵或低效率的原因。具体来说,政府失灵表现在公共政策失误、公共产品供给效率低、政府的规模膨胀但行政效率低下、政府官员的寻租行为等。公共选择理论认为,政治家和政府官员应当以公共利益为先导,但在实践中,他们的行为也可能受到个人利益的影响。个人是集体行为的出发点,个体行为的集合构成了集体行为。因此,政府行为和政策目标在很大程度上被政治家和官员的动机所支配。当政治家和官员也是追求自身利益最大化的“经济人”时,就会存在政府失灵的现象。

公共选择理论认为政府失灵的根本原因在于政府机构运作的某些特点,如内部性、垄断性和扩张性,从而导致公共产品供给的“双低效”。第一,内部性。政府部门及其官员具有“经济人”的行为,因此在公共决策的过程中会偏向于满足个人利益而非公共利益,当他们出现背离公共利益的行为时,就会增加政府失灵发生的可能性。第二,垄断性。由于政府在公共权力上具有垄断地位,同时由于公共产品自身的非排他性与非竞争性,政府在公共产品供给中居于主导地位,这种主导地位容易导致政府垄断公共产品供给的情况发生。而垄断导致公共产品供给缺乏竞争,政府供给部门就没有了提高供给效率和效益的压力,极有可能出现政府失灵的现象。此外,垄断性可能会导致寻租行为的发生,寻租行为则会导致社会资源的不良配置甚至是无效配置,从而极大地损害社会公共利益。第三,扩张性。公共选择理论的学者研究政府行为时发现政府具有扩张性,主要表现在规模和权力的扩张性。政府规模的扩张一方面会使财政负担加重,另一方面会由于机构冗杂而出现行政效率低下;政府权力的扩张则容易触发垄断行为和寻租行为。无论哪种形式的政府扩张,都可能最终导致政府失灵现象的发生。

公共事业领域中存在政府失灵的现象,而市场机制又不能适用于具有非营利性质的公共事务与公共产品,因此促成了第三方组织的产生,其中包括一切不以营利为目的的社会公共组织,如事业单位、社会团体等。这些公共组织在政府失灵的领域能够有效发挥作用，在提高效率的同时还能够促进社会公平的实现，也可以促进社会效益的提高。在中国特色社会主义公共事业管理中，政府官员被视为服务人民的公仆，其行为和决策应当以公共利益为先导。需要通过深化改革、完善法律法规、提高透明度和加强监督来保障政府行为和政策目标更好地服务于公众利益。

第二节　新制度经济学理论

一、新制度经济学理论的发展历程

制度经济学产生于19世纪末至20世纪初，经历了三个不同时期的演变，发展成今天世界经济学流派中的新制度经济学。第一个时期为创始阶段（19世纪末至20世纪30年代）。在这一时期，制度经济学奠定了基础，早期的研究侧重于描述制度对经济活动的影响，这一阶段的制度经济学有时也被称作旧制度经济学。第二个时期为过渡阶段（20世纪30年代至二战后初期）。在这一时期，经济学家开始关注制度对经济效率的影响，并探索制度变迁的内在机制，标志着旧制度经济学向新制度经济学的转变。第三个时期为发展阶段（二战结束后至今）。在这一时期，新制度经济学逐渐成熟，经济学家运用交易成本、产权理论等分析工具，深入探讨制度对经济行为和经济发展的影响。

新制度经济学是用经济学的方法研究制度的学科，它以人、制度和经济发展作为研究对象。新制度经济学的创始人罗纳德·科斯指出，当代制度经济学应该从人的实际出发来研究人，实际的人是在现实制度所赋予的制约条件中活动的。道格拉斯·诺思进一步发展了这一理论，他认为：制度经济学的目标是研究制度演进背景下，人们如何在现实世界中作出决策以及这些决策又如何改变世界。可以说，在一定制度约束下的经济活动是经济学必须研究的内容。新制度经济学利用正统的经济理论分析制度的构成和运行，并提出制度应该是经济学分析的核心。

二、新制度经济学理论的内涵

制度是指管制人们行为的一系列规则，这些规则涉及社会、政治和经济行为，依此分为社会制度、政治制度和经济制度等。从内容来看，制度又由非正式约束、正式约束和实施机制三部分构成。①非正式约束包括意识形态、伦理道德、价值观念等，是人们在长期的交往中无意识形成的，虽然没有强制力，却能长期无形地约束人们的各种行为，是社会正常运行的强大力量。新制度经济学强调文化和价值观在经济活动中的作用，它们能够影响个人行为和社会交往，从而在一定程度上减少交易成本。教育投资能够促进社会成员对这些价值观的理解和内化，有助于构建和谐的社会环境。②正式约束是指为了约束各种社会行为而制定的一系列政策与法规，包括政治规则、经济规则和契约等。从宪法或其他法律法规到特殊的条例细则，又或是个体、团体之间的契约，都属于社会行为的正式约束。③实施机制是指非正式约束和正式约束实现的方式和途径。新制度经济学理论认为，社会经济生活十分复杂，经济生活中存在的欺骗、违约会使经济活动不经济。为保证经济活动的高效率，就需要正式或非正式的约束规则，而强有力的实施机制在一定程度上可以保证这些规则的顺利实施。例如，实施机制的制定使契约双方违约的成本高于违约受益，这样双方都会自动减少违约行为。新制度经济学中制度的范畴很宽泛，社会成员的一切经济行为都可以用制度加以规范，而制定、实施和运行制度都应当遵循成本收益分析法规定的原则。

新制度经济学在分析方法上基本沿用了古典经济学的方法，但是它在人的行为假设上作出了一些修订，使其在分析方法上具有了独特性。

第一，关于"经济人"行为假设的修订。古典经济学派认为"经济人"追求财富最大化，例如生产者追求利润最大化，消费者追求效用最大化，而劳动者追求收入最大化。但人的行为动机是双重的，人们一方面追求财富最大化，另一方面又追求非财富最大化。人们总是会在财富与非财富之间进行权衡，并寻找二者间的均衡点。可以说，利他主义、意识形态等非财富最大化目标也支配着人们的经济行为，并且非财富最大化动机往往具有集体行为偏好，从而使人们在财富与非财富价值之间进行权衡取舍。当个人为表达自己的价值偏好所付出的代价越低时，非财富价值就显得越重要。制度恰恰能够改变人们为其偏好付出的代价，从而影响人们在财富与非财富价值之间的权衡，进而使伦理道德、意识形态等非财富价值在个人选择中具有更重要的地位。

第二，对"经济人""完全理性"的修订。古典经济学假设"经济人"在从事经济活动时是完全理性的，认为人类可以通过理性思维作出符合自身利益最大化的正确决策。但是这一论点在现实中往往得不到验证。新制度经济学则认为人是有限理性的，因为人们身处于复杂而不确定的世界，对世界的认识能力有限。在信息不完全、智力有限的情况下，人的理性是有限的，这就需要通过制定制度来确立人与自然、人与社会的关系，以提高社会活动与经济活动的效率。

第三，关于人"机会主义行为"的假设。这是新制度经济学对人们行为的新增假设。新制度经济学认为，人都具有随机应变、投机取巧和为自己谋取更大利益的行为倾向，称为机会主义行为倾向。人的机会主义行为倾向体现在两个方面：一是正向表现，即与冒险、寻求机遇和创新相关的行为；二是负向表现，即把成本、费用等转嫁他人，损人利己。由于人的机会主义行为的存在，就需要建立和实施各种社会制度来调控和约束人的机会主义行为倾向。

第三节　治理理论

总体而言，社会组织化形式历经了三个典型阶段，即从"统治"到"管理"、再到"治理"的嬗变。人类进入工业社会后，出于社会化大生产的实际需要，"管理"这一组织化方式率先从企业、工厂诞生，进而推广到社会生活的所有领域。马克斯·韦伯将由"管理"依托的组织命名为官僚制组织。随着 20 世纪 70—80 年代电子信息技术的广泛发展，丹尼尔·贝尔提出人类社会自此从工业时代进入后工业时代。此阶段，人们全面反思传统管理实践和理论上的时代局限性，开始关注治理实践并提出相关理论。

联合国全球治理委员会将治理定义为个人和公共或私人机构管理其公共事务的诸多方式的综合，它是使相互冲突的或不同的利益得以调和，并采取联合行动的持续的过程。传统上，治理理论包括科层治理、市场治理以及社群治理三种单独范式。随着社会经济发展和治理实践的多样性诞生，三种范式相互渗透、融合或重组，衍生出了更加丰富的治理姿态。从理论框架演化的角度来看，治理理论已经出现了多中心治理、网络治理、参与性治理、整体性治理、协同治理、多层次治理、整体智治、元治理以及合作治理等理论。

管理与治理，在理念和实践上都存在一些差异。治理侧重于多元主体参与，而管理更倾向于一方主体单向度地管理另一方对象；管理的合法性权力来自制度，而治理的合法性除了制度提供的保障之外，还强调信任和道德义务赋予治理参与的合法性；管理的权责边界清晰，而治理主体的权责边界却是模糊的；管理往往依托于一个封闭的规范系统，侧重于指令和控制，而治理更需要建构一个合作型组织形态；管理范式内重视竞争和效率，治理更重视协同合作与价值维度，除了仍然关注效率和品质之外，治理还强调系统韧性和可持续的重要性。此外，治理实践和理论还关心复杂性、自治性、参与性、整体性、网络化、敏捷性、层次性、演化性等维度和属性。

一、网络治理理论

20世纪90年代前后，全球化和后工业化运动等社会治理的挑战使得传统的治理模式变得被动，西方政府为回应改革中出现的政府失灵现象进而催生了网络治理研究流派。网络治理的研究需要厘清网络与网络治理的概念，这里所说的"网络"不是计算机应用的互联网，而是一种新型的治理模式或者政府结构形态。网络治理是一种跨组织、跨部门、跨领域的治理方式，它以民主参与、权利平等、信息透明和创新性为基本特征，以达成共识和协作为目的，通过网络平台实现信息共享、协调合作和资源整合，从而实现公共问题的解决。

网络治理指的是通过相对稳定的横向水平结合起来、互相依赖但在行动上独立自主的行动者之间通过协商实现彼此的互动。这种互动发生在一个可调节的、规范的、认知的且虚构的框架中，框架的可调节范围根据外部压力所设置的限制来决定。在网络研究中，政策常被看作是多方行动者合作互动所产生的结果，这些行动者互相依赖对方是为了实现他们自身或者整体目的。政策网络可为治理理论提供坚实的结构基础，运用政策网络的框架来解释当前的治理理论，不仅是当前西方国家公共管理研究中的最新进展，也是一种较为流行的研究范式。网络治理研究流派在继承利益调整学派中关于利益联盟与合作思想的同时，也吸纳了组织间关系理论的元素。

作为新兴的理论范畴，网络治理理论的概念内涵还在不断演化和深化。网络治理理论的核心思想是，政府不再是唯一的治理者，而是与其他利益相关者共同通过网络合作来解决公共问题。网络治理涉及多方利益相关者的合作、协商和决策，以实现共同的目标。实际上，网络治理研究流派更为强调组织间的结构关系，其主要代表有行动者中心制度主义和管理复杂网络两种理论主张。德国麦斯·普朗克学派结合博弈论、资源依赖理论和交换理论，形成了行动者中心制度主义学派。该学派认为，政策环境是一个复杂、动态、分化的环境，科层的协调已经失灵。网络是一种非正式的制度架构，网络中行动者之间是非正式、非科层、互惠且相对稳定的互动关系和形式。网络中的行动者通过遵循共同规则以实现对网络成员行为的制约，从而产生共同的结果。政策网络是公共和私人行动者间自我协调的理想制度架构，即公共和私人行动者间通过该网络来交换资源，进而促进共同利益的实现。荷兰学者克林等人指出，网络是治理的新兴形式，在国家与私人部门间相互依赖性增强的情况下，市场失灵且解除管制变得极为有限，科层协调也非常困难，市场或科层都不被认为是治理的恰当形式。基于此，克林等人认为在一个日益复杂和动态的环境中，治理只有在政策网络中才显得比较可行，因为政策网络为相互依赖的行动者提供了一个互动及利益水平协调的框架，管理复杂网络学派由此产生。网络中公共和私人的集体行动者，彼此间资源相互依赖且以一种非科层的形式连接起来，进而协调利益和行动。

（一）网络治理的理论框架

网络治理理论框架包含了多个维度的概念和理论，主要包括治理主体、治理机制、治理目标和治理环境等。

1. 治理主体 是指网络治理的各类参与主体，包括政府部门、市场主体、社会组织和公民等。不同的治理主体在网络治理中发挥不同的作用，它们之间相互交互、相互合作、相互制约，共同推进网络治理的发展。在政府部门中，网络治理的主要责任落实在政府部门的相关机构中，如信息产业部门、网络安全部门等。市场主体在网络治理中主要扮演着供给网络服务、开展商业活动的角色。社会组织通过利益代表、公共监督、技术支持等方式参与网络治理。公民则通过网络参与公共事务，为网络治理提供基础性的参与主体。

2. 治理机制 是指网络治理中各类治理主体的互动方式和协调机制。在网络治理中，治理机制需要保证不同的治理主体之间能够建立有效的沟通渠道和合作机制，共同推进网络治理的发展。治理机制的建立需要考虑到网络治理中的多元利益关系，采用多元主体参与、协同治理的方式，促进各利益主体的合理参与。网络治理需要建立多方面的合作机制，如协商、合作、合议等，推动网络治理的发展。

3. 治理目标　网络治理需要考虑到各利益主体的利益和需求，促进网络服务的提供和网络安全的保障，同时也需要保障网络治理的公正、高效和可持续发展。

4. 治理环境　是指网络治理所处的社会、政治、经济、文化等环境条件。网络治理需要在适宜的环境下才能够有效发挥作用。需要考虑到政策、法律、规范等制度环境，以及技术环境、市场环境等方面，为网络治理的有效开展提供有力保障。

（二）网络治理的实践形态

在实践方面，网络治理已经得到广泛应用。政府部门和非政府组织利用网络来协调政策和资源分配，以应对不断变化的社会和经济环境。企业利用网络来进行市场营销和客户服务。个人和社区利用网络来参与政治和社会活动。网络治理在实践中主要有以下几种形态。

1. 电子政务　电子政务是指政府机关利用信息技术开展政务工作，从而提高政府工作效率和服务质量的一种治理模式。通过政务网站、政务软件等，实现政务信息公开、在线办理业务等功能，便于公众获取政务信息和政务服务。

2. 网络社会组织　网络社会组织是指利用网络平台组织起来的具有一定规模和影响力的社会组织。网络社会组织可以通过网络平台实现协商决策、信息共享、舆论监督等功能，提高社会组织的影响力和治理效率。

3. 网络舆情治理　网络舆情治理是指利用网络平台对网络上的舆情进行管理和调控。通过网络监测、信息分析、应对措施等手段，及时处理网络上出现的各种舆情事件，维护社会稳定和公共利益。

4. 互联网金融监管　互联网金融监管是指利用信息技术对互联网金融行业进行管理和监督。通过信息披露、交易监管、风险评估等方式，确保互联网金融行业的稳健运行，保障公共利益。

5. 网络安全治理　网络安全治理是指利用信息技术和法律法规对网络安全问题进行管理和防范。通过加强网络安全意识、完善网络安全技术、加强网络安全监管等措施，保障网络空间的安全和稳定。

以上实践形态只是网络治理的一部分，网络治理具有广泛的应用领域和实践形态，如智慧城市建设、互联网＋政务服务等，这些实践形态都是网络治理理论框架的具体应用，有助于提高社会治理的效率和质量。在我国，网络治理已经成为重要的管理手段。我国政府倡导建设数字中国和网络强国，提出"互联网＋政务服务"等政策，推动政府机构、企事业单位和社会组织加强信息化建设和应用，促进数字经济发展，同时，也注重加强对互联网内容的监管，推动网络治理在网络领域的具体实践和应用，即网络空间治理。

网络治理作为一种新型的治理模式，已经成为当今社会治理的重要组成部分。它不仅拓展了治理主体、治理对象和治理手段，也提高了社会治理的效率和公正性。在未来的社会治理中，网络治理将继续发挥重要作用，为建设现代化、法治化、智慧化的社会治理体系作出贡献。

二、多中心治理理论

多中心治理是指借助多个中心和组织体系治理公共事务、提供公共服务。多中心治理是一种与单中心权威秩序相对立的模式，意味着地方组织为了有效地进行公共事务管理和提供公共服务以实现持续发展的绩效目标，由社会中多个独立主体（如各类公共组织）基于一定的集体行动规则，通过相互协调、共同参与合作等途径，形成多样化的公共事务管理制度或组织模式。

（一）多中心治理的理论框架

首先，多中心治理理论强调自主治理，这意味着社会中存在着多种自治、自主管理的秩序与力量，这些力量分别作为独立的决策主体，围绕特定的公共问题，按照一定的规则，采取弹性、灵活且多样性的集体行动组合，寻求高绩效的途径来解决公共问题。

其次，多中心治理模式要求社会成员参与社会群体的自治。它将公民参与和自治作为基本的策略，以保证他们具备积极介入多中心治理的条件和作用，从而使多中心治理运转起来并持续发展下去。因此，培育、发展公民的责任感和参与精神就是构建积极公民身份和维护多中心治理秩序的关键。

再次，多个独立决策主体的利益是多元化的。多元利益在治理行动中经过冲突、对话、协商、妥协，最终达成平衡和整合。

最后，多中心治理模式中不同性质的公共产品和公共服务可以通过多种制度选择来提供，但是多中心治理中政府治理的策略和工具要向适应治理模式要求的方向改变。

（二）多中心治理的实践形态

1. 公共服务至上是多中心治理的价值形态　多中心治理模式是后工业社会治理、信息化社会治理或当代民主社会治理的"理想类型"。多中心治理模式的存在，为社会公众提供了组建多个治理组织的机会，充分体现了民主价值。通过多中心治理，政府能够集中处理服务管理和协调事务，其他公共组织则从事具体的服务活动。通过政府与其他公共组织之间的合作信任、相互依赖及共同承担公共责任，从而实现公共服务的有效生产和再生产，进而体现其民主价值和公共服务至上的价值规范。

2. 以公共问题为中心是多中心治理的合作组织形态　多中心治理下的公共行政由多种类型的公共组织联结构成，相关公共组织包括政府组织、准政府组织、营利组织，以及各类民间组织，如非政府组织（NGOs）、非营利组织（NPOs）和志愿组织等。这些公共组织围绕不同的公共问题确立具体的治理实践形态，并针对性地提供公共服务和公共产品。多中心治理下的公共组织既具有独立性，又具有合作共治的网络形态。许多致力于公共行政或公共政策研究的学者均对多中心治理的合作网络进行了研究，认为多中心治理下合作网络中的组织通过协议、谈判等方式，形成了相互理解和相互依赖的关系，并且能够从关心狭隘利益领域的合作转变为关注公共领域的合作。各类公共组织在合作网络中并非单独存在，而是分别作为网络中的一个节点，公共组织的政策制定和执行过程就是实现组织间相互依赖、共同合作的结构化行动。就此而言，以公共问题为中心是多中心治理的合作组织形态，合作网络的组织形态是多中心治理的典型实践形态。

3. 构成性政策是多中心治理的政策形态　在公共政策框架下，多中心治理在两个政策领域中产生了变革效应：一是推动了构成性政策的发展，二是促使与公共服务有关的政策领域进行重建。构成性政策是随着公民权介入公共治理后发展起来的一个新的政策领域。构成性政策把研究重点放在民主程序上，以有效实现政府日常管理的功能。在社会治理变革运动中，政策分析家通过对政府、社区组织和公民三者之间的关系及其对公共政策影响的研究，阐明并促使政府制定出更有效率的公共政策，特别是那些能以新的方式来平衡或整合公共组织与私人组织之间关系的公共政策。构成性政策的发展，得益于重新调整政府与社会、政府与市场的关系以及尽可能实现社会自治和重建规制的目标。可以说，多中心治理在政策上的实践，始于构成性政策的发展。此外，多中心治理的实践形态也带来了政策领域新的发展以及传统政策领域的扩展。多中心治理下的教育、医疗等方面的公共事业政策，不仅要应对公共资源配置的问题，还要考虑公共服务再生产的政策建构。

多中心治理以自主治理为基础，允许多个权力中心或服务中心并存，通过相互合作给予公民更多的选择权和更好的服务，减少了"搭便车"行为，扩展了治理的公共性。多中心治理理论是在公共管理与社会发展领域中被广泛接受的理论，旨在研究通过有效的制度安排来吸纳社会力量参与公共管理，即政府、市场、第三部门三大供给主体进行协同合作，建立以政府行政为主导，市场竞争机制和第三部门自治机制共同作用的多种方式并存的公共服务供给机制，最终实现公共服务效率和质量的提升。

三、协同治理理论

二战之后，官僚制的管理模式和"万能政府"的观念受到了极大的挑战，公与私的界限逐渐模糊，各国都开始寻求新的治理模式来应对日益复杂的经济和社会问题。协同治理就是在这种大的历史背景下走上历史舞台的。协同治理理论是自然科学中的协同论和社会科学中的治理理论交叉形成的新兴理论，对于社会系统协同发展有着较强的解释力。协同治理是指政府与企业、社会组织及公民等多个治理主体在特定领域、特定问题上进行协同合作，承担相应责任、共同解决问题、实现治理目标的一种治理模式。作为公共事业管理中的一种重要模式，协同治理已经成为现代治理体系中的重要组成部分。

（一）协同治理的理论框架

协同治理理论的理论框架主要包括以下几个方面：治理主体、治理环境、治理过程和治理结果。

1. 治理主体　是指协同治理的参与主体，包括政府、企业、社会组织和公民等，它们在共同承担治理责任的基础上，实现资源共享、信息共享和风险共担。

2. 治理环境　是指协同治理的社会、政治、经济和文化背景，它对协同治理的实践形态和效果产生重要影响。

3. 治理过程　是指协同治理的具体实践过程，包括问题识别、合作协商、资源整合、政策制定、执行监督和评估反馈等多个环节。

4. 治理结果　是指协同治理的效果和成果，主要包括治理目标的实现、公共服务的改善和社会效益的提高等。

（二）协同治理的实践形态

协同治理实践的表现形式多种多样，可从不同角度对其进行分类。基于协同方式，协同治理的实践形态主要分为以下几种。

1. 以合作为基础的协同治理模式　政府、企业、社会组织和公民以合作为基础，共同参与治理过程，强调资源共享和优势互补，以实现协同治理的目标。

2. 以网络化为基础的协同治理模式　政府、企业、社会组织和公民通过信息技术手段建立联系，形成网络化的协同治理模式，促进信息流通和快速响应，以提高治理效率和适应性。

3. 以社区为基础的协同治理模式　政府、企业、社会组织和公民以社区为基础，强调本地知识和居民参与，以实现治理目标和提升社区凝聚力。

4. 以自治为基础的协同治理模式　政府、企业、社会组织和公民通过自治的方式，共同参与治理，强调自主权和自我决策，以促进治理的民主性和有效性。

协同治理的实践形态多样，不同国家和地区、不同领域和问题，采用的方式和组织形式都不尽相同。但是，无论采用何种方式，协同治理的实践都具有多元主体共治、强调问题共治、注重信息透明、注重创新方式等特点。协同治理理论作为公共事业管理理论中的一种新兴理论，具有很强的理论解释力和实践指导意义。协同治理已经成为现代治理体系中的重要组成部分，能够在公共事业管理中有效地解决各种复杂问题，促进社会和谐发展。

四、层次治理理论

层次治理的起源可以追溯到 20 世纪 90 年代初欧洲联盟（简称欧盟）的建立与发展。当时，

欧盟成员国政府间的互动主导了决策过程，但这种方式已无法有效应对日益增多的跨国性问题，因此人们开始思考如何在欧洲范围内实现跨国治理。层次治理也称多层次治理，由盖里·马克斯最早提出，认为欧盟各成员国应逐渐将政策重心向上转移到超国家机构，向下转移到不同类型的次国家组织，从而实现跨国治理。之后，查理·杰弗里引入了"自下而上"的参与模式，强调次国家权威的政策参与和治理能力，进一步完善了多层次治理体系。贝阿特·科勒-科赫指出，多层次治理关系是政治权力在政府多个层级间的共享和协调。里斯贝特·胡奇和盖里·马克斯又将多层次治理的分析单元区分为单一政府和政策部门两大类型。

这种模式不仅仅强调政府的主导作用，同时还更多地关注公民、社会团体、企业等次国家组织对政策制定、实施和监督的参与，从而实现治理的协同和共治。因此，多层次治理的核心是"治理"而不是"政府"，即将治理的重心从政府向更广泛的治理参与者转移，从而实现政策制定、实施和监督的协同与共治。多层次治理的概念内涵包括四个方面。第一，它是一个多元化的参与过程，涉及不同层次的治理参与者，如国家政府、地方政府、公民、社会团体、企业等。第二，它是一个具有复杂性和动态性的过程，涉及政策制定、实施和监督的各个环节，需要不同治理参与者之间的协调与合作。第三，它是一个政治化的过程，涉及权力的分配和协调，需要各个治理参与者之间进行权力平衡和协商。第四，它是一个区域性的过程，涉及不同治理参与者在不同的地理区域内进行治理。

（一）层次治理的理论框架

层次治理的理论框架包括四个层次：国际层、国家层、地方层和社会层。

1. 国际层　涉及跨国治理的问题，需要各国政府和国际组织之间进行合作。

2. 国家层　涉及政府在政策制定、实施和监督方面的职责。

3. 地方层　地方政府需要在具体的地方环境中负责政策的实施和落实。

4. 社会层　社会组织、企业、媒体等非政府机构扮演重要角色。

（二）层次治理的实践形态

层次治理的实践形态主要包括以下几个方面。

1. 合作治理　强调不同层级之间的合作，各层级之间共同制定政策并协调政策的实施，实现合作治理。例如，联合国在国际层面上协调各国之间的合作，以解决全球性问题，如气候变化、粮食安全等。

2. 委托治理　政府将部分职责委托给非政府组织或企业等，由其参与政策的制定和实施。例如在我国，政府委托一些社会组织参与环境保护等方面的治理工作。

3. 市场治理　在市场经济条件下，市场机制也成为一种治理手段。在市场的监管和引导下，政府通过激励和惩罚等手段，实现市场治理。

4. 自律治理　社会组织、企业、媒体等非政府机构在自我管理的基础上，参与政策的制定和实施，实现自律治理。例如，新闻媒体在社会层面上扮演了监督政府、传递信息、引导舆论等重要角色，实现了自律治理。

层次治理的理论框架和实践形态为公共事业管理提供了重要思路和方法，对于推进治理体系和治理能力现代化具有重要意义。

五、整体性治理理论

整体性治理（holistic governance）的概念最早由安德鲁·邓西尔于 1990 年提出，之后佩里·希克斯进行了系统论证。实际上，整体性治理是对传统公共行政的衰落以及 20 世纪 80 年代以来新公共管理改革所造成的碎片化进行的战略性回应。整体性治理理论的建立面临两个背景：一是盛极一时的新公共管理的衰微；二是信息技术的发展，即数字时代的来临。整体性治理理论认为，公共事业管理中的问题是由多个互相关联的因素共同作用产生的，这些因素包括组织结构、决策过程、文化传统、政治环境、技术手段等，它们相互作用，共同构成了一个复杂系统。因此要解决公共事业管理中的问题，需采取整体性的治理方式。整体性治理强调以"问题的解决"作为政府一切活动的逻辑起点，注重跨部门、不同层级、多元主体之间的互动协调。整体性治理意在构建一个整体化、协同化、柔性化的行动者网络，修正了传统"中心—边缘"的治理结构。在一定程度上，整体性治理需要从技术角度去理解，即在技术层面上要求实现信息系统的集成，从分散的数据和流程转向集中统一的管理，从孤立的部门运作转向跨部门的整体协作，以及从碎片化的服务转向一体化的解决方案。整体性治理的核心思想在于借助数字化时代信息技术的发展，立足于整体主义的思维方式，通过网络治理结构来培育和落实协调、整合及信任机制，充分发挥多元化、异质化的公共管理主体的专有资源和比较优势，从而形成强大合力，以效率更快、质量更好、成本更低的方式为公众提供满足其需要且无缝隙的公共产品和服务。

（一）整体性治理的理论框架

整体性治理的理论框架主要包含以下方面的内容。

1. 互动的信息搜寻和提供　这对于产生其他所有以需要为基础的整体主义因素来说是最基本的。政府信息系统的任务之一就是让部分具备知识的公民和企业发现在政府机器中进行表达和报告的途径，进而促使其根据可适用的规则和规章来作出最为恰当的决定。互动的机制，即利用信息技术而不是以纸质为基础的形式，会自动地促使机构人员和系统对公民的需求和偏好采取更具整体性的看法。

2. 以顾客为基础和以功能为基础的组织重建　典型例子就是英国就业和养老金部的养老金服务处，它集中提供所有与老年人相关的福利。

3. 一站式服务提供　一站式服务的提供形式多种多样，包括在一个地方提供多种行政服务的一站式商店、与特定顾客进行面对面交流的一站式窗口以及网络整合的服务。对政府机构来说，一站式服务提供的动力在于把分散的服务功能集中起来，以解决一些重复的问题。避免重复收集同一信息的方法表明政府致力于不断使用已搜集的信息，从而减少公民和企业的负担，优化政府服务流程，提高行政效率和服务质量。

4. 数据库　通常的行政状况是不同的信息掌握在各不相干的层次、互不适应的行政系统中，使得信息难以得到运用或仅可用于具体的研究需要。而数据库可以保证有关福利、税收和保障领域中数据的可获得性，使政府机构拥有预测公民需要和政策主要风险的能力。

5. 重塑以结果为导向的服务流程　这种方法要求项目团队专注于服务提供的整个流程，而不是受到现有机构界限的人为限制。比如，为了提高行政效率，一些国家正在简化政府表格，通过把现有信息技术系统里的信息集中起来，进而完全取代表格，实现数据的一次性输入和多次使用。

6. 灵活的政府过程　在快速变化的社会和经济环境中，政府决策需要像企业那样迅速响应市场和社会的变化。灵活的政府决策过程是指政府在制定政策和执行管理时能够快速适应新的信息和情况，以提高决策的时效性和适应性。为了实现这种灵活性，政府需要建立以下两个关键系统：一是监视、预报和预测系统，这是指政府通过监测社会经济动态、预报可能的趋势和预测未来变化，以便及时调整政策和措施；二是灵活应变系统，这是指在政府的标准操作程序中融入应对突发事件和非预期情况的能力，确保在面对不可预见的挑战时，政府能够迅速作出调整和反应。

7. 可持续性　传统公共管理，也称为旧公共管理，侧重于政府的规范和控制职能，强调政府在提供服务和资源配置中的主导作用。新公共管理通常无视能源的使用和环境影响，只关注企业的运作取向，却忽略了企业的负外部效应。然而，以服务为基础的整体主义则综合考虑公民和企业的需求，并确保这些需求适合于追求可持续性的环保组织的要求，促使它成为所有公共部门内在运作的一部分。

（二）整体性治理的实践形态

整体性治理的实践形态十分广泛，可以应用在各种领域中，以下是几个例子。

1. 城市治理　整体性治理在城市治理中的应用主要通过协同治理来实现。城市治理中的不同利益相关者包括政府、企业、居民等，它们之间的关系非常复杂。整体性治理理论提倡协同治理，通过建立协调机制、信息共享和资源整合等手段，实现城市治理的协同和有效性。

2. 环境治理　整体性治理在环境治理中的应用主要通过生态系统管理来实现。环境治理面临的挑战包括复杂的生态系统和众多的利益相关者。整体性治理理论认为，环境问题必须从整体的生态系统角度来看待，强调生态系统的协同和可持续性。生态系统管理可以在保护生态系统的同时促进经济发展和社会进步。

3. 公共卫生　整体性治理在公共卫生领域的应用主要通过卫生系统的整合和协调来实现。公共卫生面临的挑战包括传染病的预防与控制、卫生资源的公平分配以及医疗技术创新的审慎应用等方面。整体性治理理论认为，卫生问题必须从整体的系统角度来看待，强调卫生系统的整合和协调。卫生系统的整合和协调，可以提高卫生系统的效率和效果，同时提高公众的健康水平。

作为一种日益勃兴的公共管理新范式，整体性治理的关键在于技术进步为其实现提供了基础，尤其是信息技术的发展在其中扮演了至关重要的角色。但同时，科技本身只是一种工具且深受政治的影响，而且由政治赋予其意义。信息技术是在既定的价值体系和制度安排下达成目标的手段。因此，整体性治理最大的障碍可能还是来自政治系统自身的阻力。此外，整体性治理倾向于模糊纵向责任，因此它所面临的另一个挑战是如何更好地平衡纵向责任、横向责任和对下级的回应。最后需要强调的是，整体性治理作为一种公共管理的新范式，并不一定适合所有情况，它只是一种方式上的选择，且其建立是一项长期系统的工程。

第四节　公共事业管理理论的前沿进展

一、共同生产理论

随着公共事业管理经验的积累，人们发现单一地依赖于政府、市场或社会，都会出现治理失灵的问题。因此有必要采用合作的、互动的、复合的公共事业产品或服务供给模式。在卫生健康服务供给领域，谢丽·安斯坦于1969年提出了公民参与阶梯理论。20世纪80年代，埃莉诺·奥斯特罗姆及其同事最先正式提出共同生产的概念，共同生产可以被理解为是对公民参与阶梯理论的进一步深化。但由于共同生产缺少整合多元主体的载体和技术，在最开始的十年仅仅作为一种概念或治理的理想状态被少数学者所关注。2010年后，对共同生产理论的研究迅速增多。

到目前为止，对共同生产（coproduction）没有统一的定义，也常被翻译为"合供"或"合作生产"。有学者强调，翻译成"合供"是因为除生产公共产品，还涉及公共服务的决策、生产、分配和评估等各个环节。总体而言，共同生产即合供，一般包括三种类型：个人合供、团体合供和集体合供。共同生产不局限于公共产品或服务的交付阶段，还包括委任、设计、提供和评估等环节。

二、数字治理理论

当今世界数字经济发展迅猛，"数字国家""数字政府""数字城市"和"数字社区"等概念和实践相继出现，数字化发展是当前人类社会政治、经济与文化等诸领域发展的主要特征与方向。

政府能够借助数字技术进行公共服务和社会治理，即利用互联网、物联网、数字化等技术进行数据的收集、存储及关联分析，全面感知社会事项及公众所需，也随之产生了"电子政府""网上政府""虚拟政府""数字政府"。与传统政府不同，"数字政府"在公共事业的治理技术、治理对象、治理主体、治理范围、治理理念等方面都发生了巨大变化，也催生出数字治理的理论与实践。

数字治理是指以数字信息技术为手段的治理行为。数字治理中的数字信息技术不仅仅是治理手段，更是一种治理效果的体现。数字治理（digital governance）的理念最早是由曼纽尔·卡斯泰尔于 1996 年提出，1997 年，佩里·希克斯进一步探讨了数字治理产生的必要性，并在其 1999 年和 2002 年的专著中具体阐释了其思想。帕却克·邓利维于 2006 年系统地阐述了数字治理理论，奠定了其主要倡导者的地位。

数字治理的目标是将技术赋能于政府、企业和社会公众等多元公共服务主体，并最终重塑三者之间的协同关系，具体包括提升公共产品或服务的效率和效能、动态实时地识别公众体验、优化公共政策制定、提高公共服务质量、扩大公众参与范围、推进制度转型等方面。数字治理作为一种新型的治理理论范式，既有效地应对了新公共管理改革带来的碎片化问题，具有整体性治理的价值，又为数字时代的政府公共事业管理实践提供了新的治理技术、治理路径与治理框架。

三、元治理理论

20 世纪 90 年代，治理的概念在全球范围兴起，其内涵是解构国家和政府的统治权威，主张通过政府、市场、社会组织、公众等多元主体参与公共治理，形成多元治理模式，为解决长期以来集体行动失灵提供治理思路。事实上，多样化的公共治理问题不存在"万能药"式的解决模式，在复杂性不断加剧的当代，市场治理、层次治理、网络治理都必然倾向于失灵。对多中心治理范式深刻反省的过程催生出新的治理需求——灵活协调各治理模式之间的冲突，平衡各治理主体的利益关系，促进三元协作治理，即元治理（metagovernance）。元治理是鲍勃·杰索普在对治理进行反思的基础上所提出的，是指"为了克服治理失灵而进行的对自我管理的管理和对自我组织的组织，追求科层制、市场和网络等三种治理的协调"，因此又被称为"治理的治理"。实际上，元治理是指对市场治理、国家治理、公民治理、社会治理等治理形式、力量或机制进行一种宏观安排，重新组合治理机制。

元治理本质是一种通过协商决策、加强合作、共同监督等方式克服传统治理模式缺陷的治理机制。在元治理模式下，通过协调科层体制、市场机制和社会网络等多重治理机制，整合碎片化的多元治理力量，从而提高治理效率，实现共同的治理目标。因此，元治理并不是一种对治理理念的颠覆，而是在秉承良好理念的基础上更好地促进三种治理模式的融合。元治理理论与治理理论的区别在于元治理强调政府在治理中的主导地位。政府在治理理论中虽然也是极其重要的参与治理主体，但是其作用有限，更倾向于与其他合伙人的"平等对话"。在元治理理论中，政府拥有较大的话语权，是公共事务的主导力量。

元治理突出强调政府权威在公共事务治理过程中的主导性地位，并注重科层治理、市场治理和网络治理等三种治理模式融为一体。在元治理中，政府在社会治理体系中要发挥主导作用，要做社会治理规则的主导者和制定者；政府要与其他社会力量合作，通过对话、协作，共同实现社会的良好治理；政府要促进社会信息透明，使政府和其他社会力量在充分的信息交换中了解彼此的利益、立场，从而达成共同的治理目标；政府还要做社会利益博弈的"平衡器"，避免社会各阶层因利益冲突而损害治理协作。政府的元治理职能主要有：制度设计，即定义并影响治理网络的范围、特性、构成和运作程序；框架确立，旨在帮助参与者确定治理目标、财政支持、法律基础和话语体系；过程管理，旨在减少矛盾，解决冲突，赋权特定行动者，降低治理的交易成本；决策主导，即特定情况下改变政策议程、可行方案的选择范围以及重新确立决策前提，以提升协商的效率。

元治理职能的行使需要不同的工具。传统的行政化治理工具，如监督管控、经济激励、信息整合等，自然都对政府行使元治理的职能有所帮助。但政府如果仅仅基于规则、命令、制裁等传统管控手段，不仅会削弱治理参与者的自我规制能力，还有可能遭到参与者的抵触，大大降低其持续、深度参与治理的积极性，因此元治理职能需要政府采用更细致、灵活、多样的手段，既包括干预性工具，如遴选参与者、资源分配、制定规则等，也包括放手型工具，如激活外部参与者、搭建互动平台、协商议程设置等。在公共创新中，政府作为元治理者需要采取建立框架、确立愿景、管理互动、资源支持、直接参与、对外联络等六种具体行动以行使其元治理职能。

四、善治理论

善治（good governance）即良好的治理。20 世纪 90 年代以来，"善治"一词的使用率直线上升，成为出现频率最高的术语之一。1992 年世界银行的报告中将善治看作创造和维持一种能够促进强劲和公平增长的环境的治理行为。为了衡量善治，世界银行还构建了一套世界治理指数（worldwide governance indicators），从参与和负责、政治稳定性、政府有效性、管制的质量、法治、廉洁性六个方面进行衡量。1997 年联合国开发计划署（UNDP）将善治概括为八个特征：公众参与、法治、效能与效率、平等与包容、回应性、透明、负责、共识导向。总的来说，善治就是使公共利益最大化的社会管理过程，其本质特征是政府与公民对公共事务的合作管理，是政府与市场、社会的一种新颖关系。

善治是一个相对于善政更容易获得认同的国家治理目标。这是因为，它更受技术性取向的引导，更能满足不同国家、不同政体、不同治理模式情况下治理者提高绩效的期待，也更能让人们遗忘善政追求中的价值分歧、政治分裂、政策歧见、认同分化和结果利弊。因此，善治、不善治可以在政体考量之外用确定的指标体系来衡量。从逻辑上讲，善政是善治的政治前提条件，善治是善政运行复加治理技术运用得当的必然结果。

善治是一种理想范型，我国自古就有善治的标准。《礼记·礼运》中提出的"天下为公"就是古人对理想社会的描述，这种理想范型对当代追求善治仍具有重要借鉴意义，提供了一套不同于西方标准的中国善治标准。

五、公共事业管理的中国视角

公共事业管理理论的核心是政府与市场、社会的关系，以及政府应该在什么时候扮演什么角色。在我国，由于市场经济的发展与社会变迁，政府在公共事业管理中的角色发生了变化。传统上，我国政府在公共事业管理中扮演的是主导者的角色；但随着市场经济的发展，政府逐渐从主导者转变为服务者。在公共事业管理中，我国政府主要承担基础设施建设、公共服务提供和监管等职责，同时，还积极加强与市场和社会的多元合作。我国公共事业管理的实践也是一个复杂的动态过程，其表现形态多种多样，主要有以下几种。

（一）政府主导的公共事业管理

政府主导的公共事业管理是指政府作为主导者，通过立法、监管、投资、公共服务等手段来推动公共事业的发展和治理。这种形态在我国得到了长期、广泛的应用，政府在公共事业管理中具有重要的地位和作用。政府主导的公共事业管理具有制度明确、权责分明、责任明确等优点，但也存在着政府权力过大、效率低下、信息不对称等问题。

（二）市场化的公共事业管理

市场化的公共事业管理是指通过引入市场机制和竞争机制来推动公共事业的发展和治理。这种形态在我国的实践中逐渐得到了推广和应用，尤其是在电力、交通等领域的改革中，市场化的公共事业管理模式得到了广泛运用。市场化的公共事业管理具有市场配置资源、提高效率、激发创新等优点，但也存在着市场竞争不完全、公共服务失灵等问题。

（三）社会化的公共事业管理

社会化的公共事业管理是指通过社会组织和公众参与来推动公共事业的发展和治理。这种形态在我国的实践中也逐渐得到了推广和应用，尤其是在环保、公共文化等领域。社会化的公共事业管理具有强调公民参与、注重提高公共服务质量等优点，但也存在着社会组织能力不足、利益分配不均等问题。

（四）合作治理的公共事业管理

合作治理的公共事业管理是指政府、市场和社会各界共同参与公共事业管理的模式。这种形态在我国的实践中得到了广泛的应用，例如水资源治理、城市交通治理、突发公共卫生事件应急管理等领域。合作治理的公共事业管理具有政府、市场、社会各方互相协调、形成合力的优点，但也存在着利益博弈、权责不清、难以协同等问题。

在我国的公共事业管理实践中，政府不断优化权力配置，以提高治理效率和效果。尽管仍有改进空间，但已经取得了显著进展。另外，政府与社会的互动关系仍然存在一些矛盾和不协调，这也需要进一步探讨和解决。在这种情况下，如何推进公共事业治理体系和治理能力现代化，以及如何建立更加完善的公共事业管理机制和制度，也是我国公共事业管理领域面临的重要问题。对于这些问题和挑战，我国政府采取了诸多有力的改革措施和政策，例如，加强权力监督和制约，完善权力配置和运行机制，推动政府与市场、社会的良性互动，加强公众参与，推进信息化建设等方面的改革。此外，我国政府还鼓励社会组织和市场机制的发展，以提高公共事业管理的效率，改善其效果。例如，鼓励社会组织和市场机制参与公共服务提供和管理，推进社会资本参与公共基础设施建设和运营等方面的系统改革。

总之，公共事业管理是一个涉及政府、市场、社会等多方面的复杂系统，需要在理论和实践上进行深入探讨和研究，以推进公共事业治理体系和治理能力现代化。在我国的实践中，公共事业管理仍然面临诸多问题和挑战，需要不断改革、探索和解决。通过持续地深化改革，完善制度机制，推动科技创新，加强公众参与，推进公共事业管理的现代化进程。

本章小结

1. 公共选择是指通过集体行动和政治过程来决定资源在公共领域的分配，是人们通过民主政治过程，将个人的私人选择转化为集体选择的一种过程或机制。

2. 新制度经济学是用经济学的方法研究制度的学科，它以人、制度和经济发展作为研究对象。

3. 网络治理是一种跨组织、跨部门、跨领域的治理方式，它以民主参与、权利平等、信息透明和创新性为基本特征，以达成共识和协作为目的，通过网络平台实现信息共享、协调合作和资源整合，从而实现公共问题的解决。

4. 多中心治理是指借助多个中心和组织体系治理公共事务、提供公共服务。

5. 协同治理是指政府与企业、社会组织及公民等多个治理主体在特定领域、特定问题上进行协同合作，承担相应责任、共同解决问题、实现治理目标的一种治理模式。

6. 层次治理是一个多元化、复杂、动态、政治化、区域性的过程。

7. 整体性治理强调以"问题的解决"作为政府一切活动的逻辑起点，注重跨部门、不同层级、多元主体之间的互动协调。

8. 公共事业领域开始公共管理转向公共治理实践与理论。

9. 随着后工业时代以及数字经济的兴起，公共事业管理领域诞生出多元的前沿理论，包括共同生产理论、数字治理理论、元治理理论、善治理论、整体智治理论以及复杂治理理论等。

思考题

1. 公共事业管理的常见理论都有哪些？
2. 管理和治理在实践和理念上有哪些不同？
3. 公共事业管理的前沿理论都呈现出哪些典型特点？
4. 公共事业管理的中国视角具有哪些主要表现？
5. 请根据公共事业管理理论的前沿进展，分析当前我国浙江省乡村数字治理的探索实践。

（郑建中）

第三章 国内外公共事业管理

　　传统观点认为，公共事业管理就是在一定的环境中，以政府为核心的公共组织凭借公共权力，为促进社会整体利益和协调发展，采取一定的方式对公共事业单位进行规划、组织、协调、控制和监督的活动过程。现代观点认为，公共事业管理是指公共事业组织在一定环境和条件下，动员和运用有效资源，采取计划、组织、领导和控制等方式对社会公共事务进行协调，实现提高生活质量、保证社会利益目标的活动过程，即公共事业组织为了实现组织目标而对自身运行进行的管理。因此，公共事业管理的主体是公共事业组织，它区别于行政管理的主体（政府组织），也不同于企业管理的主体（企业组织）。本章将从事教育、科技、文化、卫生等活动的公共事业组织作为主要研究对象，探讨国内外公共事业管理的发展历程和改革。

第一节　西方国家公共事业管理

　　在西方国家，与公共事业概念对应的词为公共事务（public affairs）、第三部门（third sector）等。自工业革命以来，西方国家逐渐形成了以政府为主导，政府、非营利组织以及部分营利组织共同提供公共服务的格局，不同时期政府执政理念的差异形成了西方国家公共事业管理的不同发展阶段。在本章的阐述中，考虑到"西方国家"这一概念在地理、政治、意识形态等层面的含义不尽一致，而且类别各异，无法悉数论及，所以选择以美国和英国为主要表述对象，同时尽量兼顾其他国家。

一、西方国家公共事业管理发展历程

（一）自由放任时代（17世纪初—20世纪20年代）

　　工业革命标志着西方国家自由放任时代的到来。1776年，苏格兰人亚当·斯密（Adam Smith，1723—1790年）出版了《国富论》；同一年，美国托马斯·杰斐逊（1743—1826年）发表了《独立宣言》。这两部重要文献都强调市场作为"看不见的手"能够实现社会"普遍的丰裕"。"管得最少的政府，就是最好的政府"一时间成为西方社会笃信的箴言，政府也被形象地比喻为"守夜人"，其职责仅限于三项基本义务：第一，保护社会，使其不受其他社会体的侵犯；第二，设立严正的司法机关，以保护社会上的每一个人；第三，建设和维持公共事业和公共设施。这里的公共事业和公共设施包括教育、医疗、公共交通等方面。虽然建设和维护公共事业和公共设施被明确列为政府的一项职责，但政府真正管理的公共事业并不多。大量的公共事业产品，如供水、电力、公共交通、教育等，最早都是由私人组织提供，政府与其他公共组织的机构设置都不发达，在公共事业产品供给中扮演的角色并不突出。

　　自由放任时期处于欧洲重商主义晚期，在欧洲重商主义时代，政府不仅对社会经济的干预无孔不入，而且深入到私人事务领域。亚当·斯密的自由经济理论可以看作是对重商主义的反抗，他力图从理论上证明建立一个小政府的正当性，最终开启了一个新的历史时代。自由放任时代终结了政府全能的神话，并使自由市场理念在西方国家深入人心，其影响至今依然见诸政府发展

公共事业的基本思路与战略框架。

（二）福利国家时代（20世纪30—70年代）

1929年10月24日，美国爆发了席卷资本主义世界的经济大危机，经济危机及其引发的社会危机和政治危机让人们对亚当·斯密的自由市场经济理论产生了怀疑。面对危机，美国第32任总统富兰克林·罗斯福启动了新政，又称"3R革命"：改革（reform）、复兴（recovery）和救济（relief），其核心是摒弃"守夜人"的政府理念，扩大政府职权。如果说罗斯福是在实践层面结束了亚当·斯密的自由放任时代，那么约翰·梅纳德·凯恩斯（John Maynard Keynes，1883—1946年）则是从理论上彻底颠覆了自由市场经济理论，推翻了传统的"守夜人"政府理念。1936年，凯恩斯出版了《就业、利息与货币通论》，提出了一套全新的宏观经济理论，倡导政府通过货币政策和财政政策干预经济，正式宣告了凯恩斯主义"大政府"与"福利国家"时代的到来。在凯恩斯主义盛行之时，以费边社会主义为代表的社会思想家也有力地推动了福利国家的发展。

福利国家时代社会变革的标志是罗斯福新政（the New Deal）。新政包含了一系列公共事业项目的投入，政府进入了金融、股票、抚恤金、住房、就业、公共工程开发等传统私人事业和公共事业领域，"公共工程项目通过建设道路、街道、学校、公园、游泳池和游乐场为改善美国人的生活质量作出了极大的贡献。"在机构设置方面，新成立了联邦住房管理局（1934年）、社会保障管理局（1935年）和全国劳动关系委员会（1935年），分别负责住房保障、失业保险和劳资谈判等问题。此后，公共投入成为政府发展公共事业的一项基本职能，其中包括社会保障，失业补偿，对有子女家庭的补助计划，对老年人、盲人、残疾人的补助计划等内容。"大政府"取代了"守夜人"，成为公共事业领域最活跃的主体，除了由市场为人们的日常生活提供一些具体服务外，政府承担了大量的社会职能，进入了公共事业的各个领域。

在同一时期，大部分西方国家也相继迈入福利国家行列。在英国，公共事业规模膨胀的原因与美国有所不同，除了经济危机的因素，更重要的原因是这是二战时期的无奈之选。二战期间政府控制了主要工业部门的生产，战后又承担起重建社会的责任，在土地和公共事业发展中实行配给制，把公共交通、医疗服务、公共健康和贫困救助等各项计划全部收归中央统一管理。所以，英国公共事业的发展格局是在战争中确立并在战后获得广泛认可与普遍推广的，这也为撒切尔夫人执政之前政府的低效与臃肿埋下了隐患。

不管是美国还是英国，福利国家时代的西方国家公共事业都是在政府主导下发生与发展的。在此过程中，政府不但起到了主导作用，更重要的是政府俨然成为公共事业产品的直接生产者，充当了公共事业发展的主体。

（三）新自由主义时代（20世纪70年代末至今）

新自由主义（neoliberalism）是一种思潮，而非一个独立的学派，它是经济学界对伦敦学派、现代货币学派、理性预期学派、供给学派、弗赖堡学派、公共选择学派和产权经济学派的总称。之所以把这些学派都归于新自由主义，是因为它们有四个方面的共同点：①推崇市场，反对国家干预；②主张私有化，反对公有制；③主张全球自由化，反对建立国际经济新秩序；④主张福利个人化，反对福利国家。新自由主义倡导的市场化、私有化、福利个人化等基本观点，成为当代西方国家公共事业改革的指导思想。

新自由主义出现在20世纪30年代以后，是一支坚持自由市场理念、反对凯恩斯主义的经济学派。但由于当时凯恩斯主义占据了福利国家的思想霸主地位，新自由主义并没有进入主流经济学派之列。1974—1975年的经济滞胀与政府财政压力迫使人们深刻反思凯恩斯主义的政策主张，为新自由主义的重新抬头创造了机会。

1979年，英国保守党领袖玛格丽特·撒切尔夫人（Mrs.Margaret Thatcher）出任首相。在此之前的大半个世纪，英国的第三次国有化浪潮把很多公共事业部门和公共产业实现了国有化，撒切尔改革的首要工作就是把国家货运公司、英国航空公司、英国天然气公司，以及通信、交通、公房等全部实现私有化。继而又通过签约外包的方式，把固体垃圾清理、街道清扫、住房服务、法律服务、学校卫生与饮食服务等公共项目承包给私人组织，鼓励私人资本投资公共事业。在最低收入保障、公共医疗卫生服务、老年人社区照顾等方面设置了政府服务的门槛。至撒切尔夫人卸任前，英国公共事业供给的市场机制已经初步形成。虽然英国对公共事业服务的市场化改革不遗余力，但统计数字还是印证了"瓦格纳法则"中关于公共支出不断膨胀的理论。时至今日，英国政府在公共事业项目上的开支依然是有增无减。当然，这并不妨碍它的改革努力及其对其他西方国家的辐射效应。

1981年，美国第40任总统罗纳德·里根以米尔顿·弗里德曼的新自由主义思想为指导，掀起了一场声势浩大的"里根革命"。里根认为，一个基于更小政府和更大市场的美国才是理想的美国，各种社会问题的根源在于政府高额的开支和对私人市场的过度干预，美国应当从大众福利国家模式中迅速撤退。里根的执政理念是对"行政国家"和"大政府"的颠覆。与英国私有化道路不同的是，里根政府将减税作为改革的第一要务，同时通过"以工作换福利"政策减少领取福利的人数。"里根革命"对公共事业服务供给的影响是，除了政治上过于敏感的社会保障、医疗照顾、退休金项目等维持原状外，与社会救济、社会服务、公共项目等相关的开支大幅度减少，许多福利项目被削减，环境保护也变成了资源开发，传统上神圣不可侵犯的公共土地和荒地也被美国内政部出售。可以说，在很多公共事业领域，美国开始从福利国家的行列中退出，美国联邦政府在公共事业发展中的作用降到了最低点。

英美的改革运动迅速席卷了欧洲的法国、德国、荷兰、挪威、瑞典，并蔓延到新西兰和澳大利亚，这次改革浪潮使自由市场理念重新回归。撒切尔夫人开启的这股改革的浪潮至今依然没有消退，1989—1991年加拿大政府推出的"公共服务2000计划"，1990年瑞典的福利改革计划，1991年英国首相梅杰的"下一步行动计划"和"公民宪章运动"，1993年美国总统克林顿的"重塑政府运动"，1997年英国首相布莱尔的"第三条道路"，2007年英国首相布朗的教育与医疗改革计划，2010年英国首相卡梅伦的"大社会运动"等，欧美主要的改革措施几乎都体现了向自由市场经济回归的重大制度调整。

在新自由主义大行其道的同时，学者对政府改革的质疑之声也从未停止过。很多学者不断拷问公共事业产品市场化改革带来的政府职能定位问题，从而形成了反对市场化取向的又一轮浪潮。这在很大程度上改变了美国政府在公共事业产品方面的供给模式，加大了政府供给或参与的力度。例如颁布法案，增加教育公平，提高所有学生的成绩水平，缩小"分化"的程度；在医疗卫生事业方面，扩大医疗保险（简称医保）覆盖范围，向低收入人群提供医疗补贴。当前西方政府正在加大对公共事业领域的投入力度，但这是否意味着新自由主义时代的终结尚需进一步观察。

二、西方国家公共事业管理的改革

（一）西方国家公共事业管理改革的成因

1. 缓解财政压力 西方国家经过半个世纪的福利国家时代，政府已经习惯于对经济与社会事务的过度干预，这导致政府规模不断增长，公共支出有增无减。再加上1973—1974年和1979—1980年两次石油危机的打击，西方国家的经济陷入滞胀，财政赤字危机频发。经济合作与发展组织成员国由20世纪60年代没有财政赤字（个别国家还有财政结余），到1975—1978年财政赤字平均占国内生产总值（GDP）的3.9%。多数国家在20世纪80年代的财政赤字都在3%~4%，1983—1986年平均达5%~6%，个别国家甚至超过10%。财政赤字几乎成了困扰所有西方国家政府的噩梦。与此同时，社会公众普遍将政府提供教育、医疗、健康等公共产品视为自身的基本权利，政府削减财政开支则会失去选民的支持。在这一背景下，西方国家开始寻找既能保障公民享有公共服务的权利，又能有效缓解财政压力的良方。

2. 自由市场理论的回归　在西方国家，自由主义始终是经济理论的一个分支，并随着社会的现实需求而时隐时现。自由主义提倡市场的主导地位，反对国家干预，主张建立一个"小政府"。在新自由主义时代，学者们除了从纯粹经济理论方面重新审查和论证市场的优越性外，还从经济与政治相结合的角度，以经济学视角分析政治问题，其中尤以新制度经济学理论和公共选择理论为代表。

西方国家公共事业改革的直接动力是新公共管理理论的兴起。新公共管理理论的核心就是管理主义和市场化取向，它吸收了新自由主义思潮的主流观点，以管理主义为导向，推崇市场化的政府改革之路，重新将竞争、绩效和私营部门的管理方法引入政府部门。戴维·奥斯本和特德·盖布勒于 1992 年出版的《改革政府》更是直指公共部门的管理问题，提出了政府重塑的 10 项要求。"未来的公共部门无论是在理论上还是在实践上都必然是管理主义取向的。"新理论的出现和市场观念的复苏使人们再次相信，市场在资源配置方面比政府计划更具有天然的效率。

3. 社会危机的出现　信息化、全球化和现代科技的发展，加速了社会的转型和变迁。传统的政府官僚体制在急剧的社会变革中步履维艰，这导致公众对政府的期望值大大降低。公共行政学家乔治·弗雷德里克森（H. George Frederickson）认为工业化和科技的发展虽然实现了社会进步，却引发了很多社会公共问题，产生了更为复杂、动荡和多元的环境，导致了政府职能的碎片化和治理难题，成为引发信任危机（西方社会在 20 世纪 80 年代后普遍出现了信任危机）的重要根源。除了信任危机外，西方国家最紧迫的社会问题就是人口老龄化。在美国，最典型的就是在"婴儿潮"（1945—1960 年的"生育高峰"）时期出生的人已经进入了中老年阶段，医疗保健和社会保险等方面的公共需求将出现可以预料的激增。对此，政府似乎已经无力也无意继续采取福利国家模式来加以解决，市场化改革成为必然的选择。

（二）西方国家公共事业管理改革的内容

1. 公共事业民营化　西方传统的公共企业是公共事业产品的主要提供者，活跃在邮政、交通、电信、能源等各个领域。这些企业按成本定价，不以营利为目的，弥补了公共事业产品私人供给不足的问题，同时也成为政府解决就业难题的重要工具。但是多数公共企业连年亏损经营，需要政府补贴，而且缺乏衡量经营绩效的利润指标。在政府财政赤字严峻的时代，这些公共企业的去留成为争论最多的话题之一。公共事业民营化的实质是打破垄断，将竞争和市场机制引入政府部门、公共事业部门和国有资产领域，从而提升公共事业的供给效率和质量，同时促进政府责任性、透明性和回应性的提升。

大规模的民营化改革浪潮始于 20 世纪 80 年代的英国和美国。英国的民营化始于 1979 年保守党上台之后，大刀阔斧的民营化改革席卷了众多公共事业领域，包括燃油、石油、飞机制造、汽车制造民营化等。通过向社会出售国有资产、放松政府管制、特许经营、合同承包、鼓励私营部门提供可市场化的产品及服务等措施，英国迅速实现了公共事业领域的民营化。通过雷纳评审委员会以及 1987 年《改变政府管理：下一步行动方案》、1992 年梅杰政府的"为质量而竞争"、1997 年布莱尔政府的"合作政府"计划、"灯塔政府"计划、"最佳价值"计划来巩固民营化改革的成果。几乎与英国同时，1981 年里根上台之后，美国通过委托授权、政府撤资以及政府淡出等三种形式来进行民营化改革。1993 年克林顿政府实施"重塑政府运动"，美国国家绩效评价委员会发表了《从过程到结果：创造一个少花钱多办事的政府》（简称"戈尔报告"），确定了美国民营化改革的基调。相对于法国等国家的公共事业改革，英美民营化具有快速、全面、彻底以及连贯的特点，因此被称为以非国有化和放松管制为特征的"休克疗法"模式。

受英美两国的影响，自 20 世纪 80 年代以来，许多西方国家先后开始公共事业民营化改革，不少发展中国家也纷纷效仿。在 20 世纪最后的 20 年里，民营化浪潮席卷了主要的西方国家。

2. 引入市场机制

（1）客户竞争：公共服务的传统提供方式是垄断性的集中配置，划片服务或其他形式的客户分割是其主要特征。集中配置的方法保证了公共服务提供者的稳定客源，同时也消除了公共服务机构之间竞争的动力和压力。客户竞争是打破集中配置的传统做法，实行公共服务分散化和服务机构小规模化，给客户自由选择的权利和便利，迫使公共服务部门为赢得"客户"而展开竞争。以美国的教育券制度为例，美国政府给学生家长发放可以在任何一所公立或私立学校使用的教育券，由家长自主择校并把教育券交给该学校，学校再以收取的教育券数量向有关部门领取经费。教育券制度打破了"客户"的集中配置，质量差的学校会因为招收不到足够的学生而解雇教师甚至被关闭。在英国，《1980年教育法案》废除了教育部门限制学生就读辖区内学校的权力，这意味着该法案允许学生和家长自由选择就读的地区和学校，同时也允许学校挑选自己满意的学生，双向选择强化了学校的危机感和竞争力。

（2）合同外包：合同外包是政府以订立合同的方式与私人组织或非营利组织合作，把原属政府的部分公共服务职能转移给社会组织，政府购买其服务的公私合作模式。其形式是合同购买，目的是节约成本，方式是打破垄断。通过合同外包，实现了公共产品的生产者与购买者分离。政府不再是公共产品的生产者，购买者（政府）决定生产何种物品，生产者（私营部门、非营利组织等）通过招标承包合同，根据合同提供符合标准的公共产品和服务。合同外包是英美国家在公共部门引入市场机制的重要方式。

合同外包的最大好处是节约成本。新自由主义时代的公共部门管理者认为，市场机制具有与生俱来的高效率和低成本，将公共事业项目外包给社会组织，既给政府卸掉了包袱，又能节约公共开支。美国、加拿大、英国、德国、瑞士等国运用公共官员调查、对比研究、跨部门计量经济模型等方法，对合同承包进行了大量研究。这些研究表明，在服务水平和服务质量保持不变的前提下，将管理与监督合同实施的成本计算在内，合同承包平均节省约25%的费用。以上三类不同的研究方法所取得的结果高度一致且相互印证。根据民营化理论，合同承包绩效良好的原因并不在于公共服务的主体是"公"还是"私"，而在于公共服务的供给机制是垄断还是竞争。当然，合同外包并不是解决政府不良绩效的万能药方，能否节省成本和提高服务质量取决于外包前的科学测算和合同的有效规范。

（3）用者付费：用者付费是服务的使用者或消费者为了获得某种公共产品或服务而缴纳的特殊费用，是公共部门对特定服务或特许权收取的费用，包括水费、电费、煤气费、学费、医院收费、公路收费等。用者付费不但有助于减少政府开支，缓解财政赤字的压力，而且也避免了公共产品的过度供给和过度消费。

根据物品的竞争性和排他性这两个维度，将物品分为私人物品（private goods）、俱乐部物品（club goods）、公共池塘物品（common-pool goods）和纯公共物品（collective goods）四类，其中俱乐部物品和公共池塘物品均属于准公共物品。在福利国家时代，西方国家并不严格区分各类物品的类别与属性。受福利国家制度的影响，政府往往将各种物品混合在一起，笼统归为福利物品（worthy goods），比如教育、食品、公共住房等原本可以收费的物品，都以福利物品的形式存在。一旦私人物品和可收费的准公共物品（俱乐部物品）享受充分补贴或被无偿提供，它们就被视为纯公共物品，由此产生滥用公共资源等种种问题。以医疗为例，若完全实行公费医疗，将医疗这一俱乐部物品视为公共池塘物品或纯公共物品，则势必导致卫生资源的浪费以及国家财政的紧张。

特许经营是用者付费的一种制度安排，是指政府将具有排他性的公共事业产品交给某个私人企业垄断性经营，规定该企业提供某种特定的公共事业产品，并按照政府的指导价格销售。特许经营与合同外包的区别在于，合同外包是政府付费购买服务，而特许经营是消费者付费购买服务。通过用者付费发挥价格杠杆在公共需求与供给中的协调作用是特许经营的最大优点，因此它最适合可收费的公共事业领域，比如道路、桥梁、公共汽车、污水处理、自来水等。在法国，城市间的收费公路可以由私营企业投资、建造、拥有、管理和保养，一定年限后归还给政府。英吉利海峡的海底隧道也是英国政府和法国政府提供的一种特许经营。此外，美国的高速公路及其沿线、公园、体育馆、飞机场等地的餐饮服务也是采取特许经营的方式来经营的。

3. 鼓励社会自助

（1）自我服务：在任何社会形态中，家庭或个人都是一个基本的社会单元，同时也是一个最基础的自我服务单位。家庭自古以来就在住房、养老、健康、教育等方面发挥着重要作用。在福利国家出现之前，很多公共事业产品的供给都是通过自我服务的方式获得的。迄今依然有很多美国家庭由于不满学校教育的不足，将孩子留在家中由家庭承担起教育职责。美国自我服务式的"家庭教育"在 35 个州是合法的，这种方式也受到了美国宪法第九修正案关于公民权利规定的保护。在"家庭学校"接受教育的美国儿童从学龄前儿童到 12 岁的都有，总数超过 100 万人，大约占同年龄段儿童的 2%。在西方国家，家庭养老同样是一种传统的自我服务项目。在美国，大约每 8 个人中就有 1 个人直接从事照顾老年人的服务行业。

自我服务也发生在社区事务中。社区不仅是一个地理概念，更是具有共同文化和生活习惯的公民聚居区。社区成员在情感和日常生活上的联系使得社区更加关心自己的居民，关心社区内的共同事务。受政府公共服务供给能力不足的制约，西方国家越来越多的自助集体组织开始履行基层政府的职能，为社区提供垃圾清理、积雪清除、街道与公园的清洁和维护、志愿救护车服务、巡逻服务，以及提供诸如指示牌、长椅、避雨亭、售货机等的便民服务。

（2）以私补公：政府撤退与放松管制是以私补公的两种典型方式。政府撤退即任由那些经营不佳的公共事业单位和国有资产自生自灭，政府不再提供补助措施，从而让它们在市场竞争中自我淘汰，在此过程中也诱导了私营企业的跟进补缺。以英国的医疗服务为例，受预算削减和公共医疗服务质量下降等因素的影响，英国私营医疗服务系统重新出现，越来越多的人开始转向私营医疗机构来获取帮助。放松管制是政府对垄断部门经营的公共产业在准入机制上予以松绑，放宽私营企业进入公共领域的门槛。放松管制的主要特点是向受管制行业引入竞争机制，其目的是提高服务质量，降低收费水平，使费率结构更加合理，以促进技术创新。在西方国家，放松管制的产业包括航空、地面运输（铁路、公路运输）、银行、广播、电话、电信、电力、邮政等。放松管制的主要原因包括：20 世纪 70 年代发生的石油危机使西方各国经济处于停滞或衰退状态，政府财政赤字扩大；信息技术和其他高新技术降低了自然垄断的技术进入壁垒；生产要素的国际化等社会经济结构变化。

（3）发展非营利组织：非营利组织是指在政府部门（第一部门）和以营利为目的的企业（第二部门）之外的一切志愿团体、社会组织或民间协会，是介于政府与营利性企业之间的"第三部门"。非营利组织所涉及的领域非常广，包括教育、卫生、科技、社会福利等，具有非营利性、民间性、自治性、志愿性、非政治性、非宗教性等重要特征。在政府的外包合同中，非营利组织是政府的一个重要合作伙伴，提供政府委托的服务项目。非营利组织提供公共事业产品的同时也获得了政府的资金支持，这成为其生存的重要收入来源。有统计数字显示，美国政府已经成为非营利组织最大的收入来源，占到其总经费的 2/5 乃至一半以上。

西方国家非营利组织已经发展为名副其实的"第三部门"，成为介于政府和企业之间的庞大社会主体。法国非营利组织的活动领域，排在前四位的分别是文化娱乐、教育研究、卫生保健和社会服务。英国的非营利组织服务领域排在前列的为：文化娱乐、教育研究、健康、社会服务、发展和住宅等。可见，非营利组织已经成为公共事业产品供给的重要主体。

三、西方国家公共事业管理改革的基本特征

近代以来的西方国家公共事业改革历经"自由放任—国家干预—市场导向"三个大的发展阶

段,体现了自由放任时代、福利国家时代和新自由主义时代的不同特征。总体而言,西方国家公共事业管理改革具备如下基本特征。

(一)政府主导

从表面上看,市场导向的改革战略似乎是对自由放任时代的"否定之否定",达到了自由市场模式的新阶段与新境界,但实际上在这个蜕变过程中,西方国家并没有彻底摆脱福利国家的影响,相反,政府始终处于公共事业发展的主导地位,而且这种主导性丝毫没有减弱,政府在公共事业领域的投资也是有增无减,区别只在于投入的方式不同。另外,三个阶段的不同点还表现在,自由放任时代,特别是新自由主义时代的西方国家政府只是主导而非主体,而福利国家时代的西方政府不仅主导而且充当了主体,即政府自身成为公共事业产品的生产者。

西方国家政府在公共事业发展中的主导地位是一贯的,政府可以放弃自己在公共事业产品供给中的主体地位,但主导地位,即政府作为宏观调控者、政策供给者、服务联络者和合作促成者的地位是无论如何也不能放弃的。因为公共事业产品涉及教育、科技、文化、医疗、体育、社会福利与慈善等诸多关系到国计民生的重要领域,政府放弃了对这些领域的主导性,也相当于放弃了自己的执政权。

(二)引入市场竞争机制

在公共产品和服务的供给中,打破垄断、引入市场竞争机制是当代西方国家公共事业改革的核心和主旋律。不管是经济学家的新自由主义理论,还是政治经济学家的公共选择理论,或者是公共行政学者的新公共管理理论,它们都在一个基本的出发点上达成了共识,即政府公共服务的低效源于政府自身的垄断地位,竞争择优是一条亘古不变的自然法则。从西方各国公共事业管理体制改革的实践层面考察,不论是欧美国家还是澳大利亚,不论是委托授权、政府撤资还是政府淡出,市场竞争机制的引入都是最重要的战略性因素。

(三)连贯且完备的法律保障

西方国家的公共事业管理改革无一例外的是在法制框架内完成,而且其法律框架具有连贯性与完备性。虽然在政治体制上,多数西方国家是两党制或多党制,但不管是哪个政党上台执政,也不论政府在公共事业改革方面的理念是否存在冲突,一个共同的规律是保持了法律的延续性、连贯性与全面性。以美国的环境保护事业为例,从凯恩斯主义的福利国家时代,到推崇自由市场的新自由主义时代,环境政策一以贯之,到目前为止,美国关于环境方面的法律与政策已经形成了一套完整的体系。

(四)充分发挥社会组织的作用

西方国家政府充分发挥了非营利组织在公共事业产品供给中的作用,通过政策鼓励、组织培育、项目合作等方式支持非营利组织的发展。从世界范围来看,各国非营利组织的活动领域有较大的一致性,主要集中在以下四个方面:教育科研、医疗卫生、社会服务、文化娱乐,非营利机构运营支出的80%是用于这四个领域。其中,教育科研占总支出的近1/4,且大多数用于研究生教育。医疗卫生的支出超过非营利机构运营支出的20%,主要投入在医院和诊所。社会服务占到近20%的比例,主要涉及家庭咨询、戒毒、日托等各种服务。大约16%的非营利机构运营支出用于文化娱乐,包括交响乐团、艺术博物馆、体育俱乐部等。"第三部门"的概念非常形象地概括了西方非营利组织的社会地位,即非营利组织已经成为继政府、企业之后的第三大社会力量。

第二节　我国公共事业管理

公共事业单位是指国家为了社会公益目的,由国家机关举办的或者其他组织利用国有资产举办的,从事教育、科技、文化、卫生等领域的公益服务,不以营利为目的的社会组织,是我国社会主义现代化建设的重要力量。它分布在教育、卫生、文化、农业、交通、城市公用、体育等领域和社会福利、社会中介、机关附属等行业。事业单位是政府履行公共服务职能的重要机构，是社会事业发展不可或缺的重要力量，是具有中国特色的法人组织，在促进经济发展、改善人民生活、推动社会进步等方面发挥着重要作用。

一、我国公共事业管理发展历程

在新中国成立前，由于国家贫弱，政府所办的公共事业十分有限。新中国成立之初，我国只有 30 多个专门科研机构，全国自然科学研究者不足 500 人。截至 2020 年底，我国科技人力资源总量达 11 234.1 万人，整体科技实力已居发展中国家前列，部分领域已接近或达到世界先进水平。我国教育事业也得到长足发展。新中国成立前，全国文盲、半文盲人口占总人口的 80%，15 岁以上人口平均受教育年限仅为 1.6 年。当前，我国已建成世界上规模最大的教育体系，教育普及水平实现历史性跨越。基本养老保险覆盖十亿五千万人，基本医疗保险参保率稳定在 95% 以上。2021 年，与新中国成立初期相比，我国孕产妇死亡率由 1 500/10 万下降到 16.1/10 万，婴儿死亡率由 200‰ 下降到 5.0‰，人均期望寿命从 35 岁提高到 78.2 岁。新中国成立以来，我国的公共事业取得了飞速的发展，公共事业管理体制也不断完善，其发展历程经历了以下五个阶段。

（一）计划经济体制下的公共事业管理（1949—1977 年）

计划经济体制下的公共事业管理也可视为传统的公共事业管理，是我国事业单位发展的创建阶段，建立和完善了对城镇人口全覆盖的公共服务体系。新中国成立后到 20 世纪 50 年代中期，完成了对城镇原有公共服务体系的接收和改造，事业单位系统初具雏形，在稳定国家政权方面发挥了重要作用。在这一阶段，事业单位系统实现了平稳有序发展，公民在教育、卫生保健等领域获得了比较均等的基本权利；在普及义务教育、发展高等教育、建立城乡普及的医疗网、完善重大疾病防治机制、发展妇幼保健等领域取得了举世瞩目的成就。

但是，计划经济时期的特定发展历程决定了我国事业单位的独特性。当时的事业管理体制是基于指令性计划经济体制建立的，其基本特征是国家包办、政府部门分类统管、财政统包供给，公共事业部门的发展和运营直接受政府部门节制。以卫生管理体制为例，从 1952 年起国家开始大力发展公立卫生机构，建立全国各级基层卫生组织，中央及各行政区卫生部门有计划地发展和健全卫生院所，所需经费根据国家财政情况，由中央与地方政府逐步解决。实施公费医疗制度，各级政府将公费医疗、预防经费列入财政预算，由卫生行政机构掌握使用。从 20 世纪 60 年代末开始，全国农村合作医疗发展很快。农村合作医疗是人民公社社员依靠集体力量，在自愿互助的基础上建立起来的一种医疗制度。但受制于当时的经济发展水平，农村医疗保障制度没有从合作医疗基金的筹集、管理、分配、使用等关键环节去规范，没有界定供方、需方、第三方的权利责任，因此它的基础是脆弱的。

计划经济体制下公共事业管理的特点具体表现为以下几方面。

1. 高度行政化 政府不仅建立一系列相应的事业机构，而且直接举办、统管各项事业，直接控制事业单位的运行。在此期间，政府充当公共事业的举办者、所有者、行政管理者、经营者或运行管理者等多种角色，扩大了政府的事业职能范围。同时，各类事业机构之间没有比较明确和规范的责、权、利的划分界限，造成政事不分与政事一体化。国家通过行政管理系统，采用行政命令、指示、规定、条例、指令性计划的行政手段来直接领导和管理其所属的各类事业单位。

2. 主体单一化 在新中国成立之初，各级政府先后采取一系列公有化措施，逐步建立高度集中统一的公共事业管理体制，政府成为公共事业管理活动的唯一主体，控制了一切人权、物权和财权。在这一阶段，政府公共事业管理主要采用集中管理方式，即由各级政府办事业、养事业，包揽一切公共事业管理活动，包办所有公共服务组织，教育、科技、文化、卫生、公共住宅、社会保障、基础设施等都属于政府的统管范围。在计划经济体制下，由于所有制结构单一和事业活动的非产业化，私人及其他社会团体失去了兴办公共事业的空间，政府成为唯一的事业主体。

3. 资源配置非社会化　在计划经济体制下，国家包办统揽公共事业，不仅对各类事业资源，也对社会资源通过各种行政化手段加以配置和运用。这种非社会化的资源配置方式必然降低资源的使用效率，弱化公共产品和公共服务的水平和质量，导致社会效益低下。资源配置的非社会化具体表现为：一是国家为教科文卫等各项事业制定发展规划，并为各事业单位下达指令性计划，各事业部门和单位的任务就是完成国家事业计划。事业单位丧失了自主决策权，割断了与市场的联系。二是事出多门。各部门、各地区、各单位建立各自所属的事业体系和事业单位，使国家办事业变成了部门办事业、地方办事业、企业办事业、事业办事业、行政办事业等"政出多门""事出多门"的事业发展格局。

4. 职能扩大化　国家统包统管、政事不分，泛化了国家的事业职能范围。计划经济体制下的一元化管理直接导致对各项事业的界定不准确，导致了政企不分、政事不分、企事不分，既阻碍了公关事业的健康发展，又扩大了国家事业职能的范围。事业资源配置与利用的非社会化、事业运行机制的非效率化、事业管理的非法治化等更加剧了事业单位职能的扩张。

（二）公共事业的重建阶段（1978—1984 年）

从 1978 年 12 月中国共产党第十一届中央委员会第三次全体会议开始，我国进入了公共事业管理体制重建时期。对于事业单位而言，这一阶段的主要任务是落实中共十一届三中全会确立的路线、方针和政策，恢复并发展社会公共事业。国家开始下放事业单位的经营管理权，事业单位普遍开始加强经济核算，实行经济责任制，事业单位的管理逐渐走向正规化和专业化，专业技术人员开始实行职称制度。一些地方及行业的事业单位开始尝试企业化管理。

经历了长时间的经济停滞，国家经济发展战略决定了这个时期的改革目标是提高各类公共事业机构的活力和效率。科技领域率先进行了探索，一方面对既有的科技组织体系进行恢复和整顿，另一方面围绕创办科研生产联合体、实行科研技术成果有偿转让、实行技术合同制以及科研机构内部实行课题组自由组合等开展改革试点，为此后的深层次体制改革提供了经验。在教育领域，国务院批转教育部《关于一九七八年高等学校和中等专业学校招生工作的意见》，恢复了中断 10 年的高考，并开始实施《中华人民共和国学位条例》等。在文化领域，国家逐步放松了在文化建设体制、文化载体建设等方面的严厉管制，扩大了文化产品的供给数量和种类等。在医疗卫生领域，从公共卫生部门改革入手，在发展全民、集体医疗卫生机构的同时，鼓励和允许个人开业行医，重视农村地区的医疗体系建设，并推进卫生立法工作。

1978—1984 年，我国的事业单位改革呈现出如下特点：①迅速恢复已有的公共服务管理和事业部门的活动，尽快满足社会发展步入正轨以后对于公共服务的迫切需要，维持市场和社会的正常运转。在这一时期，事业单位所面临的主要任务是恢复事业建制、管理体制、员工队伍，为事业单位改革奠定基础。②主要针对事业单位的运行机制进行改革，基本未涉及管理体制。公共服务部门基本还是计划经济时代的"二位一体"管理体制，即对于跨地区的公共事业项目，一般都是由中央各部委立项、出资建设以及以中央计划单列的形式统一管理和运营。对于地区内或者省内项目，一般都是由地方立项、报批，然后地方财政出资建立、管理及运营。③事业单位的改革呈零星态势，主要是自下而上的改革尝试，改革尚未成为事业单位的主旋律。在现有的公共服务供给空白区和薄弱领域，有限度地允许个人或社会参与供给，并给予一定的政策发展空间。

（三）公共事业的分领域探索阶段（1985—1995 年）

自 1985 年起，中共中央、国务院和各部门、各地方先后发布了一系列有关科技、教育、文化、体育、卫生等单项事业改革的决定，有力地推动了教育、科技、卫生及艺术表演领域的体制改革，促使新中国事业单位改革进入了分领域探索阶段。1985 年 3 月，中共中央发布《关于科学技术体制改革的决定》，科技体制改革全面展开。科研事业单位改革主要是促进研究机构、设计机构、高等学校与企业之间的协作和联合，改变研究机构与企业相分离，研究、设计与教育、生产相脱节以及军民分割、部门分割、地区分割的状况。按照该文件的要求，从事技术开发的研究机构，有的逐步发展成为经济实体，有的在联合的基础上并入企业，有的自我发展为科研生产型的企业，或者成为中小企业联合的技术开发机构。在科研事业单位改革的同时，1985 年 4 月，国务院批转了卫生部《关于卫生工作改革若干政策问题的报告》，对卫生事业单位改革提出了要求：扩大卫生机构自主权，实行院、站、所长负责制；发展集体卫生机构，鼓励和支持集体经济组织、城镇和街道组织举办医疗卫生设施，支持个体开业行医，村一级卫生机构可以由集体经济组织举办，也可以承包给乡村医生和卫生员集体举办，也可以由卫生院下乡设点。1985 年 5 月，中共中央又下发了《关于教育体制改革的决定》，对教育事业单位进行改革：有步骤地实行九年制义务教育，基础教育由地方负责、分级管理；调整中等教育结构，大力发展职业技术教育；改革高等学校的招生计划和毕业生分配制度，扩大高等学校办学自主权。1988 年，国务院批转了文化部《关于加快和深化艺术表演团体体制改革的意见》，对文化事业单位改革作出了部署。在上述文件的指导下，从 1985 年开始，我国事业单位改革在科研、卫生、教育、文艺等领域陆续展开。

党的十四大明确提出我国经济体制改革的方向是建立社会主义市场经济体制。与这一改革方向相对应，1993 年，中共中央印发了《关于党政机构改革的方案》和《关于党政机构改革方案的实施意见》，明确了事业单位改革的方向是实行政事分开，推进事业单位的社会化。各级党政机关尤其是中央和省级机关要减少对事业单位的直接管理，有条件的事业单位要下放；打破部门所有制和条块分割，拓宽事业单位的服务领域，使事业单位成为面向全社会提供服务的独立法人，促进事业单位与经济建设相结合；鼓励集体、企业、个人和各种社会力量兴办事业单位；事业单位在职能、人事制度、工资制度、管理体制等方面，都要与党政机关区别开来。其后，国务院印发了《事业单位工作人员工资制度改革实施办法》，开始对全额拨款、差额拨款、自收自支三种不同类型的事业单位实行分类管理：一是经费自收自支的，享受企业的各项自主权，实行企业化管理；二是由国家实行差额补助的，政府在管理上适当放活；三是国家全额拨款的，其数量和规模从严控制。1993 年，中共中央、国务院印发了《中国教育改革和发展纲要》，国家体委发布了《关于深化体育改革的意见》。1994 年，文化部发布了《关于继续做好艺术表演团体体制改革工作的意见》。这些文件的颁布和落实深化了教育、体育、文化领域的事业单位改革。

这一阶段事业单位的改革与党政机构改革同步进行，改革的主要内容是下放权力、扩大事业单位管理自主权，对事业单位进行清理、整顿，并实行归口管理。改革的主要措施如下。

1. 放松管制，扩大公共部门管理自主权。鼓励事业单位成为自主的事业实体，在国家法令规定范围内自主决定经费、人事的管理和内部组织结构等。打破国有资产兴办事业的垄断，采取各种措施鼓励非国有资产投资社会事业领域，允许集体或个人建立提供社会事业产品或服务的机构，适用于社会主办的社会服务实行多种所有制形式，交由社会主办。在卫生领域，试行了院长负责制、岗位责任制，扩大了医疗卫生事业单位的自主权，提高了医院的管理水平。财政部门改革了事业经费拨款办法，对各类事业单位实行全面预算包干，突破了多年形成的统收统支的传统，调动了事业单位职工的积极性，扩大了事业单位资金使用的自主权，增强了事业单位自我发展和适应环境变化的能力与活力。

2. 引入市场机制，按照市场需求有控制地扩大公共服务和产品种类。承认事业单位所提供的产品或服务具有一定的竞争性和排他性，并通过市场体现其价值，改变单纯采用行政手段无偿或低价提供事业单位产品或服务的做法，注重解决事业单位产品或服务的商品化和经济效益等方面的问题，鼓励事业单位提供多层次、多级别的产品或服务。如卫生事业领域开始面向社会创办各种形式的医疗协作体（分院、协作医院）等，突破条块分割的封闭式卫生体制，大大提高了卫生资源的使用效率。

3. 支持公私部门的合作关系，同时允许公共部门采取灵活多样的方式开展与事业相关的多种经营，补充经费不足的问题。国家采取多种优惠政策和改革措施，推动各类事业单位开展多种形式的经营创收活动，促使一些事业单位主动扩大服务领域和范围，增加新的服务项目，提高服务质量、水平和效率，改善事业单位的运行机制和成本补偿机制，促进部分事业单位实现企业化、产业化和市场化。然而，鼓励经营的行为使事业单位本身的性质偏离了公益性目标。

从总体上看，这个时期的改革是传统事业管理体制适应中国市场化改革的初步尝试，打破了传统计划经济体制下所形成的僵化的事业管理模式，激发了社会事业生产力，探索了社会事业服务市场化的方向和途径。改革进程由前一阶段的自下而上的尝试转变为自上而下的推动，中共中央、国务院及中央部委成为此阶段事业单位改革的主导者。但是，由于这个阶段事业管理体制改革尚处于单项推进、局部试点、各行其是的探索阶段，事业单位改革在教育、科技、文化、医疗卫生、体育等领域分别展开，各个领域的改革缺乏呼应。事业单位改革依附于其所在领域的体制改革，是该领域体制改革的副产品，事业单位改革的独立价值尚未彰显。事业单位定位不清、权责利不明，没有有效地实现政事分离和事企分离，一定程度上混淆了不同类型社会组织之间的职能界限，造成了新的体制混乱和组织冲突。

（四）公共事业的深入拓展阶段（1996—2010年）

1996年，中央机构编制委员会发布了《关于事业单位机构改革若干问题的意见》，这是新中国第一个以事业单位这一整体组织类型作为改革对象的文件，也是第一个提出建立和实施事业单位登记管理制度，给予事业单位社会主体地位的文件。由此事业单位的改革进入深入拓展阶段。

政事分开和事业单位社会化是这一时期事业管理体制改革的两大主要目标。2002年，党的十六大报告强调，"按照政事分开原则，改革事业单位管理体制"；2003年，中共十六届三中全会提出继续推进事业单位改革；2005年，中共十六届五中全会通过的《中共中央关于制定国民经济和社会发展第十一个五年规划的建议》进一步要求"分类推进事业单位改革"，同年底，中共中央、国务院下发《关于深化文化体制改革的若干意见》，文化事业单位改革全面推进；2006年，中央机构编制委员会办公室经国务院批准，制定了《关于事业单位分类及相关改革的试点方案》（征求意见稿），提出事业单位分类及分类改革意见，并拟选择浙江、山西、重庆开展改革试点工作，同年，事业单位人事制度改革开始推进，启动岗位设置管理制度实施工作，聘用制度、岗位管理两大基本人事制度开始形成，为由固定用人向合同用人转变、由身份管理向岗位管理转变，实现职务能上能下、人员能进能出、待遇能高能低奠定基础；同时改革事业单位工作人员收入分配制度，建立岗位绩效工资制度。

2007年，党的十七大要求围绕加快行政管理体制改革，建设服务型政府，加快推进事业单位分类改革。2008年，党的十七届二中全会通过的《关于深化行政管理体制改革的意见》对事业单位改革提出了具体要求："按照政事分开、事企分开和管办分离的原则，对现有事业单位分三类进行改革。主要承担行政职能的，逐步转为行政机构或将行政职能划归行政机构；主要从事生产经营活动的，逐步转为企业；主要从事公益服务的，强化公益属性，整合资源，完善法人治理结构，加强政府监管。推进事业单位养老保险制度和人事制度改革，完善相关财政政策。"按照党的十七大和十七届二中全会要求，在国务院领导下，有关部门在广泛深入调查研究的基础上，抓紧起草深化事业单位改革的总体方案和配套改革措施。为了探索经验，2008年，国务院决定在山西、上海、浙江、广东、重庆进行事业单位改革试点。

这一时期改革的主要措施如下。

1. 稳步推进事业单位分类改革试点工作　一是全面建立改革工作机制。中央建立了分类推进事业单位改革工作部际联席会议制度，制定了联席会议工作规则和工作要点。各地普遍成立了分类推进事业单位改革工作领导小组，多数由政府主要负责同志担任组长，并建立了工作机制,配备了专门力量,明确了工作责任。二是基本完成清理规范工作。各地区各部门按照要求,扎实稳妥地开展了事业单位清理规范,进一步摸清了事业单位"家底",并解决了一些突出问题,为下一步分类工作奠定了坚实基础。三是稳步推进事业单位分类试点工作。山西、上海、浙江、广东、重庆 5 个试点省市的分类工作进展较快,创造了不少好的做法经验。四是体制机制创新迈出步伐。一些地方和部门积极探索事业单位管理体制机制创新,着力解决影响公益事业发展的深层次矛盾和问题。广东、重庆、浙江、北京、上海、深圳等地在管办分离、法人治理结构试点等方面取得了积极进展。

2. 全面开展人事制度、收入分配制度、养老保险制度和财政政策方面的改革

(1)人事制度方面:一是聘用制度推行面不断扩大。截至 2011 年,全国签订聘用合同的事业单位工作人员占比达 90%。二是岗位设置管理制度实施工作全面推开。三是公开招聘制度稳步实施。四是事业单位人事管理法规建设步伐加快。

(2)收入分配制度方面:继续完善岗位绩效工资制度。2009 年,国务院决定事业单位实施绩效工资分三步展开:从 2009 年 1 月 1 日起先在义务教育学校实施;配合医药卫生体制改革,从 2009 年 10 月 1 日起在公共卫生与基层医疗卫生事业单位实施;从 2010 年 1 月 1 日起,在其他事业单位实施。

(3)养老保险制度方面:2008 年,国务院决定在山西、上海、浙江、广东、重庆 5 个省市开展事业单位养老保险制度改革试点,与事业单位分类改革试点配套进行。

(4)财政政策方面:逐步从"养人"向"办事"转变,根据不同事业单位特点,采取经费保障、经费补助、购买服务等不同的支持方式。

3. 不断推进以文化、卫生等为代表的行业体制改革　2008 年 12 月,《国务院办公厅关于印发文化体制改革中经营性文化事业单位转制为企业和进一步支持文化企业发展两个规定的通知》发布,到当年底,全国 117 个地级市开展了相关改革。2009 年 4 月,中共中央、国务院下发《关于深化医药卫生体制改革的意见》,提出医药卫生体制改革坚持公共医疗卫生的公益性质,实行政事分开、管办分开、医药分开、营利性和非营利性分开,以建立健全覆盖城乡居民的基本医疗卫生制度,切实缓解"看病难、看病贵"的问题。深化医药卫生事业单位改革要完善公共卫生服务体系、医疗服务体系、医疗保障体系、药品供应保障体系,着力抓好基本医疗保障制度、国家基本药物制度、基层医疗卫生服务体系、基本公共卫生服务均等化、公立医院改革等五项重点改革。2010 年 2 月,卫生部等部门联合下发了《关于印发公立医院改革试点指导意见的通知》,决定在各省、自治区、直辖市分别选择 1~2 个城市(城区)进行公立医院改革试点的同时,国家选择 16 个有代表性的城市进行公立医院改革试点。

(五)公共事业的分类改革阶段(2011 年至今)

2011 年,《中共中央　国务院关于分类推进事业单位改革的指导意见》(中发〔2011〕5 号,下文简称《意见》)印发,随后又有 10 个配套文件相继印发。《意见》是指导事业单位改革的纲领性文件,是第一次将事业单位作为一个整体进行改革的顶层设计。这一顶层设计,把不断满足人民群众公益服务需求作为改革的根本目的,把构建适应社会主义市场经济要求的新型事业单位体制机制作为改革的核心。在改革范围上,涵盖各地区、各行业、各类型的事业单位;在改革内容上,涉及管理体制、养老保险、财政投入、收入分配等行业体制改革;在改革方法和步骤上,明确了总体目标、阶段性目标和"四分"(分类指导、分业推进、分级组织、分步实施)的工作方针。这一顶层设计,充分体现了改革的根本性、全面性和整体性,标志着我国事业单位改革和发展进入了新的历史阶段。

党的十八大以来,党中央高度重视事业单位改革,各级党委、政府精心组织、扎实推进,在全国范围内完成了事业单位清理规范和分类,根据不同事业单位特点实施分类管理和改革,在推进政事分开、事企分开、强化公益属性等方面取得重大成果,在守住财政供养人员只减不增底线的同时，调整布局结构、优化资源配置、提高运行效率，有力促进了公益事业健康发展。但面对新形势新任务提出的新要求新挑战，面对人民日益增长的美好生活需要，我国公益服务的发展仍然不平衡、不充分，事业单位定位不准、职能不清、效率不高等问题依然存在。

这一时期改革的主要措施如下。

1. 深入推进事业单位分类改革工作

（1）全面推进承担行政职能的事业单位改革，理顺政事关系，实现政事分开，不再设立承担行政职能的事业单位。为了加快建立与国家治理体系和治理能力现代化相适应的行政事业单位资产管理体系，更好地保障行政事业单位有效运转和高效履职，2015年，财政部发布了《关于进一步规范和加强行政事业单位国有资产管理的指导意见》。

（2）加大从事经营活动事业单位改革力度，推进事企分开。2018年，国务院办公厅发布了《文化体制改革中经营性文化事业单位转制为企业的规定》和《进一步支持文化企业发展的规定》，修订完善一系列推动文化改革发展的重要经济政策，为新一轮文化体制改革提供有力支撑。为了进一步深化文化体制改革，继续推进国有经营性文化事业单位转企改制，2019年，财政部、税务总局和中央宣传部联合发布了《关于继续实施文化体制改革中经营性文化事业单位转制为企业若干税收政策的通知》。

（3）区分情况实施公益类事业单位改革。对面向社会提供公益服务的事业单位，理顺同主管部门的关系，逐步推进管办分离，强化公益属性，破除逐利机制；对主要为机关提供支持保障的事业单位，优化职能和人员结构，同机关统筹管理。

2. 深入推进人事、收入分配、社会保险制度等配套改革

（1）深化人事制度改革：2014年，为了规范事业单位的人事管理，保障事业单位工作人员的合法权益，建设高素质的事业单位工作人员队伍，促进公共服务发展，国务院发布了《事业单位人事管理条例》。2017年，为完善事业单位公开招聘制度体系，规范招聘行为，人力资源和社会保障部发布了《事业单位公开招聘违纪违规行为处理规定》。2019年，为维护人事管理公平公正，中央组织部、人力资源社会保障部共同研究制定了《事业单位人事管理回避规定》。

（2）深化收入分配制度改革：2018年，为建立导向鲜明、科学规范、有效管用的事业单位工作人员奖励制度，激励广大事业单位工作人员担当作为、干事创业，中央组织部、人力资源社会保障部共同制定了《事业单位工作人员奖励规定》。为落实以增加知识价值为导向的收入分配政策，进一步推动科技成果转移转化，2021年，人力资源社会保障部、财政部、科技部发布了《关于事业单位科研人员职务科技成果转化现金奖励纳入绩效工资管理有关问题的通知》。

（3）推进社会保险制度改革：为了统筹推进社会保障体系建设，建立更加公平、可持续的养老保险制度，2015年，国务院发布了《关于机关事业单位工作人员养老保险制度改革的决定》《关于印发机关事业单位职业年金办法的通知》。为深入贯彻党的十九大关于全面建立中国特色医疗保障制度的决策部署，着力解决医疗保障发展不平衡不充分的问题，2020年，中共中央、国务院发布了《关于深化医疗保障制度改革的意见》。

（4）完善支持公益事业发展的财政政策：为了进一步规范和加强中央行政事业单位国有资产配置管理，财政部2018年发布《中央行政事业单位国有资产配置管理办法》，2019年发布《关于修改〈事业单位国有资产管理暂行办法〉的决定》。2022年，为了进一步规范事业单位的财务行为，加强事业单位财务管理和监督，提高资金使用效益，保障事业单位健康发展，财政部发布《事业单位财务规则》。

（5）加强对事业单位的监督：2016年，为了加强行政事业单位国有资产监督管理，规范行政事业单位资产清查核实工作，财政部发布《行政事业单位资产清查核实管理办法》。建立健全事业单位绩效考评、信息披露、社会公示和听证等各项制度，加强审计和舆论监督，进一步实现监督主体多元化、监督方式多样化、监督内容更全面，确保事业单位不偏离公益目标。

3. 深入推进行业体制改革　以医疗卫生行业为例，为了适应公立医院综合改革要求，与公立医院管理体制、运行机制、服务价格调整、医保支付、人事管理、控制不合理医疗费用以及推进分级诊疗、家庭医生签约服务等改革相衔接，2017 年全国启动了公立医院薪酬制度改革试点，其目的在于健全与岗位职责、工作业绩、实际贡献紧密联系的分配激励机制，加强宏观调控和有效监管，规范医务人员收入分配秩序。2021 年，经国务院同意，人力资源社会保障部、财政部、国家卫生健康委、国家医保局、国家中医药局印发了《关于深化公立医院薪酬制度改革的指导意见》。主要内容包括：一是与医疗、医保、医药联动改革相衔接，落实"两个允许"要求，实施以增加知识价值为导向的分配政策，强化公立医院公益属性，合理确定公立医院薪酬水平，完善公立医院薪酬水平决定机制。二是充分落实医院内部分配自主权。三是逐步建立主要体现岗位职责的薪酬体系，实行以岗定责、以岗定薪、责薪相适、考核兑现。四是合理确定内部薪酬结构，注重医务人员的稳定收入和有效激励，进一步发挥薪酬制度的保障功能。五是建立健全公立医院负责人薪酬激励约束机制，鼓励对主要负责人实行年薪制。六是健全以公益性为导向的考核评价机制，考核结果与公立医院薪酬总量挂钩。七是提出拓宽深化薪酬制度改革经费渠道，深入推进"三医"联动改革，逐步提高诊疗、中医、护理、手术等医疗服务在医疗收入中的比例。

4. 大力发展民办公益事业，构建公益服务新格局　2014 年，民政部、全国工商联发布了《关于鼓励支持民营企业积极投身公益慈善事业的意见》，贯彻落实党的十八大和十八届三中全会关于"支持发展慈善事业""创新社会治理"的要求，促进广大民营企业通过参与公益慈善事业，弘扬中华民族传统美德，积极履行社会责任，在解决社会问题、缩小收入差距、促进社会公平和谐方面不断作出新贡献。为进一步推动社会公益事业建设领域政府信息公开工作，推进国家治理体系和治理能力现代化，2018 年，国务院办公厅印发了《关于推进社会公益事业建设领域政府信息公开的意见》。

二、我国公共事业管理的改革

事业单位是经济社会发展中提供公共服务的主要载体，是公共事业管理的重要组成部分，是我国社会主义现代化建设的重要力量。改革开放特别是党的十六大以来，各地区各有关部门积极探索事业单位改革，不断创新事业单位体制机制，稳步推进教育、科技、文化、卫生等行业体制改革，积累了有益经验，取得了明显成效，为进一步推进改革奠定了基础。但是，面对新形势新要求，我国社会事业发展相对滞后，影响了公益事业的健康发展，迫切需要通过分类推进事业单位改革加以解决。

（一）我国公共事业管理改革的成因

1. 推进公共事业管理改革是保障和改善民生的客观要求　增进民生福祉是发展的根本目的。改革开放以来，我国经济建设取得了举世瞩目的伟大成就，人民生活水平、综合国力、国际地位大幅提升，各项社会事业也取得明显进展。但社会事业发展总体上相对滞后，特别是随着经济社会的发展，人民群众需求结构不断升级，由过去主要关注温饱问题上升为更多地关注教育、文化、卫生等方面的问题，对公共服务提出了更高要求。事业单位广泛分布在教育、卫生、文化等与民生关系密切的公共服务领域，是政府提供公共服务的主要载体。公共服务是民生的基本内容，公益事业发展滞后，必然会积累民生方面的矛盾，影响社会和谐稳定。只有加快推进事业单位改革，打破限制公益事业发展的体制机制障碍，不断促进公益事业更好更快发展，才能满足人民群众日益增长的公共服务需求，切实保障和改善民生，把科学发展、和谐发展的要求落在实处。

2. 推进公共事业管理改革是加快转变发展方式、促进经济更好更快发展的迫切需要　推进事业单位改革，对于转变发展方式具有十分重要的作用。从需求结构看，通过改革，加大对公益事业的投入和供给,满足人民群众对公共服务的需求,有利于扩大消费,从而促进经济增长由主要依靠投资和出口拉动向消费、投资、出口协调拉动转变。从产业结构看,公益事业基本属于第三产业的范畴,通过分类推进事业单位改革,促进我国公益事业更好更快发展,将有利于促进经济增长主要由第二产业拉动向第一、第二、第三产业协同拉动转变。从要素投入结构看,事业单位是培养各类人才的重要基地和科技创新的重要力量。通过改革,不断发展壮大我国公益事业,提高事业单位的质量和水平,有利于推动经济发展由主要依靠要素和资源投入向主要依靠科技进步、劳动者素质提高、管理创新转变。

3. 推进公共事业管理改革是我国改革开放总体布局的必然要求　改革开放是对我国计划经济时期形成的经济、政治、文化、社会等各方面的体制机制进行的全方位变革。改革开放以来,我国梯次推进经济体制、政治体制、文化体制、社会体制以及其他各方面改革,逐步形成了符合我国国情的改革开放总体布局。实践证明,只有进行全方位的改革,才能实现从计划经济向社会主义市场经济的根本转变;只有各方面的改革协同推进,才能从总体上推动改革开放不断深化。目前改革已经进入攻坚阶段和"深水区",迫切需要按照改革开放总体布局的要求,着力推进重要领域和关键环节的改革。事业单位改革是我国改革开放总体布局的重要组成部分,与经济、政治、社会等各方面的改革紧密联系、相互影响。这些年来,事业单位改革一直在推进,并取得积极进展。但总的来看,事业单位改革滞后于国有企业改革,滞后于政府机构改革。我国计划经济时期形成的事业单位管理体制框架还没有从根本上打破,事业单位管理和运行中仍存在诸多深层次矛盾和问题,严重影响了事业单位功能作用的有效发挥,制约了相关改革的进一步深化。因此,要加快推进事业单位改革,努力形成各个领域改革协同推进的良好局面。

4. 推进公共事业管理改革是转变政府职能、建设服务型政府的重要举措　事业单位改革与行政体制改革相互联系、相互制约。通过改革,理顺政府与事业单位之间的关系,推进政事分开,把微观事务交给事业单位;通过改革,进一步强化政府的公共服务职能,把更多的精力和资源投入公益事业发展,加强政府对公益事业的政策引导、总体规划和有效监管,有利于加快建设服务型政府;通过改革,更加明确事业单位的功能定位,强化公益属性,促使事业单位在完善公共服务方面发挥更大作用,更好地实现政府的公共服务目标。

(二)我国公共事业管理改革的内容

1. 科学划分事业单位类别

(1)清理规范现有事业单位:对未按规定设立或原先承担的特定任务已完成的,予以撤销;对布局结构不合理、设置过于分散、工作任务严重不足或职责相同相近的,予以整合。

(2)划分现有事业单位类别:在清理规范基础上,按照社会功能将现有事业单位划分为承担行政职能、从事生产经营活动和从事公益服务三个类别。对承担行政职能的,逐步将其行政职能划归行政机构或转为行政机构;对从事生产经营活动的,逐步将其转为企业;对从事公益服务的,继续将其保留在事业单位序列,强化其公益属性。今后,不再批准设立承担行政职能的事业单位和从事生产经营活动的事业单位。

(3)细分从事公益服务的事业单位:根据职责任务、服务对象和资源配置方式等情况,将从事公益服务的事业单位细分为两类。将承担义务教育、基础性科研、公共文化、公共卫生及基层基本医疗服务等基本公益服务,不能或不宜由市场配置资源的,划入公益一类;将承担高等教育、非营利医疗等公益服务,可部分由市场配置资源的,划入公益二类。

2. 推进承担行政职能事业单位改革

(1)严格认定标准和范围:根据国家有关法律法规和中央有关政策规定,按照是否主要履行行政决策、行政执行、行政监督等职能,从严认定承担行政职能的事业单位。

(2)区分不同情况实施改革:结合行政管理体制改革和政府机构改革,特别是探索实行职能有机统一的大部门体制,推进承担行政职能事业单位改革。涉及机构编制调整的,不得突破政府机构限额和编制总额，主要通过行政管理体制和政府机构改革中调剂出来的空额逐步解决。对部分承担行政职能的事业单位，要认真梳理职能，将属于政府的职能划归相关行政机构；职能调整后，要重新明确事业单位职责、划定类别，工作任务不足的予以撤销或并入其他事业单位。对完全承担行政职能的事业单位，可调整为相关行政机关的内设机构，确需单独设置行政机构的，要按照精简效能原则设置。已认定为承担行政职能、但尚未调整到位的事业单位，在过渡期内继续按照现行法律法规和政策规定履行职责，使用事业编制且只减不增，人事、财务、社会保险等依照国家现行政策规定实施管理。

3. 推进从事生产经营活动事业单位改革

（1）推进转企改制：周密制定从事生产经营活动事业单位转企改制工作方案，按照有关规定进行资产清查、财务审计、资产评估，核实债权债务，界定和核实资产，由同级财政部门依法核定国家资本金。转制单位要按规定注销事业单位法人，核销事业编制，进行国有资产产权登记和工商登记，并依法与在职职工签订劳动合同，建立或接续社会保险关系。事业单位转企改制后，要按照现代企业制度要求，深化内部改革，转变管理机制，并依照政企分开、政资分开的原则，逐步与原行政主管部门脱钩。其国有资产管理除国家另有规定外，由履行国有资产出资人职责的机构负责。

（2）完善过渡政策：为平稳推进转制工作，可给予过渡期，一般为5年。在过渡期内，对转制单位适当保留原有税收等优惠政策，原有正常事业费继续拨付。在离退休待遇方面，转制前已离退休人员，原先国家规定的离退休费待遇标准不变，支付方式和待遇调整按国家有关规定执行；转制前参加工作、转制后退休的人员，基本养老金的计发和调整按照国家有关规定执行，保证离退休人员待遇水平平稳衔接。在医疗保障方面，离休人员继续执行现行办法，所需资金按原渠道解决；转制前已退休人员，转制后继续按规定享受职工基本医疗保险、补充医疗保险等待遇。有条件的转制单位，可按照有关规定为职工建立补充医疗保险和企业年金。要进一步做好离退休人员的服务管理工作。

4. 推进从事公益服务事业单位改革

（1）改革管理体制：实行政事分开，理顺政府与事业单位的关系。行政主管部门要加快职能转变，创新管理方式，减少对事业单位的微观管理和直接管理，强化制定政策法规、行业规划、标准规范和监督指导等职责，进一步落实事业单位法人自主权。对面向社会提供公益服务的事业单位，积极探索管办分离的有效实现形式，逐步取消行政级别。对不同类型事业单位实行不同的机构编制管理，科学制定机构编制标准，合理控制总量，着力优化结构，建立动态调整机制，强化监督管理。

（2）建立健全法人治理结构：面向社会提供公益服务的事业单位，探索建立理事会、董事会、管理委员会等多种形式的治理结构，健全决策、执行和监督机制，提高运行效率，确保公益目标实现。不宜建立法人治理结构的事业单位，要继续完善现行管理模式。

（3）深化人事制度改革：以转换用人机制和搞活用人制度为核心，以健全聘用制度和岗位管理制度为重点，建立权责清晰、分类科学、机制灵活、监管有力的事业单位人事管理制度。加快推进职称制度改革。对不同类型事业单位实行分类人事管理，依据编制管理办法分类设岗，实行公开招聘、竞聘上岗、按岗聘用、合同管理。

（4）深化收入分配制度改革：以完善工资分配激励约束机制为核心，健全符合事业单位特点、体现岗位绩效和分级分类管理要求的工作人员收入分配制度。结合规范事业单位津贴补贴来实施绩效工资，进一步做好义务教育学校、公共卫生与基层医疗卫生事业单位实施绩效工资工作；对其他事业单位按照分类指导、分步实施、因地制宜、稳慎推进的原则，实施绩效工资。各地区各部门要根据改革进程，探索对不同类型事业单位实行不同的绩效工资管理办法，分步实施到位。完善事业单位工资正常调整机制。

（5）推进社会保险制度改革：完善事业单位及其工作人员参加基本养老、基本医疗、失业、工伤等社会保险政策，逐步建立起独立于单位之外、资金来源多渠道、保障方式多层次、管理服务社会化的社会保险体系。事业单位工作人员基本养老保险实行社会统筹和个人账户相结合，养老保险费由单位和个人共同负担，个人缴费全部计入个人账户。养老保险基金单独建账，实行省级统筹，基本养老金实行社会化发放。实行"老人老办法、新人新制度、中人逐步过渡"，对改革前参加工作、改革后退休的人员，妥善保证其养老待遇水平平稳过渡、合理衔接，保持国家规定的待遇水平不降低。建立事业单位工作人员职业年金制度。统筹考虑企业、事业单位、机关离退休人员养老待遇水平。

（6）加强对事业单位的监督：建立事业单位绩效考评制度，考评结果作为确定预算、负责人奖惩与收入分配等的重要依据。加强审计监督和舆论监督。面向社会提供公益服务的事业单位要建立信息披露制度，重要事项和年度报告要向社会公开，涉及人民群众切身利益的重大公益服务事项要进行社会公示和听证。

（7）全面加强事业单位党的建设：按照党章和有关规定，及时调整党的组织设置，理顺隶属关系，选好配强党组织领导班子，加强党员教育、管理、服务，做好思想政治工作，推进精神文明建设，领导工会、共青团等群众组织开展工作，充分发挥党组织在促进事业发展、完成本单位中心任务中的领导核心或政治核心作用，保证党的基本路线方针政策在事业单位的贯彻执行。

5. 构建公益服务新格局

（1）大力发展公益服务：适应经济社会发展和人民群众需要，不断拓展公益服务领域，增加公益服务品种，扩大公益服务供给总量。发挥政府主导作用，引导社会力量广泛参与，引入市场竞争机制，充分调动各方面积极性，不断增强公益事业发展活力。通过改革，形成提供主体多元化、提供方式多样化的公益服务新格局，努力为人民群众提供广覆盖、多层次的公益服务。

（2）强化政府责任：按照逐步实现基本公共服务均等化的要求，优先发展直接关系人民群众基本需求和国家安全、社会稳定的公益服务，促进公益服务公平公正。加快发展农村、欠发达地区和民族地区公益事业，缩小城乡之间、地区之间公益服务水平差距，切实满足广大农民和城市低收入群体医疗、教育、文化等公益服务需求。优化公益服务资源配置，合理规划布局，科学设置事业单位，打破条块分割和行政区划界限，推进资源共享。创新公益服务提供方式，完善购买服务机制，提高服务质量和效率。

（3）鼓励社会力量兴办公益事业：完善相关政策，放宽准入领域，推进公平准入，鼓励社会力量依法进入公益事业领域。对社会力量兴办公益事业的，在设立条件、资质认定、职业资格与职称评定、税收政策和政府购买服务等方面与事业单位公平对待，并切实加强监管，引导其健康发展。完善和落实税收优惠政策，鼓励企业、社会团体和公民个人捐赠公益事业。大力倡导和发展志愿服务。

（4）充分发挥市场机制作用：完善扶持政策，充分发挥市场在公益事业领域资源配置中的积极作用，为社会资本投资创造良好环境，推动相关产业加快发展，满足人民群众多层次、多样化的服务需求。

6. 完善支持公益事业发展的财政政策

（1）加大财政对公益事业发展的支持力度：加快建立健全公共财政体系，调整支出结构，加大投入力度，着力构建财政支持公益事业发展长效机制。制定和完善支持社会力量兴办公益事业的财政政策，形成多渠道筹措资金发展公益事业的投入机制。对事业单位的财政资金使用情况进行绩效考评，严格资金管理，提高使用效益。

（2）改革和完善财政支持方式：按照国家政策和以事定费的原则，结合不同事业单位的具体特点和财力，对不同类型事业单位实行不同的财政支持办法，合理制定标准，实行动态调整，健全监管制度，充分发挥财政资金的效用。对公益一类，根据正常业务需要，财政给予经费保障；对公益二类，根据财务收支状况，财政给予经费补助，并通过政府购买服务等方式予以支持。

（3）推进预算管理、政府采购和国有资产管理改革：研究建立事业单位资产配置标准体系，促进资产管理与预算编制有机结合，强化事业单位政府采购预算管理与执行，规范政府采购操作执行行为。加强行政事业性收费管理，严格收费项目和标准审批。建立健全事业单位财务会计和国有资产管理制度，加强财务监督，确保财政资金和国有资产使用规范、安全和有效。

三、深化公共事业管理改革的基本思路

党政群所属事业单位是提供公共服务的重要力量。深化事业单位改革是继农村改革、国有企业改革、政府机构改革之后不断完善改革总体布局的又一重大决策。深化公共事业管理改革要全面推进承担行政职能的事业单位改革，理顺政事关系，实现政事分开，不再设立承担行政职能的事业单位。加大从事经营活动事业单位改革力度，推进事企分开。区分情况实施公益类事业单位改革，面向社会提供公益服务的事业单位，理顺同主管部门的关系，逐步推进管办分离，强化公益属性，破除逐利机制；主要为机关提供支持保障的事业单位，优化职能和人员结构，同机关统筹管理。

（一）准确把握不断满足人民群众公共服务需求这一改革的根本目的

事业单位改革，要以促进公益事业发展为目的。改革不是简单地减人、减机构、甩包袱，更不是把事业单位搞小变弱，而是促进公益事业发展壮大，不断满足人民群众公共服务需求。明确这一改革的根本目的，充分体现了中国共产党全心全意为人民服务的宗旨，体现了以人为本的根本要求。要牢牢把握这一根本目的，坚持改革的正确方向。要通过改革，解放事业单位生产力，提高事业单位整体素质和服务水平，强化政府责任，加大财政投入，鼓励社会力量兴办公益事业，切实解决公益服务总量不足、供给方式单一等问题，真正建立起基本服务优先、供给水平适度、布局结构合理、服务公平公正的中国特色公益服务体系。检验这项改革成败的标准，就是要看是否有利于调动事业单位各类专门人才和广大职工的积极性，是否有利于公益事业资源的优化配置和促进基本公共服务均等化，是否有利于事业单位服务功能的充分发挥和社会事业更好更快发展。

（二）准确把握"四分"这一改革的基本方针

推进事业单位分类改革要坚持"分类指导、分业推进、分级组织、分步实施"的基本方针。我国事业单位情况千差万别，各地区、各行业情况差异也很大，事业单位改革艰巨复杂，是一项长期任务。推进这项改革，必须始终坚持一切从实际出发，从事业单位改革的自身规律出发，在改革的具体要求、方法和步骤上不搞"一刀切"。

1. 坚持分类指导　按照社会功能将现有事业单位分为三大类，并进一步将其中的公益类事业单位细分为两小类，区分不同情况采取不同的改革办法。不仅要对不同社会功能、不同行业的事业单位进行分类改革、分类管理，而且要对同一行业、不同地区的单位或同一地区的不同单位区别对待。

2. 坚持分业推进　《中共中央　国务院关于分类推进事业单位改革的指导意见》主要是通过总体设计，着重解决不同行业和地方改革中涉及事业单位的基础性问题、共性问题和衔接性问题，不是"另起炉灶"，不替代正在进行的教育、科技、文化、卫生等行业体制改革。行业体制改革要按照既有的改革部署和领导协调机制继续向前推进。

3. 坚持分级组织　按照事业单位分级管理原则，分级组织实施事业单位改革。中央主要负责指导全国分类推进事业单位改革工作，地方按照中央总体部署和要求，结合当地实际组织实

施,中央和地方各负其责,充分发挥"两个积极性"。

4. 坚持分步实施 事业单位情况复杂,改革涉及各方面利益格局的调整,受多种因素影响,是一个长期的、渐进的过程,不可能一蹴而就。

(三)准确把握创新体制机制这一改革的核心要求

目前,一些事业单位不同程度地存在偏离公益目标、生机活力不足等问题。通过深入分析这些问题,可以发现其关键在于体制机制上存在两大症结:一是管办不分,二是监管缺位。创新体制机制是事业单位健康发展、公益事业发展壮大的关键,也是改革成功的重要标志。不从根本上改革事业单位管理体制,切实解决影响公益事业发展的深层次问题,公益服务质量和效率就难以真正提高,公益事业的投入效益就会打折扣。对从事公益服务的事业单位来说,创新体制机制要重点抓好以下几个关键环节。

1. 着力深化事业单位管理体制改革,理顺政府与事业单位的关系,积极探索政事分开、管办分离的有效实现形式。

2. 着力探索建立多种形式的法人治理结构,健全事业单位内部决策、执行和监督机制。

3. 着力深化人事制度改革,以转换用人机制和搞活用人制度为核心,以健全聘用制度和岗位管理制度为重点,建立责权清晰、分类科学、机制灵活、监管有力的事业单位人事管理制度。

4. 着力深化收入分配制度改革,以完善工资分配激励约束机制为核心,健全符合事业单位特点、体现岗位绩效和分级分类管理要求的工作人员收入分配制度。

5. 着力推进社会保险制度改革,完善事业单位及其工作人员参加基本养老、基本医疗、失业、工伤等社会保险政策,逐步建立起独立于单位之外、资金来源多渠道、保障方式多层次、管理服务社会化的社会保险体系。

6. 着力改革和完善财政支持方式,构建财政支持公益事业发展的长效机制,形成多渠道筹措资金发展公益事业的投入机制。同时,要按规定加强对事业单位的监督,建立事业单位绩效考评制度;加强事业单位党的建设,保证党的基本路线方针政策在事业单位的贯彻执行。

(四)准确把握构建公益服务新格局这一改革的重要目标

要发挥政府主导作用,引导社会力量广泛参与,引入市场竞争机制,形成提供主体多元化、提供方式多样化的公益服务新格局。公益服务涉及广大人民群众的基本需求,是一项不能主要依靠市场配置的公共产品,必须坚持政府主导,将确保公益服务的有效提供作为政府的一项基本职责。

衡量政府是否履行好公益服务职责,关键是看人民群众是否保质保量地享受到这些服务。目前,我国公益服务基本上由政府直接提供,社会力量兴办的公益事业明显不足。大力发展社会力量兴办的公益事业,已成为构建中国特色公益服务新格局的迫切需要和必然选择,原因如下。

1. 我国社会力量已经具备了相当的经济实力,兴办公益事业的积极性和责任感也逐步增强。

2. 鼓励和支持社会力量兴办公益事业,可以扩大公益服务供给总量、增加服务品种,使人民群众有更多的选择权。

3. 与国家举办的公益机构相比,不少社会力量举办的同类机构在工作效率、运营成本和服务意识等方面往往更具有一定优势。发展壮大社会力量兴办的公益机构,可以对国家举办的公益机构在内部管理、服务质量等方面产生压力,形成相互促进、共同发展的局面。

鼓励和支持社会力量广泛参与公益事业,就要完善相关政策,放宽准入领域,推进公平准入,引导和支持各类社会组织参与公益服务的提供。对社会力量兴办公益事业的,要在设立条件、资质认定、执业资格、职称评定、税收政策和政府购买服务等方面,与事业单位公平对待。同时,要充分发挥市场在公益事业领域资源配置中的积极作用,完善扶持政策,为社会资本投资创造良好环境,推动相关产业发展,满足人民群众多层次、多样化的服务需求。

1. 西方国家的公共事业管理经历了自由放任时代、福利国家时代和新自由主义时代三个不同的发展阶段。在自由放任时代，西方国家秉承"小政府"理念，很少干预公共事业的发展。在福利国家时代，西方国家秉承"大政府"理念，不仅在公共事业的发展中居于主导地位，而且成为公共事业产品供给的主体。在新自由主义时代，西方国家把市场竞争机制引入公共事业领域，通过打破垄断来提高公共事业产品供给的效率，减少政府的财政压力。

2. 当代西方国家公共事业管理改革有其必然性，应对严重的财政危机是最主要的原因。此外，西方国家自由市场理论的回归、社会危机的出现进一步加剧了西方国家改革公共事业管理的紧迫性。当代西方国家公共事业管理改革的内容主要有公共事业民营化、引入市场机制和鼓励社会自助。

3. 中国公共事业管理经历了计划经济时代、公共事业的重建阶段、分领域探索阶段、深入拓展阶段、分类改革阶段。2011年，《中共中央　国务院关于分类推进事业单位改革的指导意见》印发。该文件是指导事业单位改革的纲领性文件，是第一次将事业单位作为一个整体进行改革的顶层设计。我国公共事业管理改革主要围绕以下内容进行：科学划分事业单位类别；推进承担行政职能事业单位改革；推进从事生产经营活动事业单位改革；推进从事公益服务事业单位改革；构建公益服务新格局；完善支持公益事业发展的财政政策。在改革范围上，涵盖各地区、各行业、各类型的事业单位；在改革内容上，涉及管理体制、养老保险、财政投入、收入分配等行业体制改革；在改革方法和步骤上，明确了总体目标、阶段性目标和"四分"工作方针。

4. 党的十八大以来，党和政府高度重视事业单位改革，各级党委、政府精心组织、扎实推进，在全国范围内完成了事业单位清理规范和分类，根据不同事业单位特点实施分类管理和改革，在推进政事分开、事企分开、强化公益属性等方面取得重大成果，在守住财政供养人员只减不增底线的同时，调整布局结构、优化资源配置、提高运行效率，有力促进了公益事业健康发展。但面对新形势新任务提出的新要求新挑战，面对人民日益增长的美好生活需要，我国公益服务发展仍然不平衡不充分，事业单位定位不准、职能不清、效率不高等问题依然存在。

思考题

1. 简述西方公共事业管理发展的阶段与特征。
2. 如何理解当代西方国家公共事业管理改革的成因？
3. 计划经济阶段的公共事业管理体制的基本特征是什么？
4. 我国公共事业管理体制发展到现在经历了哪几个阶段？
5. 当前我国的公共事业管理改革存在哪些亟待解决的问题，该如何改进？

（谢冬梅）

第四章　公共事业管理环境

任何管理活动都处于一定的环境之中,管理环境是管理活动的前提和依据。环境的变化必然影响到管理主体的发展方向及活动效率。公共事业管理环境不仅是公共事业管理的自然基础和社会基础,也是公共事业管理主体和客体赖以生存和发展的土壤,它规定着公共事业管理的活动内容和工作重点,制约着公共事业管理目标的实现,并最终影响公共事业的管理绩效。从某种意义上讲,公共事业管理活动的效果取决于公共事业管理系统与其环境相适应的程度。研究公共事业管理环境,一方面,需要从公共事业管理环境的定义、分类等视角来分析其与公共事业管理活动的关系;另一方面,也要从促进公共事业管理主体有效把握客观环境的角度展开探讨,最大限度发挥其主观能动性,适应、利用和改造管理环境,以保持公共事业管理与环境之间的动态平衡与协调,实现管理活动的良性可持续发展。

第一节　概　　述

一、公共事业管理环境的定义

环境是指围绕某一中心事物的外部空间、条件和状态等各种因素的总和。任何组织或系统都不能孤立于环境之外,相关管理活动都处于一定的环境之中。公共事业管理环境是指围绕公共事业管理活动,直接或间接作用于公共事业管理主体、客体及其活动方式、活动过程的一切外部因素和条件的总和。构成公共事业管理环境的外部因素和条件是多种多样的,呈现出不同的特点和状态。这些要素按一定的方式或关系构成公共事业管理环境,影响和制约着公共事业管理的理念、方式和方法等。构成公共事业管理环境的各要素有其自身运动规律,这些要素既处于不断发展变化的运动之中,又与公共事业管理主体构成对立统一的动态平衡与协调发展关系。因此,创造有利的环境对于促进公共事业管理目标的有效实现意义深远。

二、公共事业管理环境的分类

从不同的角度对公共事业管理环境进行分类,有助于认识和了解环境对公共事业管理的影响,找出不同管理环境之间的差异,从而正确、高效地指导公共事业管理活动的开展。从不同的角度可以将公共事业管理环境划分为如下几种。

1. 以层次为标准,可划分为宏观公共事业管理环境、中观公共事业管理环境和微观公共事业管理环境。

2. 以国别区域为标准,可划分为国际公共事业管理环境和国内公共事业管理环境。

3. 以影响为标准,可划分为积极公共事业管理环境(良性环境)和消极公共事业管理环境(恶性环境)。

4. 以内容为标准,可划分为政治环境、经济环境、生态环境、人口环境、文化环境、国际环境、技术环境和资源环境等。

必须指出的是，分类本身不是目的，而是提供一种认识价值。事实上，各种类别之间也不是完全割裂的，而是彼此交叉、相互融合的。在对公共事业管理环境的分析中，通常从主权的角度将其分为国内环境和国际环境两部分，二者中人们谈论较多的是国内环境，主要包括自然环境和社会环境。其中自然环境主要指生态环境，社会环境可细分为政治环境、经济环境、人口环境和文化环境等内容。然而，当前国际格局和体系正在发生深刻调整，世界正经历百年未有之大变局，全球化在政治、经济、文化等领域的不断渗透，国际环境对公共事业管理的影响日益增强，因此，将国际环境纳入分类内容是应有之义。此外，技术与资源环境可为公共事业管理提供解决问题的新方法与新途径，是公共事业管理环境不可或缺的一部分。本章将公共事业管理环境分为四部分：政治与经济环境、生态与人口环境、文化与国际环境、技术与资源环境。四部分内容相互作用、相互制约、相互影响，在动态平衡发展中共同构成了公共事业管理环境。

三、公共事业管理环境的特点

公共事业管理环境具有以下四个方面的特点。

1. 广泛性与多样性　公共事业管理环境是公共事业管理主体、客体赖以生存和发展的外部条件及因素的总和，既有自然的、社会的，又有国内的、国际的。可以说，凡是对公共事业管理系统产生影响和作用的外部条件和因素，都属于公共事业管理环境范畴。公共事业管理环境的广泛性和多样性不仅与公共事业管理活动涉及的范围和内容有着密切联系，也同公共事业管理环境对公共事业管理主体、客体及管理活动直接或间接的作用方式有着一定的相关性。

2. 复杂性与综合性　公共事业管理环境作为一个开放的系统，往往是由几个不同的要素和条件共同构成的，包括物质的、精神的，有形的、无形的，政治的、经济的，相互联系、相互影响，形成错综复杂的关联网络，共同作用于公共事业管理系统。一个公共问题的产生和解决往往要牵涉若干环境因素，是各种因素综合作用的结果，这是公共事业管理环境复杂性与综合性的现实表现。例如，食品安全问题不仅涉及经济发展和食品监管领域，还与执法环境、人口素质、文化教育、生活方式等方面的要素密切相关。当然，不同的环境因素所起的作用方向和大小不尽相同，有的环境因素是直接发生作用的，有的因素是间接发生作用的，这些都需要根据具体问题进行分析。

3. 一般性与特殊性　公共事业管理环境对于各公共事业管理主体来说，总体上是一样的，如政治环境中的政治体制、生态环境中的气候等，无论是政府组织主体、社会组织主体，还是公益企业组织主体，都会受到同样的影响。但对于不同的公共事业管理主体来说，其具体影响会有所差异。同时，由于环境因素的差异及对公共事业管理主体的活动内容、活动方式影响不同，在分析公共事业管理环境时，要遵循一般和个别相结合的原则，兼顾一般性与特殊性。公共事业管理主体应当根据所处的具体环境，从影响组织生存和发展的特定环境出发，不断调整自身行为，以顺应或改变公共事业管理环境。从经济特区探索由特殊性到一般性的制度成熟定型之路的过程中可以看出，特定的公共事业管理环境经过公共事业管理主体的选择与设计而具有了普遍性，从而可以推广普及到更多实践主体上，产生不同的管理效果。

4. 稳定性与变动性　公共事业管理的环境在一定的时空范围内具有相对稳定性。例如，一个组织所处的生态环境，诸如该地区的河流数量、气候条件、丘陵平原状况等自然资源，通常都是既定的，遵循一定的规律。同时，该组织所处的政治环境、文化环境等在一定时期内不会发生显著变化，如我国现在所处的中国特色社会主义市场经济体制等。当然，在实际公共事业管理过程中，公共事业管理环境仍随着时间、空间、需求等的变化而发生相应改变。公共事业管理环境的不断变化不仅包含其构成要素的不断变化，还包含公共事业管理主体的价值观、态度、行为规范的改变。显然，公共事业管理环境的稳定性与变动性是相对统一的，稳定性是相对的，变动性是绝对的。

四、研究公共事业管理环境的意义

环境是公共事业管理的自然基础和社会基础，规定和制约着公共事业管理目标的实现，并影响最终的管理绩效。研究公共事业管理环境，目的在于促进公共事业管理主体重视公共事业管理环境及其变化常态，把握公共事业管理与公共事业管理环境之间的发展规律，树立系统观念，运用系统理论协调、引领、优化公共事业管理中的各要素；在适应公共事业管理环境要求的基础上，采取科学合理的管理方法，从而充分利用和改造环境，保障公共事业管理目标顺利实现。

1. 树立公共事业管理开放系统观念，完善运行模式 公共事业管理主体系统与其环境系统构成了一个广阔的开放系统。公共事业管理主体从环境中获取信息，取得支持，通过系统内部的转换和调整，又将产出的新政策、理念及各种公共事业管理方法、措施反馈到环境系统中。一个有效的公共事业管理主体系统应该是一个与环境保持密切联系的开放系统。这就要求公共事业管理主体树立开放的系统思维，及时关注、回应环境的机遇和要求，提供良好的公共产品和准公共产品。同时，逐步完善公共事业管理运行模式，使环境系统输入的支持与要求、公共事业管理主体系统的转换与调整、输出至环境系统的政策与措施三者之间保持和谐动态平衡。

2. 促使公共事业管理主体主动适应、利用和改造公共事业管理环境 公共事业管理环境是公共事业管理生存和发展的基础，也是公共事业管理主体开展活动必须首先关注的问题。公共事业管理主体需要主动适应环境，了解环境的规定与制约，厘清强制性环境因素，并遵守其要求，不能忽视、不能逾越；把握机动性环境因素，在一定范围内对其采取主动措施加以调节，以充分发挥组织的能动性。同时，公共事业管理主体有必要注重对管理环境的整体分析和对翔实材料的充分掌握。利用环境所提供的有利的自然条件和社会条件，为面临的问题制定相应的政策，并在实施过程中加以有效控制，及时、主动地调整不符合环境要求的内容，改善管理方式，以更好地适应环境的需要。在此基础上，公共事业管理主体还应有效控制环境，创造性利用各种机会，努力将不利环境转变为有利环境，保障公共事业管理运行机制完好顺畅，促进公共事业管理目标和绩效的有效达成。

3. 把握公共事业管理环境特点，进行正确科学决策 由于公共事业管理环境具有广泛性与多样性、复杂性与综合性、一般性与特殊性等特点，因此，不同地区、行业、部门的管理环境不可能完全一致，即使相同的部门、地区和行业也存在不同的具体管理运行环境，这就要求公共事业管理主体在进行决策时，必须适应和把握这些特点，具体问题具体分析，因时而治，因地制宜。同时，需要统筹考虑各种环境因素和条件对决策的影响，以及所做决策输出至环境的影响，努力使各项决策更加符合科学性、现实性，促进管理效益的最大化。

第二节 政治环境和经济环境

公共事业管理与外在环境之间相互影响、相互依存、相互适应。其中，政治环境与经济环境是不可分割的，任何一国的政治体系都必须存在于一定的经济背景之下，且这种经济背景与政治体系之间有着深刻的内在联系，如传统小农经济与君主专制政体的密切关系，现代商品经济对于民主政体的强烈要求等。公共事业管理活动的顺利开展与既定的政治条件和经济条件息息相关。因此，公共事业管理首先面对的就是政治环境与经济环境。

一、政 治 环 境

（一）概念

政治环境是指影响和制约公共事业管理生存和发展，以及实现其功能、目标的各种政治因素的总称。政治环境与公共事业管理的关系最密切、最直接也最复杂。公共事业管理主体包括政府组织和社会组织。政府的政治职能与社会管理职能往往是相互配合、相互交叉、密不可分的。特定的政治环境就会产生与之相适应的公共事业管理模式。同时，公共事业管理活动通常也会促进政治环境发生不同程度的转变。

良好的政治环境能够涵养清风正气，保障实现更高质量、更有效率、更加公平、更可持续、更为安全的发展，从而为公共事业管理主体、客体的生存及管理活动创造良好的基础。

（二）构成

一般来说，凡是影响和作用于公共事业发展的政治因素，都属于公共事业管理政治环境的构成要素。从理论上分类，公共事业管理环境主要包括政治制度、政治关系和政治文化等因素；从现实主体上分类，主要包括同一国家或社会中的立法机关、司法机关、党政机关等。本部分着重分析理论分类的政治环境。

1. 政治制度　政治制度是指在特定社会中，统治阶级通过组织政权以实现其政治统治的原则和方式的总和，主要包括国体、政体、国家结构形式以及公民在国家政治生活中的地位等。政治制度主要为公共事业发展提供一种外部的政治组织环境，即通过组织体系的合理化和有效的权力分配状态与机制对公共事业管理产生影响。改革开放以来，随着我国政治体制的改革，政府转变行政职能，由直接控制转向间接引导，放松对公共事业的管制，使其充分发挥自身的作用，为公共事业管理的发展创造了有利的条件。

2. 政治关系　政治关系是一定社会中不同政治角色在政治体系运行过程中所形成的各种关系的总和。现代国家的主要政治关系包括：国家机关（如立法机关、行政机关、司法机关）之间的关系、党派关系、政府间关系、管理者与公民之间的关系以及政策制定者与各种社会团体、利益集团的关系等。这些关系相互影响、相互制约，形成了复杂的政治关系网络。以政府为核心的公共事业管理主体作为政治关系网络中的关键要素，其活动必然受到关系网络的影响和制约。

3. 政治文化　政治文化是指一定社会在特定时间内所奉行的政治价值观念、政治心理和政治意识形态等的总和。政治文化作为支持社会成员政治行为的内在因素，几乎作用于政治体系的方方面面。在一定意义上，政治体系中政治文化的特征决定着该体系存在的状态、运作的方式以及发展演变的道路和方向。习近平总书记强调："党内政治生活、政治生态、政治文化是相辅相成的，政治文化是政治生活的灵魂，对政治生态具有潜移默化的影响。"保持风清气正的政治环境，离不开良好政治文化的熏陶和滋养，政治文化以其特有的巨大历史惯性在很大程度上规范和制约着各种公共事业管理主体及客体的行为，从而影响整个公共事业管理的过程。

（三）特点

公共事业的生存、运行和发展离不开政治环境，政治环境对公共事业管理的发展起着重要作用。同时，公共事业管理的发展也改变和利用着政治环境，影响其结构和功能。政治环境是公共事业管理的外部环境，即公共事业管理机构之外的影响因素，其作为公共事业管理环境的重要部分，同样具有广泛性、复杂性和特殊性的特征。

1. 广泛性　政治环境的广泛性是指政治环境的构成要素不仅有理论方面的政治制度、政治关系、政治文化等，还包括现实中的实体即立法机关、司法机关、政党等，并且每一要素所涉及的内容也较为宽泛。

2. 复杂性　政治环境的复杂性主要体现在两个方面：一是政治环境的构成要素的复杂性，

既有理论的又有实体的，既有相对稳定的又有迅速变化的。二是政治环境对公共事业管理发展产生影响和作用情况的复杂性。

3. 特殊性　政治环境的特殊性是指由于各个地区的自然环境千差万别，各个地区的经济状况、物质条件、风土人情以及文化传统也不尽相同，国与国之间、民族与民族之间、沿海与内陆地区之间、东部与西部地区之间的具体政治情况都存在着差异，这也决定了由一种或多种因素所组成的政治环境的具体现实特质不同，其构成的公共事业管理的具体内涵和影响强度亦不尽相同。可以说，各种不同的公共事业管理体制、机制、管理模式的形成和发展，正是这种特殊性的具体体现。

（四）影响

良好的政治环境能够潜移默化地影响公共事业管理主体及客体的决策行为。政治环境和公共事业管理之间的关系，整体而言，是一种相互影响和制约，相互作用和适应，以求得动态平衡和稳定协调发展的关系。

政治环境对公共事业管理的影响主要体现在以下几个方面。

1. 政治环境影响公共事业管理的结构、功能和运行，使其与不断演化的政治环境相适应　公共事业管理主体通过发挥主观能动性，在与周围的环境不断地进行物质、能量和信息的交换中求得生存和发展。公共事业管理主体根据政治环境的需要和适应环境变化的要求，调整其组织结构、组织形式和组织行为。公共事业管理的功能则直接表现为公共事业管理主体与政治环境相互作用的能力、功效与适应性。因此，公共事业管理的功能目标的制定和实施，必须适应政治环境对公共事业管理提出的各种要求和提供的各种条件。既要认清当前政治环境的性质，又要科学地预测未来政治环境的发展要求和特点；既要反映客观环境提供的可能条件，又要反映公共事业管理主体对环境的积极控制与能动性改造。

2. 政治环境为公共事业管理重心工作和主要任务的解决提供条件　政治环境要素是广泛而多样的，对公共事业管理的作用也是普遍而复杂的。因此，认识政治环境首先必须坚持全面的观点，充分把握各环境要素的属性及其发生作用的特点，并充分估计每一种环境要素的变化可能给公共事业发展带来的影响。但对各种环境要素的作用和影响不能等量齐观，其中必然有直接与间接、主要与次要之别，并且这种作用关系也不可能是一成不变的。在公共事业发展的不同历史阶段上，总是有不同或相同的环境要素在发挥主要作用。这就要求在众多的政治环境要素中，既要清楚公共事业管理所面对的主要有利条件，又要识别公共事业管理所面临的主要环境威胁，把握当务之急，这是确定公共事业发展的工作重心与主要任务并制定相应对策措施的基本依据。

3. 政治环境对公共事业管理活动的稳定及可持续发展有重要作用　公共事业的稳定持续发展，除了取决于公共事业内部的整体运行状况以外，还受制于公共事业与政治环境关系的协调状况和程度。政治环境要素是国家基本的国情因素，也是公共事业发展道路选择的出发点。历史表明，只有确立与本国国情和客观环境相适应的政治发展路线、方针和政策，才可能获得相对稳定的政治局面。如果政治发展方向和政策措施脱离了基本国情或违背了客观环境的要求，那么公共事业则无法保持长期的持续稳定发展。因此，无论任何时候都必须对政治环境有全面和清醒的认识。公共事业管理发展必须根据政治环境的变化，不断地进行相应的体制改革，使公共事业始终能够适应政治环境的要求，这是公共事业保持稳定和实现持续发展的基本保证。

二、经 济 环 境

（一）概念

经济环境，即公共事业管理所处的外部经济背景，是制约和影响公共事业管理的一切经济要素的总和，主要是指特定的经济制度和结构、经济实力和发展水平、经济利益关系等因素。经济生活是人类社会生活最基本的形式,经济环境是人类社会生存和发展的基本环境因素。对于公共事业管理来说,经济环境构成公共事业管理的基础和前提,是影响公共事业管理的最基本因素。经济环境不仅为其提供管理活动不可或缺的物质条件,同时也提供良好的科技条件以及社会运行有效的经济机制和体制。

探讨公共事业管理的经济环境的含义,实质上是将其概念进行了具体区分,强调以经济成分为核心的相关经济因素在公共事业管理具体环境方面的影响作用。因此,公共事业管理的经济环境是指公共事业管理所处的经济背景,即能够直接或间接地影响、制约或作用于公共事业管理主体及其具体活动方式、活动过程的一切经济要素的总和。

(二)构成

经济环境的构成要素很多,凡是能够影响和作用于公共事业生存和发展的经济因素,都属于公共事业管理经济环境的构成要素。因此,这些构成要素从理论上讲是极为广泛的,概括起来可以分为三类。

1. 经济制度和结构　经济制度和结构主要是指一定社会的所有制关系、分配关系、劳动中人与人的关系、各种经济成分的结构、产业结构等,是经济基础的核心内容。公共事业管理作为上层建筑的一部分,是由以经济制度和结构为核心的经济基础决定的。

2. 经济实力和发展水平　经济实力和发展水平体现的是国家社会生产力发展的状况。国家或社会的生产力发展水平,主要是由其自身所拥有的固定资产与流动资本量、经济产业结构、公共服务发展水平、市场条件、资源供求关系、科学技术水平、劳动力素质及供应等条件综合而成的。国家或社会的经济实力和发展水平决定了能够投入公共事业管理活动的人力、物力和财力。经济发展不仅给公共事业发展提供坚实的物质基础,而且丰富了公共事业管理的科学文化和技术特征。

3. 经济利益关系　经济利益是人们对于经济生活和经济条件的需求。在同一社会里,由于职业、身份、收入、财产、居住区域的差异,人们的经济利益是不同的,从而形成不同的利益个体。为维护自身利益,相似或相近的利益个体又倾向于结成利益集团或利益共同体,从而在不同的利益个体之间、不同的利益群体之间构成了特定的经济利益关系,以表达不同的利益要求。2021年,在我国国家医保药品目录谈判现场,谈判代表最终将每针70万元的"救命药"降价至每针3.3万元,这一生动的例子形象地说明了在众多利益相关者复杂的利益关系中,我国政府及其他公共事业管理主体始终坚持以人民至上、生命至上为出发点,不断寻求社会与经济利益关系的相对平衡,着力解决人民群众普遍关心关注的民生问题。

(三)特点

经济环境作为公共事业管理环境的坚实基础之一,除了具有广泛性、复杂性、特殊性等一般特点之外,还具有鲜明的短期波动性与长期平稳性等特点。

1. 短期波动性　经济环境在短期内表现出波动性的特点。公共事业管理经济环境的构成要素数量众多,整个市场经济活动又有广泛的参与主体,那么每一项经济活动或经济行为的发生势必会产生复杂多变的经济关系。

在发展过程中,经济环境中各要素会出现各种波动和反复,这种波动性导致经济发展的速度有快有慢,从而可供公共事业管理主体支配的资源也有多有少,在发展过程中有时候甚至可能出现退几步进一步或退一步进几步的情况,这就要求公共事业管理主体在把握经济环境波动性规律的基础上,坚持尽力而为、量力而行,完善公共服务政策制度体系,促进基本公共服务均等化。

2. 长期平稳性　虽然经济环境在短期内存在一定的波动,但在一段较长时期内则呈现出总体稳定的水平和特征。2021年中央经济工作会议和2022年《政府工作报告》都明确指出,要着力稳定宏观经济大盘,保持经济运行在合理区间内。尽管存在风险挑战,但我国经济持续恢复发展的态势没有变,支撑高质量发展的生产要素条件没有变,长期向好的基本面没有变,保持经济平稳健康发展具备诸多有利条件和强大支撑。正是得益于经济环境在长期内的平稳性,公共事业管理主体才能够拥有顺利开展管理活动的坚实的物质基础,最广大人民群众的利益才得以保障。

（四）影响

经济环境对公共事业管理的影响主要表现在以下几个方面。

1. 经济环境规定公共事业管理的范围 经济实力和发展水平决定着社会的发展程度,以及社会所需的公共产品和准公共产品的范围。2021年我国人均国内生产总值已突破1.2万美元,常住人口城镇化率达64.72%,客观上要求扩大公共事业管理的范围,提供更加丰富的公共产品,以满足人民群众的需求。

2. 经济环境制约公共事业管理的能力 公共事业管理总体上是靠公共财政开支来维持的,而经济实力决定了公共财政的能力,也就决定了公共事业管理机构能投入公共事业管理项目中的各类资源。

3. 经济环境影响公共事业管理的质量和效率 一个国家或地区经济实力强大,就会给以公共项目为载体的公共事业管理活动提供良好的交通、通信、水、电、煤气、医院、学校等基础设施,为公共事业管理提供优秀的组织管理人才和较为优良有效的管理运行机制。比如,改革开放40多年来,我国经济实力不断增强,基本公共服务体系取得了长足进步,公共服务设施实现了较高程度的覆盖,较好地保障了人民群众的基本权益。由此可见,良好的经济环境能够为公共事业管理主体、客体创造雄厚的资源基础。

第三节　生态环境和人口环境

公共事业管理各环境之间是相互建构的。在构成公共事业管理环境的各部分中,生态与人口环境是影响公共事业管理主体及其行为方式的基本要素。生态与人口环境在很大程度上会影响公共事业管理体制与机制的构成与运行,对公共事业管理活动的空间及效率亦有影响。同时,生态与人口环境、政治与经济环境本身也是息息相关的,且这种相关性处于不断发展之中。

一、生 态 环 境

（一）概念

生态环境是指影响人类生存与发展的水资源、土地资源、生物资源以及气候资源数量与质量的总称,是关系到社会和经济持续发展的复合生态系统。

公共事业管理的生态环境是指围绕公共事业管理活动的各种自然物质和能量的总和,包括地理位置、自然资源和生态系统等。生态环境是公共事业管理的物质前提,是公共事业管理活动的时空要素,是人类社会生存和生活的有机组成部分。

（二）构成

生态环境是由众多自然因素共同构成的整体,并持续地对公共事业管理活动的实施与开展产生影响,其构成要素极为广泛。本节将从地理位置、自然资源及生态系统三个方面予以诠释。

1. 地理位置 地理位置是指地理事物在地球表面本来就存在的时空关系,是客观的、不以人的意志为转移的存在状态。任何管理活动都是在一定的时空内进行的,公共事业管理也不例外。不同的地理位置是构成不同公共事业管理生态环境的重要因素。例如,我国沿海地区与内陆地区地理位置不同,气候和资源不同,社会发展的程度及信息交流的速度也不同。因此,两地域中总体的公共事业管理所依赖的生态环境会有很大差异,需要因地制宜地开展公共事业管理活动,从而获得最佳的管理效果。

2. 自然资源 自然资源是指自然界中人类可以直接获得用于生产和生活的物质,可分为三类:一是不可更新资源,如各种金属和非金属矿物、化石燃料等,需要经过漫长的地质年代才能形成;二是可更新资源,指生物、水、土地资源等,能在较短时间内再生产出来或循环再现;三是相对取之不尽的资源,如风力、太阳能等,被利用后不会导致贮存量减少。自然资源是生态环境的有机组成部分,自党的十八大以来,以习近平生态文明思想为引领,秉持"绿水青山就是金山银山"理念,就充分体现了自然资源的保护与合理利用对于公共事业管理的重要性。

3. 生态系统 生态系统是由生物群落及其生存环境共同组成的动态平衡系统。早在战国时期,庄子就阐发了"天地与我并生,而万物与我为一"的重要生态哲学思想,诠释了人与生态系统的关系。随着工业化和城市化的发展,生态系统受到破坏,严重影响各个国家的可持续发展。防止自然灾害和减少灾害损失,避免生态危机的爆发和扩散,成为相关公共事业管理的核心工作。

(三)特点

生态环境作为公共事业管理的基本环境要素,主要具有以下特点。

1. 多样性 生态环境多样性是指生态环境各构成要素之间的变异性和多样性,由地理条件、自然资源、生态系统的多样性组成。生态环境中大多数因素都是不断变化的,影响公共事业管理的生态环境因素也极为广泛和复杂,一般很难将它们逐一列举分析。生态环境因素是否丰富及数量的多少也与自然环境的优劣密切相关。例如,自然条件优越的地区,生态环境因素就相对丰富,而环境相对贫瘠的地区,生态因素就相对稀少。因此,公共事业管理机构需要对所在地区的生态环境有较全面的了解,形成生态环境对公共事业管理的影响与制约的总体认识,方能制定出合理的管理策略与路径。

2. 具体性 不同的生态环境问题对于公共事业管理机构有着不同的影响,或者说不同的公共管理机构需要面临不同的生态环境内容,这就要求公共事业管理主体在公共事业管理方式及运作机制上要因地制宜,充分考虑地区实际,发挥当地自然条件的优势,促进公共事业管理取得成效。同时,要把保护自然环境、维护生态系统作为一项重要的公共事业来对待。例如我国实施"三线一单"(生态保护红线、环境质量底线、资源利用上线和生态环境准入清单)差别化生态环境管控措施,具体划分优先保护、重点管控和一般管控单元,建立与新时代高质量发展和高水平保护相适应的生态环境分区管控体系,通过公共事业管理来弥补分配的不足,合理保护生态环境。

3. 关联性 生态环境不仅影响与之相关的地理位置、自然资源和生态系统等,随着生产力的发展与生产关系的变革,生态环境与政治、经济环境的关联也日益紧密。纵观世界发展史即可发现,保护生态环境就是保护生产力,改善生态环境就是发展生产力。良好的生态环境是最公平的公共产品,是最普惠的民生福祉。公共事业管理活动与生态环境息息相关。生态环境发生剧烈变化,不仅动植物的生存会受影响,人类生存也将遭受威胁。因此,在新时代要牢固树立社会主义生态文明观,构建人与自然生命共同体,推动形成人与自然和谐发展的现代化建设新格局。

(四)影响

生态环境对公共事业管理的影响主要体现在以下三个方面。

1. 生态环境影响公共事业管理的需求 这种影响主要表现在处于不同地理位置中的公共事业管理机构,面临着由地理位置所产生的不同公共管理问题。例如,河流众多地区会面临相关水利及交通问题,需要公共事业管理机构去进行建造、协调和管理。再如,自然资源的质量及开发利用条件影响区域公共事业管理活动的效益,这就要求公共事业管理机构在进行相关决策时对该地区公众的整体利益予以关注。一般来说,生态环境不仅要求公共事业管理机构作出相应的反应,而且要求在制定社会发展规划和公共项目计划时从实际出发予以特别考量。

2. 生态环境影响公共事业管理活动的开展 不同的生态环境导致公共事业管理活动的实施侧重点不同。例如,在我国的北方地区,就必须考虑冬季供暖问题;而在南方雨水较多的地区,则要加强防洪设施的建设和管理。一方面,地理分布广泛、自然资源丰富、生态系统多样等特征决定了开展生态环境相关的公共事业管理工作是一项极其复杂的系统工程。另一方面，公共事业管理还需结合社会经济发展、生态环境保护等总体规划，这就要求公共事业管理机构基于生态环境开展系统高效的公共事业管理活动。

3. 生态环境制约着公共事业管理能力的提升   生态环境促使人类社会文明的形成与演变，影响着各国的综合国力。生态环境不仅限定了各国经济发展的方向和结构，同时也制约着公共事业管理机构的设置与配置。党的十八届三中全会、十九大、十九届三中全会均对我国改革自然资源与生态环境管理体制提出了明确要求。因此，公共事业管理主体在从事公共事务，特别是从事经济事务的管理时，要认真对待生态环境对公共事业管理的影响，化解生态环境与人类管理之间的矛盾，遵循生态环境的发展规律，树立可持续发展和科学发展的观念，充分利用有利的环境因素，改变不利的生态环境因素，保护生态环境，使生态环境更好地为人类社会发展提供服务，从而实现既定的公共事业管理目标。

二、人 口 环 境

（一）概念

人口环境是社会环境中的重要因素之一，与政治环境、经济环境、生态环境等因素相互依存、相互约束、相互作用、相互影响。人口环境包括人口数量、质量、分布、结构等，既是公共事业管理活动必要的人力资源条件，又是影响社会可持续发展的关键变量。

（二）构成

人口是人类社会存在和发展的前提，人口环境也在社会发展中具有举足轻重的地位。适宜的人口因素可以促进社会的发展，反之，则会阻碍社会进步。人口环境主要由以下四部分构成。

1. 人口数量   人口数量历来是国家关心的重要问题，人口增长过快或者过慢都将对国家的现实和未来产生不同程度的影响。人既是生产者，也是消费者。然而任何国家或地区可供人类发展的资源都是有限的，这就要求人口增长和本国、本地区经济发展水平相适应，否则将产生各种社会矛盾，引发社会冲突。斯大林提出，人是社会物质生活条件的必要因素，没有一定限度的人口，就不可能有任何社会物质生活。人口数量对公共事业管理政策产生极大的影响，如人口负增长的国家鼓励生育并提供良好的福利保障，人口高增长的国家则会出台调控政策，使人口数量与社会经济发展相平衡，维护社会的稳定。

2. 人口质量   人口质量决定了劳动者所能创造社会财富的潜力，关系到一个国家或地区的可持续发展。一般根据人口的健康素质和教育素质来研究人口的质量问题。无论政府还是民众均应当从提高身体健康水平、提高国民体质、爱护人口资源、"民健国强"的高度来认识和对待人口健康素质与可持续发展。此外，人口教育水平的提升同样是一个国家或地区公共事业所致力的目标。我国目前处在迈上全面建设社会主义现代化国家新征程时期，要把提升国民素质放在突出重要位置，构建高质量的教育体系和全方位全周期的健康体系，优化人口结构，拓展人口质量红利，提升人力资本水平和人的全面发展能力。

3. 人口分布   人口分布是指人口在一定时间内的空间存在形式与分布状况，包括各地区总人口的分布，以及某些特定人口（如城市人口、农业人口）过程（如迁移）和构成的分布（如性别分布）等。人口分布既与自然环境有关，又与社会经济发展水平以及历史长期发展状况相关，而这些因素往往又是相互交融、互相联系的。一般将农业人口和城镇人口的比重以及人口的地理分布作为研究人口分布的衡量标准之一。我国三分之一以上的人口集中在东部地区和沿海地区，这就从根本上决定了公共事业管理的工作程度与强度。为进一步引导人口合理分布，实现公共事业管理环境可持续发展，我国编制了《国家人口发展规划（2016—2030 年）》，根据人口分布、开发密度、发展潜力等条件，促进形成人口分布合理、管理环境协调的区域格局。

4. 人口结构 一般来说，人口结构是指人口的年龄结构、性别结构和劳动力结构等。人口结构对公共事业管理的影响表现在以下几个方面：一是人口的年龄结构合理才能为社会持续发展提供充足的劳动力。但随着经济发展和人类寿命的延长，人口老龄化已成为公共事业管理所面临的一个重要问题。二是性别比例结构不仅是社会正常运行的前提，也是公共事业管理运行的基础。性别比例失调将引发严重的社会问题。因此，在公共事业管理中，既要在人口结构中注重男性和女性的比例，又要在政府组织和非政府组织中兼顾男性与女性的数量。三是劳动力结构为社会提供各种层次的劳动者，进而满足社会对劳动者的需求。

（三）特点

人口发展是关系国家及民族发展的大事，人口环境也与经济繁荣和民众福祉等公共事业管理的发展目标密切相关，其特点主要包括长期性、整体性和挑战性。

1. 长期性 人口数量膨胀所带来的系列问题已成为全世界公共事业管理的长期重要课题。人口环境的改变对公共事业管理提出了新的需求，同时也带来了新的问题。然而，这些问题的解决并非一蹴而就。在我国，人口问题始终是需要应对的全局性、长期性、战略性问题。在未来相当长的时期内，我国人口众多的基本国情不会根本改变，人口对经济社会发展的压力不会根本改变，人口与资源环境的紧张关系不会根本改变。这需要公共事业管理部门针对相关问题进行深入的研究和分析，统筹规划，做好打持久仗的准备。

2. 整体性 个人是社会中的人，个人不可能离开社会独立存在，个人的生存与发展总是离不开社会提供的种种条件和环境的制约。人口环境与政治、经济、生态等环境之间存在着相互制约、相互影响的关系。因此，公共事业管理主体要基于整体视角，寻找人口环境和社会整体之间的平衡点，任何与人口因素相关的公共事业管理措施的实施都要与宏观环境保持协调，并能促进人口与政治、经济、生态等因素的可持续性发展，以实现公共事业管理新的发展目标。与此同时，人口环境对公共事业管理发挥的作用也无法脱离社会环境的整体统筹。

3. 挑战性 人口环境的变化给可持续发展带来巨大挑战。以我国为例，进入 21 世纪后，人口环境的内在动力和外部条件发生了显著改变，出现重要转折性变化，对公共事业管理提出了巨大挑战，主要体现在以下几方面：第一，人口总规模增长惯性减弱，2030 年前后达到峰值。受育龄妇女数量减少及人口老龄化带来的死亡率上升影响，人口增长势能减弱，实现适度生育水平压力较大。第二，老龄化程度不断加深，少儿比重呈下降趋势，人口红利减弱，持续影响社会活力。第三，人口流动仍然活跃，人口集聚进一步增强。这些改变均为公共事业管理带来了新的挑战。

（四）影响

人的需求是社会最基本的需求，人口发生变化，社会需求也必然发生变化。人口众多、资源相对不足、环境承载能力有限是各国公共事业管理所面临的现实问题。人口环境对公共事业管理具有以下影响。

1. 人口环境的变化为公共事业管理带来挑战与机遇 人口老龄化是当今世界人口发展的趋势，这种人口结构的变化正在广泛而深刻地影响着人类社会的发展。以我国为例，根据国家统计局数据，我国 60 岁及以上的人口占比从 2005 年的 11.03% 上升至 2023 年的 21.10%。依据联合国关于人口老龄化的划分标准，我国已从轻度老龄化社会步入中度老龄化社会。但同时，我国人口环境仍存在人口流动活跃等有利条件，统筹解决人口问题有较大的回旋空间，对公共事业管理者而言不失为一次机遇。公共事业管理机构所要做的，便是通过改革和政策调整把挑战转化为机遇。一方面，按照政策部署，推动人口长期均衡发展。另一方面，科学应对人口环境的供给侧和需求侧冲击，依靠深化改革化危为机。

2. 人口环境产生新的公共事业管理需求 现代化是当代世界发展的主流，而城市化就是现代化的一个基本内容和标志。城市化的一个直接结果就是造成大量的人口迁移和人口流动。通常这种人口流动的基本方向是从农村流向城市、从不发达地区流向发达地区。这种有特定方向的人口流动必然在短时期内加大流入地的人口数量,给流入地的社会和生活带来新的压力,也不可避免地形成新的公共管理需求。因此,人口环境深刻地影响了公共事业及其管理体制的改革和发展,要求其完善人口发展战略和政策体系,促进人口长期均衡发展,最大限度地发挥人口对经济社会发展的能动作用。

3. 人口环境影响公共事业管理战略布局　为实现人口发展目标,公共事业管理机构必须从经济社会全局高度和国家中长期发展层面谋划人口工作,深入实施国家人口均衡发展战略。首先,注重人口内部各要素相均衡,切实提高出生人口素质,努力挖掘各年龄段人口潜能,推动人口红利向人才红利转变。其次,注重人口与经济发展相互动,准确把握经济发展对人口变动的影响,综合施策以缓解经济因素带来的生育率下降等人口发展问题。再次,注重人口与社会发展相协调,完善国家基本公共服务制度体系,推动基本公共服务常住人口全覆盖,有序推进农业转移人口市民化。最后,注重人口与资源环境相适应,加大环境治理与保护力度,可持续开发利用自然资源,推动形成绿色发展方式和生活方式,着力增强人口承载能力。

总的来说,面对人口发展重大趋势性变化,必须把人口均衡发展作为公共事业管理重点战略布局,加强统筹谋划,把握人口发展的有利因素,积极有效应对风险挑战,努力实现人口自身均衡发展,并与经济社会、资源环境协调发展。

第四节　文化环境和国际环境

人作为社会的基本单元,在长期的社会实践中无法脱离文化与国际环境的影响。公共事业管理的文化与国际环境是长期积淀下来的,处于相对稳定的存在状态,影响并制约置身于其中的人们的活动。

一、文 化 环 境

(一)概念

文化环境包括历史背景、价值观念、意识形态、行为规范等,是影响公共事业管理隐性的却往往是最重要的环境因素,无时无刻不在深刻影响公共组织的管理和运行。公共事业管理的文化环境特指存在于公共事业组织之外的社会文化环境,即公共事业管理主体置身于其中的一定的社会思想意识、文化形态和观念形态的总和,它是一定区域内社会成员在社会化过程中长期积淀而形成的一种较为稳定的意识形态。任何国家和民族都有自己独特的民族整体文化,公共事业管理是在相应民族文化的氛围中进行的。因而,整个社会文化的变迁与发展必然影响公共事业管理的运行。同时现代国家基本上都是非单一民族的国家,其行政区域组成也是由多种因素决定的。因此,一个国家的文化是一个大系统,其中也包含着由不同的亚文化组成的小系统。

(二)构成

文化环境的构成要素众多,可分为社会思想意识、文化形态和观念形态,亦可分为公共政治文化、公共经济文化和公共管理文化。此处着重分析以后一种方法进行分类的文化环境。

1. 公共政治文化　公共政治文化是指一个国家的社会成员在一定时期内所具有的政治价值倾向和政治心理倾向的总和。它由政治价值、政治情感、政治意识、政治观念、政治认知和政治心理等因素构成,其主体是社会公众或作为整体的社会成员。公众的参与是公共事业管理的重要因素,可以说没有公众的参与,公共事业管理活动就难以顺利进行,也难以真正满足公众的需要,实现最终管理目标。换言之,公共政治文化是公共事业管理的决定性文化环境。

2. 公共经济文化　公共经济文化是指一个国家在特定时期内所具有的经济价值倾向和所表

现出来的经济制度、经济成分、经济体系、经济水平等方面的总和，对公共事业管理有着深刻的影响。在我国社会主义市场经济快速发展的今天，大力培育科学、高效、可持续的经济文化，促进社会主义市场经济文化为社会发展提供更强大的精神动力与智力支持是十分必要的。

3. 公共管理文化　公共管理文化是指公共事业管理主体在致力于公共事务、提供公共产品、满足公共利益的一系列活动中所创造、表现出来的关于公共事业管理的思想、价值、观念和相关的实践经验。它作为一种文化环境因素，主要包含带有很强历史继承性和时代性的公共管理价值观和公共事业管理人员在管理过程中摸索形成的管理实践经验，指引着公共事业管理的有序进行。

（三）特点

文化是人类社会特有的产物，它是人类后天习得的，也为人类所共同享有。相比于公共事业管理的其他环境因素，文化环境具有以下特点。

1. 独特性　无论是什么样的国家体制、组织性质，都会在民族传统文化、当前社会崇尚的道德与伦理、现代文化等大背景下形成具有自身特色的公共事业管理文化环境。个性化的文化环境是公共事业管理机构的生命力体现，它不仅影响着公共事业管理机构和人员对周围环境的认识和解释，还决定着管理价值取向，规定着管理方式方法的选择。

2. 稳定性　公共事业管理的文化环境是相对稳定的。虽然外部环境处于不断变化之中，公共事业管理机构为了更好地适应环境变化，需要不断革新文化以适应发展的需求，但文化环境在相当长的一段时间内仍然呈现出相对稳定的特征，主要表现在公共事业管理的文化环境在时代发展中保留着基本特征，同时它的具体内涵又能与时俱进。

3. 继承性　公共事业管理的文化环境是在特定的文化背景之下形成的，所以必然会接受和继承这个国家和民族的文化传统和价值体系。基于继承与发展的视角，公共事业管理文化环境的演变是在原有的价值取向、意识形态、管理制度的基础上不断进行的，所以公共事业管理的文化环境是在继承原有文化的基础之上不断变化革新形成的。

4. 融合性　公共事业管理的文化环境反映了时代精神，它必然要与公共事业管理的政治环境、经济环境、生态环境、人口环境、国际环境以及技术与资源环境相融合。同时，公共事业管理文化在发展的过程中，也必须注意吸收其他优秀文化，融合世界最新的文明成果，取其精华，去其糟粕，不断充实和发展自我。也正是这种融合性使得公共事业管理文化能够更加适应时代的要求，更好地发挥公共事业管理的时代价值。

5. 发展性　公共事业管理的文化环境具有鲜明的时代性，是在一定的历史环境下产生和发展的，随着历史的积累、社会的进步、环境的变迁、组织的变革而不断地变化发展。创新、健康的文化有利于适应外部环境和变革，而守旧、不健康的文化则可能导致公共事业管理的不良发展。提高国家文化软实力，关系到一个国家在世界文化格局中的定位和国际影响力。

（四）影响

影响公共事业管理的文化环境要素主要是通过管理主体借助主流教育形式所获得的管理意识、管理思维、管理知识、管理技术等方面呈现的。文化环境对公共事业管理的影响主要表现在以下几个方面。

1. 文化环境影响　公共事业组织和人员对周围环境的认识和理解是建立在自身知识、观念和价值观基础上的，而这些思想观念是在一定文化环境中通过学习和实践形成的，公共事业组织与人员的思想、观念和认识都是基于一定文化背景的产物。这一社会化过程既受到一个国家主流文化的影响，也受到一定区域内生活习惯、风俗等的制约，带着特定文化的烙印。这也使得当地的文化因素既在总体趋向和基本的规定性上与该国主流意识形态一致，又带有该区域的传统和特色。这种传统和特色文化更为直接地影响着处于其中的公共事业组织和人员。地方性的公共事业组织在从事管理活动时，除要考虑国家文化系统的共性之外，还须考虑本地区亚文化系统的独特性。

2. 文化环境影响公共事业管理的价值取向、政策制定和实施效果 文化环境中的各种思想观念、风俗习惯以及价值准则等要素通过输入公共事业组织及其人员，在确定公共事业管理目标、明确公共政策需求方面产生影响。公共事业管理的文化环境应该科学规范，并与公共事业管理的价值取向、政策制定和实施效果充分结合，才能持续发展。

3. 文化环境一方面规定了公共事业管理目标内容的选择，另一方面通过影响公共事业管理主体的价值观、意识形态和行为规范，影响公共事业管理的方式方法。公共事业管理方法、管理技术的选择也在很大程度上依赖于一定的文化环境，文化环境决定着公共管理要在管理目标的指导下，从社会实际和公共利益要求出发，采取合理有效的管理方式。

二、国际环境

（一）概念

公共事业管理的国际环境是一个国家与其他国家或各种国际组织在政治、经济、文化方面的相互交往中形成的，影响和制约该国公共事业管理的国际性环境因素的总和，包括国际政治、国际经济、国际文化以及国际关系等因素。随着经济全球化、区域经济一体化以及信息交流的国际化，各国之间的交往和联系更加紧密，世界成为一个普遍联系的命运共同体。公共事业管理活动不仅在国家内部具有本土性，同时也在全球范围内具有一些共性，需要各国在交流与沟通的基础上就共同或一致的公共事业管理话题进行合作。因此，对于公共事业管理来说，国际环境是不能忽视的。

（二）构成

公共事业管理的国际环境纷繁复杂，不同学者对国际环境有不同的见解与分类方法。有学者认为，国际环境应包括国际社会环境、国际自然环境、国际政治环境、国际经济环境。也有学者将国际环境与国际战略环境相关联。此处立足于战略视角，将国际环境分为以下三类。

1. 政治局势 政治局势是指一国政局的稳定程度、与邻国的关系、边界安定性、社会安定性等。在世界格局新旧交替之际，我国所面临的外部局势是机遇与挑战并存，给我国公共事业管理带来机遇的同时，也要求公共事业管理主体加强抵御风险的能力。随着我国对外开放的不断扩大，国际交流日益频繁，国际环境对我国公共事业管理的影响也不断增强。我国的公共事业管理应当把握世界发展趋势，顺应时代发展，积极面向世界，立足国情，大力开拓，努力开创公共事业的良好局面。

2. 经济形势 国际经济形势是指国际宏观经济的运行状况和走向。世界经济版图发生的深刻变化前所未有，发达国家和发展中国家在国际分工体系中的地位角色发生重大转变，发达国家经济增长乏力，新兴经济体和发展中国家在世界经济中占据越来越大的份额，世界经济重心加快"自西向东"位移。经济全球化和区域经济一体化正在成为国际经济形势的呈现方式。这在促进全球经济的迅速发展和密切合作的同时，也使各国公共事业管理部门在政治、文化、社会事务方面加强协调与合作，共同应对跨国犯罪、环境污染、严重传染性疾病等国际问题。

3. 军事格局 军事格局是指世界或某一区域军事的分布形式、分布状况以及主要军事力量对比的总体态势和总体特征，它随国际政治和经济形势的变化而变化。在这种国际形势下，我国的公共事业管理面临着新的机遇与挑战，需要充分研究国际形势、国际关系、军事格局等重大问题，以求主动谋划和因势利导。和平的国际环境是我国顺利进行现代化建设的必要条件和有利时机，为我国公共事业管理工作顺利开展提供了良好的环境和前提。

（三）特点

当前，国际形势继续发生复杂深刻变化，公共事业管理发展深受影响。国际环境的特点主要体现在以下方面。

1. 双重性 公共事业管理的国际环境不仅作用于国内公共事业管理活动的开展与实施，同时也服务于国家间的政治、经济往来。人类前途命运的休戚与共前所未有，各国相互联系和彼此依存比过去任何时候都更频繁、更紧密，整个世界正成为你中有我、我中有你的人类命运共同体。公共事业管理活动的国家本土性和全球共性，充分体现了国际环境的双重性。

2. 政治性　公共事业管理的国际环境因素为维护国家主权和权益服务。例如，国家参与国际政治、经济交往活动不仅是为了促进经济全球化、世界多极化、国际关系民主化，也是为了维护自身的环境利益和发展利益，具有一定的政治意图。党的十八大以来，我国政府统筹国内国际两个大局，着眼我国与世界发展大势，加强国际传播能力建设，提升我国国际话语权，为我国改革发展稳定营造有利外部舆论环境，为推动构建人类命运共同体作出积极贡献。

3. 普惠性　公共事业管理的国际环境反映了人类命运共同体的普惠概念，这是一种世界多样平等、人类共进共享共生与利益共同的普惠的价值理念。以我国为例，在国际背景下，我国公共事业管理机构采取的行动使得国内和国际民众皆能受益。秉持命运共同、合作共赢、共同发展的理念，我国为世界上某些国家、民族或地区提供物质支持和道义援助，为解决人类问题贡献了中国智慧和中国方案，展现了公共事业管理国际环境的普惠性。

（四）影响

国际环境对公共事业管理的影响主要有三个方面。

1. 国际环境影响和决定了公共事业组织的设置及职能　国家之间政治、经济、文化的密切交往和交流是建立在平等与对等基础上的，彼此相互影响、相互联系。随着科学技术的发展和国际交往的增加，在国际社会中出现了许多国家共同遇到和关心的问题，这就需要建立相应的公共事业组织来负责对具有普遍意义的公共事业项目，如生态环境保护、国际合作医疗、灾情协助、跨国通缉罪犯等进行交流、沟通、协调、合作。这些国际环境因素促使具有相应职能的公共事业管理机构的设置以及活动的开展。

2. 国际环境因素影响一国的公共事业管理政策　国际环境因素，尤其是关系到国际合作与发展的公共事业问题，将影响和制约国家的公共事业管理政策。公共事业管理的基本内容是特定的社会公共事务，社会公共事务在一个国家的历史发展中有其共同性，在不同国家也具有共通性，因此国际环境因素会影响公共事业管理政策的制定与实施。国际公共事业问题的存在要求在国际范围内加以合作解决，这就使得国家在制定国内公共事业管理政策时既受到国内环境因素的制约，又受到具有约束力的国际条约和合作协议的影响，需遵守民族性与国际性相统一的原则。

3. 国际环境影响公共事业管理行为和方式　国际环境的影响首先表现在遵守国际公认的制度规范方面，其次才是作出符合国际制度规范的行为，将这种国际惯用的运行机制运用于国内的公共事业管理实践中，使国际公共事业管理活动与国内公共事业管理活动有机协调，取得预期的效果。例如，国际通用规范和机制使得各国在实施公共事业管理活动时能够相互理解、协调彼此，公共事业管理主体能够监督他国主体遵守并执行其作出的承诺。除此之外，多元化的国际环境也对公共事业组织的应变能力、创新能力以及利益整合能力提出了更高的要求。

第五节　技术环境和资源环境

技术与资源环境是影响公共事业管理过程及效率的环境之一，是公共事业组织乃至国家革故鼎新、持续创新的重要源泉。随着社会经济环境的不断变化，新兴技术与资源在全球范围内迅猛发展，技术与资源环境可以为公共事业管理提供解决问题的新方法与新途径，对公共事业组织的管理形式、管理过程、管理环境造成深刻影响。因此，技术与资源环境是公共事业管理环境不可或缺的一部分。

一、技 术 环 境

（一）概念

公共事业管理的技术环境，是指公共事业管理主体所处的社会环境中的技术要素及与该要素直接相关的各种社会现象的集合，决定了公共事业组织的发展速度与前景。

如今，变革性的技术环境对公共事业管理部门的管理活动产生了深远影响。例如，互联网引发了人类行为的变革，公共事业管理部门必须转变管理观念和思维方式，以适应该形势。因此需要密切关注与公共事业管理有关的科学技术的现有水平、发展方向以及发展速度。对于新兴技术，公共事业管理主体必须随时跟踪并加以重视，营造有利于提高公共事业管理效率与服务质量的技术环境。

（二）构成

公共事业管理的技术环境大体可划分为三个基本要素：公共事业管理主体所在国家或地区的技术水平、技术力量和科技体制。

1. 技术水平　社会技术水平是构成技术环境的首要因素，它包括技术研究的领域、技术成果分类和先进程度以及技术的推广和应用。判断一个社会是否发达的主要指标就是看生产力的先进水平，而科学技术是第一生产力，技术水平在很大程度上象征着国家与社会治理能力的高低。随着社会的变革与进步，公共事业管理主体对社会技术水平提出了更高的要求。在科学技术高度发达的今天，传统的公共事业管理技术与方法已不能满足现阶段的公共管理需求，因此不断提升技术水平，将人工智能、大数据等新兴技术融入公共事业管理过程中已成为一种趋势，有助于提高公共事业管理效率。

2. 技术力量　广义的技术力量是指一个国家或社会的科技研究与开发的实力。当前我国已转向高质量发展阶段，技术力量对转变发展方式的重要性更为突出，公共事业管理部门也越发积极地进行数字化、信息化建设，推进社会公共管理模式的创新，提高服务水平与服务质量。例如，运用大数据及信息化手段能够帮助公共事业管理主体更快速地处理数据内容、更广泛地获取信息来源、更准确地作出管理决策。

3. 科技体制　科技体制指一个国家社会科技系统的结构、运行方式及其与国民经济其他部门的关系状态的总称，主要包括科技事业与科技人员的社会地位，科技机构的设置原则与运行方式、科技管理制度、科技推广渠道等。目前，我国创新体制建设取得显著成效，创新主体的能力不断提升，综合性创新政策体系初步形成，创新环境逐步改善。公共事业管理部门也鼓励技术创新，通过多种方式培养技术创新人才，使公共管理提供的服务更加多元化、标准化；推动公共管理模式的创新、政府工作的职能发生一定转变，调整和优化社会公共服务，提供针对性、个性化的服务。

（三）特点

在构成公共事业管理的诸多环境中，技术环境是最活跃、变化最快的环境，同时也是影响范围最广泛、最深入的环境。公共事业管理的技术环境具有动态性、适用性与创造性的特点。

1. 动态性　技术环境是在社会、制度、资源等各种要素的基础上形成的。随着技术环境的不断变化，公共事业管理结构、管理方式和制度安排都要不断地进行动态调整。通过这种动态调整，促进公共事业管理服务水平与质量的提高。同时，这种动态调整又产生反馈作用，直接影响到技术环境的发展方向，从而使公共事业管理的技术环境呈现一种不断变化的动态发展过程。

2. 适用性　技术手段并非越新奇越好，而是以适用于公众为基本原则，只有真正实现公共利益和公共福祉的技术手段，才能称得上是具有实际意义的技术。既要充分发挥科技手段在公共事业管理中的作用，也要前瞻性应对新兴科技手段可能带来的风险与挑战。总而言之，公共事业组织要既能够跟踪最前沿的技术信息，又能够立足于眼下的实际问题选择适用的技术手段。

3. 创造性 创造性是指技术环境与其他公共事业管理环境相比，更加敢于打破常规，在把握规律的同时紧紧抓住时代进步的趋势，探索新形势下公共事业管理水平提升的路径。技术环境的创造性首先体现在新技术、新手段、新服务上，其次体现在公共事业组织结构、制度安排、管理方式等方面的创新上。

（四）影响

当前社会，技术创新进入新阶段，新兴的技术环境对公共事业管理产生了极其深刻的影响，也为公共事业管理迸发新鲜生命力提供了十分难得的机遇。技术环境对公共事业管理的影响主要体现在以下几个方面。

1. 技术环境对提高公共事业管理效率有重要的推动作用 随着技术环境的不断更新，公共事业管理工作逐渐向着网络化、智能化方向过渡，成为当下发展的主流。充分利用互联网信息技术与移动终端设备等现代化技术手段可以提高公共事业管理人员收集、处理、传递、存储信息资源的效率，丰富政务信息资源存量，提升公共管理人员对社会突发事件的反应能力以及应急决策速度，进而提高公共事业管理的服务效率。例如，针对某地曾经发生的一起踩踏事件，某大数据实验室运用云计算等技术手段对事故情况进行了详细分析，经过地图搜索生成人群聚集情况的曲线后，能够得出人群聚集的峰值。假如将这一技术手段运用至公共事业管理中，便可事先预估、提前防范、提高应对效率。

2. 技术环境的变化为组织管理方式带来了新的革命 善于创新的技术环境有利于转变传统的较为落后的公共事业管理方式，新型的管理方式是提高公共事业管理效率和保障其高速运行的必备条件。随着技术环境的不断发展，大数据技术可以为公共事业管理提供更多的数据与样本支撑，还可以挖掘与预测未来发展趋势，实现公共管理方式信息化，使公共事业管理活动更精简、更有效。信息技术的融入还有助于提高公共事业组织的信息公开程度，打破了长久以来公共事业组织对公共信息的垄断，进一步转变了公共事业管理方式。

3. 技术环境为促进公共事业管理科学性起到了支撑作用 在公共事业管理的理论与技术的相互关系中，理论具有基础性意义，技术对理论的发展提出与时俱进的要求，并进一步论证相关理论的科学性。在我国高度重视治理体系和治理能力现代化的新形势下，运用技术手段加强与改进公共管理水平已上升到战略高度，但新技术的发展必然会带来风险和挑战。例如，人工智能与公共事业管理的融合的确为公共部门降低成本、提升效率和提高质量提供了机会，但同时，人工智能技术的发展和广泛应用导致了以伦理问题为主的前所未有的威胁与挑战，也逐渐引起各国公共事业管理部门的注意。因此，在公共事业管理过程中不仅要借助现代化的技术手段，也要借助现代化的理论思想，保障管理的科学性。

纵观公共事业管理的发展与现代化历程，人们越来越频繁地使用新兴技术手段，如机器算法、人工智能等，结合不同的治理模式和公共问题，推进更多领域管理过程中的信息化与智能化，进一步提高公共事业管理的质量与水平。

二、资 源 环 境

（一）概念

公共事业的发展依赖于公共资源持续不断地供给。公共资源是指具有公共产品属性的可作为生产投入的未经人类劳动加工而自然存在的物质及其可利用的条件，通常主要指自然资源。随着数字经济成为世界经济发展的新引擎，基于科学技术产生的虚拟数字资源对公共事业管理的影响日益彰显。因此，也需将数字资源纳入资源环境的概念框架中来。所谓公共事业管理的资源环境，是指影响和制约公共事业管理活动开展的一切资源要素的总和，主要包括自然资源和数字资源。需要指出的是，在本章第三节中已对自然资源进行阐释，因此，此处只对数字资源的构成、特点及其对公共事业管理的影响展开讨论。

（二）构成

数字资源是指涉及国家创新、政府行政和数字消费等的公开数字信息资源，主要包括作为创新基础设施的学术数字信息资源、作为文化保护的非遗数字资源、作为流通决策的政务数字信息资源和作为大众消费的数字资源四类。

1. 学术数字信息资源 学术信息资源指各种学术、技术、行业指导、高级科普、教育等内容的信息资源，主要存在形式是期刊、图书、技术报告、会议论文等。随着技术的发展，出现了以数字媒体为载体的信息资源形式。其中，信息量最丰富的是电子期刊，以及收录电子期刊的大型数据库。

2. 非遗数字资源 中华民族历史悠久，优秀传统文化博大精深，广袤的中华大地上孕育出丰富繁多、珍贵精彩的非物质文化遗产（以下简称"非遗"）。由于我国地广物博，非遗种类和数量繁多，目前的保护工作仍不能满足非遗保护的需求，还有部分非遗项目没有被纳入保护范围内。因此，建设非遗数字资源服务是完善公共文化服务的必然选择。

3. 政务数字信息资源 日新月异的信息技术推动着社会各个领域从原有的物理空间向着网络空间数字化转型，不仅变革着人类的生产形式，解构着传统社会生活方式，而且重塑着国家与社会的关系，助推着政府治理转型。以大数据、物联网、云计算、区块链等为代表的新一代信息技术逐渐勾勒出一个新的数字时代图景，为我国数字政府建设奠定了良好基础。

4. 消费数字资源 数字化多元消费是数字经济时代的创新产物。数字消费打破了传统消费单一性、滞后性的特征，呈现出智能化、多元化消费趋势。数字产品和数字服务的创新与应用，有效地激发了消费者数字化多元消费需求。数字交易平台的蓬勃发展、互联网电子支付方式的简单便捷，催生了网约车、网络直播、在线教育、在线医疗等数字化消费形式与资源，同时也带来了居民消费结构的调整与优化。

从历史上来看，科技一直都是推动社会变革的力量，也是推动公共管理体系变革的力量。短短 20 多年，我国已然成长为互联网大国。数字经济的蓬勃发展，对传统产业进行改造升级和赋能，催生了电子商务、物流配送、人工智能、云计算、远程控制、无人驾驶等新业态、新技术，以及智慧城市、政务云等数字治理模式。数字经济正在以前所未有的速度、广度和宽度，深刻地影响着人们的生产生活方式，重塑着社会治理结构和空间格局。

（三）特点

1. 虚拟性 数字（信息）技术打破了传统物理空间的概念，使经济活动在"虚拟"与"现实"空间更替和转换。此时的经济运行、要素流动已经超越了传统的物质世界（空间），重构全新的秩序。

2. 指数性 数据是数字时代的"石油"，作为新的生产要素，具有可复制、可共享、无限供给、无限使用和无限增长的特点。数据资源不仅可以重复使用、复制（静态生长、边际成本趋零、摊薄），时空边界也在不断延伸（动态生长、边际收益趋增），其资源规模巨量增长，开发利用潜力巨大，为社会经济发展提供了强大支撑。

3. 多样性 数字经济开启了个性化消费时代。由于数字技术创建了虚拟空间和平台经济，大数据、云计算、智能工具等不断满足用户多样化和个性化需求。多样性表现在用户的全流程参与、消费的精准性实现、个体与中小企业的扩张。由于平台经济的快速发展，范围经济的实现条件由产品的相关性转向基于用户数量的规模经济，消费者倾向于选择适合自己的小众商品，客户需求被进一步细分。大型企业时代由此开始转向中小企业时代，市场原本存在的大量长尾端消费被激活，有了实践空间。市场主体的多元化和中小型化，以及市场导向的多元化和精准化有利于社会公平性的实现。

4. 互通性 数字技术突破了地理空间的割据性，消除了距离的制约，降低了交易费用，使得实体空间可达性大为提高，致使实体空间的经济联系由原有的等级阶层联系向新的平等共享式互动发展转移。原有的垂直等级空间被打破，新的无限纵横交错的空间网络得以建立。

（四）影响

1. 数字资源环境为公共事业管理发展提供空间支持　数字资源具有信息扩散和价值聚合的双重效应。一方面，数据要素流动能够打破行政壁垒，实现跨层级、跨部门、跨区域的信息共享，有利于公共资源管理模式从碎片化、局部性向集中化、整体性转变，形成"全局型"公共资源管理生态体系。另一方面，数字经济时代以平台为载体的新型企业组织形式和商业模式，弱化了传统公共资源交易市场的场所属性和地域限制，能够将市场主体、公共项目、交易资本等要素集聚起来，从而形成"系统型"公共资源交易生态体系，在减少市场分割的同时，提升公共资源配置的规范性、透明性和高效性，在横向与纵向上为公共事业管理拓宽了空间。

2. 数字资源环境为公共事业管理发展提供内生动力　数字资源环境通过提供高效的数据管理与分析工具，推动数智化管理和信息化建设，为公共事业管理的发展提供了强有力的内生动力，促进了公共事业的现代化和可持续发展。以我国为例，党和国家持续深化要素市场改革，推进全国统一大市场建设，有关部门陆续推出相关举措支持数字化转型，各地纷纷在数据立法、数据治理及公共数据管理使用等方面探索创新，全国范围内正加速形成适应于激发数据红利的制度环境。通过加快数字化建设，推动国家数据枢纽市场建设，完善数据要素市场的相关制度和标准体系，形成更多数据流通新平台、新业态、新模式。对于公共事业管理而言，既要充分利用数字资源带来的机遇，也要积极应对其潜在的挑战。

本章小结

1. 公共事业管理环境是指围绕公共事业管理活动，直接或间接作用于公共事业管理主体、客体及其活动方式、活动过程的一切外部因素和条件的总和，它不仅是公共事业管理的自然基础和社会基础，也是公共事业管理主体和客体赖以生存和发展的土壤。

2. 公共事业管理环境可分为政治与经济环境、生态与人口环境、文化与国际环境和技术与资源环境四部分。四部分内容相互作用、相互制约、相互影响，在动态平衡发展中共同构成了公共事业管理环境。公共事业管理环境具有广泛性与多样性、复杂性与综合性、一般性与特殊性、稳定性与变动性等特点。

3. 研究公共事业管理环境，目的在于使公共事业管理主体重视公共事业管理环境及其变化，在把握公共事业管理与公共事业管理环境之间关系的基础上，树立系统整体的观念，运用系统理论来解决公共事业管理中的各项问题；在适应公共事业管理环境要求的基础上，采取科学合理的管理方式，充分利用和改造环境，以确保公共事业管理目标顺利实现。

思考题

1. 简述研究公共事业管理环境的价值与意义。
2. 如何区分公共管理文化和公共政治文化？它们各自是如何对公共事业管理产生影响的？
3. 人口老龄化是当今世界人口发展的趋势，这种人口结构的变化会对公共事业管理产生怎样广泛而深刻的影响？

（张持晨）

第五章　公共事业管理模式

第一节　概　　述

公共事业管理是主体通过整合和运作相应的资源，依据一定的方式、方法及手段对公共事业实践活动进行目的性管理的一系列行动过程。在不同历史时空的约束下，公共事业管理作为一种特殊的实践活动集合，主要涉及以下内容：管理主体、管理方式、整合资源、涉及的制度机制以及坚持的价值导向，从而进行公共事业产品和服务的生产与提供。在不同公共事业管理模式的发展历史进程中，不同的要素组合会呈现出独特的管理运作状态。差异化的社会经济环境、管理主体、目标和价值偏好、资源要素、行动、制度规范、认知与情感、组织结构以及效果等构成要素，共同聚合成了独特的管理方式。独特的管理方式和运作状态被实践者、观察者或学术界给予抽象界定、归类以及系统的表征，即成为一种公共事业管理模式。

一、公共事业管理模式的概念

模式是主体行为的一般方式，是人类对诸多具体行为进行的抽象、归类与表征。模式是一类行动集合区分于另一类行动集合的语言标识。人们用"××模式"来命名一类行动，并研究和思考不同模式之间的差异、机制以及存续的时代条件。

公共事业管理是在特定的愿景和动员下，行动主体通过整合和运作各类资源以实现管理效果的行动过程。人们将独特的公共事业管理行动集合进行理解、归类和命名，以区分其他类别的行动集合，就出现了公共事业管理模式。具体而言，公共事业管理模式是指在生产和供给公共产品、公共服务以及公共价值的实践过程中，所包含的主体和要素、它们之间的网络关系，以及在特定情景下各主体和要素的运行方式的综合。公共事业管理模式受社会条件与时空条件影响，虽然是一种不断变动的整体性运作样式，但是在某一时间段内可呈现出独有的静态特征，从而区别于其他模式。

一种公共事业管理模式生成于特定的条件组合之下，具有一套自身独有的结构特征、运作逻辑和价值生态。可以说，存在某些共性特征的公共事业管理实践活动即是一种公共事业管理模式。公共事业管理模式一经确定，就有了相应的公共事业管理层次，也决定了相应的公共事业管理体制，从而对公共事业管理的结果产生根本性的影响。因此，公共事业管理模式在公共事业管理中占有极其重要的地位。但是，理解和界定公共事业管理模式存在不同视角，总体而言，定义和描述公共事业管理模式存在两种视角：结构视角和行动视角。

就结构视角而言，公共事业管理模式主要关注以下方面：公共事业由谁来承担公共产品和服务的生产与提供，生产者和提供者是一元的还是多元的，生产者和提供者是否可以分离，如何对它们进行分工与合作，这些多元主体的关系和构成方式是什么。所谓结构，指的是制度化的关系。因此，结构视角下，公共事业管理主体关系网络的特征是构成一种公共事业管理模式的关键。此视角下，在公共事业产品和服务的生产与供给过程中，公共事业管理模式侧重于关注各参与主体的构成方式及其相互关系的组合方式。在此视角下，公共事业管理模式也可以理解为，公共事业管理过程中存在的或可供选择的政府与市场、政府与社会关系的处理方式，或者可以说是政府与市场、政府与社会的分工方式。

就行动视角而言，公共事业管理活动以服务型政府这一定位为前提，是多元行动者以向社会提供公共产品和服务为目的，为实现特定情境下的既定公共事业管理目标而采取的各种实践活动。行动视角下的公共事业管理考虑到了情景和环境对具体实践的影响，尤其是在当前高度变动的社会情景下，行动视角日益受到学者重视。行动者作为能动的主体，具有价值判断能力且可表现出行动的意向性。因此，行动视角解释了公共事业管理的目的性、意志性、主体性。三种特性的不同组合，代表着不同的公共事业管理模式。行动视角下，公共事业管理以多元行动者在生产公共产品、供给公共服务、创造公共价值等实践过程中的具体行动和实践为考察对象。具体行动和实践包含不同情景下的多元形态，如沟通、协商、互动、冲突、博弈、合作等活动。行动视角主要关注于以下方面：公共事业管理模式中的主体在什么情景下做了什么以及如何运作，主体行动为了谁以及背后的动机是什么，环境和情景对行动产生了哪些约束或激励，行动所耗费的成本多大，行动产生了什么效果，行动的机制是什么，行动遵从的伦理道德和价值导向是什么，行动是否得到了信任和支持且拥有合法性。公共事业管理模式常常讨论权力、成本、信息、价值、关系、机制、偏好、协同或合作、博弈、行动舞台、策略空间、网络治理、数字治理等议题。在数字政府和智慧社会来临的大背景下，行动视角下的公共事业管理模式显得愈发重要。

二、公共事业管理模式的基本属性

基于本体论和认识论来看，公共事业管理模式存在五种基本属性。

1. 实践性　公共事业管理模式是对具体的、可观察的、真实的公共事务管理实践或历史实践所进行的抽象化理解、归类和命名。公共事业管理模式必须以具体实践为生成源头，"模式"为名，实践为"实"，必须在现实世界内找到与之对应的实践活动才能存在。当现实世界中的具体实践发生了巨大变动后，对应的模式将会随之变迁、更迭或退化。

2. 概括性　公共事业管理模式是将公共事业管理活动中一般性、共同的本质特征和规律进行提取与分析，在概括后进行的统一命名。一个特定的公共事业管理模式内，往往包含着诸多管理要件、具体活动和管理效果。公共事业管理模式是采用一个统一性的符号去概括多样的组成要件。

3. 共识性　人们在理解和讨论某类公共事业管理活动时，需要将众多管理活动进行分类和命名，以达成便于沟通的目的。公共事业管理模式是具体的公共事务管理实践在人们脑海中的认知图示，是人们之间为完成沟通所必须依赖的概念媒介，是在沟通实践中集体建构的产物，只有具备了共识性才能完成它自身的使命。

4. 独特性　一种公共事业管理模式的出现必须以它的独特性为前提，即它要区别于另一种或其他管理模式。独特性可以表现在模式中一个或多个方面的特征，但是特征要容易被外部清晰鉴别，要呈现出区别于其他公共事业管理模式的独有的、鲜明的属性。

5. 可变性　公共事业管理模式受到多种条件和要素的共同决定与影响。当历史阶段与社会经济条件发生变化时，将有多种力量触发公共事业管理模式的变迁。承认公共事业管理模式的可变性，不同历史阶段的公共事业管理研究和理论体系也就具备了各自的时代价值。因此，识别公共事业管理模式的决定因素、生成机制、变革力量和演化规律，是开创公共事业管理学的使命之一。

三、公共事业管理模式的历史演变

任何公共事业管理模式都是特定时代的具体产物，也将受到特定的历史阶段和社会经济发展的制约与挑战。因此，在现代社会经济不断发展和变迁的过程中，不断涌现出多种模式以回应当时的社会问题和公共困境。对于这些模式，不能大而化之地粗略评判其优劣，必须回到这一模式当时所处的时代背景，分析在当时社会经济状况下这一模式形成的核心动因和其进步性，公允地认识、理解和对待不同历史阶段下的公共事业管理模式。

1. 保护模式　公共事业管理的保护模式又称公共事业管理的保守模式或自由主义模式，是古典自由主义经济时期出现的公共事业管理模式。保护模式的基本特点是政府对社会公共事务进行全面统筹，但其职能又是极其有限的。有限的公共事业产品和服务基本上由社会组织自行提供，市场主体不会介入这一领域。

在自由主义经济时期，西方各主要市场经济国家普遍崇尚亚当·斯密的"管得最少的政府是最好的政府"这一主张，政府实行自由放任政策，基本上不对国民经济和公共生活进行干预。在公共事务管理领域，政府的职能被严格定位于以下三个方面：第一，保卫国家安全，使其不受外敌侵犯；第二，防范个人和企业在追求自身利益时发生损害社会的行为；第三，保护私人财产不受侵犯和市场机制免受威胁。因此，在这一时期，政府还是会出面创办和维护某些私人无力办或不愿办的公共事务，如修建道路、桥梁、水库、运河、港湾等，以维护政府的合法性并回应社会的公共需求。总体而言，尽管公共事务仍属于政府管理的范畴，但政府的公共事务管理职能是有限的。而互益性的公共事务通常是由社区自己组织得以解决的，即如今所说的那些以准公共产品和服务为主的公共事务，基本上是通过社区自治来共同合作生产和提供的。

由于政府在公共事务管理中有限职能的定位，市场或私人很少参与公共产品和服务的提供，数量有限的社区公共事业产品供给基本由社区自发解决，构成了古典自由主义经济时期公共事业管理模式的基本内涵。在保护模式中，政府在公共事务和具体的国民经济事务中扮演着个人和国家财富"守夜人"的角色，成为这一公共事业管理模式的主要象征。因而，这一时期从政府角色定位来表征的公共事业管理模式被形象地称为公共事业管理的保护模式或保守模式。

2. 干预模式　公共事业管理的干预模式又称官僚模式或科层模式，是一种政府依靠庞大官僚组织对公共生活进行全面干预并垄断公共事业管理的运行方式。在这种模式下，市场对公共事业产品和服务的生产与提供是间接而非直接的，社会力量的参与极为有限。在世界范围内，这一模式形成于 20 世纪 30 年代以后，在 60 年代前后达到高峰，至 80 年代开始成为改革的对象，逐步被新的公共管理模式替代。

20 世纪 30 年代，世界经济危机给社会性事务管理带来了各种问题和困境，公共事业管理干预模式形成的直接动因是为了回应这些困境，而其成为现实则源自全面干预经济和社会运行的美国罗斯福新政。具体言之，由于世界经济危机的产生，以放任和自由为基本特征的传统政府管理方式已难以解决经济危机和社会危机。因而，以罗斯福为首的新政派从凯恩斯的经济学说出发，强调政府的积极作用与力量，认为"没有什么看不见的手，从来都没有过。我们现在必须提供一只真实的、看得见的手"，即认定只有通过政府对经济和社会的全面干预才能解决当时的危机，使国家和社会走出困境。罗斯福政府在推行两个"百日新政"的过程中，通过建立一系列政府管制机构，如联邦证券交易委员会、联邦通信委员会、联邦储备委员会、劳资关系委员会和联邦航空管理局等，以及颁行诸如《紧急银行救济法案》《国家工业复兴法案》《社会保障法案》等一系列法案和"以工代赈"计划，建立了一个几乎涉及公共生活的方方面面，但又将管理职能集中在公共事务上，既管理经济又不控制经济机构的"管制资本主义"模式，"管制而不是公有制或国有化，反托拉斯而不是集中和合理化，分散控制而不是计划……"，力图"将资本主义从其自身的弊病中拯救出来"。二战后，全面管制、积极干预社会经济和公共生活、直接生产与提供公共产品和服务的政府模式被其他国家仿效。在这一模式的确立和实施过程中，狭义的公共事务就是一个最主要的领域。如美国联邦政府以往较少主动关注社会福利，一般认为社会救济和社会保障等事务应隶属于地方政府和慈善机构的管辖范围，但正是在解决上述经济危机的实践过程中，其从观念到行动都发生了根本性的变化。罗斯福新政除了实行大量经济方面的政府管制和调控外，还全面介入公共生活领域，大力发展公共事业，如所颁行的"以工代赈"计划、《社会保障法案》等，就直接对社会救济和保障等进行全面管理。同时，"新政"开始更为主动地直接投资建设和管理公共基础设施，并逐渐向其他各个社会领域扩张，形成了所谓的福利国家，即：政府为年老、病死、无依无靠、伤残以及失业人群提供保障；为老年人和穷人提供医疗照顾；为小学、中学、大学和研究生教育提供经费支持；为公路、水路、铁路和空中运输提供管理经费；提供警务和防火设施；提供卫生设施和污水处理；为科学（包括医学）和技术研究提供经费支持；管理邮政事业；进行太空探索活动；建设公园和娱乐场所；为穷人提供住房和适当的食物；制定职业训练和人力资源安排规划；重建中心城市；保持充分就业和稳定的货币供应等。而在欧洲大陆的一些国家，以往就有政府更为主动关注社会福利的传统，如 1932 年在瑞典社会民主党上台后，政府就积极推行福利国家政策，逐步实行所谓"从摇篮到墓地"的庞大社会福利计划。在二战后，由于凯恩斯主义的影响和美国的示范作用，各国政府在社会保障和其他公共事务方面愈发全面介入。政府管理不仅包括提供更多的基础设施和公共设施，还包括为教育、科技和医疗卫生提供广泛的持续支持。如此，公共事业管理的干预模式随之确立并走向高峰。

3. 新公共管理模式　进入 20 世纪后半叶，由于客观环境发生了重大改变，公共事业管理的干预模式与客观环境的不适应和冲突问题日益严峻，成为完成公共事务管理目标的阻碍。其一，从政府组织自身看，由于严格的层级节制关系，政府组织日益刻板、僵化以及动作迟缓，干预模式下的政府组织难以灵活主动地应对瞬息万变的信息社会、竞争活跃的市场经济和利益多元的公众期望；职能部门化和政府在提供公共产品时只计产出、不计投入，使得政府机构林立、政府部门膨胀、公共财政不堪重负，政府陷入了"精简—膨胀—再精简—再膨胀"的循环怪圈，从而使政府管理成本大幅度增加，政府机构之间协调困难，极大地降低了行政效率，严重损害了政府承担公共事务管理的基本功能。其二，从政府与社会的关系看，干预模式下的政府垄断了公共产品和服务的供给过程。面对公众日益增长的公共需求，一方面是政府自身负担沉重，在公共服务过程中捉襟见肘；另一方面是政府组织外的其他社会组织，特别是非营利组织开始全面萎缩。结果是社会对产品，特别是作为保证公民基本生活水平的公共产品和服务的需求难以得到满足，理想的福利国家出现了全面的危机。

因此，从 20 世纪 80 年代起，以英国的政府改革为起点，政府改革逐步扩散到其他国家并最终形成世界性的政府管理改革浪潮，公共事业管理改革成为政府改革的基本内容。在这一改革过程中，西方主要国家的基本理论依据是公共选择理论和新公共管理理论。公共选择理论是西方 20 世纪 40 年代末至 50 年代初形成的一种学术思潮，代表人物是美国著名经济学家詹姆斯·布坎南。所谓公共选择，就是通过集体行动和政治过程来决定资源在公共领域的分配，是人们通过民主政治过程将个人的私人选择转化为集体选择的一种过程或机制。从政府社会管理和公共服务改革的角度看，公共选择理论对政府公共事务管理改革最直接的促进是由于布坎南关于准公共产品概念的提出，并对公共产品和服务的生产与提供主体多元的必要性和合理性进行了广泛论证。而新公共管理理论作为 20 世纪 70 年代中期以后公共管理领域里出现的一种思潮，在认为公共部门与私营部门之间在管理上并无本质的差别以及私营部门管理在创新能力、经济效率、服务质量以及水平等各个方面都具有优越性的基础上，提出要借用市场中的私营部门管理模式来重塑政府，以解决政府由于职能扩张和机构膨胀而面临的财政危机、管理危机和信任危机。同时，新公共管理理论认为，公共组织可以分为政策型、服从型、服务提供型等类型。其中，只有政策型公共组织属于完全意义上的政府组织，其他属于政府外组织，各自承担不同的组织职能，活动于社会的不同层面，在公共产品和服务的生产与提供中具有不同的地位。

新公共管理模式通过重新认识市场经济条件下政府与市场、政府与社会的关系，从而减轻财政负担，提高公共服务的效率，并从提高公共服务质量以回应公共需求出发，强调政府社会管理的必要性和重要性,尤其是强化对科学、教育等的统筹管理。同时,该模式提出了管理公共事务的公共管理社会化原则,并以公共管理的市场化作为实现社会化的核心。在将政府的主要职责放在公共政策制定和监督公共政策执行的基础上,政府大规模地整合职能、精简机构、放松管制。一方面,在包括公共产品和服务的生产与提供的整个公共领域,积极推行国有企业的私有化,使包括水、电、煤气、公共交通等的公共事业以及铁路、航空等涉及公共基本需求的行业成为改革的重点领域;另一方面,支持和鼓励非营利组织的发展,通过成立政府执行机构、政府合同出租的方式,让这些组织在教育、科学、文化、医疗卫生等领域承担起监督管理、直接生产和提供公共产品的责任,最终在对公共事业的投资、监管和产品的生产提供上形成多元化,在一定程度上减轻了政府财政负担,并较明显地提高了公共服务的质量,回应了公共需求。经过 10 余年的改革,逐步实现了从公共事业管理干预模式向市场模式的转变。这一改革过程与发展状况及其新的公共事业管理的市场模式构成,可通过公共事业的投资、管理及非营利组织活动领域的扩大反映出来。

4. 新公共服务模式　新公共服务模式是在批评和反思新公共管理运动与实践的基础上形成的一种模式。新公共服务理论提出和建立了一种更加关注民主价值与公共利益、更加适合现代公共生活和公共事务管理实践需要的全新理论选择。新公共服务理论重在强调政府的角色是促进公民表达和实现共同利益,而非单方面的社会控制。它提倡公共行政官员应致力于构建集体的、共享的公共利益观念,追求长远的共享价值和共同责任而非短期的个人利益解决方案。政府的核心职能是服务而非指挥,其政策和计划应通过民主参与和集体协作来实施。该理论认为公共利益是通过对话和协商形成的共同价值观,而非个人利益的简单总和。政府应服务于公民而不是顾客,同时其承担的责任是多元且复杂的。公共事业管理应以人为核心,建立政府与公民之间的信任与合作。政府应关注市场、宪法、法令、社会价值观、政治行为准则、职业标准和公民利益,同时弘扬公民权和公共服务精神。公共组织及其合作伙伴应通过尊重、合作与共同领导来实现有效运作。与传统的企业家式管理者不同,公共行政人员、公民和企业应共同努力为社会作出有意义的贡献,以更好地实现公共利益。

新公共服务模式具有如下优势。

(1)吸收了传统公共行政的合理内容,承认新公共管理理论对于改进当代公共管理实践所具有的重要价值,但摒弃了新公共管理理论特别是企业家政府理论的固有缺陷。

(2)把效率和生产力置于社会价值观、民主、社区、政治伦理、公共利益等更广泛的框架体系中。

(3)体现人本思想,对传统的公共行政理论和当时占主导地位的管理主义公共行政模式都具有某种替代作用。

(4)有助于建立一种以公共协商与对话,以及公共利益为实践基础的公共服务管理模式。

5. 公共价值管理模式　1995 年,马克·莫尔在《创造公共价值:公共部门的战略管理》一书中提出了"公共价值"这一概念。他认为,政府的首要任务不是确保政府组织的延续,而是要作为创造者,根据环境的变化和对公共价值的理解,相机改变组织职能和行为,创造新价值。政府管理的最终目的就是要为社会创造公共价值。公共价值是公民对政府期望的集合,并不是一个绝对标准,而是相对于情境而言的,是具体任务环境中的一个公共政策或行动目标的价值性。公共价值是比公共产品范畴广泛得多的价值体;公共价值不仅仅是产出,更是结果,是相对于公民集体的主观满足感而言的,存在一定的公众偏好,并在不断协商与对话的过程中逐渐被发掘和实现,而不是决策者想当然地认为对公众或对自己最好的那些事务;公共价值具有经济外部性、创造性和创新性等积极属性,而不仅仅是捍卫某种固定利益的消极导向。公共事业管理主体应该主动在同公众的持续互动中识别和发现公共价值,并在与上级公共部门的持续互动中主动寻求政治支持,营造有利的授权环境,积极整合必要的或潜在的资源,最终实现公共价值的创造。可见，公共价值管理模式属于行动视角，它并不侧重于静态的主体关系以及结构，而更关注动态的实践活动以及集体行动能够解决的公共问题。

公共价值管理模式建立在两个背景之上：一是盛极一时的新公共管理理论的式微，二是新公共服务理论的发展。公共价值管理将公共事务视为一个多方参与的生态系统，其中涉及的所有人员都是这个系统中的"积极行动者"。它强调将公民置于主导地位，鼓励所有利益相关者共同参与，共同探讨如何提升公共服务的质量和效率，并通过协作创新来实现公共价值的最大化。通过这种运作方式，公共价值管理理论重新定位了效率、责任与公平的关系，试图化解它们之间的冲突，并为提高公共事业管理质量提供了一个全新视角。

总体而言，公共价值管理模式强调：公共服务是对公民所认同的集体共识和偏好所作出的动态回应，而不仅仅是对"顾客"进行回应；在政府管理过程中，政治是一种有效的协调机制，公共价值的创造有赖于这种基于政治协商的、集体性的偏好表达；公共价值管理模式将其实践建立在对话和交流体系之上，表现出网络治理的特征；在公共价值管理模式中，政府并非公共价值唯一的生产者，企业、非营利组织和公民团体都可能在其中扮演重要的角色；个人和公共偏好在复杂互动后形成集体共识，通过公共服务供给回应公众关注的问题，选择合适的部门、组织或公民以共同合作生产的方式进行价值共创；公共价值管理追求多重目标，包括服务产出、满意度、结果、公共伦理、信任与合法性；在公共服务的获取和递送机制中，公共价值管理超越狭隘自利的公共精神，注重保持一贯的公共服务伦理道德，这种道德的核心是公共服务精神；在公共服务的递送方面，公共价值管理主张建立一个灵活的、创新的、学习型的公共服务递送路径和网络；公共价值管理重新审视了民主与效率的关系，认为民主和效率应该是共生的、事实上的伙伴关系，以及应全面应对效率、责任与公平问题。

第二节　公共事业管理模式的决定因素

一、历 史 因 素

理解和研究公共事业管理模式的决定因素需要借助马克思的历史唯物主义思想。在中国情景内理解公共事业管理模式，不能忽略中国历史对其产生的深远、全局且巨大的影响。历史因素对公共事业管理模式的决定和影响，一般体现在集体记忆、精神积淀、文化与制度、行动惯例、伦理偏好等多个方面。

有学者在研讨古代中国基层公共事业管理实践特点后指出，乡里组织、民间私社、族田、乡约、乡绅乡贤，以及古代城市中的行会、商人会馆等形形色色的古代实践，均是古代中国基层社会自主管理周边公共事务的典型形态。这些公共事业管理实践共生于国家政权系统之外，具有自发性和自治性。在特定历史阶段内，它们主导并衍生出典型的古代中国公共事业管理模式。上述特定历史阶段相对应的公共事业管理模式，暗含着中国公共事业管理与发展中最积极的元素和特征。相比之下，虽然中国历史上缺少现代性、法制化、正式制度建构的传统，但却拥有丰厚的道德资源和伦理治理传统。古代中国基层自治实践中倡导的和睦亲善、相互尊重、相互合作、互谅互让的公共事业管理模式和传统，是历史给予的馈赠。中国式现代化公共事业管理需要重视并调和现代与历史，让二者在相互补充、相互借鉴中有机结合，两者不可偏废，亦不可或缺。

更为重要的是，中国不能完全照搬西方公共事业管理模式，中国特色社会主义现代化公共事业管理模式应是对"历史的中国"和"当代的中国"有机融合的双重回应。当然，强调历史因素的决定和影响并非历史决定论，只是强调公共事业管理模式内行动者的一切实践和理念都是受到时空限制的，历史是起决定和影响作用的因素之一。

二、公 共 需 求

在结构视角下，一定历史条件下公共事业管理模式的构建，其中心任务就是公共产品和服务的生产与提供，而关键则是要明确应该进入的主体并规范相应的关系，以建立一个高效、透明的制度，确保公共产品和服务的生产与提供能够满足社会需求。此视角下，公共事业管理模式本质上是政府与市场和政府与社会的互动关系，即政府、社会组织和市场都是进入公共事业管理领域的可能主体，但谁应该进入或不应该进入，根本上则取决于公共需求的属性、类别与程度。在行动视角下，整合和运作一切现有和潜在的资源，生产、组织与提供公共产品和服务，以回应公众对政府的期待，成为公共事业管理的核心使命。此视角下，创造公共价值是公共事业管理模式的重要任务。公共需求不再局限于物质利益的满足，还包括民主、效率、道德水准、信任和合法性以及情感偏好等。

公共需求对公共事业管理模式有着重要的影响，在公共事业管理模式的形成和演变过程中有着非常清晰的反映。公共事业管理模式是公共事业管理主体回应公共需求时，所呈现的主体结构、行动特点、制度安排、运作方式和效能等多因素的综合。因此，公共需求的回应方式和满足程度，是辨别和评价公共事业管理模式的核心指标。在早期，虽然公共事业管理保护模式的形成在理论上得益于亚当·斯密的自由主义经济理论，相信"管得最少的政府是最好的政府"，但根本上则是由于这一时期经济发展和社会发育程度的有限，公共需求尚未释放出来，相对不够丰富和不够强烈，即社会公众对普遍的教育、科技、文化、卫生、环境等需求在层次和多样性上都相对有限，教育、科技、文化、卫生、环境等在社会发展中的价值和作用相对还不突出，对国家统筹的诉求并不强烈，而政府也足以应付现代化程度相对不高的情况下对基础设施的公共需求。因而，受到时代发展的制约，对有限公共需求的满足，或者交由社会自行解决，或者由能力有限的政府有限度地承担，从而构成了公共事业管理的保护模式。

正因为如此，当公共需求随着人类文明进步、社会经济发展以及民主化程度提高而日益激增时，政府就必然扩大和加强自身社会服务的管理职能，进而导致公共事业管理模式的演化和变迁，如美国政府在19世纪后期开始直接投资科技、教育和医疗卫生等领域。在此意义上，20世纪30年代公共事业管理模式的转型，其直接原因是为了应对经济危机。然而，这场经济危机与社会危机是相互交织的。社会危机的一个主要成因是现有的公共产品和服务供给无法满足日益增长的公众需求。因此，政府开始全面干预社会服务领域，以扩大和改善公共产品和服务的供给。同样，公共事业管理模式从干预模式向新公共管理模式的转变，根本上也在于既有的公共产品和服务的提供方式难以满足公共需求，即政府作为几乎唯一的公共产品或服务的生产者与提供者，在社会经济快速发展、科技飞速进步、公众观念变迁、民主化浪潮高涨等综合条件下，尤其是在出现了个性化和多元化公共需求的条件下，难以满足公众对公共产品和服务的数量、品类和质量日益提高的需求，从而不得不调整政府职能，最大限度地整合社会资源，形成新的公共产品和服务供给模式以满足公众不断增长的普遍需求。

所以，一个社会的公共事业管理模式是随着一定社会经济发展条件下公众公共需求的变化而演变的。公共需求是决定公共事业管理模式演化和变迁的根本因素。

三、主 体 意 识

这里的主体意识，主要是指在一定社会条件下多元主体对公共事业管理相关问题的认知和理解，也包括其情感偏好，其中的核心是处于主导地位的政府主体对公共事业管理相关问题的认识能力。多源流理论认为，一个公共事务被提上政府议程是在特定时刻汇合于一起的多种因素共同作用的结果，而并非它们中的一种单独作用的结果。因此，公共事业领域内公共需求的产生，并不必然导致这一需求成为政府必须回应和处理的公共事务，然后以生产与提供公共产品和服务的方式予以解决。在这一复杂过程中，除了一定社会经济发展条件的限制外，关键的就是权力的优势主体对客观诉求的认识和情感以及回应，并首先体现为政府是否对这一公共需求有意识，以及是否在准确地把握一定客观条件的基础上，内化成政府责任和公共承诺，然后纳入公共政策议程并形成可行的公共事业管理目标，并对可以采取的管理方式进行有必要的认识和谋划。实际上，在公共需求上升为公共事务的复杂过程中，基于一定社会认识条件和经济发展条件，主体内部需要立足于实践经验、专家系统、公共需求的问题属性以及问题解决时机的成熟度等因素进行综合研判和多轮协商。同时，主体的情感因素也尤为重要，只有政策企业家或多数主体对公共需求具有一定的情感基础，将公共责任进行自我内化，形成公共使命并产生公共服务动机，才有后续的公共事务讨论和实践活动的可能。其中，最为重要的就是政府对公共事务和公共事业管理的认识能力和价值共识。如前所述，在公共事业管理市场模式的形成阶段，西方各主要国家注意到了公共需求的变化，在改革政府管理方式、提高公共服务质量、满足公共需求的目标下，在公共选择理论和新公共管理理论指导下展开公共管理实践，明确了公共产品和服务的生产与提供主体多元化的必要性和合理性、政府以外的组织进入公共事务领域的可能性，以及公共产品和服务的生产与提供方式及其不同组合的多样性和丰富性，从而为公共事业管理模式的演化和变迁奠定了坚实的基础。

四、政府能力

在一定的公共需求产生以及管理主体对此有必要的认识和情感基础上，公共事业管理模式的形成取决于主体的行动能力。在可能涉足公共事业管理领域的主体中，作为社会中最具权威性和强制性以及资源调度能力最强的组织，政府无疑处于决定性的地位。所谓政府能力，如果从社会产品和服务的角度看，就是政府生产与提供公共产品和服务的能力。政府能力是涉及政府各方面因素以及运作方式的多元有机构成的结果，也是各因素相互作用的最终体现。从构成因素来看，政府能力既与政府自身的行政条件，如政府自身组织的完备性与有效性、效益意识的明确性、现代化管理知识和理念的完备性、地位的牢固合法性、竞争力的持久有效性、形象的良好性等有关，还与其他非行政因素，如政府所处的环境、拥有的资源及资源的整合程度和方式等有关。此外，在当代社会中，技术要素逐渐成为推动政府能力提升的关键力量。例如，数字和智能技术的兴起和发展，催生出数字政府、智慧政务以及数字治理等新型公共事业管理方式。正是在上述三类要素的基础上，形成了政府进行公共产品和服务生产与供给过程中的服务能力、组织管理能力、监督反馈能力等的组合，是影响公共事业管理模式形成与发展的最为重要的能力。

政府在生产与提供公共产品和服务过程中的组织管理能力，主要取决于政府组织自身的发育程度以及所拥有资源、激活潜在资源以及资源整合的方式，即公共财政能力、社会动员能力和新兴技术应用能力。从公共事业管理模式的演化历史和变迁过程来看，在早期阶段，除了公共需求及主体意识因素之外，政府组织处于前官僚制阶段以及公共财政能力的不足正是政府能力的主要制约因素。在第二个阶段，面对不断增长的公共需求，政府正是依靠基于德国学者马克斯·韦伯设计的"官僚模型"和针对工业化建立的官僚制体制，即行政机构职能专门化、行政组织等级化、行政权力集中化、行政行为规范化及程式化的政府组织系统，并凭借日益增强的政府公共财政能力，一定程度上以较良好的组织形态和运行效率应对了公众日益增长的公共需求，成为促进福利国家形成的"管理行政"模式的物质载体。在第三阶段，新公共事业管理模式的最终形成，不仅与公共财政能力不足以独立应对公共需求而引入社会其他资源有关，还与传统的政府组织、文官制度、行政程序、行政方法以及行政权力体制等所形成的管理体制不再适应新的公共需求有关，政府被迫进行改革，从而使其自身的状况与功能得到改善。当前阶段，公共服务和公共价值理念逐渐得到广泛共识,在反思西方公共事业管理实践和理论的不足与缺陷后,社会动员能力和新兴技术应用能力在我国公共事业管理模式中开始占据突出地位。动员和整合一切可被利用或挖掘的资源,引入前沿技术服务于公共生活,贯彻新发展理念,促进公共服务均等化,提升服务效率、普惠性、便捷性、公平性和可持续性,实现全民公共价值的最大化,正在成为新时代中国特色社会主义公共事业管理模式的新特征。尤其在应对突发公共卫生事件期间的公共事务运作和管理实践过程中,在"人民至上,生命至上"的公共行政伦理指引下,中国政府在履行公共服务职责和践行公共价值最大化时,其能力表现卓越,呈现了较高水平的管理效能。

五、社会发育程度

社会发育程度主要是指作为社会组织载体的非营利组织的发育程度。从公共事业管理模式的历史演化和变迁过程中可以看出,非营利组织是政府与社会关系中的社会主要代表者,也是公共事业管理模式中的一个重要管理主体。非营利组织的发育发展对整个公共事业管理模式的形成和演化有着至关重要的作用。在早期阶段,发育程度有限的非营利组织承担着社会基层有限的公共事业管理职能。在干预模式阶段,政府对社会事务的全面负责和直接介入压抑了非营利组织的发育发展,而非营利组织的发展不足又反向强化了政府对公共事业的全面垄断。在新公共管理模式阶段,在重新认识政府与社会关系的基础上,基于公共事务管理社会化的理念和要求,政府开始实施支持与鼓励非政府组织发展的政策。这促进了非营利组织数量的快速增长和涉足领域的扩大,从而使新的公共事业管理模式的形成成为可能。在新公共服务模式和公共价值管理模式阶段,非营利组织作为政府在生产与提供公共产品和服务过程中的重要合作伙伴,成为公共事务中价值共创的行动共同体。非营利组织在创新公共产品和服务的生产与供给上具有积极作用。同时,非营利组织在协调民主和效率二者关系上具有一定优势,有助于化解公共产品和服务的生产与供给过程中效率、责任与公平之间的冲突。

六、生产力变革

人类活动会受限于所处时代的生产力水平。马克思说:"人们永远不会放弃他们已经获得的东西,然而这并不是说,他们永远不会放弃他们在其中获得一定生产力的那种社会形式。恰恰相反,为了不致丧失已经取得的成果,为了不致失掉文明的果实,人们在他们的交往方式不再适合于既得的生产力时,就不得不改变他们继承下来的一切社会形式。"列宁说:"人类社会的发展也是受物质力量即生产力的发展所制约的。"因此,在既定的时代条件下,生产力发展水平决定着政府管理公共事务的手段、途径、方式和模式。农耕技术、工业技术和信息技术都决定和变革着特定时代内的生产力水平。当前的新一代信息技术及其衍生出的生产力和生产方式,正在深刻地影响政府和其他主体参与公共事业管理的方式。在数字技术主导的生产力赋能下,政府在经济调节、市场监管、社会治理、公共服务、生态环境等领域的履职能力正在全面重塑,"用数据对话、用数据决策、用数据服务、用数据创新"的现代化公共事业管理模式逐渐形成。数字技术也极大地拓展了多元主体参与公共事业管理的途径,共建共治共享的公共事业管理新格局正在形成。

第三节　当代公共事业管理模式的基本特点

无论是从当代世界范围内的改革实践出发,还是从新的公共产品和服务的生产与提供方式的组合形态及其运行机制来看,当代公共事业管理模式均呈现出如下鲜明的特点。

一、多 元 构 成

总体而言，在干预模式下，政府几乎垄断公共产品和服务的生产与提供，较大程度上扮演着公共事务领域内唯一的管理主体角色。而在当代世界范围内，单凭政府很难回应现实中不断增长的、大量的、多层次、多样化的公共需求，科学技术进步和社会经济发展为变革公共事业管理模式带来了动能和条件。为了走出政府独自承担社会公共服务职能难以满足公共需求的困境，随着对公共产品和服务提供方式以及人们在其生产与提供方式认识上的演变，各国政府通过一系列改革，最终打破了政府在公共事业供给上的垄断。政府以外的组织如非营利组织乃至企业等，开始广泛地以不同的方式参与到公共产品和服务的生产与提供过程之中，最终使得公共事业管理从政府独家垄断的干预模式，转变为包括政府在内多种类型的社会组织合作的市场模式，形成了社会广泛参与、共同生产与提供公共产品和服务的格局。

在参与公共事业管理时，如前文在分析公共事业管理模式形成中所指出的，社会各类主体主要贡献在公共事业的投资方面，形成了公共事业管理多元投资的良好局面；在管理上，则出现了以分权化和社会化为标志的管理主体多元化；在公共产品和服务的生产与提供上，以非营利组织的迅猛发展为前提基础，社会各类主体广泛地参与到几乎所有的公共事业领域之中。此外，公共产品和服务的生产与提供过程中的合作方式和协同管理也开始深刻影响着公共事业管理模式的演变进程。

二、政府主导和统筹

随着公共事业管理市场模式的兴起和发展，政府以外的社会组织广泛参与到公共事业管理之中。虽然随着政府对公共事业管理的垄断被打破，人们对政府在公共产品和服务的生产与提供中的角色有了全新理解，但政府在公共事业管理中的地位与作用并没有降低。在相当程度上，公共事业管理市场模式的形成，正是西方各国政府为了巩固统治而加强社会管理职能的产物。负责管理社会公共事务是政府存续的基本使命之一。现实中，政府的职能基本上表现为阶级统治和社会管理，且两者是密切相关的，即社会管理中必然首先表达统治阶级的意愿，而阶级统治又必须通过社会管理获得基本的保证。历史进程中，一方面，由于二战结束后，尤其是 20 世纪下半叶以后阶级矛盾和阶级对抗状况在大多数国家得到缓和，西方各主要国家的政府阶级统治职能有所减弱；另一方面，随着社会经济的发展和民主的进步，社会公共需求逐步扩大，使得处理社会公共事务和满足公共需求成为政府维护自身统治过程中更为直接的任务，因而必须在适当收缩阶级统治职能的同时，在社会公共服务尤其是公共事业领域内强化和扩张职能，加强对科技、教育、卫生、文化等的社会管理。西方各主要国家政府社会管理职能的加强，首先最为直接地体现在政府加强对公共事业的统筹规划和投入上。二战后，随着科学技术在社会经济发展和提升国家实力与竞争力中的作用日益突出，以及公众日常生活的日益技术化及公众对科学技术的需求日益增加，以美国为首的西方各国政府敏锐地注意到了这一巨大的现实公共需求，从而纷纷从国家发展的角度制定国家科技发展战略、规划、实施方案，大幅度增加科技投入并制定相关金融和人才等配套政策，加强政府对科技发展的国家统筹。

西方各国在新的历史条件下强化社会管理职能，遇到的一个基本问题就是如何走出政府独立承担投入、机构不断膨胀却效率低下且难以满足公共需求的综合困境。正是由于对公共产品和服务的本质属性以及生产和供给上的认识日益深化，人们找到了如何由政府在宏观上把握公共需求在数量和结构上相对均衡的方法——制定相关公共政策。在某些重要公共产品和服务由政府直接生产与提供的同时，通过制定和执行保证公众基本利益的相关法律和规则，最大限度地引入政府以外的组织,整合社会资源、创新供给渠道和机制,扩大公共产品和服务供给的手段和方式,最终形成了公共事业管理的多元构成格局。正是在这一意义上,当代公共事业管理的市场模式,包括日益兴起的新公共服务模式和公共价值管理模式,实际上都是政府统筹和主导下社会广泛参与的模式。这种模式以政府主体为核心,同时重视发挥非营利组织和其他组织乃至企业在公共事业投资、运营和管理过程中的作用,努力满足不断增长的、多层次、多样化的社会公共需求。

当代公共事业管理模式演变过程中,在政府主导和统筹的大趋势之下,人们对其认知也逐渐发生转变。总体而言,公共服务和公共价值理念具有变革市场模式的较大潜力,并开始深度影响各国的公共事业管理模式。在习近平新时代中国特色社会主义思想背景下,我国的公共事业管理也呈现出这样的趋势:政府角色由扮演"全能"角色,逐渐开始聚焦于"有限"角色;行政职能由强调负责"统管",逐渐开始侧重专注于"服务";管理方式由依靠"命令",逐渐开始借助于"协商";管理目标由追求"秩序",逐渐开始致力于"善治";绩效指标由重视"效率",逐渐开始侧重于"人民满意";行动方案由强调"执行",逐渐开始兼顾"创新创造"。

三、以市场为基础

市场模式作为当代公共事业管理的基本模式,在结构上体现为一个以政府为主导的多元主体形态。在这一基本形态构成中,包含着政府与社会、政府与市场的基本关系。这一特定的多重关系,不仅是市场模式下主体多元化的反映,而且在其运行中还表现为更为具体的政府统筹、规划和投资的多元化及管理上的分权化和社会化。其中,社会化是其显著的标志。而这一切都是架构在以市场为基础之上的。

一般来说,作为个体的私人和企业,对利益的追求是其市场活动中正当且基本的出发点和归宿。因而,在参与公共产品和服务的生产与提供中获取必需的利润,是吸引他们进入公共事业管理领域的基本条件。同时,对非营利组织来说,从对社会的服务中获取一定的经济收益,是维持生存和发展的基本条件。如前所述,在相当长的历史时期里,人们将对公共性的理解等同于政治或政府提供,加之传统上认为,由于私人和企业活动的逐利属性,公共利益是不能在市场中得到实现的,因此必须由政府代表公众来实现公共利益。公共利益的实现过程是一个非市场的选择过程,典型的说法为公共领域或政治领域是市场经济的永恒禁区。正是由于传统理念的约束,形成了政府对公共产品和服务的生产与提供的独立承担甚至垄断。但实际上,一方面在公共产品和服务的生产与提供过程中,由于客观存在着由税率与公共需求所构成的特定市场,政府通过公共财政来生产和提供公共产品与服务,这不仅满足了社会成员的需求,也成为社会资金投入和商品价格的一个重要组成部分;另一方面,由于准公共产品理论的建立以及人们对私人和企业进入公共产品和服务的生产与提供领域的必要性和可行性认识的逐步深化,人们普遍认为应该根据供给方式来决定公共产品和服务。这两方面使得包括公共产品和服务在内的整个公共事务政策实践,即公共政策的制定和执行分离成为可能。当代西方国家改革的一个重要突破,就是将公共政策的制定和执行尽可能分离,政府承认其他组织在承担公共产品和服务的生产与提供中获得必需利益的正当性,并将此作为非营利组织得以存续的一个基本前提,从而使私人和企业进入公共产品和服务供给领域成为可能,并形成了非营利组织生存和发展的必要空间。如通过制定相应的公共产品和服务的政策,并形成必需的政府管制,政府将能够进行经营性投资、开展市场竞争的领域,例如出版发行、大众娱乐项目及职业体育活动、公用事业等,交给社会资本经营;将不完全适宜市场化经营的部分领域交由民营企业承包;而对于另一些不适宜市场化的公共服务领域,如博物馆、图书馆等,也可引入效益、效率机制进行管理。通过变革管理理念和管理职能来实现市场化改革,完善整个公共事业的管理。最终,以这一特定的市场为基础,实现了公共服务的社会化，构成了公共事业管理的市场模式，从而整合了社会资源来进行公共产品和服务的生产与提供，在相当程度上使政府改革走出了困境。以市场机制为管理基础，公共产品和公共服务的市场化仍然构成了当今公共事业管理发展的主流方向，亦是当代公共事业管理模式的一个显著特征。

四、依法管理

以政府为主导、社会广泛参与的多元公共事业管理模式在促进社会参与公共事业管理、整合社会资源以满足公共需求的同时，也使得活动于公共事业领域内的主体及其相互关系日益丰富而复杂。因此，如何通过必要的规制来确定各主体间的关系及其在公共产品和服务的生产与提供过程中应承担的责任，保证公共事业管理过程和结果的公平与公正，就成为内含于公共事业管理模式中的基本内容。而西方国家自近代以来，由于其特定的政治文化传统，逐步形成了社会治理上的法理政治，通过法律、法规的制定和执行来实现对社会政治、经济和文化的规约和管理。因此随着社会公共事务管理改革的深入，以及公共事业管理的法制化、规范化和程序化，依法管理也日益成为新模式的鲜明特点。

所谓公共事业管理的法制化，就是通过建立健全法律法规体系，对公共事业实施管理。法制化既体现在大量公共事业活动的立法上，也体现在法律法规对活动于公共事业领域内的各主体的地位、权限、管理内容和活动程序的具体规定上。在立法上，西方各主要国家都针对科、教、文、卫等各个领域颁布了较为全面的法律法规，将新的历史条件下的公共事业管理嵌入法制轨道，确立了不同公共事业领域内各类主体的地位和权限以及活动的范围和责任等，同时也减少了市场的负外部性，使参与公共事业活动的个人或组织能履行好必须承担的公共责任和社会义务，从而借助法律的权威性、强制性和稳定性，促进公共事业的健康可持续发展。

市场经济条件下，公共事业的改革和发展离不开法律的支持。因此，建立健全公共事业管理的法律法规体系，就成为公共事业发展的重要任务。因此，要加强以下几类的立法工作：一是公共事业的组织法规，内容包括公共事业组织的界定、性质、宗旨、作用、组织形式、职能、法律地位和责任、设立条件、审批程序、管理体制、与政府的关系、监督制度等；二是事业单位的法律法规，例如事业单位的注册登记、筹措资金、招聘人员、接受捐赠、合作开发、委托代理、提供服务等方面的法律法规；三是鼓励公共事业发展、保护公共事业单位权益的法律法规，如志愿服务、税收减免、财政支持与补助、行政税收、行政赔偿等方面的法律法规。通过健全相关法律法规，公共事业得以规范并健康发展。

所谓公共事业管理的规范化和程序化，是指公共事业管理部门在法律的基础上，通过研究制定关于公共事业管理的规章、制度，确保管理过程的科学性、合法性、公正性、透明度和可行性的活动。在这方面，西方各国借助较为完善的行政组织体系和较高的组织水平，通过关于公共事业管理的规则体系，明确不同管理层级和不同管理主体具体行为的程序、标准、规范、权益和责任，从而构成了一个关于管理的全面规范体系，将公共事业管理的目标具体化并落实到具体的管理过程和环节上，将管理目标尽可能地细化、量化和透明化，使管理变得可操作和低成本，一定程度上保证了管理过程与目标的一致性。

五、智慧化

在新一轮科技革命和产业变革的大背景下，计算机让海量数据存储变为可能，互联网让人们可以交互处理信息，智能手机实现了公共事务的移动业务处理，一定程度上减少了公共事务在地域上和时间上的限制。融合应用第五代移动通信技术（5G）、云计算、物联网、区块链、数据挖掘和人工智能等新一代信息技术，为公共事业的个性化场景服务提供了更为广阔的智慧政务基础设施，不仅实现了跨层级、跨地域、跨系统、跨组织、跨业务的数据互联互通，还实现了公共事业管理与公共服务递送的数字化、网络化、精细化、智能化、社会化。公共事业管理将在更广范围、更深层次、更高水平上实现系统性提升，促进行政改革、社会治理和经济发展，实现质量变革、效率变革和动力变革。大体而言，当前公共事业管理模式中的智慧化变革体现在数字政府和智慧政务领域。智慧政务包括智能办公、智能监管、智能服务、智能决策四大模块，涉及经济调节、市场监管、社会管理、公共服务四大职能。智慧政务为公共事业管理带来了七大转向，即由各自为政向一体化整合转变，由封闭机械系统向开放生态系统转变，由单一部门向跨部门协同转变，由单向被动向双向互动转变，由管理向主动服务转变，由采购信息化工程向购买服务转变，由以管理主体为中心转向以人民为中心转变。智慧化已经成为公共事业管理模式在新时代下的显著特点。

第四节　公共事业管理模式的应用价值

相比于公共事业管理领域的具体实践和实操活动，公共事业管理模式更加抽象。总结分析各国、各地、各阶段的公共事业管理模式具有重要意义和应用价值。将公共事业管理实践和活动总结为典型的公共事业管理模式，在三个层面上具有应用价值，即认知上的简化理解、机理上的比较分析和行动上的互鉴学习。

一、对公共事业管理实践认知的简化理解

公共事业产品或服务类型繁多，所涉及的公共事业管理实践也是千姿百态。将各国各地的管理实践、要件、手段方法、供给方式及途径等公共事业管理全部要素进行整合与分析，构建出典型的公共事业管理模式，将有助于公共事业管理实践者在整体上把握理解公共事业管理实践的类型和特点，以充分认识公共事业管理实践现象的轮廓、特征、规律与条件等核心属性。总之，提炼和总结出典型的公共事业管理模式，将有助于理解实践现象的复杂性，并达成集体共识。

二、对公共事业管理实践机理的比较分析

任何公共事业管理模式都存在历史源头、生成条件、运作机制、内在动力、功能表现等特征。通过比较分析两个或多个不同的公共事业管理模式，将有助于深度挖掘典型模式的上述特征。在机理上，这些特征能促进人们对典型公共事业管理模式的全面把握。例如，通过公共事业管理模式的历史比较、跨文化比较、跨区域比较，或者通过对公共事业管理模式的结构比较、制度比较、功能比较，能够全面深刻地理解公共事业管理实践背后的运作机理。机理上的刻画和反馈，能为动态优化和更新公共事业管理实践或模式提供循证决策。

三、对公共事业管理实践行动的互鉴学习

认知上的简化理解与机理上的比较分析最终是为了服务于改进或优化公共事业管理实践与行动效能。典型的公共事业管理模式会带来政策扩散现象，引发政策学习。不同国家和地区的政府和多元公共服务主体借鉴和学习典型的公共事业管理模式，有助于提升各自的公共事业产

品和服务绩效,促进世界范围内的公共事业管理水平的提升和跃迁。

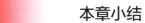

本章小结

1. 公共事业管理模式是指在生产和供给公共产品、公共服务以及公共价值的实践过程中,所包含的主体和要素、它们之间的网络关系以及在特定情景下各主体和要素的运行方式的综合。

2. 定义和表征公共事业管理模式,存在结构和行动两种视角。

3. 公共事业管理模式的基本属性包括:实践性、概括性、共识性、独特性以及可变性。

4. 公共事业管理模式在历史演变过程中的类型包括:保护模式、干预模式、新公共管理模式、新公共服务模式以及公共价值管理模式。

5. 公共事业管理模式的决定因素包括:历史因素、公共需求、主体意识、政府能力、社会发育程度以及生产力变革。

6. 当代公共事业管理模式的基本特点包括:多元构成、政府主导和统筹、以市场为基础、依法管理以及智慧化。

7. 公共事业管理模式在三个层面上具有应用价值,即认知上的简化理解、机理上的比较分析和行动上的互鉴学习。

思考题

1. 简要概述什么是公共事业管理模式。
2. 简要概述公共事业管理模式的两种视角的区别与联系。
3. 结合实践,简要概述公共事业管理模式的决定因素,并解释其原因。
4. 简要概述公共事业管理模式演变发展的基本趋势。
5. 简要概述当代公共事业管理模式的基本特点,试讨论这些特点在我国实践过程中的具体表现和做法。

(孙　涛)

第六章 公共事业管理组织

第一节 公共事业管理组织及其分类

一、公共事业管理组织

公共事业管理组织是公共事业管理主体。我国公共事业管理组织是以政府为核心,由政府组织和非政府组织构成的社会公共组织。由于公共事业管理组织在社会结构中是法人团体(或法人社团),在从事社会公共事务的管理时具有一定的独立性,对公共事业管理组织的生存和发展负有领导责任,因而会利用组织内外部的各种资源对组织事务进行计划、组织、协调、控制和决策,以获得组织目标的实现和组织的可持续发展。

公共事业管理组织具有如下特征:第一,所从事的公共事业管理源自政府的合法授权,具有公共权力;第二,公共事业管理组织活跃于公益服务领域,公益服务的供给具有社会共享性;第三,公共事业本身的发展就意味着存在大量的公共事业需求,对这些需求的满足是公共事业管理组织存在的重要理由之一。

二、公共事业管理组织分类

公共事业管理组织包括政府组织与非政府组织两大类(图6-1)。在我国,公共事业管理组织除了政府组织外,还包括事业单位、社会团体、民办非企业单位以及少量的企业组织,如新闻出版单位、机关服务单位及开发经营性的事业单位等。可以将是否营利作为企业组织与政府部门和非营利组织的划分依据,而是否由政府举办则是政府部门与非政府部门的划分依据。需要指出的是,国外并没有"事业单位"这一概念,但国外存在一个介于政府与市场之间的中间层,即第三部门——非营利组织。

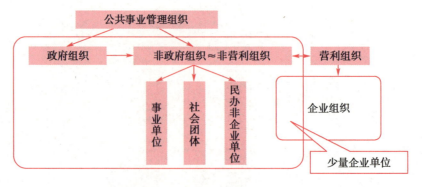

图6-1 公共事业管理组织示意图

从职能上看,公共事业管理组织有两种类型:一类是行政性组织,掌握行政权力,承担着公共事业管理的行政职能,如承担教育事业管理的教育行政部门,以及承担医疗卫生事业管理的卫生行政部门等；另一类是社会性的组织，承担部分公共事业管理的职能，但它们不是政府的构成部门，不掌握行政权力，如各种行业协会、慈善机构、红十字会、公用事业（自来水、电力、煤气、公交）部门等。

（一）政府

政府（government）是国家进行阶级统治和社会管理的机关，是国家表示意志、发布命令和处理事务的机关，实际上是国家代理组织和官员的总称。政府是公共事业管理主体体系中最为基本的组织，是行使国家公共权力、管理国家公共事务的组织，具有较强的权威性。广义上的政府包括立法、行政和司法机关等，狭义上的政府是国家行政机关，如国务院和省市各级政府。政府的职责是执行行政管理。

（二）非营利组织

非营利组织（non-profit organization，NPO）是指不以营利为目的且具有正式的组织形式、属于非政府体系的社会组织，它们提供部分公共产品与服务，强调个人奉献、成员互益等价值观念，具有一定的自治性、志愿性、公益性或互益性。国外以非政府组织或非营利组织为对象的"第三部门"的研究始于 20 世纪 70 年代，其提出者列维特（T. Levitt，1973）等人对"第三部门"的定义是非公非私的，既不是国家机构也不是私营企业的第三类组织。我国实行市场经济体制以后，先是政府与企业的分离，导致了若干市场中介组织的出现；接下来事业单位与政府的脱离进一步促进了大量非政府、非企业的公共组织的发展。非营利组织与企业的区别不在于是否营利，而在于组织运营所得利润能否用于分红，非营利组织只能将所得利润用于发展和扩大符合组织目标的公益项目。从这个意义上来说，可以将我国所特有的事业单位、社会团体、民办非企业单位归入非营利组织。

（三）事业单位、社会团体、民办非企业单位

1. 事业单位（public institution） 根据国务院颁布的《事业单位登记管理暂行条例》规定，事业单位是指国家为了社会公益目的，由国家机关举办或者其他组织利用国有资产举办的，从事教育、科技、文化、卫生等活动的社会服务组织。事业单位具有服务性与公益性的特点。服务性是事业单位最基本、最鲜明的特点，事业单位主要分布在科、教、文、卫等领域，是保障国家政治、经济、文化生活正常进行的社会服务支持系统；公益性的特点是事业单位的社会功能和市场经济体制的要求决定的。

2. 社会团体（social organization） 根据国务院颁布的《社会团体登记管理条例》规定，社会团体是指中国公民自愿组成，为实现会员共同意愿，按照其章程开展活动的非营利性社会组织。社会团体包括行业性社团、学术性社团、专业性社团和联合性社团。

3. 民办非企业单位（private non-enterprise unit） 根据国务院颁布的《民办非企业单位登记管理暂行条例》规定，民办非企业单位是指企业事业单位、社会团体和其他社会力量以及公民个人利用非国有资产举办的，从事非营利性社会服务活动的社会组织。民办非企业单位的特征在于它的民间性、非营利性、社会公益性、独立性。而社会公益性和非营利性是民办非企业单位区别于企业的一个基本特征。民办非企业单位的宗旨是向社会提供公益服务，通过自身的服务活动，促进社会的进步与发展，如民办教育机构、民办养老院等，在经济、科技、教育、文化、卫生以及其他社会事务方面发挥了积极作用。

三、不同公共事业管理组织的作用

公共事业管理组织是以政府为核心，由政府组织、非政府组织、事业单位、社会团体、民办非企业单位等组成的公共事业管理和服务提供体系。

政府在公共管理活动中发挥着主导作用，通过对社会秩序的规范，为社会公众提供良好的公

共服务，以此来促进社会的进步、经济的发展。

事业单位是经济社会发展中提供公益服务的主要载体，是我国社会主义现代化建设的重要力量。应充分发挥政府主导、社会力量参与和市场机制的作用，实现公益服务提供主体多元化和提供方式多样化。

以社会团体、基金会和社会服务机构为主体组成的社会组织，是独立于政府和企事业单位之外，在社会运行中主要发挥社会中介组织职能的社会组织形式。

首先，这些社会组织通过在繁荣社会事业、创新社会治理、化解社会矛盾、维护社会秩序、发展公益慈善事业、繁荣科学文化、扩大对外交往等方面发挥积极作用，满足人民群众多样化社会生活需求。其次，部分社会组织尤其是行业协会、商会，在促进经济发展、规范市场秩序、服务企业发展、开展行业自律、制定团体标准、调解贸易纠纷、扩大就业渠道等方面发挥作用，是推动经济发展的重要力量。民办非企业单位的社会定位是凭借专业知识和技能服务社会、满足人民需求的社会中介组织。截至 2022 年底，我国民办非企业单位有 51.19 万个。民办非企业单位的民间性，起着政府与人民群众之间的桥梁和纽带作用。

公共事业管理具有多元的参与性，不同公共事业管理组织的运行中，须更好地发挥政府作用，充分调动广大社会组织、社会工作者、志愿者和慈善组织等社会力量，统筹利用各类资源，向基层队伍赋能、向参与主体赋能、向服务对象赋能，促进广泛参与、各负其责、互为补充，共同营造政府主导、社会力量参与公共服务、全民共建共享的公共服务供给格局。

第二节　政府与公共事业管理

一、政府的基本职能

政府是国家进行阶级统治和社会管理的机构，是国家表达意志、发布命令和处理事务的机关。同时，政府也可以指那些不以营利为目的、旨在追求有效增进与公平分配社会公共利益的调控活动的组织机构。政府是公共事业管理的重要主体。

"政府"的概念一般有广义和狭义之分。广义的政府泛指一切国家政权机关，包括国家的立法机关、行政机关、司法机关和其他一切公共机关，代表着社会公共权力。狭义的政府是指一个国家的中央和地方行政机关，如我国宪法中的"人民政府"就是指各级行政机关。中华人民共和国国务院，即中央人民政府，是最高国家权力机关的执行机关，是最高国家行政机关。地方各级人民政府是地方各级国家权力机关的执行机关，是地方各级国家行政机关。

公共事业管理中的政府主体通常指狭义的政府。

一般来说，政府职能范畴的划分中，将政府职能界定为政治职能、经济职能、社会职能和文化职能。

1. 政治职能　政治职能是指政府在国家和社会中所起到的政治作用。作为政府最为古老的职能之一，它伴随着国家的产生而产生，随着国家的消亡而消亡。一般来说，政治职能包括国家保卫职能、政治统治职能、民主发展职能和社会秩序维护职能。

（1）国家保卫职能：通过加强国防建设、开展外交等手段，保护国家的主权和领土完整，防止外来侵略，维护国家的独立和自由。

（2）政治统治职能：马克思认为，国家是阶级斗争不可调和的产物和表现，国家是进行阶级统治的工具。因此，政府必然的职能之一就是进行政治统治，维护政权稳定。

（3）民主发展职能：民主是文明社会发展的必然趋势。我国是人民民主专政的社会主义国家，决定了我国必须要实现人民当家作主，这就要求我国政府一方面要切实维护公民的基本政治权利,防止特权阶层的出现,另一方面要畅通公民参与的渠道,建立公民参政议政的制度渠道,保证公民的政治权利落到实处。

（4）社会秩序维护职能：是指国家通过建立完善的法律规章,确保社会中的各个主体都能够依法从事,严厉打击各种违法犯罪活动,维护公民、企业的合法权利,确保整个社会的有序运行。

2. 经济职能 从政府与市场的关系来看,市场并不是万能的,市场也存在失灵的可能。弥补市场失灵成为政府承担部分经济职能的原因,如防止垄断和不公平竞争、保持宏观经济的稳定、提供部分公共产品和服务等。具体来说,政府的经济职能主要包括为市场经济提供制度基础、资源配置职能、分配职能、调节职能和稳定职能。

（1）为市场经济提供制度基础：政府为市场经济的运行提供基本、必需的制度、规则及框架,如制定和明确《中华人民共和国公司法》、金融制度,界定和保护产权、专利、著作权,保障契约的执行,维护相关法律和秩序等。

（2）资源配置职能：指的是通过公共部门收支活动以及相应政策的制定、调整和实施,实现对社会现有的人力、物力、财力等社会资源结构与流向的调整与选择。具体包括三个方面：配置公有财产,配置公益物品,减少市场条件下产品生产、使用的负外部性。

（3）分配职能：因为市场的初始分配无法使收入、财富和福利按照社会认为符合社会公正的方式进行,这就需要政府承担二次分配的责任,通过税收、财政转移支付、扶贫、救济等方式进行分配调节。

（4）调节职能：是指政府通过法律、政策或机构功能引导、调节生产者和消费者的决定,以减少垄断和负效应。

（5）稳定职能：市场失灵会导致经济波动和周期性经济危机,因此需要政府来提供稳定的财政金融政策。

3. 社会职能 政府的社会职能是指政府为了维持正常的社会生活水平和生活秩序、增进民生福祉而生产或供应社会福利性产品和服务的职能。一般来说,政府的社会职能包括提供社会保障、调节收入分配、培育公民社会、保护环境等。

（1）提供社会保障：社会保障是指国家通过立法并依法采取强制手段对国民收入进行再分配,对暂时或永久失去劳动能力及各种原因造成生活困难的社会成员提供基本生活保障,以保证劳动力再生产、社会安全和经济有序进行的措施、制度和事业的总称。我国的社会保障主要包括社会保险（主要包括养老保险、医疗保险、失业保险、工伤保险和生育保险等）、社会救济、社会福利和社会优抚等。社会保障制度的主要目的是保障社会成员基本的生存权利,促进社会的稳定和可持续发展。建立完善的社会保障体系,保证每个公民都能享受到均等的社会保障是政府义不容辞的责任。

（2）调节收入分配：市场经济崇尚自由竞争,在竞争中部分社会成员由于天资、机遇的不同而在竞争中处于劣势地位,由此导致收入分配差距的客观存在。一定收入分配差距的存在是难以避免的,但是这种收入分配差距一旦过大就容易造成社会的不稳定,从而激发社会矛盾。因此,对市场竞争形成的初次分配进行调节是政府的职能之一。

（3）培育公民社会："小政府、大社会"是未来政社关系发展的基本趋势,其关键就在于建立一个成熟、强大的公民社会,这离不开政府对公民社会的支持与培育。加大对非营利组织的支持力度、加强社区和乡村自治组织建设、创办和发展各种社会公益事业等都是政府培育公民社会的重要举措。

（4）保护环境：自然环境是人类赖以生存的基础,是实现经济社会可持续发展的必要条件,因此保护环境是政府的责任之一。政府保护环境的措施是多方面的,如直接控制、罚款、补贴等均是常用手段。

4. 文化职能 文化职能在政府职能中的比重正在日益增加。一般来说,文化主要涉及科技、教育、卫生、体育、广播电视和出版等方面。文化是与经济相对应的,经济主要涉及物质文明的发展,而文化主要涉及精神文明的发展,两者相辅相成,相互促进。

二、政府在公共事业管理中的地位与作用

政府在公共事业管理中的地位与作用,是公共事业管理中政府、市场、社会之间关系的反映。

(一)公共事业管理中市场机制与社会机制的不足

在政府与市场、政府与社会的关系中,市场与社会处于基础性的地位,政府在很大程度上是为了弥补两者的不足而产生的,因此首先必须明确公共事业管理中的市场机制与公民社会的地位和作用。

1. 公共事业管理中的市场机制　在市场经济条件下,市场在社会资源配置中起着基础性作用,政府职能应该严格限定在市场失灵的范围之内。而公共事业不能完全由市场来管理有以下几个原因。

(1)公共事业的产品属性导致市场失灵:公共事业产品主要是指各种公共产品和准公共产品,而市场难以解决这类物品的供给问题。公共产品是指同时具有非竞争性和非排他性的物品,如城市绿地等,因为不能给企业带来收益,所以市场没有动力去提供该类物品。准公共产品分为两类,其中一类是具有非竞争性但是可以排他的物品,例如义务教育等。对于这类物品,增加一个消费者的边际成本为零(或边际成本非常小),但是边际成本为零并不代表提供这种产品不需要成本,如果由市场来供给,市场主体为了收回成本,必然会对消费这种物品的公众收费,这样就会抑制公众的需求,同时也造成社会资源的浪费。另外一种准公共产品具有竞争性和非排他性(或排他的成本非常高),如城市道路,这种物品容易导致"搭便车"行为,即想消费这种物品,但是都不想为该物品付费,那么如果由市场来供给的话,必然会导致该类物品供给不足。因此,公共事业的产品属性导致了市场失灵的广泛存在。

(2)公共事业的市场供给无法保证社会公正:社会公正是实现社会稳定和可持续发展的必要条件。然而,市场是一个讲求等价交换的场所,一个人支付得越多,那么享受的服务也就越多越好。由于每个人的社会处境不同,所能支配的资源也不同,就使得支付能力也各不相同。如果公共事业产品由市场来供给,那么每个人享受的公共事业产品就会因为其支付能力不同而有所区别。但是,为了保持社会公平、维护社会稳定,就应该使所有人都能享受同等的公共事业产品,而不应有所差别。例如,市场不能剥夺一个儿童享受基础教育的权利,市场也不能剥夺一个患者接受治疗的权利,如果这类产品都由市场来供给,那么必然会造成严重的社会不公,影响社会的可持续发展。

(3)公共事业产品的市场供给可能会产生一定的负面影响:市场主体是以追求自身利益最大化为目标的,有时候甚至会为了自身利益不惜损害他人利益或公共利益,市场本身对此是难以避免的。因此,如果将公共事业产品交由市场来供给,同时对其监督不够完善的话,那么由于市场主体的趋利本性,就可能产生很多负面影响。例如,如果将公众医疗卫生服务完全交给市场,那么市场主体可能为了追求自身利益而置患者的利益于不顾,甚至剥夺贫困人群看病的权利。

公共事业产品的特殊性与市场机制本身的缺陷,使得单纯依靠市场难以实现对公共事业的有效管理,这就需要寻求市场机制以外的机制,也就是公共事业管理中的政府管理和社会自我管理来对公共事业进行管理。

2. 公共事业管理中的社会机制　公共事业从本质上来说就是社会公共事务,公共事业管理也相应地表现为对社会公共事务的管理。一般来说,社会公共事务的管理机制主要有两种,一种是公民社会的自我管理,另外一种是政府管理。其中,公民社会的自我管理是基础,政府在社会

自我管理的基础上发挥监督、评价、调控、弥补不足的作用。公民社会的自我管理具体表现为以非营利组织为代表的社会力量在公共事业管理中的地位和作用。

非营利组织在公共事业管理中发挥着重要的作用。首先，非营利组织的管理机制与管理方式比政府灵活，能够更有效地提高公共事业产品的供给效率；其次，非营利组织能够较好地满足社会成员多样化的需求，能够在公共事业管理中市场失灵和政府失灵的领域发挥替代作用，从而弥补政府、市场在提供公共事业产品方面存在的缺陷。

非营利组织参与公共事业管理也存在一定的缺陷。非营利组织对社会公共事务的管理主要是通过非强制的措施，如宣传、教育、呼吁、直接参与等，不具有强制力，而部分公共事业管理是需要以强制力作为后盾的，非营利组织在这些领域不能很好地发挥作用。以环保为例，非营利组织在环保领域发挥作用的方式主要是宣传环保理念、呼吁社会公众的关注、参与治理等，但是它不具备对污染企业的强制权（如罚款、责令整顿），因此非营利组织的作用有一定的局限性。再如，非营利组织力量有限，难以具备公共事业发展所需要的资源，如基础教育、科研、社会保障等，只有政府才有足够的资源来支持这些事业的发展。这也限制了公共事业管理中非营利组织作用的发挥。

因此，虽然非营利组织在公共事业管理中发挥了重要作用，但是也存在诸多问题，仍需要在政府的支持下进行公共事业管理。因此，非营利组织也难以代替政府在公共事业管理中的地位和作用。

（二）政府在公共事业管理中的地位

公共事业管理的特性及市场机制和社会机制在公共事业管理中的局限性使得政府必然成为公共事业管理的核心主体，在诸多公共事业主体之中处于主导地位。

1. 公共事业的特性决定了政府的主导地位　公共事业主要涉及各种公共产品和准公共产品，如科学、教育、医疗、社会保障、环境保护等，这些产品涉及全体公众的福利，具有很强的公共性和正外部性。提供公共产品和解决外部性是政府的一项基本职能。因此，政府必然是公共事业管理的主体。公共产品直接关系到社会的发展进步和人民群众的切身利益，并且投资这些物品需要大量资金，只有政府才有可能负担，这就决定了政府在公共事业管理中的主导地位。当然，政府并不是公共事业管理的唯一主体，非营利组织也是重要主体之一，但只是政府的补充。

2. 政府的性质和职能定位决定了政府的主导地位　政府起源于公众权利的让渡，政府存在的目的就是维护公共利益，而公共事业恰恰就是公共利益的直接体现，因此公共事业就成为政府义不容辞的责任。从政府职能的角度来看，公共事业管理所涉及的科学、教育、文化、社会保障等都属于政府社会职能和文化职能的范畴，即公共事业管理本身就包含在政府的职能范畴之中。具体到我国目前的现实情况，在社会主义市场经济条件下，政府的主要职能是经济调节、市场监管、社会管理和公共服务。其中的社会管理和公共服务职能的具体表现就是政府发展社会公共事业，提供与广大人民群众切身利益相关的公共产品或准公共产品。因此，市场经济条件下的政府作为社会事务管理者和公共服务提供者的角色定位和相应职能的确立，从根本上决定了公共事业管理的主体必须是政府。

3. 公共事业管理其他主体的局限性决定了政府的主导地位　随着经济和社会的发展，公共事业的范围不断增大，公众对公共事业的要求也越来越高，而政府自身的供给能力是有限的，因此，公共事业主体供给多元化成为公共事业管理的发展方向。各种非营利组织也成为公共事业管理的重要主体，甚至私人企业也开始参与到公共事业产品的供给中来。但是，这并不能否认政府在公共事业管理中的主导地位。公共事业管理的特性以及市场机制与社会机制在公共事业管理中存在的缺陷使其很难在公共事业管理中发挥主导作用，这就要求政府承担更大的责任，发挥更加重要的作用。

（三）政府在公共事业管理中的作用

政府是公共事业管理的核心主体，在公共事业管理中发挥着主导作用。一般来说，政府在公共事业管理中的作用表现在以下几个方面。

1. 政府在公共事业管理模式形成中起关键作用　公共事业管理模式，是在公共事业管理过程中存在或可供选择的政府与市场、政府与社会关系的处理方式，或者说是政府与市场、政府与社会的分工方式。这一特定分工方式的形成，取决于一定历史条件下的公共需求、管理理念、政府能力和社会发育程度，而政府的管理理念与政府能力在其中起关键作用。在形成公共事业管理模式方面，公共需求是最基本的动力，政府正确的管理理念对公共事业产品的提供方式有着决定性的影响，政府的财政能力和组织能力起决定性的关键作用。

2. 政府决定整个公共事业管理的基本范围、基本性质和基本方向　公共事业管理的范围、性质和方向的确立必须符合公共事业发展的客观规律，遵从公共事业发展的客观要求，但是这取决于政府的认识、政府所代表的利益的制约等因素。可以说，政府决定整个公共事业管理的基本范围、基本性质和基本方向。

3. 政府决定整个公共事业管理的体制和运行　所谓公共事业管理体制，是指为实现管理目标，由一定管理主体按一定原则组成，并相应具有各自的职责权限和分工的多层次的管理系统。在法制化、规范化的现代公共事业管理中，哪些组织可以作为管理的主体，各管理主体的基本地位、职责权限和相互间的关系，以及整个管理体制的运行规则，都是由相关法律法规政策确定的。政府是制定公共事业管理相关法律法规政策的主体，政府决定整个公共事业管理体制和运行。

4. 政府是公共事业管理中其他管理主体的管理者　现代社会的公共事业管理主体是多元的，但政府居于主导地位，公共事业管理的基本规则由政府制定，其他主体主要负责实施。同时，政府还负有对其他主体执行法律法规情况、供给公共产品的行为等进行引导、管理、监督的责任，既包括直接的行政监督，也包括通过司法机关运用法律手段来制约。

三、政府在公共事业管理中的基本活动方式

我国的公共事业是在传统的政府事业基础上转化而来的。在计划经济体制下，我国对非政治、非经济的、关系到社会大众基本利益的社会公共事务，是以政府事业体制进行管理的，即"政府办事业、政府养事业、政府管事业"，主要包括科、教、文、卫、体等领域。随着我国社会主义市场经济体制的逐步建立及其所导致的社会结构的变化，我国的"事业"内容日益丰富和繁杂，公众对公共事业质量的要求也日益提高，传统的政府事业已不能适应社会公共事务的发展，需要按社会公共事务自身的规律去发展公共事业。政府作为公共事业管理的核心，在公共事业管理中的基本活动方式主要有以下几方面。

（一）制定和实施公共事业管理的公共政策

首先，制定行政法规，规范公共事业产品和服务价格及标准，保证公平和合理交易，如物价部门对医疗服务价格的管理，卫生行政部门对医疗卫生服务的监管。其次，制定具体政策，规划公共事业部门的数量、比例及布局，实现公共产品和服务供给的地区间平衡，如各地政府实施区域卫生规划，对当地的医疗资源进行分配。

（二）生产和提供公共事业产品和服务

政府直接组织生产来满足公众对公共产品和服务的需求，这是公民获得公共产品和服务的主要途径。围绕公共教育、就业创业、社会保险、医疗卫生、社会服务、住房保障、公共文化体育、优抚安置、残疾人服务等领域，政府都起着建立组织生产、提供基本公共服务体系的作用。此外，政府可以间接提供公共产品和服务，以合约形式或项目形式委托非政府主体生产经营，其具

体形式主要有国有民营制、公私合作制、公益产权制等。政府在提供基本公共服务的基础上,通过创新公共服务提供方式,鼓励社会力量通过公建民营、政府购买服务、政府和社会资本合作等方式参与公共服务供给。

(三)建立符合市场经济规律的公共产品生产第三方监管体系

政府作为公共事业管理的主体,需要对公共事业的运行进行监管,并构建高效协同的监管体系。首先,政府提供公共服务生产者相关信息,掌握项目或合约执行情况,进行公共产品质量和价格的监督。其次,了解作为公共事业产品使用者的公众意见,进行协调与反馈。再次,对偏离合约或项目预定目标的行为进行干预,纠正偏差。

(四)依法管理公共事业领域内的非政府主体及其行为

首先,对非政府组织进行准入管理,即进行登记、备案、审查,明确服务范围和方式,发给相应的服务许可证,如对我国目前的非营利性学校、医院、科研机构等,以及各类事业单位进行准入管理。其次,公共服务过程管理,即对提供公共服务的部门在活动过程中是否遵守国家有关法律法规的情况进行适时监督,如我国目前对非营利组织的活动采取的是政府专门的管理部门(如民政部门)与该组织所对口的政府专业管理部门的双重对口管理。再次,制定、健全有关公共事业活动的法律法规体系。这一法律法规体系既要对管理主体行为进行规范,也要对管理客体进行规范。

第三节 非政府组织与公共事业管理

一、非政府组织的分类与特征

非政府组织是社会经济发展到一定历史阶段的产物,是经济和社会发展的必然要求和结果。国际上非政府组织早在18世纪就开始萌芽,之后不断发展壮大。"非政府组织"一词最早出现在1945年《联合国宪章》,在联合国等国际组织的倡导下,成为西方国家普遍接受的提法。联合国对非政府组织的定义是指在地方、国家或国际级别上组织起来的非营利性的、志愿性的公民组织。20世纪后期以来,随着市场失灵和政府失灵的出现,非政府组织的作用日益凸显,逐渐成为弥补市场和政府失灵的重要社会力量。

非政府组织(non-governmental organization,NGO)是不以营利为目的、主要开展各种志愿性的公益或互益活动的非政府的社会组织。其中,公益活动是指实现整个社会范围内的公共利益,而非仅仅是某个群体的集体利益的活动。互益活动是实现社会中"一定范围内"的公共利益,而非社会的整体利益的活动。

在我国,广义的非政府组织是指政府和营利的企业之外的一切社会民间组织,它在外延上包括社团、民办非企业单位、国有事业单位、人民团体、其他组织等。狭义的非政府组织是指严格符合《社团登记管理条例》和《民办非企业单位登记管理暂行条例》规定的社会组织,即只有社会团体和民办非企业单位这两类组织。

非政府组织作为一种独立的社会组织,是介于政府与社会、政府与企业之间的一种组织实体。在特定法律系统下,不以营利为目的,且不归为政府部门的协会、社团、基金会、慈善信托、非营利公司或其他法人属于非政府组织,而工会、商会、政党等均不属于非政府组织。其他非政府组织还包括慈善组织、涉外社会组织等。

非政府组织是公共事业管理中一个不可或缺的主体,主要体现在两个方面。

1. 非政府组织对政府职能形成重要补充 政府在公共事业管理中发挥着决定性作用,随着政治体制改革的不断深入,包括我国在内的很多国家的政府逐渐向服务型政府转变,一些政府不该管、管不了或管不好的事情逐步向社会组织转移，使非政府组织成为政府管理社会公共事务的得力帮手。

2. 非政府组织能提高公共产品的供给效率　政府是公共产品供给的第一主体，但政府受到各种影响和制约，导致提供公共产品和服务的成本高、效率较低。而非政府组织由于其非政府性、非营利性及志愿性等特征，在提供公共产品和服务方面往往比政府部门更有效率。

国际上，与非政府组织类似的用语还包括非营利组织（non-profit organization，NPO）、民间组织或公民社会（civil society organization，CSO）、第三部门（the third sector）等。非营利组织与非政府组织基本上可以互换使用，二者的不同仅在于：非营利组织强调与企业的区别，即企业是以营利为目的的，而非营利组织不以营利为目的；非政府组织强调与政府的区别，即它不依附于政府而存在，具有相对独立性。因此，当使用的语境希望与企业相区别的时候，用"非营利组织"更恰当；当使用的语境希望与政府相区别的时候，用"非政府组织"更恰当。公民社会是指在社会关系上属于同类的非营利组织，尤其强调这些组织以公民为主体，主张公民自治、民主治理和政治参与，由此与政府和市场相区别。公民社会更强调其政治学上的意义。第三部门是对第一部门（以公共利益为目的的政府部门）和第二部门（以营利为目的的市场部门）之外的一切社会团体、志愿组织或民间协会的统称。这些叫法在内涵上差别不大，可理解为从不同角度对非政府组织的诠释，差别主要在于实用目的的不同。在我国的语言系统中，原来与"第三部门"相对应的是"民间组织"这一传统提法，2007年以后，考虑到我国的历史文化、特殊语境和现实需要，将各类非政府组织或非营利组织统一称为"社会组织"。而我国非政府组织的主管部门大多称为社会组织管理局（处）。

（一）非政府组织的特征

非政府组织具有五个特征，即组织性、非政府性、非营利性、自治性、志愿性。

1. 组织性（formal organization）　指合法注册，有成文的章程、制度，有固定的组织形式和人员等。

2. 非政府性（nongovernmental）　又称民间性，即独立于国家和政府体系之外，不是政府及其附属机构，也不隶属于政府或受其支配。

非政府性使非政府组织与政府组织相区别。二者在产生方式、组织性质和隶属关系等方面都存在显著的区别。政府是政治与行政组织，它的产生多是自上而下的，上下级政府部门之间往往存在隶属关系。而非营利组织是利他性组织，它的产生多数是自下而上的，相互之间没有隶属关系。

3. 非营利性（nonprofit-distributing）　指不以营利为目的，不进行利润分配，而是致力于社会公益事业。非营利组织的内在驱动力不是利润动机，也不是权力原则，而是以志愿精神为背景的利他主义和互助主义。非营利性是非政府组织基本的属性，也是判断非政府组织与市场组织的主要标准，主要体现在以下三个方面。

（1）不以营利为目的：谋求利润是企业等私人组织的主要特点。非营利性很容易模糊有偿服务与营利活动的界限，让人误以为非营利即不应当获得任何经营性收入。非政府组织不以营利为目的，但并不排斥经营、成本核算、盈利和竞争，组织收入有盈余也并不意味着组织以追求利润为目的。

（2）收入主要用于为社会或会员提供公共服务：企业的收支结余可以以分红、奖励和补贴等方式发放，但在非营利组织中是不允许的。很多国家在允许非营利组织参与经营活动的同时，也对其最低年度支出有硬性规定，目的是从制度层面保证非营利组织的所得主要用于公共服务。但是，不分红不代表收入不"分配"，以劳务支出的方式支付专职人员的工资、福利是正常的开支，受到法律保护。原则上，非政府组织专职人员的收入应当至少与社会平均收入水平相齐平。

（3）组织资产不得转化为个人资产：非政府组织的产权属于公益产权，资产的积聚源于公共利益，使用依其公共目的。这就是说，非政府组织的产权既不属于非政府组织，也不属于捐赠者，更不属于会长或理事会，它只属于公共利益，即属于社会。因此，任何人对公益产权都没有占有和分配的权力。

4. 自治性（self-governing）　即非政府组织能够自主决策和自主活动，有独立的决策与行为能力，能够进行自我管理。

5. 志愿性（voluntary）　指非政府组织成员的加入和资源的集中不是强制的，而是自愿性的。成员有着共同的信念、目标、兴趣和追求，资源的获取是基于共同的价值观之上的沟通、协商、说服、互惠与合作。志愿性表现为志愿精神和志愿者的存在。非政府组织从其发起、招募、捐赠到基本功能的发挥，都是基于志愿精神的，不存在强制性或利益的驱动，所有参与者都以其独立的意愿决定是否加入和是否退出。

（二）非政府组织的分类

非政府组织按照不同的标准可以分为不同的类型（表6-1）。从我国政府的角度，将非政府组织分为社会团体、民办非企业单位和基金会。

表6-1　非政府组织的分类

分类标准	非政府组织类型
组织构成	会员制组织和非会员制组织
法人形式	社团法人和财团法人
组织性质	公益组织、共益组织或互益组织
资产来源方式	官办组织、合作组织、民办组织
资源动员方式	公募组织和非公募组织
活动形式	资助组织、项目组织或服务组织
活动性质和范围	网络组织、支持组织、草根组织
活动领域	环保组织、人权组织、扶贫组织、妇女组织等

二、社会团体与公共事业管理

社会团体是当代中国政治生活的重要组成部分。我国的社会团体指中国公民自愿组成，为实现会员共同意愿，按照其章程开展活动的非营利性社会组织，包括行业性、学术性、专业性和联合性社团，如中国作家协会、中国红十字会等。《社会团体登记管理条例》规定，成立社会团体必须提交业务主管部门的批准文件。我国社会团体往往带有准官方性质，如中华全国总工会、中国共产主义青年团、中华全国妇女联合会（简称"全国妇联"）等社会团体虽然是非政府性的组织，但在很大程度上行使着部分政府职能。一些社会团体的工作任务、机构编制和领导职数由政府管理部门直接确定，实行全额财政拨款。截至2022年底，全国共有社会团体单位37.01万个。

社会团体是民间组织而非行政组织，有较强的民间性，具有深入社会基层、贴近民众的优势，协助政府开展专业性或指定领域的公共事业管理。如中国消费者协会于1984年12月经国务院批准成立，是对商品和服务进行社会监督，以保护消费者合法权益，引导广大消费者合理、科学消费，促进社会主义市场经济健康发展为宗旨的全国性社会团体；全国妇联成立于1949年4月，是全国各族各界妇女为争取进一步解放与发展而联合起来的群团组织，是中国共产党领导下的人民团体，是党和政府联系妇女群众的桥梁和纽带，是国家政权的重要社会支柱，其基本职能是代表和维护妇女利益，促进男女平等和妇女全面发展。

三、民办非企业单位与公共事业管理

民办非企业单位是指企业事业单位、社会团体和其他社会力量以及公民个人利用非国有资产举办的，从事非营利性社会服务活动的社会组织，分为教育、卫生、科技、文化、劳动、民政、体育、中介服务和法律服务等类别（表6-2）。民办非企业单位虽然具有企业的性质，但是以非营利性为目的，同时必须使社会利益体现在单位经营的实质中，在社区事务中也要尽到公民的义务，为公民提供更好的社会公共服务。

表6-2　民办非企业单位类别与举例

类别	举例
教育事业	如民办幼儿园，民办小学、中学、学校、学院、大学，民办专修（进修）学院或学校，民办培训（补习）学校或中心等
卫生事业	如民办门诊部（诊所）、医院，民办康复、保健、卫生、疗养院（所）等
文化事业	如民办艺术表演团体、文化馆（活动中心）、图书馆（室）、博物馆（院）、美术馆、画院、名人纪念馆、收藏馆、艺术研究院（所）等
科技事业	如民办科学研究院（所、中心），民办科技传播或普及中心、科技服务中心、技术评估所（中心）等
体育事业	如民办体育俱乐部，民办体育场、馆、院、社、学校等
劳动事业	如民办职业培训学校或中心、民办职业介绍所等
民政事业	如民办福利院、敬老院、托老所、老年公寓，民办婚姻介绍所，民办社区服务中心（站）等
社会中介服务业	如民办评估咨询服务中心（所）、民办信息咨询调查中心（所）、民办人才交流中心等
法律服务业	如民办法律援助机构、司法鉴定机构等

四、基金会与公共事业管理

基金会（foundation）是指利用自然人、法人或者其他组织捐赠的财产，以从事公益事业为目的，按照规定成立的非营利性法人。基金会分为面向公众募捐的基金会（简称"公募基金会"）和不得面向公众募捐的基金会（简称"非公募基金会"）。公募基金会按照募捐的地域范围，分为全国性公募基金会和地方性公募基金会。国务院民政部门和省、自治区、直辖市人民政府民政部门是基金会的登记管理机关。

基金会取得成熟发展最早是在美国。美国基金会在20世纪后开始蓬勃发展，20世纪初成立的卡内基基金会和洛克菲勒基金会是比较知名的两家。2000年，比尔及梅琳达·盖茨基金会成立，成为全球最大的慈善基金会，旨在促进全球卫生和教育领域的平等。1981年，我国第一家国家级公募基金会——中国儿童少年基金会成立。之后，随着社会发展和政府政策的变化，我国基金会也获得了长足的发展，截至2022年底，全国已有基金会9 319个。

基金会可以使大规模的社会福利以自愿的方式被聚集起来，推动政府和企业部门之外的社会财富的聚集，而且通过基金会的公益运作将社会资源的支配权交给公民的代表，将分散的公民意志、公民意愿集中起来，将公民的权利回归到公民手上，推动公民社会的发展，是公民社会发育的推进器。

五、政府对非政府组织的管理

政府与非政府组织之间的关系可被视为国家与社会关系在公共事务管理、公共服务供给和社会治理领域的一个缩影。政府作为国家的代表和公权力的载体，长期以来都是公共事务管理、公共服务供给和社会治理的主体；非政府组织作为社会力量的组织载体，成为除政府之外的最重要的参与者。许多国家都十分重视非政府组织在政治生活和社会生活方面所发挥的不可替代作用，并通过发挥非政府组织所具有的特殊社会职能来化解社会矛盾，维护社会稳定。

我国政府对非政府组织的管理主要经历了两个时期。第一时期从新中国成立到改革开放之前，我国政府相继颁布了《社会团体登记暂行办法》和《社会团体登记暂行办法实施细则》，对旧社会各种社会团体进行清理和整顿，取缔那些不符合新社会要求的团体并对其他社会团体进行改造。在这一时期，非政府组织数量很少，种类单一，从性质上而言是党和政府的附属部门，主要作用是在党和政府的领导下动员群众。第二时期从 1978 年改革开放至今，在这一时期，我国非政府组织与政府是合作互动的关系。随着市场经济的发展和改革的深入，各种非政府组织开始大量兴起，不仅数量迅速增加，而且种类日趋多样化。截至 2022 年底，全国社会组织单位数达 89.13 万个。

1998 年，我国政府颁布了《社会团体登记管理条例》，规定了民政部作为负责非政府组织登记管理的单位，同时保留了有关部门对非政府组织日常管理和考核的权限。之后随着非政府组织的不断发展，国家颁布了一系列法律法规来强化管理。2016 年，国务院修订了《社会团体登记管理条例》。1999 年至 2004 年相继出台了《中华人民共和国公益事业捐赠法》《中华人民共和国民办教育促进法》和《基金会管理条例》。这些法律法规的出台，不仅完善了我国政府对非政府组织的管理体制，而且促进了非政府组织广泛参与社会管理、公益事业、公共服务供给等领域的公共事务。

此外，对于社会组织的管理，按照共建共治共享要求，完善党委领导、政府负责、社会协同、公众参与、法治保障的社会治理体制。实施政社分开，激发社会组织活力，克服社会组织行政化倾向。适合社会组织来提供的公共服务和解决的事项，由社会组织依法提供和管理。依法加强对各类社会组织的监管，推动社会组织规范自律，实现政府治理和社会调节、居民自治良性互动。

第四节　事业单位与公共事业管理

一、事业单位的分类与特征

事业单位（public institution）是我国特有的社会组织形式，但是事业单位中的"事业"并非我国所特有，任何一个国家和政府都有提供公共事业产品的基本职能。区别在于，有些国家主要是由非营利组织承担这项职能，而我国主要是由事业单位承担。因此，在我国，公共事业管理组织主要就是指事业单位，其中的"事业"是指没有生产性收入、所需经费由财政支出、提供准公共产品的工作，这些准公共产品包括科技、教育、文化、卫生、体育等方面。事业单位作为我国政府履行公共服务职能的重要机构，是经济社会发展中提供公共产品和公共服务的主要载体，是我国社会主义现代化建设的重要力量，对于推动经济社会发展和改善民生发挥着重要作用。

政策层面对事业单位的最早界定来自 1963 年 7 月 22 日《国务院关于编制管理的暂行办法（草案）》："为国家创造或者改善生产条件，促进社会福利，满足人民文化、教育、卫生等需要，其经费由国家事业费开支的单位。"1998 年发布的《事业单位登记管理暂行条例》首次从立法层面对事业单位进行规范："本条例所称事业单位，是指国家为了社会公益目的，由国家机关举办或者其他组织利用国有资产举办的，从事教育、科技、文化、卫生等活动的社会服务组织。"这一界定突出强调了事业单位是国家利用国有资产举办、公益目的、以非营利方式运营的特征。

（一）事业单位的分类

对事业单位分类主要采用行业分类法、经费分类法、功能分类法等（图 6-2）。行业分类法是根据国家的行业标准，按事业单位的属性进行分类，可以将事业单位分成教育事业、科研事业、文化事业、卫生事业等类别（图 6-3）。经费分类法即依据经费来源的形式，将事业单位分为全额拨款、差额拨款、自收自支和企业化四类。功能分类法即按照事业单位的社会功能将现有事业单位划分为承担行政职能、从事生产经营活动和从事公益服务三个类别。此外，还可按行政隶属分类、按行政级别分类等。当前，我国处于深化事业单位分类改革阶段，按照功能分类，逐步进行事业单位改革。

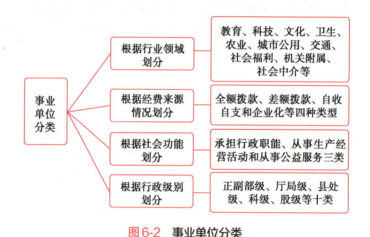

图 6-2　事业单位分类

1. 教育事业单位	2. 科学研究事业单位	3. 勘察设计事业单位	4. 勘探事业单位	5. 文化事业单位
6. 新闻出版事业单位	7. 广播影视事业单位	8. 卫生事业单位	9. 体育事业单位	10. 农林牧水事业单位
11. 交通事业单位	12. 气象事业单位	13. 地震事业单位	14. 环境保护事业单位	15. 测绘事业单位
16. 信息咨询事业单位	17. 标准计量、技术监督、质量检测事业单位	18. 知识产权事业单位	19. 物资仓储、供销事业单位	20. 房地产服务、城市公用事业单位
21. 社会福利事业单位	22. 经济监督事务事业单位	23. 机关后勤服务事业单位	24. 其他事业单位	

图 6-3　事业单位国家行业分类目录

1. 承担行政职能的事业单位　即从事行政决策、行政执行、行政监督等行政管理工作，按照行政机构方式运行的事业单位，如金融监管机构、执法监督机构等。其中，完全或基本承担行政职能的事业单位，结合行政管理体制改革，逐步转为行政机构；只承担部分行政职能的事业单位，将行政职能和公益服务职能与有关单位进行职能整合或机构整合。

2. 从事生产经营活动的事业单位　　即从事生产经营活动，已经实现或经过相应调整可以实现由市场配置资源的事业单位，如开发应用型科研机构、招待所等。这类单位应当逐步转为企业，并注销事业单位，核销事业编制。自 2011 年起，我国已不再批准设立从事生产经营活动的事业单位。

3. 从事公益服务的事业单位　　即为社会提供公益服务或者为政府行使职能提供支持保障的事业单位。事业单位分类改革后，原则上只有这类单位继续保留在事业单位序列，强化其公益属性。根据职责任务、服务对象和资源配置方式等情况，将从事公益服务的事业单位细分为两类：承担义务教育、基础性科研、公共文化、公共卫生及基层的基本医疗服务等基本公益服务，不能或不宜由市场配置资源的，划入公益一类；承担高等教育、非营利医疗等公益服务，可部分由市场配置资源的，划入公益二类。

（二）事业单位的特征

1. 公共性　　这是事业单位的基本属性。

（1）事业单位的职能是公共服务：在公共服务方面，事业单位与政府履行着类似的职能。在多数历史时期，政府是公共服务的单一主体，但政府作为一个宏观管理者，在具体的公共服务项目上并不具有优势。事业单位最初出现的时候是与政府紧密联系的，成为政府公共服务职能的延伸。我国政府建立事业单位的重要意义就在于为政府承担技术性、服务性公共服务事务。

（2）事业单位是公共组织：如果按照"政府—市场—社会"三角结构来分析社会治理模式，事业单位应当划归于"社会"类别。这里的"社会"主要包括四类主体：社会团体、民办非企业单位、基金会和事业单位。民政部已经明确将前三类命名为"社会组织"，具有准公共性。事业单位提供的物品具有典型的准公共属性，从其建立的主体、资金的来源、从事的职能领域等方面，都可以认定其公共组织的性质。

（3）事业单位的人员是公职人员：我国在编制类别的设计中专门列出了"事业编制"，多数情况下事业编制参照公务员编制，其资金主要来自财政开支。虽然事业单位人事制度改革已经推行了多年，相关文件也都提出了建设性的改革思路，比如引入聘用制，但我国的事业单位与国家机关之间存在自上而下的延伸关系，这种关系可以延及事业单位的人事关系中，事业单位主要负责人的任用也要接受政府指导。即便是聘任制下的事业单位员工，依然是以国家财政资金为其收入来源。

2. 非营利性　　事业单位是公益性组织，以公共服务为宗旨，具有典型的非营利性。我国在计划体制下建立事业单位，就是为了配合国家计划体制对公共服务的需要，所以我国的事业单位自建立之日便确定了其非营利性与公益性。根据《事业单位登记管理暂行条例》的规定："事业单位开展活动，按照国家有关规定取得的合法收入，必须用于符合其宗旨和业务范围的活动。事业单位接受捐赠、资助，必须符合事业单位的宗旨和业务范围，必须根据与捐赠人、资助人约定的期限、方式和合法用途使用。"从这条规定可以看出，事业单位的非营利性同非营利组织的非营利性具有同样的内涵，都不排斥获取合法性收入，只是要求这种收入要用于与组织宗旨相关的公共服务项目中，不能用于分红，更不能将组织的资产转移为个人资产。

3. 事业单位从事限定的服务领域　　《事业单位登记管理暂行条例》采用了列举的方式来界定事业单位，即"从事教育、科技、文化、卫生等活动"的公共事业管理组织。虽然我国的事业单位在实际运行中早已经超出了这四个领域，比如体育和经济发展等方面都有事业单位的存在，但事业单位的主体还是最为集中地体现在"教育、科技、文化、卫生"方面。这四个领域的事业单位是关系到国计民生和人民福祉的公共服务部门，也体现了事业单位在国家社会管理体系中的重要地位和作用。正是这种活动领域的稳定性，使事业单位始终能够维持其组织特征的连续性，事业单位也随着该领域的发展而不断壮大。

二、事业单位在公共事业管理中的地位与作用

事业单位是我国在公共服务领域提供教育、科技、文化、卫生等基本公共事业产品的最主要组织，在各自领域内，根据政府决策所确定的公共服务的数量，主要依靠财政资金，运用自身的专业人员和专业技能，向服务对象直接生产和提供事业产品。事业单位这一基本活动方式是我国事业单位管理体制在事业单位运行中的具体表现。

事业单位的职能定位是政府和企业不能也不适宜涉足的领域，即相比于由政府与企业来管理，由事业单位管理更能降低交易协调成本，总的来说就是不属于政府行政范围，同时是企业无力承担也不愿承担的领域。因此，事业单位在公共事业管理中的作用主要体现在以下三个方面。

第一，促进政府职能转变。政府各部门在管理社会事务过程中，往往既履行社会管理职责，又直接举办相关事业，难以公平、公正地履行社会管理职能。通过政事分开、管办分开，有利于提高公共事业发展的生机和活力，形成适宜的竞争机制。

第二，促进公共服务发展。随着经济社会的持续快速发展，城乡人民生活水平不断提高，居民消费结构和模式发生了巨大变化，对多层次、多元化公共产品的需求日益增长。我国提出要实现公共服务均等化，需要事业单位发挥重要作用。在此基础上，多元社会主体参与到公共服务体系建设中，利于提高公共服务资金的使用效益和效率，健全和完善公共服务领域的竞争机制，培育、利用、整合区域内各类社会事业资源，提高公共服务的整体水平。

第三，不同类别的事业单位承担不同的公共事业管理职能。根据职责任务、服务对象和资源配置方式等情况，事业单位承担义务教育、基础性科研、公共文化、公共卫生及基本医疗服务等公共服务，并承担相应的公共管理职能。

三、我国事业单位改革历程与趋势

（一）事业单位改革的历程

1955 年 7 月，第一届全国人民代表大会第二次会议通过了《关于一九五四年国家决算和一九五五年国家预算的报告》，报告中第一次正式使用"事业单位"一词，指代那些活动经费由国家财政列为事业项目开支的机关和部门。从此，事业单位和行政单位、企业单位一起，成为反映我国社会组织机构的基本概念之一。在随后的计划经济时期，事业单位管理体制逐步建立并发展起来，事业单位的组织与管理体制具有典型的计划特征：各类事业机构都为公立机构，资产都属国有；政府决定事业单位的设立、注销以及编制，并对事业单位的各种活动进行直接组织和管理；各类事业单位活动所需的经费都来自政府拨款。改革开放以后，我国事业单位也和其他各类社会组织一道进入改革的历程。我国事业单位改革大致分为四个阶段。

第一阶段（1978—1991 年），是我国事业单位改革的初始阶段和探索阶段。在涉及事业单位的机构设置、事业单位与政府之间的财政关系、政府管制权力的下放、事业单位的法人资格取得和实行企业化管理等诸多方面进行了初步构想，并且开始推行专业技术职务聘任制。这一阶段的最主要特点是，国家和政府对事业单位全面下放管理权力，扩大事业单位的自主权；普遍实行与绩效挂钩的包干制；引进竞争机制，实行人员的优化组合；实行事业单位财务的独立核算、自我积累、自我约束。

第二阶段（1992—2002 年），从党的十四大到党的十六大，是我国事业单位改革的发展阶段，探索建立与社会主义市场经济体制相适应的事业单位模式成为这一时期事业单位改革的主旋律。这一阶段的最显著特点是明确提出并开始了以政事分开和事业单位社会化为主要内容的事

业单位改革。改革的主要内容包括将事业单位按照经费的不同来源分为三类：经费自收自支的，享受企业的各项自主权，实行企业化管理；由国家实行差额补助的，政府在管理上适当放活；国家全额拨款的，其数量和规模从严控制。

第三阶段（2002—2012年），以2002年党的十六大为标志，我国事业单位改革进入了深化推进时期，各事业领域改革进入多元化发展的阶段。党的十六大提出，按照政事分开原则，改革事业单位管理体制，建立起适应社会主义市场经济体制需要和符合事业单位自身发展规律、充满生机与活力的事业单位管理体制、运行机制和自我约束机制。改革的主要内容是：推行多元化的分类管理模式；将聘任制作为事业单位的基本用人制度；以岗位业绩为基本分配依据；打破人才单位所有制，鼓励人才自由流动；将民办非企业单位作为对国家兴办事业的一个重要补充；在分配、社会保障、考核等方面进行综合配套改革试点。2007年，党的十七大提出加快行政管理体制改革，建设服务型政府，并提出加快推进事业单位分类改革。《关于深化行政管理体制改革的意见》对深化事业单位改革提出了具体要求：按照政事分开、事企分开和管办分离的原则进行改革。

第四阶段（2012年至今），事业单位改革在全面深化改革背景下纵深推进阶段。2011年3月23日制定、2012年4月16日发布的《中共中央 国务院关于分类推进事业单位改革的指导意见》对改革的重要意义、指导思想、基本原则、总体目标与主要内容等进行整体部署，强调以科学分类作为改革基础，按照社会功能将现有事业单位划分为承担行政职能、从事生产经营活动和从事公益服务三个类别。改革的总体目标是建立功能明确、运行高效、治理完善、监管有力的事业单位管理体制和运行机制，构建政府主导、社会力量广泛参与的公益服务新格局，形成基本服务优先、供给水平适度、布局结构合理、服务公平公正的中国特色公益服务体系。

党的十八大进一步提出分类推进事业单位改革的要求。十八届三中全会通过的《中共中央关于全面深化改革若干重大问题的决定》，提出加快事业单位分类改革，理顺事业单位与主管部门关系，建立事业单位法人治理结构，加大政府购买公共服务力度，建立各类事业单位统一登记管理制度；同时，在教育、卫生、文化、社会保障改革与人才队伍建设等方面提出事业单位改革的具体要求。

（二）事业单位改革的趋势

事业单位是经济社会发展中提供公益服务的主要载体，是我国社会主义现代化建设的重要力量。我国积极探索事业单位改革，不断创新事业单位体制机制。按照政事分开、事企分开和管办分离的要求，以促进公益事业发展为目的，以科学分类为基础，以深化体制机制改革为核心，总体设计、分类指导、因地制宜、先行试点、稳步推进，进一步增强事业单位活力，不断满足人民群众和经济社会发展对公益服务的需求。

首先，从推进国家治理体系和治理能力现代化的高度推动事业单位改革。必须建立和完善与中国特色社会主义市场经济体制相一致的现代公共事业管理体制，从这一体制中事业单位的地位和功能出发来确立改革的目标。当前，某些事业单位依然存在定位不准、职能不清、效率不高等问题，迫切需要通过科学设置机构、合理配置职能、统筹使用编制、完善体制机制，使市场在资源配置中起决定性作用，更好发挥政府作用，更好推进党和国家各项事业发展，更好满足人民日益增长的美好生活需要，更好推动人的全面发展、社会全面进步、人民共同富裕。

其次，深化事业单位的分类改革。结合事业单位具体特点开展分类改革。①承担行政职能的事业单位，理顺政事关系，实现政事分开，不再设立承担行政职能的事业单位。②从事经营活动的事业单位，推进事企分开。③公益类事业单位，区分情况实施改革。面向社会提供公益服务的事业单位，理顺同主管部门的关系，逐步推进管办分离，强化公益属性，破除逐利机制；主要为机关提供支持保障的事业单位，优化职能和人员结构，同机关统筹管理。

再次，建立中国式现代化的管理模式。着重进行事业单位行政管理方式的创新改革，引入现代科学技术，使用网络信息技术，创建现代化的网络化管理平台，简化事业单位行政管理工作内容，节省工作时间，减少人力成本。在信息化发展的时代下，实现信息共享，使得传统的管理模式向着扁平化的方向进步，帮助事业单位为员工构建良好的工作环境，确保事业单位工作具备公开化、透明化特征。同时，可以充分发挥公众监督作用，利用公众的监管有效督促事业单位的行政管理工作。

最后，要推进事业单位运行的法制化和民主化。依法治国是党领导人民治理国家的基本方式。必须坚持改革和法治相统一、相促进，坚持依法治国、依法执政、依法行政共同推进，坚持法治国家、法治政府、法治社会一体建设，推进事业单位运行的法制化。坚持以人民为中心，不断增强人民群众在公益服务方面的获得感、幸福感、安全感。事业单位改革的最终目的是促进公益事业更好更快发展，解决人民群众最关心最直接最现实的利益问题。

第五节 企业与公共事业管理

一、企业的概念与基本特性

（一）企业的概念

企业是社会发展的产物，因社会分工的发展而成长壮大，企业是市场经济活动的主要参与者。现代经济学理论认为，企业本质上是一种资源配置的机制，能够实现整个社会经济资源的优化配置，降低整个社会的交易成本。在20世纪后期，随着我国改革开放与现代化建设，"企业"的概念也得到新的发展。

一般而言，企业是指一切从事生产流通或服务性活动的营利性经济组织，是国民经济的基本单位。这些独立的、营利性的组织，可进一步分为公司和非公司企业，公司制企业是现代企业中最主要、最典型的组织形式，非公司企业如合伙制企业、个人独资企业、个体工商户等。企业参与公共事业管理，是一种实现公共事业民营化的方式，将国有、公营的公共事业（如城市公交、供水、供热、燃气、园林、环卫等）的所有权或经营权转移到民间，引入真正的市场机制。

（二）企业的基本特性

企业一般是自负盈亏的生产性单位。企业的基本特性有经济性、营利性和独立性。

1. 经济性 企业本质上是经济组织，以经济活动为中心实行全面的经济核算，追求并致力于不断提高经济效益。企业是从事商品生产和商品流通的经济组织，掌握生产要素，向社会提供商品和服务。因此，经济性便成了企业的首要特征。企业通过这个特征来实现自己的价值和商品的使用价值。

2. 营利性 企业是为了获得盈利而经营的经济组织，企业的经济性通过企业的盈利水平得到体现。因此，构成企业的一个根本性的标志就是营利。

3. 独立性 企业是独立的法人组织，是按照一定的组织规律有机构成的经济实体，能够进行独立核算、自负盈亏、自主经营。

二、企业在公共事业管理中的职能与作用

企业组织和其他营利组织在实现自身目标的同时，还具有一定的社会责任。企业的社会责任是指在创造利润、对股东承担法律责任的同时，还要承担对员工、消费者、社区和环境的责任。

企业的社会责任要求企业必须超越把利润作为唯一目标的传统理念,强调在生产过程中对人的价值的关注,强调对消费者、对环境、对社会的贡献。

　　与企业社会责任相对应,企业公共服务责任是指企业支持、参与公共服务的责任心以及由此产生的对公共利益维护所负有的责任。公共基础设施、义务教育、公共卫生、公共安全、公共文化、环境保护、贫困与灾害救助等诸多公共服务领域都不同程度地需要企业履行相应的社会责任和公共服务责任,公共事业管理组织也可以从企业和其他营利组织中获得资金、人力、物力、技术的支持,最终实现公共事业管理的目标。

(一)企业进入公共事业管理领域的条件

　　1. 对公共产品认识观念的转变及政府改革的深入　社会主体参与公共事业管理,意味着多样化的公共需求和社会发展要求能够得到较快的回应,且回应的效率更高、质量更好。世界各国自 20 世纪 80 年代以来,出现了一股公共事业民营化浪潮。政府将公共事业的所有权和经营权分离,适当放权,使企业尤其是非国有企业可以参与到公共事业的建设中来。

　　2. 政府监管的存在　让企业进入到公共事业领域、发挥它们对于公共事业发展的长处,同时又要避免市场失灵所带来的负面影响,保证准公共产品的提供,这就要求政府在创造尽可能有利的竞争条件下,对企业参与公共事业管理进行有效、合理的管制。这是企业参与公共产品生产的一个必要条件。

　　3. 准公共产品的属性使企业能够有效地排除"搭便车者"　公共事业领域内的企业,主要生产准公共产品(也可称为地方公共产品或互益性公共产品)。准公共产品具有部分的排他性或者竞争性,使得技术上有可能将"搭便车者"排除在外。这样大幅度地降低了提供产品的交易成本,企业可以通过收费回收成本,从而激励企业提供这些准公共产品。

　　4. 政府对公共产品的产权作出了制度安排　对公共事业领域而言,要使企业能够投资进行生产,关键是通过政府的制度安排使其具有相应的产权。这是企业进入公共事业领域和参与公共产品生产最重要的制度安排。

(二)企业在公共事业管理中的职能

　　1. 组织与实现公共产品的供给　企业可以向公众提供公共产品和公共服务,一方面弥补了完全由市场配置资源带来的市场缺陷,保证公共产品和公共服务的充分供给,校正市场失灵;另一方面由企业提供与政府直接提供相比较,前者可以解决政府不能有效提供或效率低下的困境,是解决政府失灵的一种有效途径。

　　2. 推动经济的发展　政府与公众将公共资产委托给企业经营,前提条件是企业能够为社会发展提供良好的基础设施与公共秩序。企业提供基础性设施,可以改善国家的供给结构、投资环境和供给能力,创造大量的社会需求,扩大国内市场,刺激私人资本的扩大再生产,推动国民经济的发展。

　　3. 促进社会管理职能　参与公共事业管理的企业,一般是为了政府的某种目标、满足社会管理需要而设立的,承担着实现公共利益的责任。企业所提供的公共产品与服务很多都关系到社会秩序的长期稳定与发展,对公众的生活有着重大的影响。因此,企业参与公共事业管理,也寄托着公众对公共利益的期望。公众期望这些企业以公共利益作为标准分配公共资源,减少腐败行为;期望企业可以提高绩效,创造更多的公共产品与公共服务。正确履行企业公共管理职能,规范管理行为,可以为经济发展提供必要的基础设施、创造良好的社会秩序。

　　4. 维护社会公平　企业参与公共服务是在政策支持之下进行的,占有一定数量的政策资源。政策资源属于公众所有,具有对社会公平的天然诉求。企业代行部分公共权力,对社会经济活动进行公共管理,并且在一定程度上享受政策上的垄断权,就是为了更好地提供公共服务。企业还承担着部分公共分配的职能,通过转移支付的手段,对公共财富进行分配。因此,企业有责任从公共利益的目标出发,维护社会公平。

（三）企业在公共事业管理中的作用

企业作为市场经济的主体，对经济和政治发展起到了至关重要的作用。企业作为社会整体中的重要一环，它所掌控的一部分经济资源和科技力量，正是建设公共服务体系所需要的物质基础。结合企业的性质及其在社会管理中的职能，企业在公共事业管理中的作用可以概括为三方面：一是有利于提高资源利用效率，更多更好地生产公共产品。企业的经济性和市场属性天然具有追求高效率的特点，由企业参与配置公共资源，可以提高资源利用率，更好地满足公共需求。二是有利于建立现代公共事业产权制度。在适当的公共事业领域实施企业化运行，可以建立现代产权制度，明晰相关主体管理和运营职能，实现"政事分开，管办分开"，提高公共事业管理效率。三是有利于公共事业的高质量发展，促进现代公共事业管理模式的形成。通过提高公共产品与服务的质量和效率，促进相关公共事业的发展，进而形成不断改进的现代管理模式。

三、我国企业在公共事业管理中的现状

我国公共事业领域内的企业，主要包括教育、医疗卫生、供水、供电、供气、供热、环境保护、公共交通等领域的公共企事业单位。公共企事业单位是指依照法律规定承担社会公共服务职能的企业、事业单位。这些单位往往具有市场支配地位、公共属性较强、直接关系人民群众身体健康和生命安全的特点。目前在这些公共领域是以国有企业为主，民营企业及社会资本、外资企业参与或补充的格局。以卫生健康领域为例，我国的公立医院为事业单位的形式，是我国医疗行业的主体，国家政策鼓励社会资本办医，民营医院、外资医院都得到了发展，丰富了我国医疗服务的供给，促进了我国医疗卫生事业的发展。

（一）国有企业参与公共事业管理

改革开放以来的公共事业体制改革，原有经营性事业单位转制为企业运行，继续从事公共事业管理和供给，如国家电网、供水、供热公司等，承担着企业参与公共事业管理的主要职能。此外在很多公共事务领域中都有国有企业的投资或各种形式的参与。如在积极应对人口老龄化背景下，很多国有企业率先投入资金，建设养老服务项目；发生地震、洪涝等自然灾害时，很多国有企业积极捐赠，帮助国家抗震救灾等。另外，在基础设施建设、文化、环保、健康服务等领域都有企业参与其中，是国家公共事业的重要力量。

（二）其他企业参与公共事业管理

以民营企业和外资企业为代表的各类企业单位，出于社会责任和自身发展的需要，也会参与到某些公共事业中，如民营企业投资建设养老社区、兴办基础教育学校、参与环境治理、建设文化设施等，是社会力量参与公共事业的重要组成部分和有力补充。

四、企业参与公共事业管理的主要方式

当前，企业在我国公共事业领域中的基本活动方式主要有国有民营模式、合资模式、托管模式和公私合作模式等。

1. 国有民营模式　公共事务的所有权仍归属国家，而经营权以委托、出租或成立财团法人机构的方式交给民间机构经营，实现所有权与经营权分离。其经营管理制度采用现代化企业管理方法来提高运营效率。国有民营的目的是减轻政府财政负担，改善公共事业僵化的组织结构，降低运营成本，减少公共资源浪费情形，提高经营管理的效率以及摆脱经营困境。采取此方式需要双方制定一套具体委托经营协议书和目标考核办法，在实现资产保值增值的前提下，与受托方实行利润分成。

2. 合资模式　一些公共事业风险低、现金流回报稳定的特性受到了稳健型企业的青睐，在诸如城市供水、供热、垃圾处置和城市绿化等，已经开始探索采取合资的方式进行运营和管理。如某燃气控股有限公司，以专业优势和雄厚的资本为后盾，与某市政府签订了30年的特许经营权协议，正式注册燃气公司，合资运营当地燃气供给，取得了良好的效果。合资模式的优点：一是政府可以融通社会资金，减轻政府财政压力；二是打破了原来的垄断体制；三是民营企业的介入，可以提高效率，降低成本，更好地提供公共服务。

3. 托管模式　托管模式首先出现于企业的托管，根据受托主体不同，企业托管包括政府托管模式、银行托管模式及托管机构托管模式。公共事业的托管是指公共事业产权所有者将公共事业的经营管理权交由具有较强经营管理能力，并能够承担相应经营风险的法人或自然人去经营。通过契约形式，受托方有条件地管理和经营委托方的资产，并实现资产的保值增值。托管模式是一种所有权和经营权分离的实现形式。政府选择何种托管模式取决于公共事业的需要和外部环境、政府治理和有效控制的能力，以及公众对改革的需要等。

4. 公私合作模式　公私合作（public private partnership，PPP）模式是以双方共同承担投资、风险和责任，共同分享利润和收益为主要特点。

PPP模式在公共事业领域的具体形式包括：服务的外包，租赁，特许经营，建设—拥有—回租，建设—拥有—经营，建设—运营—移交，出售，建设—租赁—移交和建设—移交加维护等，这些合作方式是在对新资本需求、转移运营风险要求以及寻求提高效率的推动下产生的。通过对不同公共事业采用不同的PPP模式，可以有效地解决政府投入不足，同时也可以有效地提高公共事业的经营管理效率，让公共资源得到更加合理的配置，充分提高政府资金绩效，发掘和发挥民间资金的潜力。

本章小结

1. 公共事业管理组织是公共事业管理主体。我国公共事业管理组织是以政府为核心，由政府组织、非政府组织、事业单位、社会团体、民办非企业单位等组成的公共事业管理和服务提供体系。

2. 政府是公共事业管理的重要主体。政府职能可以界定为政治职能、经济职能、社会职能和文化职能。公共事业管理的特性及市场机制和社会机制在公共事业管理中的局限性使得政府必然成为公共事业管理的核心主体，在诸多公共事业主体之中处于主导地位。

3. 非政府组织是不以营利为目的、主要开展各种志愿性的公益或互益活动的非政府的社会组织。非政府组织具有五个特征，即组织性、非政府性、非营利性、自治性、志愿性。社会团体、民办非企业单位、基金会等非政府组织都是公共事业管理的主体。政府对非政府组织实施管理。

4. 事业单位是我国特有的社会组织形式，是指国家为了社会公益目的，由国家机关举办或者其他组织利用国有资产举办的，从事教育、科技、文化、卫生等活动的社会服务组织。按照事业单位的社会功能，将现有事业单位划分为承担行政职能、从事生产经营活动和从事公益服务三个类别。

5. 企业组织和其他营利组织在实现自身目标的同时，还具有一定的社会责任。在公共基础设施、义务教育、公共卫生、公共安全、公共文化、环境保护、贫困与灾害救助等诸多公共服务领域都不同程度地需要企业履行相应的社会责任和公共服务责任。

思考题

1. 联系实际,分析政府组织和非政府组织在公共事业管理中的地位和作用。
2. 举例说明政府在公共事业管理中的基本活动方式。
3. 非政府组织的特征有哪些?
4. 试分析我国分类推进事业单位改革的主要思路。
5. 联系实际,分析企业是如何参与公共事业的。

(张 仲)

第七章　公共事业管理过程

公共事业管理是公共组织特别是政府部门为履行公共管理职能,通过计划、组织、协调、控制等功能环节,实现公共事业管理目标的一种社会活动。公共事业管理过程是对公共事务和社会事务的处理过程,包括决策、执行、评估、调整、终结这几个子过程。公共事业管理过程是以公共问题出现为开始,以决策为前提,以执行为基础,在执行中不断进行评估和调整所形成的一系列完整的管理过程。在本章中,对公共事业管理的决策、执行、评估三个过程的概念、地位、特点、程序等方面进行了探讨,试图寻找公共事业管理不同过程之间的联系与差异,明确公共事业管理过程的任务与目标,提高公共事业管理效率,实现预期目标。

第一节　公共事业管理决策过程

现代社会中,公共问题层出不穷,解决和处理的难度和复杂程度较以往大大增加。公共组织及其管理者如何及时发现公共问题、提出行动方案从而化解问题,已成为现代公共事业管理面临的一大难题,也是公共事业管理的重要职责所在。

公共政策是各级公共组织(尤其是政府等权威机构)在职能范围之内,为了解决和处理公共问题,经过政治协调和管理过程而实现公共利益或公共目标的过程中所制定和实施的各种行动方案以及发展出来的各项方针、原则、策略、措施、计划和行为规范的总和。公共事业管理与公共政策密切相关,公共政策是公共事业管理的起点和履行各种功能的基础。公共组织(尤其是政府)针对社会生活中存在的或正在发生的问题作出决策,并将其转化为相关的公共项目,通过调动各种组织机构,调整各种社会资源,运用各种功能手段,达到问题解决、政治稳定、经济发展以及规范人们行为的目的。因此,公共政策是公共事业管理过程中极为重要的一环。

公共事业领域的公共政策主要是为了解决社会性的公共问题,这类公共政策称为狭义的社会公共政策。此外,公共政策还包括政治政策、经济政策等其他公共领域的政策。为了区别于其他公共领域的公共政策,本章所涉及的公共政策都是指公共事业领域的(狭义)社会公共政策。

在公共事业管理领域中,公共政策越来越受到重视,已经成为公共事业管理学研究的核心内容之一。公共政策不仅是公共组织(尤其是政府组织)管理国家和处理社会公共事务的重要准则,而且是公共事业管理实践的灵魂。

一、公共政策概述

(一)公共政策概念

国外学者很早就开始研究公共政策。由于受到研究者思考的角度、侧重点、个人偏好以及所处环境等因素的影响,不同的学者对公共政策的理解也不尽相同,他们从不同的角度研究公共政策,得出了关于公共政策不同的定义。

1. 从公共政策制定过程看公共政策　公共政策研究最早是在政治学中兴起的,早期学者兰尼认为,至少从 1945 年以来,美国的政治学家们就将他们的职业注意力主要集中于制定公共政策的过程,而不是它们的内容。早期的公共政策研究主要是从公共政策制定的角度,强调公共政策的政治过程。一些主张政治-公共行政分开(the politics-administration dichotomy)的学者认为:"公共政策是具有立法权的政治家制定,并由公共行政者执行的法律、法规。"这种观点过于狭隘,仅将公共政策局限于制定过程,甚至只将公共政策限定于一些法律、法规。也有学者从具体的制定政策的角度,认为"公共政策是政府所选择去做或不做的任何事情"。事实上,制定公共政策的主体不只是政治家,还有各个利益团体、阶层、社会公众等;执行公共政策的不仅是包括公共事业管理者在内的公共管理者,也包括政治家、各利益团体和社会公众等。

2. 从公共政策的职能看公共政策　美国学者帕拉洛认为:"公共政策是对资源的战略性运用,以缓解国家的问题或政府的忧虑。"持类似观点的政治学家伊斯顿认为,公共政策是政府对社会上的价值所作的权威性分配。此外,所谓的"价值"系社会上一般人认为有价值、想得到的有形或无形的东西,诸如权力、财富、技能、知识、安全与声誉等。这些观点强调公共政策对资源或价值的分配作用和功能。

3. 从公共政策的目标导向看公共政策　有学者从公共政策的目标和价值导向的角度去界定公共政策,认为公共政策是"执行公共计划以实现社会目标的政治决定"。美国学者拉斯韦尔认为公共政策是"一种含有目标、价值与策略的大型计划",强调公共政策是为某种特定目标而制定和实施的一种计划。我国部分学者也赞同这种观点,认为"公共政策是国家和政党为了实现一定的总目标而确定的行动准则,它表现为将人们的利益进行分配和调节的政治措施和复杂过程""公共政策是政党或其他社会政治集团为实现一定时期的任务而规定的政治行为"。

4. 从公共政策的全过程看公共政策　从公共政策问题的提出,到制定、执行、评估、调整、终结的整个过程,构成了公共政策的全部内容。持"过程论"观点的学者认为,公共政策过程是一个复杂的系统过程,不能孤立地看问题,应全面认识和掌握公共政策的整个过程。

尽管关于公共政策的定义有许多种,但是概括起来可以归纳为两大类:一类观点认为公共政策是公共决策的产品,仅局限于公共政策的制定过程与结果,这一观点侧重考虑公共政策制定过程中的政策目标选择、价值导向、法律法规等结果;另一类观点认为,公共政策是一个过程,它与公共事业管理融合在一起,难分彼此,是一种动态的过程,这一观点侧重考虑公共政策制定及其结果、公共政策作用和效果的评估等。前者强调公共政策是处理公共问题的各种行为规范和制定这些规范的选择过程,而后者则偏重公共政策的制定、执行与评估的过程。显然,公共政策的"过程论"包含更宽泛的内容,它包括了政策目标、价值取向以及公共政策的制定、执行、评估、调整和终结的整个过程。

综合上述观点,可以这样去界定公共政策:公共政策是公共行为主体(主要是公共权力机关)在职能范围内,为了达成某一特定目的(如解决和处理某项公共问题或满足某项公众需要,实现公共利益或公共目标),经过政治活动(或协调)所选择的行动方案以及通过管理活动实现这一特定目标的过程(图7-1)。在公共政策过程中发展出来的各项方针、原则、策略、措施、计划和行为规范的总和是公共政策的主要表现形式。

根据上述定义,公共政策的内涵有如下几点:第一,公共政策是决定、决策、对策、政策的一种特殊形态,它具有决定、决策、对策、政策的一般特征。第二,公共政策是公共权力机关的基本活动方式或活动过程,是公共权力机关权力意志的体现。第三,公共政策是经由政治过程而进行方案的初拟、优化和择定的结果,主导这一个过程的主要是公共权力机关与公民的关系。第四,公共问题、公共目标和公共利益是公共政策的三大要素。公共问题的提出来自环境对政治系统的输入与挑战,它能否成为政策问题,则取决于公共权力机关经由政治过程所作出的考量;公共目标的公共性通过公共权力机关的利益综合而得以界定,公共目标的设定赋予了政策目标明确的方向;谋求公共利益的实现是公共政策的灵魂和目的。第五,公共政策是一种权威性的价值分配方案。它通过规范和引导机关、团体、公民的社会行为,有效地分配自然、社会的各种稀有资

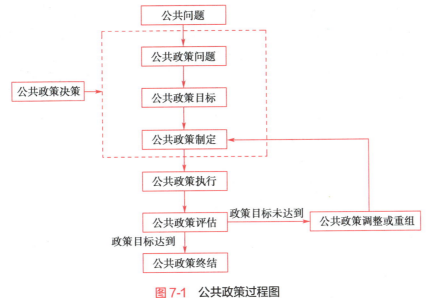

图 7-1　公共政策过程图

源。第六，公共政策在形式上可以是积极的，也可以是消极的。积极形式的政策主要指政府为解决某一特定的问题而公开采取的行动。消极形式的公共政策主要指政府官员就人们要求政府介入某一事务而作出的不采取任何行动的决定。

（二）公共政策问题

公共政策的设计是为了解决公共问题，公共问题与一般社会问题是有区别的。在公共政策的制定过程中，首先要明确公共问题，进而提出和确认相应的公共政策问题。

1. 公共问题的概念　公共问题与社会问题有相似之处，但并非相同的概念。社会问题是指由社会的现实状态与社会公众期望之间的差距而引起（人与人、人与自然之间）的矛盾或冲突。它泛指那些由社会关系或环境失调，社会全体成员或部分成员的正常生活乃至社会进步发生障碍，而引起人们关注并需要动用全社会的力量加以解决的问题。由于人们主观期望与客观现实的差距普遍且持续地存在着，社会问题具有广泛性和持续性。同时，因为社会问题也影响了社会生活，所以它也具有社会性。但并不是所有的社会问题都会转化成为公共问题，只有影响广泛且程度较大、人们必须认真对待的问题，才可能成为公共问题。也就是说，社会问题包括公共问题。

现实中存在的公共问题往往牵涉到较为广泛的社会关系，甚至影响到为数众多的民众。这说明公共问题具有两个基本特性：一是影响的广泛性。这集中地表现在它不仅仅影响单个的个人或团体，还会对多数人或团体产生普遍的影响。同时，公共问题可能超越地域的限制，对一个国家内部甚至对人类的共同生活造成潜在或现实的影响。二是公共问题具有影响的不可分性（indivisible）和"社会共享性"。这可以理解为公共问题对所有个体或团体产生的影响都是相同的，没有个体或团体可以置身之外。公共问题既包括公益问题，也包含公害问题，它们使所有社会成员都潜在地共同受益或共同受威胁。这样，公共问题的存在就不仅仅是公众主观预期与客观现实之间的差距问题了，而是使公众在客观上潜在地、共同地受其影响；公共问题的解决也不是为了满足公众的个人利益需求，而是为了实现同样具有社会共享性的公共利益。

通过对公共问题基本特征的分析，可以对公共问题进行界定：公共问题是指社会成员在公共生活中共同受其广泛影响，具有不可分性、与公共利益密切相关的公共性社会问题。而公共性则是公共问题区别于社会问题的最本质、最为内在的特性。

2. 公共政策问题及特点　只有当通过个体或团体的行动向政府有关部门提出公共问题，而且该公共问题又属于该部门的管理权限范围之内，政府又尝试采取干预的手段去解决时，才可能把它列入政府议程，这个被列入政府议程的公共问题就成为公共政策问题。公共政策问题在成为公共政策问题之前就已经客观存在了，而且这些问题是已经被社会上多数人察觉、认同和感觉到的，与既定的价值、规范、利益发生冲突的公共问题。

公共政策问题之所以是问题，是因为它们包含未被满足的社会需要，只有通过公共事业管理活动才能得以解决。公共政策问题除了具有公共问题的特性外，还具有以下的特点。

（1）相互关联性：政策问题之间、政策问题与政策环境之间、政策问题的物质条件之间都存在相互联系，所有的政策问题构成了一个有机的整体。

（2）主观性：公共政策问题虽然是客观存在的，但与人们对它的认知和判断有关。如果一个客观存在的公共问题由于种种原因（诸如各利益集团利益协调的结果、轻重缓急的时间安排等原因）未被纳入公共政策议程，该公共问题就没有转化为公共政策问题，这一"转化"过程与人们的主观认知和判断密切相关。

（3）可变性：随着社会发展和时代变迁，人们对政策问题的认识和这些问题存在的环境都发生了变化。政策问题的可变性不仅要求政策设计的不断创新，而且要求对新旧政策的因果关系认真分析。

3. 公共政策问题的发现、提出与确认　一个社会问题能否上升为公共政策问题需经过公共政策问题的发现提出与确认阶段。

公共政策问题的发现与提出途径主要有以下几种：第一，公共组织在公共事业管理中遇到或发现问题，经过分析研究，将重要的公共问题通过政策渠道反馈到政策决策部门，为政策决策部门修订、调整以往政策或制定新政策提供信息、依据或建议。其中，政策决策部门是指具有政策制定权限的公共事业管理机构。第二，各利益集团通过政治途径反映问题。各利益集团对同一社会现象的评价各不相同，当社会现象与预期相差甚远时，利益集团就会通过政治途径把问题反映到公共决策部门，试图争取有利于该集团的政策。第三，部分公民、民间组织或媒体通过呼吁或请愿的方式提出问题，引起有关公共决策机构的关注。第四，专家、学者通过发表学术研究成果的方式提出社会问题，以及解决这些社会问题的建议。

通过上述四种主要途径，将问题反映到有关的公共决策部门，只能说这些问题进入了公共事业管理者的视线，并不等于这些问题就是公共政策问题。它们甚至可能不是社会问题，或者只是社会问题但不是公共问题，即使是公共问题也不一定都会成为公共政策问题。因此，要对那些已经发现或提出的问题按一定的标准进行判别和确认。判别和确定公共政策问题的准则如下：一是公共政策问题应是具有公共性的公共问题。公共政策问题不仅是具有一定代表性的社会问题，而且是影响较大、涉及面较广的公共问题。二是公共政策问题应是影响程度大的问题。有些问题尽管是影响面很广的社会问题，但从程度上看，对多数人影响不大，这类社会问题被纳入政策问题的重要性就大大降低了。反之，那些影响面小而影响程度大的问题则更可能成为公共政策问题。三是公共政策问题应是社会公众普遍关心、强烈要求解决的问题。公共政策的价值导向作用非常重要，它必须符合大多数社会公众的利益。因此，社会公众普遍关心和强烈要求解决的问题反映了社会公众的利益需要，这些问题成为公共政策问题正是价值导向的结果。四是公共政策问题应是政府等公共权力机关职权范围内的问题。如果问题超出了其职权范围，则政策干预就是一种无效行为。

公共政策问题确认与政策议程：公共政策议程是指将公共政策问题列入政策决策部门的议事日程，政策决策部门通过讨论将其纳入公共决策阶段的过程。只有当公共问题进入政策议程后，公共问题才转化为"公共政策问题"。现实社会中存在着大量的公共问题，而公共部门掌握的公共资源和政策执行能力是有限的，这决定了不可能所有的公共问题都能进入公共政策议程。一个国家要使重要、紧急的公共问题能够较容易地进入公共政策议程，需具备以下几个基本条件：一是必须具备问题觉察机制；二是社会政治系统必须建立有利于信息传递和反馈的机制；三是民主的国家政治体制；四是社会各政治团体和利益集团能够发挥应有的作用；五是有完善的社会舆论监督机制。

二、公共政策制定

公共政策的制定是公共组织为了解决公共问题，采取科学方法广泛收集各种信息，设定一套未来行动选择方案的动态过程。

（一）公共政策制定的原则

政策制定需要有一定的原则作指导，这对整个政策制定过程非常有益。概括起来，公共政策的制定需要遵循以下几个原则：第一，公正无偏原则。公共政策的首要目标就是维护社会的公平和正义。在制定公共政策时，应持无私无偏的态度，对当事人、利害关系人、社会大众等均应予以通盘谨慎的考虑。第二，资源集中配置原则。将稀少的资源集中于策略性的项目上，即不能将原本稀少的资源用于无优先性的项目，而必须集中应用于策略性的因素。所谓策略性因素是指政策设计所涉及的关键性的、主要的及基本的因素（包括优点、缺点、机会与威胁等）。第三，个人受益原则。即在从事政策规划时，无论采取何种行动方案解决问题，最终的受益者都必须落实到人民的身上。第四，延续性原则。即从事政策规划时，应考虑事务的延续性，对事务及解决问题的方案，从过去、现在及未来的角度研究可行性，不能使三者相互脱节，否则就不切合实际。第五，预见性或挑战性原则。挑战性是指政策目标的确定必须稍高于政府机关现有的能力和资源，但又不能脱离现实。目标具有挑战性，就可以维持组织的活力，以避免组织的衰退；但如目标的挑战性过高而难以实现，则会导致失败。因此，目标虽然应具有挑战性，但却不能好高骛远而无法达成。第六，信息完备原则。信息完备是指应从系统整体的观点出发，使达成政策目标的各政策手段形成信息网络，从而形成相互协调的系统。除此之外，对各单位的信息交换及外部反馈的影响均应加以考虑，设计者应建立内部与外部的沟通网络，以加速信息的交流，促进协调和灵活。周全而快速的协调是政策执行成功的一个重要因素。第七，一致性原则。有三种一致性是政策设计者所不能忽略的：一是目标与行动的一致性；二是目标内在的一致性，即一项政策所包含的各项目标不能相互冲突；三是政策外在的一致性，即政策不能与经济政策、社会政策等相冲突。第八，弹性政策原则。政策必须有足够的弹性或缓冲，以保证能够随着环境条件的改变而进行调整。也就是说，政策、方案及计划的设计应能够随着环境的不同而快速地调整，包括组织结构的调整、功能的变动等。要使政策具有适应性，就需通过以下途径或活动加以推动：一是对政策实施效果进行预测，以确认政策可能面临的有利环境或可能造成危害的程度。二是预备足够的缓冲性资源，以有效地应对未预期事件的发生。三是发展并赋予负责推动政策者相应的地位，使其愿意在适当时机把握机会，并弹性地推动政策。

（二）公共政策制定的基本步骤

公共政策设计是一个系统过程，在此过程中应把握一些关键的环节。

1. 确立公共政策目标　目标是一种价值观念，是政策制定者希望通过政策实施达到的一种未来效果。一般而言，政策所要解决的问题常常是复杂的综合性问题，其目标也非单一的，而是多目标的有机结合。因而在确立目标时，应考虑多目标间的协调，即个人目标、社会目标和组织目标之间的协调。政策目标既要体现社会公众利益，又要符合社会道德规范和行为准则，并且不能违背法律的规定。

2. 估计需要　估计需要是指对于特定群体的状况，决策者所希望予以补救的范围和程度。特定群体即标的群体。对于标的群体的确定，政策制定者因面临的问题不同而会采用不同的选择方式，有时会以"需要群体"为标的群体，而有时则会以"风险群体"为标的群体。

3. 确定要达到的目的　目的是指政策制定者所希望实现的具体成果，包括需要的数量、针对的特定人口和所需的时间。

公共政策目的的制定会受到若干因素，例如经费、技术、未预期结果、未预知的机会等的限制，目的的制定要与所能运用的经费、技术相配合。目的定得太高，缺乏充足的经费与可行的技术，便不可能实现。由于决策者所掌握的资源有限，不可能制定过多和过于分散的目标，所以决策者要仔细考虑多元的目的。

4. 设计公共政策方案　公共政策方案设计的目的，就是提供多种可供选择的公共政策方案，为最终确定一种可行性政策打基础。公共政策的制定者应清楚和明确各备选方案间的关系及备选方案的意义。备选方案间大致存在这样几种关系：互相排斥型、不同程度型、组合型。

政策方案设计包括方案轮廓设计和细节设计两个环节。轮廓设计是第一个环节，它有两方面内容：一是根据政策目标提出一种或多种大致方案；二是勾画方案轮廓，即行动原则、指导方针、基本措施或策略等。细节设计是第二个环节，在这个环节中，将方案轮廓具体化，逐步形成适用、可行、具有操作性的具体方案。

5. 评估公共政策方案　评估方案是对已经设计出的备选方案的科学性、可行性及预期效果等内容进行综合评定。评定的主要内容：一是价值评估，即目标取向评估。二是效益评估，即政治效益、社会效益、经济效益的综合分析。三是可行性评估，即政治、法律、经济、行政、技术、时间等方面的可行性分析等。四是平等分析，方案的实施要注意社会大众平等地受益或公正地享用，即是否符合政府政策设计原则中应遵循的平等原则、公正原则、正义原则。五是协调性评估，即同其他有关的政策是否配套、冲突。六是风险性评估分析，对备选方案可能产生的各种负效应进行预测分析，以便采取一定的措施来防范可能产生的风险。

6. 选定公共政策方案　公共政策方案的选定可分为五个步骤。第一，各种报告的准备；第二，外界评论；第三，内部的审核；第四，方案的修正；第五，反馈。

7. 设计执行　公共政策的设计执行主要包括设计执行的程序以及执行的责任。执行的项目包括：第一，叙述和说明作业程序；第二，明确执行的责任，包括活动的顺序、工作人员、空间地域、设施、财务机制、主办机关；第三，明确管制程序。涉及方案顺利有效执行的行政程序有：方案监测、经费监测、时间监测等。

（三）公共政策的合法化

公共政策合法化是指经过一系列的法定程序使公共政策方案获得合法地位，具有权威性和约束性的过程。公共政策方案制定完成后，必须经过一定的渠道转变为正式的政策才能实施，即公共政策方案须经过合法化过程才具有合法性，才能够正式实施。公共政策的合法性包括两层含义，即政治统治的正当性和政策的合法性。政治统治的正当性构成了政策合法性的前提。公共政策的合法性不仅应得到一国政治体系的认同，还应得到社会的普遍认可。只有具有合法性的公共政策才能得到国家强制力的保障实施。

三、公共政策的特征和功能

（一）公共政策的特征

公共政策是人类社会发展到一定阶段的产物，随着社会不断发展，公共政策的内容日益丰富，过程也越来越复杂。尽管在不同的社会形态里，公共政策的表现形式不同，但具有以下共同特征。

1. 利益倾向性　在现实社会中，各公共政策主体都有各自相关的利益，每个个体都因为在某一公共问题上有共同的利益而结成共同利益集团，并代表着各自的共同利益集团。当某一公共问题进入公共政策议程时，各利益集团为了维护自身利益，纷纷通过各种方式施加影响，希望制定的公共政策对本利益集团更有利。如果某一利益集团具有绝对优势（比如在成员规模、掌握资源数量、集团内部的一致性以及军事或政治地位等方面)或者具有统治地位,则该利益集团(即统治阶级)就决定了公共政策的利益导向。有些时候,为了维护优势利益集团的统治地位,缓和利益冲突,优势利益集团往往会作出某种让步、妥协,一定程度上满足其他利益集团的要求。公共政策实际上是这些利益集团相互斗争和相互妥协的结果。任何一项政策的制定与实施不可能让所有人都满意,即使能使各个利益集团都满意,但对集团内部的每个人而言,满意的程度也是不同的。因此,公共政策在满足出于统治地位利益集团要求的前提下追求社会利益的最大化,而且公共政策带有明显的利益倾向性。

2. 目标导向性　公共政策的选择行动是一种有意识的行动。正如安德森所说的:"政策是一个有目的的活动过程……我们所关心的是有目的的或者有明确方向的活动,而不是无意识的或偶然的行为。"首先,由于各利益集团的价值取向存在差异,各集团要实现的目标也不一致,任何一个公共政策不可能满足所有利益集体的目标,因此公共政策主要体现了优势利益集团的价值取向。其次,即使对同一个公共问题,为了同一个目标,持相同价值观的公共政策主体在不同时期也会制定出不同的公共政策。这些不同时期的公共政策都是为实现阶段性目标(由总目标分解得到)而制定的,所有这些阶段性政策构成的一组政策的目标都是指向总目标的。第三,任何公共政策的目标都是解决特定的社会问题,都是针对特定社会问题而制定的。因此,公共政策的目标导向,实质上就是问题导向。公共政策的主要目的在于解决社会问题,如果一个社会没有任何社会问题,公共政策也没有存在的必要。公共政策所处理的公共问题可能是单一的,亦可能是一系列相互关联的社会问题。

一般而言,一项公共政策有一个或一组特定的目标,有一个基本的方针,有一条选定的行动路线或方案。公共政策的选择始终是有意识、有目的或有目标导向的。

3. 合法性与强制性　公共政策的合法性主要是指公共政策内容和形式上的合法。在公共政策过程中发展出来的各项方针、原则、策略、措施、计划和行为规范的总和只是一些规则,指出其管理主体或作用对象应该做什么或不应该做什么。为了保证公共政策目标的实现,要求公共政策主体执行的政策必须符合多数人的利益,公共政策的制定、执行、评估和调整的过程必须是按照法定程序进行的活动。

公共政策是各利益集团相互斗争、相互妥协的结果,那么公共政策过程决定了它是符合大多数人利益的。但社会各利益集团对同一社会问题的利益差异的存在,导致公共政策的作用对象在对政策的服从程度上也存在不同。为了维护公共政策的权威性,公共政策的执行机构必须通过各种手段(如奖励、惩罚措施)保证公共政策的贯彻实施,这种强迫他人服从的权力即为强制权。公共政策的执行机构并不一定要采用强制手段,有些政策不需要通过强制手段实施,而有些政策只在执行过程中遇到阻碍时才采取强制手段以保障政策顺利实施。与政治政策相比,公共事业领域的公共政策的执行过程较少依赖强制性手段。

4. 稳定性与时效性　公共政策的稳定性主要体现在公共政策的基本目标是稳定的。公共政策是各利益集团斗争和妥协的结果,它反映了具有统治地位的(一个或多个联合起来的)利益集团的价值导向。由于统治集团为自己成员谋利益的目标是稳定的、长期的,为了实现一个长期的目标,将长期目标分解成多个阶段性目标,并制定出相应的一系列阶段性政策来分阶段逐步实现,因而公共政策的稳定性主要表现在政策的连续性和价值导向的一致性。

公共政策的稳定性并不排斥公共政策的时效性。公共政策的时效性是指公共政策只在一定的时期内起作用,主要表现在:一是公共政策的作用对象随时间变迁而改变,导致公共政策的调整或终止。二是公共政策主体随时间变化,对原来公共问题的认识更深入,需要对公共政策进行调整或修正。三是随着公共政策的目标实现,该公共政策已经没有存在的价值。这个公共政策可能一开始就是一个阶段性目标,从而决定了该政策只是一个阶段性政策。四是公共政策产生的效果不符合原先的预期,需要对政策进行调整或终止。

要达到未来预期的状态，就必须逐步改变现状，因此政策设计必须要有"变动性"与"创新性"。也就是说，公共政策要注重实际行动，要在时间、观念、行为、事务关系、人际关系等方面有所改变，以此适应和符合未来发展的要求。

5. 多样性与多效性 首先，随着社会生产方式的进步，社会问题的数量和复杂程度日益增加，公共问题的多样性决定了公共政策的多样性。政府作为重要的公共组织，其管理职能范围日益拓展，政府需要解决的社会问题越来越多。为了解决这些社会问题，公共组织必须有针对性地推出各种政策，适应社会需求。其次，公共政策可能是针对某个社会问题提出的，但其作用则远远超出了该公共问题的范围和预期目标。公共事业组织为了解决各种社会问题，在它们各自的职权范围之内，针对亟待解决的公共问题制定出政策，这些公共政策实施后产生的政策效果可能是政策制定者预期的，也可能是意料之外的。最后，某些公共问题是综合型的，可能涉及经济、政治、社会、文化、科技、军事、外交等多个领域。针对综合型的公共问题制定的公共政策也一定是综合型的公共政策，同时发挥着多种功能。由此可见，公共组织推出的各种公共政策，因社会问题的日益复杂、政策效果的无法预测以及政策的综合功效，显示出多样性和多效性特点。

（二）公共政策的功能

公共政策的品质和水准与公共事业管理的绩效有关。从某种意义上讲，公共事业管理的绩效是政策绩效的综合反映。因此，从公共事业管理的角度来研究公共政策，可促使公共事业管理者获取政策知识，发展公共政策分析的方法和技术，从而制定出符合实际需要的政策，以有效地解决社会公共问题。总体上来说，在公共事业管理中，公共政策具有如下几个功能。

1. 公共政策是公共事业管理的起点 从一个孤立的管理过程来看，公共事业管理过程可分为政策制定、政策实施以及效果评估等环节。公共组织通过制定政策实施方案，把政策目标分解为具体的执行目标或阶段性目标，确定详细的、可操作的行动步骤，合理配合人力、财力、物力，把政策目标落到实处；政策目标实现且效果评估之后，管理活动完结。按照系统论的观点，公共组织作为一个开放系统，必然要与外界环境相互作用。社会环境发生变化，社会不同阶层、群体便产生了不同的需求和期望。这些社会不同的需求和期望，通过一定的途径和方式以信息的形式输入公共组织的决策系统中。经过决策系统的运作，所形成的方案又以政策、法规、项目等形式输出，由执行机构着手执行。这一政策方案执行结束以及效果评估之后，公共组织又要根据新的社会需求制定新的政策方案，从而引发新一轮的政策执行。因此，整个公共事业管理就是政策的制定、执行、评估、再决策、再执行、再评估的循环过程。公共政策是公共事业管理的首要环节，是起点，没有政策就没有目标明确和卓有成效的执行以及评估活动。

2. 公共政策是公共事业管理发挥各项功能的基础 公共事业管理有计划、组织、协调和控制等各项基本功能。计划，就是对如何实现决策目标和任务作出安排，制定系统有序的行为步骤；组织，就是为了实现决策目标而对一些机构和人员进行重新组合，或成立新的管理机构；指挥，就是建立一个统一有效的指挥系统，领导和指导执行组织的工作，从而保证有效地实施计划；控制，就是监督检查，对公共事业管理活动中的各个行为加以控制，使管理活动沿着预定的方向推进；协调，就是改善和调整各个执行机构、人员和各项活动之间的关系，使各自之间分工合作、密切配合，减少相互之间的重复、矛盾和摩擦。这些功能环节都是以公共政策为基础的。

3. 公共政策贯穿于整个公共事业管理过程的始终 决策既是管理过程的一个环节或阶段，又贯穿于整个管理过程的始终。公共事业管理的所有环节或阶段都包含着决策的活动，同时这些功能的执行又涉及各自的决策。如制订计划，就要对目标和任务作出周密、详细的决策；计划制订后要实施落实，需要组织力量，还要进行指挥等，对此也要作出决策。又如，在实施决策方案过程中，一旦偏离预定的情况，还要通过及时决策予以纠正。公共事业管理过程就是一个不断决策和实施决策的过程。

4. 公共政策有促进公共事业管理创新的功能 公共政策对于公共事业的发展和工作目标的

实现具有导向、调控、分配的功能，在变革的环境下还具有促进改革创新的功能。随着社会经济发展，改革和发展成为时代主题。公共政策通过政策的创新，完善体制和机制，鼓励和推动公共事务的创新实践，不断提升公共事业管理的效率。

第二节　公共事业管理执行过程

公共政策问题的解决，不仅有赖于完善的政策方案设计，更有赖于有效的政策执行。只有公共政策得到有效的执行，政策目标才能实现。

一、公共事业管理执行概述

（一）公共事业管理执行的概念

公共事业管理执行是公共事业管理执行主体为达到公共事业管理政策目标而采取一系列措施和行动，将公共政策方案的内容具体落实的过程。

无论是行政执行还是政策执行，对公共事业管理执行来说，其概念包括以下几个方面的内容：一是执行主体，是指政府组织和非政府组织；二是执行内容，主要是落实政策方案；三是执行方式，公共事业管理执行的方式是强制性方式和非强制性方式有机结合；四是执行目标，公共事业管理主体围绕政策目标确定执行目标。

（二）公共事业管理执行的方式

为确保公共事业管理的有效执行，需要采取各种方式，提高社会组织和社会成员的认可度。目前，采用较多的方式包括强制性和非强制性两种。

1. 强制性执行方式　公共事业管理主体通过法律、法规和行政命令等方式来促使执行过程中的相关社会组织和社会成员改变自己的行为，以满足实现政策方案的各方面条件，完成政策目标的任务。如果相关的社会组织和社会成员不能按照公共事业管理主体的意愿改变自己的行为，执行主体会依靠某种强制性权力来迫使相关社会组织和社会成员作出符合公共事业管理主体意愿的行为。

2. 非强制性执行方式　非强制性执行方式有多种表现形态，即宣传教育、精神激励和物质激励。①宣传教育：通过宣传教育，使执行主体和社会组织、社会成员的价值观念与政策主体的价值观念保持一致，产生共识，减少执行过程中的阻力。宣传教育的形式可以是线上的，也可以是线下的；可以是文章和书籍的学习，也可以是榜样示例（包括好的榜样和不良示例两种）。②精神激励：有些公共事业管理执行主体、社会组织和社会成员对物质奖励不感兴趣，但运用精神奖励却对其非常有效。通过精神奖励，给予公共事业管理执行主体、社会组织和社会成员相应的激励，使之遵守相关的规范，有效地执行，以实现政策目标。③物质激励：适当运用物质奖励，对执行政策的行为进行激励。

与强制性执行方式最大的区别在于，非强制性执行方式有选择权，一旦不接受物质或精神的奖励，就失去了这部分的权益，但是对自身其他的权益没有影响。强制性执行方式没有选择权，一旦不接受公共事业管理执行主体的安排，就会受到相应的惩罚，社会组织和社会成员原本拥有的权益会受损。

尽管强制性的执行方式和非强制性执行方式在手段上有差别，但其最终的目的是一致的，即按照政策主体的政策目标安排，尽快高效地实施政策方案，圆满地解决公共政策问题。

（三）政策执行在公共事业管理过程中的地位与作用

政策执行是实现政策目标的唯一途径，是整个政策过程中的重要阶段。政策执行在政策过程中具有至关重要的地位与作用。

首先，政策执行是实现政策目标的根本途径。公共政策设计完成后，必须通过具体执行才能实现政策目标，解决现实的公共问题。再好的公共政策如果不付诸实施，就无法将政策设计的目标转化为现实。

其次，政策执行可检验、修正政策。实践是检验真理的唯一标准，只有政策执行的实践过程才能检验公共政策设计方案是否正确、是否符合实际需求。对不符合现实状况的政策及时进行修正，使之更完善、更贴近现实，也是政策执行的重要意义之一。

最后，政策执行是政策过程不可缺少的中间环节。政策执行是政策过程的必要环节，它在整个政策过程中起到了承上启下的作用。对其上一个环节——政策设计，政策执行不仅可以实现其目标，而且可以在实践中发现新的政策问题，为政策制定者提供制定新政策的依据和反馈信息；对其下一个环节——政策评估，政策执行可以提供评估所需的信息，使政策评估结论更加科学有效。

（四）公共事业管理执行过程的特点

为了确保公共事业管理政策的顺利进行，实现预期的政策目标，公共事业管理执行扮演着重要角色，体现出与公共事业管理政策不同的特点。归结起来，公共事业管理执行主要有以下五个方面的特点。

1. 规范性 公共事业管理过程中，行政执行的重要特点是法治性，即根据国家法律法规的有关规定执行公共政策，处理公共事务。在公共事业管理执行过程中，一方面，公共事务的执行要依据国家的法律法规；另一方面，考虑到社会事务的特殊性，非政府组织处理相应事务时，在遵守法律法规的前提下，主要是执行非政府组织的规范。因此，公共事业管理执行的依据，除了法律法规外，还包括非政府组织的规范要求，这些体现了执行的规范性。

2. 权威性 公共事业管理执行的是具有合法性的政策，且执行主体一部分是政府组织，具有科层等级制的结构。因此，所作出的每一个执行环节都具有权威性，带有较强的强制规范性。执行主体的另一个部分是非政府组织，依据的是非政府组织的规范，也有一定的权威性，但与政府组织的权威性相比，层级较低。

3. 系统性 公共事业管理的执行过程既涉及作为执行主体的政府组织和非政府组织，又与社会组织和成员参与主体有关。每个执行过程又有准备、执行、总结环节。有如此多的社会组织和成员参与其中，需要一个完整的系统来支撑其运行。在执行过程中需要进行合理的分工，在不同层级、不同部门、不同组织和个人之间，形成有机的系统，以确保政策目标的实现。

4. 目标性 公共事业管理执行过程是一项目标性很强的工作，其核心就是保质保量地如期甚至提前完成政策目标。执行过程中的所有环节都要按照政策目标开展工作，反映出执行过程中的目标性的特点。

5. 灵活性 公共事业管理的公共事务和社会事务既庞杂又具体、细碎，而且不同层级、不同区域的情况千差万别，各执行主体拥有的人力、物力、财力和时间等资源也不同。因此，要求公共事业管理执行过程既要坚持政策目标的总原则，又要充分发挥执行主体的自主性和自治性。在执行中，根据具体问题，采取不同的实现政策目标的方法和途径，反映出执行过程中的灵活性，以确保政策目标的实现，提高公共事业管理的效率。

二、公共事业管理执行途径和程序

（一）公共事业管理执行途径

公共政策的制定是为了解决某项公共问题或满足某项公共需求，公共政策能否得以彻底贯彻实施关系到公共机构的威信，所以20世纪70年代以后，政策执行的研究成为公共政策研究的热点。从总体上看,政策执行可分为两种途径。

1. 自上而下的途径(top-down approach)　自上而下的政策执行途径又称为"以政策为中心的途径",该途径的理论思想来源于古典行政理论。古典行政理论认为:行政组织为集权、层级的和金字塔形的,上下级之间形成指挥与命令关系,上级负责政策制定,下级负责执行;政治与行政分离,政治负责政策制定,行政则负责政策执行;行政管理必须遵循科学管理的原则,以提高行政效率。这种途径中,公共政策是由高层管理者(政府高级官员或政治家)制定,并由下层管理者具体执行的。政治领导人形成的政策偏好随行政层次的降低而不断被具体化,并为下层管理者执行。自上而下的途径关注的重点是高层的政策制定者,着重研究政策制定者的偏好对具体政策执行者及政策执行效果的影响。

自上而下的途径划分了政策制定者和政策执行者的合理界限,并指出产生这种界限的原因是管理功能的分工。它反映了政策执行的许多特质,但也存在缺陷:第一,自上而下的途径过于强调高层管理者的政策决定作用,容易忽视政策执行者对政策执行效果的影响作用;第二,这种执行途径忽视了政策作用对象对政策执行结果的影响以及多元化政府机构共同执行政策时沟通和协调的功能。

2. 自下而上的途径(bottom-up approach)　自下而上的政策执行途径以政策执行者为出发点,认为具体的政策执行者对政策的理解和所采取的执行政策的措施是政策执行成功与否的关键。自下而上的途径强调有效的政策执行取决于具体执行者之间协调合作的管理过程而非政策决定者的意图,主张应该给予基层管理者或具体执行机构更多的自由裁量权,使之能够适应复杂的政策环境,并采取适当的权宜措施,形成一个更能适应政策执行环境的政策执行过程。

自下而上的途径明确指出,有效的政策执行有赖于多元组织的执行结构,并强调政策执行过程是在各组织之间通过互动达成共识基础上的自我选择的过程,即政策执行是以计划理性而非以组织理性为基础的执行过程。政策执行往往涉及许多单位与人员,而每个单位与人员对于政策实施皆有其立场、利益考量与看法,所以沟通协调在所难免。自下而上的执行方式促使人们重视彼此意见与利益的沟通交流。因此,有效的政策执行必然涉及妥协、交易或联盟的活动,政策执行过程中的互惠性远比监督和控制性功能更为重要。但是,自下而上的途径也存在其缺陷:第一,它夸大了政策执行者的自由裁量权而对政策制定者的作用不够重视;第二,在强调政策执行者的主动性和互动作用的同时,忽视了政策制定者的权威作用。

(二)公共事业管理执行程序

不管是自上而下的执行,还是自下而上的执行,公共事业管理执行程序都包含一系列环节和阶段,有内在的前后逻辑关系,从而构成一个完整的有机体。从前后次序来看,公共事业管理执行由执行准备、执行实施、执行总结三个阶段组成。

1. 执行准备阶段　执行准备阶段包括物质准备、思想准备、组织准备等方面。

(1)物质准备:任何公共事业管理活动都需要一定的物质支持。物质准备包括资金和物资。在执行准备阶段,需要做好资金预算情况。物资准备包括办公用品、交通工具、通信设备等的准备。根据执行情况,确定已有物资使用情况和新购置物资情况。

(2)思想准备:为了使公共事业管理执行主体较好地贯彻政策主体的目标和任务,明确执行的目的、意义和价值,需要通过会议和各种传播方式统一思想和认识,在执行前消除分歧和意见,达成共识,增强执行过程中的责任感。

(3)组织准备:包括执行机构的设置和人员的配置。执行机构的设置过程中,须明确执行机构的性质是常设性还是临时性的,两者的任务有所不同。常设机构是经常性的工作机构,其职能变动性较少。临时性机构在完成任务后就被撤销,其职能通常是不固定的。人员准备中,需要任命主要负责人和一般工作人员,人员质量和数量一般根据任务的重要性和多少来确定。对执行政策目标的机构和人员而言,明确职责,形成机构完整、人员精干、权责清晰的格局显得特别重要。

2. 执行实施阶段　执行实施的过程也就是将政策的具体要求变成现实,实现政策预期效果的过程。执行实施阶段有许多环节,其中比较重要的有授权、委托、协调、反馈、调整等。

（1）授权:是指法律、法规将某项或某方面的行政职权的一部分或全部,通过法定方式授予某个组织的法律行为。由于不同的层级、不同的区域情况各有差别,法律、法规将某项或某方面的行政职权的部分或全部授予某个组织,使其拥有这方面的职权。公共事业管理执行主体在坚持大的目标和原则的前提下,进行适当的授权,使其他社会组织和社会成员能够直接参与执行活动,有利于调动其他社会组织和社会成员的工作积极性,提高工作效率。

（2）委托:是指行政主体将其职权的一部分依法委托给其他组织或个人来行使的法律行为。在公共事业管理执行过程中,委托可以有多种形式,其中比较有代表性的是以下两种:一是行政主体向企业组织委托,即原有的执行主体是政府组织或非政府组织,根据公共事务的需要,可以委托企业组织来行使某一方面的事务职权;二是由政府组织向没有执行权的政府组织委托行使。

（3）协调:是指为了减少或缓解矛盾、冲突,以政策目标为导向,调节管理活动的各方面关系,使组织之间、人员之间和谐一致的活动过程。在执行过程中,如果没有出现矛盾或冲突,就不需要协调,按政策目标执行即可。一旦发生矛盾或冲突,就需要在执行主体间、社会组织和社会成员间进行协调,使矛盾和冲突减少到最低限度,较好地处理各种关系,从而圆满地完成预期的政策任务。协调活动有以下几个方面的作用:一是促进团结,提高管理效果。协调可以使各部门密切配合、步调一致,避免内耗和冲突,达到分工与合作相结合的效果。二是优化结构配置,提高效率。协调活动促进各部门合理有效配置人力、物力、财力、时间等资源,精简和优化办事程序和环节,提高管理效率。三是整合流程、促进整体改进。协调活动有助于树立执行主体的整体观念和全局观念,确保整个管理过程有序进行。四是形成合力,优化管理系统。协调活动将分散的力量凝聚起来,使每个执行机构和执行人员的努力都转化为集体的努力,形成合力。

（4）反馈:政策执行过程不仅仅是一种简单的执行,而且包含着对原有政策的检验。有的政策经过执行后,没有出现大的问题,就按照原有的执行方式去执行。有的政策在执行过程中存在一些问题,这就要求执行主体将执行过程中存在的问题及时向政策主体反馈,以便政策主体了解情况,为下一步调整政策打好基础。

（5）调整:在执行过程中,只有少部分政策不需要调整,大部分政策都或多或少地需要有一些变动,使政策完成的时间、投入成本、执行方式、执行目标更好地与客观实际情况相一致。一般来说,执行时间、执行成本、执行方式的调整属于正常情况,对整个政策不会造成大的变动。一旦政策执行目标发生变动,就相当于政策主体重新制定政策,实际上又是一个新政策的开始。从一定意义上来说,新政策开始后,原有的执行就已经终止。

3. 执行总结阶段　公共事业管理的执行总结阶段是对整个执行过程的回顾和反思,了解执行过程中好的环节和方面,及时发现存在的问题。尽管执行总结阶段对本次的执行来说已经没有实际帮助,但对下一次执行有借鉴意义。对执行主体的组织和人员来说,做得好的能够得到物质奖励和精神奖励,存在问题的可能会受到批评、惩罚。奖罚的目的只有一个,即通过总结,确保下一次执行活动的质量,提高工作效率。

在执行总结阶段,需要注意两个方面的问题:一是发扬民主,听取各种意见。执行总结时,由于政策主体和执行主体都非常了解执行时的各种情况,因此,政策主体、执行主体也要参与总结。另外,接受公共事务和社会事务的对象也要发表意见,只有这样,才能确保执行总结的客观性和公正性。二是方式多样化。为了获取客观全面的信息,既可以采取自评和上级领导评价的方式,也可以通过新闻媒体、服务对象的评价,使总结的方式多样化,从而更客观、更符合实际情况。

三、影响公共政策有效执行的因素

公共政策执行的绩效受诸多因素的交互影响,这些因素可大致归纳为三个方面:公共政策问题的性质、公共政策本身的因素和公共政策以外的因素。

(一)公共政策问题的性质

公共政策问题的性质涉及该问题的复杂程度、范围以及与其他问题的关联性等,政策执行的成败与问题的性质有着密切关系。

(二)公共政策本身的因素

任何一项政策的有效执行,首先依赖于政策的正确性,这是有效执行政策的根本前提;其次依赖于政策的明确性,明确而具体的政策执行起来相对简单、容易,效果也比较明显;最后依赖于政策资源的充足性,任何政策的执行都需要一定的资源作为支持和后盾,如果缺乏相应的资源支持,根本无法实施与最终实现政策目标。政策资源因素主要包括:人力资源;信息资源;经济资源,如经费、设备、物料等;权威资源。对负责执行政策的人员,应赋予其足够的权威,只有这样才可顺利地推动政策。

(三)公共政策以外的因素

公共政策的制定是为了影响、管制或改变标的人口的行为,或是为了引导标的人口按照政府机关所规定的目标行事。同时,公共政策的执行也受到外界环境的反作用。因此,公共政策以外也有如下诸多因素会对政策的有效执行产生影响。

1. 目标团体对政策的态度　目标团体包括意见领袖、利益团体、标的人口等,他们对政策执行所持的态度至关重要。可以通过政策宣传、教育、说服或引导等方法影响标的团体,使之对政策执行采取合作支持的态度。

2. 执行机构之间、执行机构与标的团体之间的沟通　有效的沟通是政策执行的必要条件,沟通不仅能使标的团体清晰领会政策内容和执行指令,而且使执行机构之间保持必要的一致性、协调性。

3. 政策执行人员的素质和工作态度　由于政策执行人员通常具有相当的自由裁量权,因此他们对政策所持的态度直接影响政策的执行效果。一般来说,执行人员对政策目标的认同感越高,执行的意愿就越强烈,配合度就越好。反之,如果执行人员对政策目标缺乏共识,或对政策执行工作存在抗拒心理,则很难期望政策执行顺利有效。可通过奖励强化执行人员的执行行为。

4. 其他社会、政治环境对政策执行的影响　如社会舆论对政策执行的支持情况、精英分子对政策执行所持的态度,以及政府组织结构状况等都对政策执行产生重要影响。尤其是政府组织结构,比如政府组织是否有完善的标准作业程序、组织间以及组织内部是否有合理的权责分配体系等,都会对政策执行产生较大的影响。

第三节　公共事业管理的评估与调整过程

完整、科学的公共政策过程,不仅包括合理地设计公共政策、有效地执行公共政策,而且包括对公共政策过程和政策效果的分析与评价,这种对公共政策过程和绩效进行分析评价的活动就是公共政策评估。

一、公共政策评估的概念和意义

（一）公共政策评估的概念

公共政策评估是利用科学的方法和技术，按照一定的标准和程序，系统地收集相关信息，对公共政策过程和绩效进行分析判断的行为。公共政策评估的目的在于调整、修正政策和制定新政策。关于公共政策评估概念的内涵，不同的学者有不同的观点。归纳起来，这些观点的分歧主要集中在评估活动的作用对象上。有的观点认为政策评估主要是对公共政策方案的评估；也有观点认为公共政策评估主要是对公共政策问题和方案的评估；更多的观点则认为是对公共政策效果的评估，通过评估，不仅可以发现政策误差和新的政策问题，而且评估结果还可作为修正或调整公共政策的依据。

实际上政策评估活动贯穿于整个公共政策过程的每一个环节，它既是对政策过程的分析评价，又是对政策绩效的分析评价。相对政策过程的评估而言，对政策绩效的评估，由于减少了一些政策过程中的不确定因素，其作用更大一些，效果也更好一些。因此，在整个公共政策评估活动中，应着重对政策绩效的评估。

（二）公共政策评估的意义

公共政策过程是一个动态的过程，具有许多不确定因素，对公共政策过程的评估和监控是其中一个必不可少的过程。政策评估的意义主要表现在：第一，政策评估是衡量政策绩效的基本手段；第二，政策评估是调整、修正、延续或终止政策的重要依据；第三，政策评估有利于政策资源的配置；第四，政策评估是政策过程科学化、民主化的必要途径。

总之，政策评估的基本功能在于向政府及社会提供政策绩效的资讯；重新检验政策目标及政策方案，以谋求政策改进之道；还可以作为形成新的政策问题或政策建议的基础。

二、公共政策评估的一般标准

对公共政策过程的分析评价，实质上是按照一定的标准对政策过程的效果进行判断的活动。没有客观具体的标准，就无法对政策过程的价值进行衡量、检验和判断。首先，政策评估者需要有明确的标准为依据；其次，客观的评估标准可减少人为因素对评估结果的影响；最后，科学合理的标准使评估者易于掌握，并能提高评估效率。

对于不同公共政策的评估，其具体标准和指标可能不尽相同，但从一般意义上讲，政策评估要注意按照以下标准来进行。

（一）效果指标

政策效果指某项政策达成预期结果或影响的程度。政策的实施可能产生正、负两方面的效果或影响，在确定政策效果指标时，应评估政策的净影响（即政策过程本身产生的影响），排除政策以外的干扰因素。

（二）效率标准

效率是指政策产出与所使用成本间的关系，效率标准通常以每单位成本所产生的价值最大化或每单位产品所需成本的最小化为评估基础。效率可分成两大类：技术性效率与经济性效率。技术性效率指在成本受限制的条件下，寻求政策期望影响的最大化。经济性效率指政策整体成本与整体利益间的关系，包括间接成本与所有的影响在内，亦即着重于对资源作分配及使用，并使人民因此获得的满足感最大化。

（三）公正标准

公共政策公正与否是指政策执行后导致与该政策有关的社会资源、利益及成本公正分配的程度。一项公正的政策是努力公正、合理分配的政策。公正标准与社会上如何适当公正地分配资源是息息相关的，由于每个人、每个团体都有其不同的需求，所以任何一项政策都难以完全满足每个人或每个团体。公正标准旨在符合大多数人利益的基础上，谋求社会的福利最大化。

（四）政策回应度

政策回应度是指政策实施后满足标的社会团体的需求、偏好或价值的程度。该标准十分重要，因为某一项政策也许符合其他所有的标准，但如果未能回应受此政策影响的标的团体的需求，仍可被评估为失败的政策。

（五）生产力标准

生产力标准是衡量每项公共政策是否符合社会基本发展方向的根本标准。任何公共政策的结果，最终的衡量标准就是看它是否有利于生产力的解放与发展。

三、政策评估结果的处理方式

当对公共政策的评估完成后，依据政策评估的结果，对原政策进行处理的方式归纳起来大致有以下四种。

（一）政策方案调整

在对政策执行的情况进行监测与评估之后，如果发现执行有困难或环境已发生变化或者人力、经费等资源不足，就必须调整方案执行的方法、技术或程序等。

（二）政策方案持续

政策执行的情况在经过监测与评估后，推测已初步满足标的人口的需要和需求、符合其价值观等，即政策方案的执行已达成基本的目的，故可继续执行政策方案，不用修改政策问题、标的人口或执行人员及经费等。

（三）政策方案终止

政策执行的情况在经过监测与评估后，推论认为原先的问题已获得解决，或问题未获解决，反而产生了更多的问题时，应立即终止该政策方案的执行。

（四）政策方案重组

政策执行的情况在经过监测和评估后，发现问题未获解决，原因在于当初对问题界定不当、目标不明确、解决问题的方法不妥当等，则应重新建构问题，了解问题的症结，设计新的目标及新的解决方案，于是造成"政策循环"的情况。

本章小结

1. 公共政策是公共行为主体（主要是公共权力机关）在职能范围内，为了达成某一特定目的（如解决和处理某项公共问题或满足某项公众需要，实现公共利益或公共目标），经过政治活动（或协调）所选择的行动方案以及通过管理活动实现这一特定目标的过程。在公共政策过程中发展出来的各项方针、原则、策略、措施、计划和行为规范的总和是公共政策的主要表现形式。

2. 公共政策是人类社会发展到一定阶段的产物，随着社会不断发展，公共政策的内容日益丰富，公共政策的过程也越来越复杂。但它们具有一些共同的基本性质：利益倾向性、目标导向性、合法性与强制性、稳定性与时效性、多样性和多效性。从公共事业管理的管理角度看，公共政策是公共事业管理的起点、是公共事业管理履行各项功能的基础、贯穿于整个公共事业管理过程的始终、有促进公共事业管理创新的功能。

3. 公共事业管理的过程始终包含了公共政策过程，即设计、执行、评估和修正的循环过程；同时，公共事业管理寓于公共政策过程的每个环节中。公共政策的制定既是公共事业管理的起点，又是公共事业管理的阶段性结果或终结。

4. 一个简单的公共政策过程主要包括以下步骤：公共政策设计（公共政策问题、公共政策议程和公共政策制定）、公共政策执行（或实施）、公共政策评估、公共政策终结或公共政策调整；一个复杂的公共政策过程是由多个简单公共政策过程构成的。

5. 公共事业管理执行可分成自下而上和自上而下两个途径。从程序上看，公共事业管理执行包括执行准备、执行实施、执行总结三个阶段。执行效果受公共政策问题的性质、公共政策本身的因素和公共政策以外的因素三个方面因素的影响。

6. 对公共政策过程和绩效进行分析评价的活动就是公共政策评估。公共政策评估的概念是利用科学的方法和技术，按照一定的标准和程序，系统地收集相关信息，对公共政策过程和绩效进行分析判断的行为。公共政策评估的目的在于调整、修正政策和制定新政策。政策评估后，对原政策进行处理的方式主要包括调整、持续、终止、重组四种。

思考题

1. 何为公共政策？公共政策的基本性质是什么？
2. 公共问题与社会问题之间有什么联系与区别？公共问题是怎样转化为公共政策问题的？
3. 公共政策的制定包括哪些过程？
4. 哪些因素影响了公共政策的有效执行？
5. 公共政策的评估应注重哪些标准？

（黄　宵）

第八章　公共事业部门战略管理

"战略"一词的原意是"为赢得战争而制订军事计划和指挥军队的艺术与策略",是对战争全局的筹划和谋略。20 世纪 60 年代以来,企业管理不断借鉴军事战略原理,战略管理在私营部门得到广泛应用,指导企业规避风险和抓住市场机遇,取得很好成效。战略管理在私营部门的成功,也引起了公共组织的关注。

公共事业部门的战略思维有利于组织主动考察所处的外部环境,脱离日常的管理事务,以更长远、更系统的方式思考组织的未来发展,从而有利于公共部门摆脱仅关注内部管理的弊端和短视效应。战略管理在公共组织的应用受到诸多因素影响,也存在更多的问题和限制,但与战略管理可能带来的问题相比,组织对未来无聚焦、无计划的危害可能更大,对此人们已达成共识。本章从战略与战略管理的内涵和概念入手,界定公共事业部门战略管理的属性,解析公共事业部门战略管理的过程与方法,介绍公共事业部门战略管理的基本类型,探讨公共事业部门战略管理的优势与存在的问题。

第一节　战略管理与公共事业部门战略管理

战略管理是公共部门管理实践的新途径和新模式。20 世纪 80 年代,在环境变迁和政府角色转变的压力下,公共部门着眼于公共组织与外部环境的相互作用,将关注的焦点由内部转向外部,系统考虑组织的未来远景、长期目标和近期目标,从注重内部管理转向未来的发展管理和危机管理,具有独特属性的公共事业部门战略管理逐渐丰富和发展起来。

一、战略管理概述

战略(strategy)原本是军事术语,军事理论家克劳塞维茨在《战争论》中指出,战略是"为了达到战争目的而对战斗的运用",而且认为"战略必须为整个军事行动规定一个适合战争的目标"。20 世纪 60 年代,企业管理日益关注目标、环境变化和企业任务,企业的长期计划演变为战略计划,并包含资源配置和绩效测量等内容。20 世纪 70 年代,随着军事和政治的动荡、国际竞争的加剧以及经济不景气,公司战略计划更强调组织高层的决策作用和各部门之间的职责分配。与此同时,战略计划已经超出了工商企业的领域,包括政府机构、医院、教育组织在内,都在制订战略计划。20 世纪 80 年代,战略管理取代战略计划,所包含的内容和功能更加丰富深远,旨在将战略愿景贯穿于组织的所有层级和部门,以提升企业的核心竞争力,从而获得竞争对手难以复制的竞争优势。

公共组织的战略计划出现在 20 世纪 80 年代,公共部门采用战略方法的最初阶段是围绕战略计划进行的,后来由于认识到战略计划的局限性而向战略管理方向发展。战略管理的主要目的是将战略思维融入管理的所有阶段,而不是制定一次性计划的实践。战略管理之所以比计划更具吸引力,在于它强调组织应该评估总体目标和自身的优点及不足,并对外部的威胁和机会进行评估。

　　总之，公共组织的战略思维有利于组织主动考察所处的外部环境，脱离日常的管理事务，以更长远、更系统的方式思考组织的未来发展，从而摆脱传统行政模式关注内部管理的弊端和短视效应。由于公共部门的组织目标设定比私营部门更为困难，所以保罗·纳特等人（1992）提出，由于"目标在公共组织中模棱两可"，用"最终目的"来取代目标，使得战略管理过程可以用这种方法进一步发展，不会陷入确定准确目标的困境。公共组织中战略决策过程受到诸多因素的影响，尤其是政治环境的影响最大，因此公共组织的战略决策过程采用渐进型的决策模式。也有人对公共部门的战略管理提出批评，指出其在公共组织中应用的局限性。但与战略管理可能带来的问题相比，组织对未来无聚焦、无计划的危害可能更大，对此人们已达成共识。迄今为止，无论是在私人领域还是在公共领域，战略管理都得到了广泛的运用，其内容不断丰富和发展，逐步形成了一门新的管理学科——战略管理学，并在现代管理理论和实践中占有重要的地位。

（一）战略与战略管理

　　1. 战略　现代管理理论所说的战略，是指一个组织的总体目标，它涉及一个时期内带动全局发展的方针、主要政策与任务。相对地，实现组织总体目标的措施、方法、技术，就是策略。战略管理理论家们有一致的看法：战略与组织、环境都有关系；战略的本质是复杂的；战略影响着组织的整体利益；战略包括内容和程序；战略不是完全深思熟虑的；战略存在于不同的层次；战略包括不同的思想过程等。

　　战略不是一个简单的概念，具有全局性、长期性和适应性等特征，需要从多维的视角理解其内涵。首先，战略作为确定组织使命的手段，有利于明确组织的长期目标、资源配置和行动方案，是对未来行动方案的说明和要求。其次，战略强调对组织环境的适应性，是组织为了生存和发展而对外部机会和威胁以及内部优势和劣势的积极应对。最后，战略是一种决策模式，战略决策不是事先设计好的，更可能具有应变性。

　　2. 战略管理　20 世纪 80 年代以来，战略管理日益成为现代企业经营管理的核心内容，并取得了很好的经济和社会效益。私营部门的战略规划是战略管理的最初形式，战略规划着眼于从战略的高度确立组织目标或任务，但并不涉及计划的执行和评估。随着人们对战略及其运行规律的认识深化，对战略的运用不再停留于规划，而更加关注整个战略的执行、控制和评估，也就是说，是将战略观念贯穿于组织的所有层级以及管理的全过程，使战略的运行构成一个完整的管理过程，形成了战略管理。战略规划成为战略管理的一个组成部分，与战略执行、战略评估构成了完整的战略管理过程。

　　对于战略管理的界定，不同学者有着不同的见解。费雷德·戴维在《战略管理思想》一书中将战略管理定义为：一门着重制定、实施和评估管理决策和行动的具有综合功能的艺术和科学，以保证在一个相对稳定的时间内达到组织目标。彼得·德鲁克则认为战略管理是管理者的分析式思维，他指出战略管理不是一个魔术盒，也不只是一套技术。战略管理是分析式思维，是对资源的有效配置，战略管理中最重要的问题是根本不能被数量化的。格里高利·G. 戴斯在他的《战略管理》一书中这样定义战略管理：战略管理是一个组织为了创造和维护竞争优势而采取的分析、决策和行动；战略管理是制定、实施和评价使组织能够达到其目标的，跨功能决策的艺术与科学。管理学家亨利·明茨伯格梳理了各派理论家们的观点，认为各学派对于战略管理的理解与认识各有所长，但还没有形成一个完整的共识，都是局部的思想。他在梳理、归纳不同学者的观点后，将战略管理定义为：战略管理指的是规划、执行、控制组织战略的过程，亦即管理者在环境研判的基础上，确立组织总体目标、发展组织能力、选择适当政策，以集中组织的努力、达成组织目标的行为过程。

　　综上所述，战略管理是指组织适应外部环境变化，确立和调整组织长期目标，整合组织资源来实现组织的战略目标的一系列决策与行动。战略管理旨在将组织的计划功能与整体的管理工作整合在一起,不仅包括战略计划过程,而且把战略扩大到包含战略执行和战略控制在内的更大的范围。概而言之,战略管理在强调外部管理、长期目标及其实现,以及围绕战略来整合组织的努力与行动等方面凸显了其自身特点并区别于其他管理途径与方法。

(二)战略管理的基本内涵

1. 战略管理是未来导向的,它着眼于长远的、总体的谋略 战略管理的出发点就是根据外部环境的变化来为组织确定未来的发展、规划蓝图。从某种意义上来讲,战略管理是在组织的现在与未来之间架起桥梁。通过战略管理将指向未来的战略理念贯穿于组织的所有人员和机构,使之理解组织的所处环境、要求和目标。也就是说,战略管理通常涉及或关注组织发展的总体格局,关注组织的长远发展。

2. 战略管理是一个持续性和循环性的过程 由于组织外部环境是不断变化的,因此战略管理是一个持续不断的过程。战略管理要密切关注内、外部环境的变化,预测其发展趋势,以便及时调整战略管理的目标,使之对内、外环境的变化应对自如。

3. 战略管理具有外向性,是由外向内的过程 所谓外向性,是指战略管理是在面对复杂多变的环境时,通过制定战略,利用外部机会或化解、回避外部威胁,从而促进组织成长和发展的过程。战略管理通过环境评估,确定战略规划,然后将这一战略目标贯穿于整个组织的结构调整、人员安排和资源配置。

4. 战略管理是决策过程 一般来说,战略管理决策的制定不仅仅依靠理性分析。战略管理是面向未来的,要关注复杂多变的外部环境,因而战略管理不是一种采用精密、明晰方法的纯粹科学研究,经验、判断、感觉甚至直觉都成为战略管理决策中至关重要的因素。战略决策者必须根据本组织的具体情况、组织文化、目前条件和未来环境的新变化作出权变的决策。

二、公共部门战略管理的兴起

(一)公共部门战略管理的起源

战略管理在现代企业经营管理中获得巨大成功,引起了公共管理研究者和实践者的关注。在以企业家精神推动政府改革的"新公共管理"运动蓬勃开展中,战略管理作为克服传统行政模式以内部定向、不考虑外部环境、不关注长期目标或组织未来等局限性的新途径或新范式,被引入和应用到包括公共事业部门在内的公共管理领域,但这一新途径或新范式并未成熟,它的实践应用也产生不少问题,因而也受到了来自各个方面的批评。

(二)公共部门战略管理兴起的原因

国外学者着重从组织机构自身的扩展和需求方面分析了公共部门战略管理兴起的诱因。我国学者主要从四个方面去研究公共部门引入战略管理的内外部因素,即复杂的不确定性环境的挑战、政府改革的产物、新公共管理改革的推动和私营部门战略管理的示范性影响等。

公共部门战略管理的兴起,总体上可以归因于传统公共行政的缺陷以及战略管理的特有功能。传统公共行政的缺陷主要表现在公共部门的内部管理取向,过分关注行政过程和日常管理,不考虑组织的外部环境和长远目标,以及如何通过资源的优化去实现组织的价值和目标,忽视了公共部门应如何代表社会公共利益的实现和增长,以及怎样在变动的环境中扮演好公共部门的角色。由此来看,公共部门战略管理兴起和发展的内外部因素具体如下。

1. 外部环境的变迁 在现代社会,公共部门所处的环境变得更加复杂动荡和不确定,政治、经济、文化、技术、社会生活诸方面都在发生巨大而深刻的变化,公共部门管理的难度是空前的,特别是由于信息化、全球化进程的加速和知识经济发展的要求,政府等公共部门面临着前所未有的压力。战略管理能够从更宏观的视野、更长远的角度保证组织适应环境的变化,增强组织的竞争力,应对未来的挑战。

2. 公共部门职能的转变 20 世纪 80 年代，在新公共管理改革的背景下，以政府为主体的公共部门的职能、组织结构及其社会关系都发生了深刻变化，更加强调政府的服务职能，公共部门通过重组、合并和私有化，与私营部门展开竞争来提供公共产品和服务。政府为了实现和增进公共利益，其治理活动要兼顾整体利益与局部利益、长远计划与短期目标，因此，政府等公共部门就必须以系统的、长期的、发展的观念来制定组织的发展战略，进一步转变职能，提高公共服务的质量和效率。

21 世纪初，我国加入世界贸易组织，促使学界思考如何利用战略管理理念指导企业规避风险和抓住机遇。随着我国经济体制改革、行政体制改革和政府机构改革的不断深入，公共组织展开战略管理的研究和实践，进一步推动了我国公共组织战略管理体系的构建，强化公共组织更好地将组织的宗旨或愿景转化为实际可以践行的目标。

三、公共事业部门战略管理的特征

公共事业部门战略管理（strategic management of the public sector）是战略管理方法、理论在公共事业部门管理中的应用，其技术程序和步骤与私营部门战略管理相同，具备全局性、长期性和相对稳定性等战略管理的基本特征。但是，公共事业部门不同于私营部门，决定了公共事业部门战略管理具有自身的特殊属性。

（一）公共性

公共事业部门是公共部门的重要组成部分，公共价值是公共部门追求的终极目标，战略管理系统的每个环节都要在公共价值取向的指引下开展。提供公共服务、实现和增进公共利益是公共事业部门的主要职责，因此公共事业部门战略管理具有明显的公共性。这就是说，公共事业部门战略管理必须坚守社会正义、促进社会公平、增进公共利益和扩张公共福利。以我国医疗卫生事业的改革和发展为例，无论是确立医疗卫生事业的发展目标，还是"建立覆盖全民的医疗保障制度""推进公共卫生服务均等化"的政策选择，以及加大政府投入、建立基本医疗卫生服务体系、实施重大疾病救助等措施，都充分体现了卫生事业战略管理的公共性特征。

（二）权威性

公共事业部门常常是接受政府部门的授权、委托或许可而开展相关工作的，被直接或间接地赋予了政治权威，公共事业部门实施战略管理时必然具有一定的权威性。首先，公共事业部门实施战略管理所需资源大多依靠国家财政的拨付或资助，甚至可以借助国家强制力获取，诸如收取教育费附加、水利建设基金等。其次，公共事业部门战略的实施一定程度上代表了国家或地区的意志，从而具有权威性。

（三）约束性

公共事业部门战略管理虽然被赋予权威性，但公共事业部门的职能范围和管理权限必须受到国家法律法规的约束，这是与私营部门战略管理的重要区别。举例来说，一个农产品加工企业的战略决策，可以是将其业务逐步拓展到贸易、零售领域，也可以是将其业务转移到药品、电子等产业，而一所公立社区卫生服务机构则不能将其主要业务转向职业教育或者拓展到房地产开发上来，除非法律法规授权或者经由政府依法许可。

（四）模糊性

公共事业部门战略管理的目标确定具有模糊性特征，比私营部门的目标确定更为困难，正如纳特等人所说的，"目标在公共组织中模棱两可"。首先，公共事业部门所处的政治环境具有复杂性、多元性和不确定性，公共事业部门通常具有很多模糊的、不断变化的目标，这些目标常常与组织的长期或短期目标相互冲突且难以界定。其次，公共性和公平性作为公共事业部门的价值目标，要求公共事业部门能够公平地对待每一位服务对象并为其提供服务，但是公民对公共产品的需求越来越呈现出多样化和个性化的趋势，公共事业部门也要与私营部门展开竞争，提高服务质量和效率成为公共事业部门战略管理关注的焦点。因此，公共事业部门在体现公平性和公共性的同时还必须做到高效，公共部门的战略管理目标往往要在公平与效率的冲突中进行权衡判定，从而使其具有模糊性。

（五）参与性

以服务公众、维护和增进公共利益为职责的公共事业部门，其职能的履行关系到社会公众的切身利益，公共事业部门运作的公开化、透明化越来越成为社会公众的普遍要求。公共事业部门实施战略管理，无论是在内容上还是在程序上都必须保持一定的公开性，鼓励和创造让公民参与、监督和检查的条件，以赢得社会公众的支持，实现公共事业管理的最终目标。

第二节　公共事业部门战略管理的实施

公共事业部门战略管理的实施即公共事业部门战略管理过程，可以从广义和狭义两个层次来理解。广义上讲，公共事业部门战略管理的实施指的是一个包括战略制定、战略执行和战略效果评估及其改进的完整过程，也即公共事业部门在环境研判的基础上，制定战略规划，将战略规划转化成为现实绩效的过程。狭义上讲，公共事业部门战略管理的实施则仅指战略规划的具体实施。本节从广义的层面来说明公共事业部门战略管理的实施。

一、公共事业部门战略管理过程

公共事业部门战略管理过程（strategic management process）从整体上划分为三个阶段：战略制定、战略实施和战略控制。科学地制定战略是公共事业部门实施战略管理的首要阶段，其核心是形成战略规划，为战略的实施指明方向和提供"路线图"。战略制定过程固然重要，但如果战略不能得到很好的落实，再好的战略也注定要失败。战略制定者的绝大多数时间不应该花费在制定战略上，而应该花费在实施战略上。战略控制则是公共事业部门在战略评估的基础上进一步改进战略、取得更好绩效的依据和基础。上述公共事业部门战略管理过程所包含的三个阶段既相互联系又不可分割，共同形成一个循环的、持续上升的过程。

二、环 境 分 析

公共事业部门战略管理的实践中，环境分析和研判是制定战略规划的前期工作，也是公共事业部门实施战略管理的真正起点，对制定的战略规划是否科学可行具有决定性影响。

环境分析的基本任务是运用系统思考和特定的分析工具，研究公共事业部门的外部环境因素及其对公共事业部门的影响和作用趋势，分析公共事业组织自身的优势与不足，综合评判组织内外部的优势与弱点、机会与威胁，以便公共事业部门制定出科学可行的战略规划。

（一）公共事业部门的环境要素

公共事业部门的环境是一个由多种交互作用的因素构成的系统，包括外部环境和内部环境两个大类，它们共同动态地作用于公共事业部门战略管理全过程。根据这些环境因素对公共事业部门决策的影响程度，又可以将其分为一般环境和具体环境。一般环境指作为整个公共事业管理部门决策背景的环境因素，如社会文化心理、公共管理文化观等；而具体环境则指对公共事业管理部门的决策、管理发生直接影响的因素，如组织资源等内部环境。

1. 公共事业部门战略管理的外部环境　从外部环境来说,私营部门战略管理的外部环境一般可以从六个方面来描述:人口环境、社会文化环境、政治(法律)环境、技术环境、经济环境和国际环境等。公共事业部门战略管理的外部环境与私营部门战略管理环境有一些共同方面,但差别也很明显。公共事业部门战略管理的外部环境范围十分广泛,主要的因素有:自然环境、经济环境、政治(法律)环境、社会环境、文化环境、国际环境等。

(1)自然环境:是指影响并制约公共事业部门战略管理的自然资源和地理位置等因素。一般来说,特定的自然环境一方面常常对某些公共需求具有决定性影响,例如在长江中下游沿江地区,血吸虫病是该地区居民健康的重要威胁之一,因此加强血吸虫病的防治必然是当地公共卫生事业发展所面临的一个重要需求;另一方面,特定的自然环境又为公共事业部门战略管理的实施提供了必要的自然资源和自然条件,公共部门战略管理如果能契合这些条件,必将提高效率。因此,自然环境和公共事业部门的战略管理有着十分密切的关系,常常是战略制定者首要考虑的外部因素之一。

(2)经济环境:公共事业部门战略管理的经济环境主要包括经济制度、经济实力、经济结构和经济发展水平等。公共事业部门战略的制定要考虑社会的经济承受能力、经济发展状况。同时,经济环境也会影响公共事业部门战略实现的效果和程度,是战略能够顺利实施的保证。当前我国正在不断构建和完善的医疗保障体系,之所以强调"低水平、广覆盖""多层次"的目标,一个重要的决定性因素就是当前我国的经济发展水平。

(3)政治(法律)环境:公共事业部门战略管理的政治环境主要包括政治制度、政治结构、法律规范以及公共事业部门本身拥有的一定政治影响力。和私营部门战略管理相比较,政治环境对公共事业部门战略管理的影响要复杂得多。这是因为公共事业部门不仅受到政治环境的制约与规范,必须回应政治、法律力量和来自政府的指令等权威网络的需求,同时还要面对来自社会公众的要求与压力,公共事业部门必须采取行动、作出反应,以满足社会公众的需要。

(4)社会环境:公共部门战略管理的社会环境主要包括社会人口规模、职业构成、社会福利和保障体系以及一些伦理规范等。同私营部门一样,社会环境也是公共部门战略管理外部环境中一个十分重要的因素。因为作为战略制定者,不仅要考虑战略制定与执行的社会氛围和具体社会关系,同时还要考虑战略效果必须体现社会发展的基本方向和价值问题。社会环境影响公共事业部门战略的制定、执行和效果,公众和社会的认同程度常常是公共事业部门战略管理的重要环境因素。

(5)文化环境:公共事业部门战略管理的文化环境包括历史传统、人文背景、社会道德观念和教育水平等因素。文化环境为公共事业部门的战略管理提供精神动力和智力支持,同时社会文化的价值取向也会在战略中体现。文化环境对公共事业部门战略管理的影响没有上述四种环境那么显著,但它对战略的影响是潜在的和深远的。例如与欧洲国家相比较,美国的公共事业部门战略管理在总体上更趋向于对效率的价值追求。

(6)国际环境:伴随着全球化、市场化和信息化的浪潮,国际环境对公共事业部门战略管理的影响日益深刻。当今的国际环境处在不断变动之中,公共事业部门的战略管理既要顺应国际环境的总体趋势,也要根据具体情况不断地调整战略目标和途径选择。

保罗·纳特和罗伯特·巴可夫着重研究了公共事业部门战略管理的政治与社会环境。他们认为,根据公共事业部门在以下两方面的感受,即社会公众对其回应权威网络的期望(外部回应度)和采取行动的压力的大小,可以将公共事业部门所面临的战略管理环境分为骚动的环境、平静的环境、局部平静的环境和动荡的环境等四种类型(图8-1),由此发展出了与之相对应的公共事业部门不同战略(见本章第三节)。

图 8-1 公共事业部门战略环境四分图

2. 公共事业部门战略管理的内部环境 公共事业部门战略管理不仅受到外部环境的影响，还受到内部环境的制约。外部环境和内部环境共同作用于公共事业部门战略管理的全过程。从公共事业部门的内部环境来看，最重要的影响因素主要集中于组织结构、组织资源和组织文化等三个方面。

（1）组织结构：包括组织各部门的职能关系、组织的管理、组织的结构层次等。通常情况下，一个组织有序、结构适宜、信息传递及时和管理有效的组织，是公共事业部门战略管理的良好内部环境。在这样的组织内部环境中，战略才可能得到正确的执行和实施。因此，组织结构所形成的内部环境对公共事业部门战略管理的优势和劣势，会对公共事业部门的战略管理形成制约和影响。

（2）组织资源：组织资源包括组织的有形资源和无形资源。组织的有形资源是指公共事业部门中一些相对较为容易确认的资产，例如公共事业部门所拥有的物资资源、财力资源等，它们在公共事业部门战略管理中提供着必要的物资和财力保证。组织的无形资源是指公共事业部门中那些难以量化确认的资产，例如公共事业部门的声誉等，它们从潜在的方面为公共事业部门战略管理提供资源的支持。

（3）组织文化：组织文化是公共事业部门所有成员共同享有的组织信仰、价值观和行为准则。组织文化对于公共事业部门战略管理的作用主要体现在以下几个方面：一是对公共事业部门战略管理者和整个战略管理过程起到精神支柱的作用；二是为公共事业部门战略管理建立一个目标和方向，使组织成员形成统一的意志；三是在规范和约束整个组织成员行为的同时，也教育成员，让战略管理得以顺利执行和实施。

（二）公共事业部门环境分析工具——SWOT 分析

1. SWOT 分析的基本含义 SWOT 分析（SWOT analysis）是目前战略管理与规划领域中广泛使用的环境分析工具，也是公共事业部门战略制定的一个有效方法。其主旨是通过给出有关组织内外环境的有效信息，清晰地展示现有情况下组织的优势（strength，S）与弱点（weakness，W），将组织内部的资源因素与外部因素有效地匹配起来，并激励组织调动其优势，最大限度地利用机会（opportunity，O），规避风险（threat，T），从而制定良好的组织战略。

2. SWOT 分析法的使用 编制 SWOT 矩阵图（图 8-2）是 SWOT 分析的基本方法。具体来说，SWOT 矩阵图由 9 个格子组成。构建 SWOT 矩阵一般有如下 8 个步骤。

	优势（S）	弱点（W）
机会（O）	SO战略：增长型战略	WO战略：扭转型战略
威胁（T）	ST战略：多元化战略	WT战略：防御型战略

图 8-2 SWOT 矩阵图

（1）列出组织的关键外部机会。

（2）列出组织的关键外部威胁。

（3）列出组织的关键内部优势。

（4）列出组织的关键内部弱点。

（5）将内部优势与外部机会相匹配，形成 SO 战略。

（6）将内部弱点与外部机会相匹配，形成 WO 战略。

（7）将内部优势与外部威胁相匹配，形成 ST 战略。

（8）将内部弱点与外部威胁相匹配，形成 WT 战略。

在 SWOT 分析过程中，最重要的就是确定什么是关键的内部因素和外部因素，因为所谓内部优势和弱点、外部机会和威胁，是由关键问题构成的或以关键问题为形式表现的。对关键问题的确定，要求环境研判者具有良好的判断力。良好的判断不仅来自知识、经验，更要靠理性思维能力和非理性的直觉能力。因此，这也是整个 SWOT 分析中最为困难的部分。

三、战 略 制 定

在完成环境研判这一前提性工作后，公共事业部门实施战略管理的阶段性任务便转移到了战略制定上。战略制定阶段的核心产出是形成战略规划，因此也被称为战略规划（strategic planning）阶段。

（一）战略规划

1. 战略规划的概念　战略规划是在环境分析的基础上拟定战略的过程，也是将战略意图转化为战略决策的过程。战略规划是公共事业部门实施战略管理的核心环节之一，从整体上确定了公共事业部门战略管理的总体方向、基本轮廓和实施依据。因为从横向上看，战略规划的确定，有助于各项具体管理工作的开展，如公共事业部门及其产品市场的定位、资金筹措、设备购置、人员配置等之间的相互协调；从纵向上看，战略规划的确定，有助于正确处理长远需要与眼前需要、长远发展与短期目标的关系，减少和避免短期行为的干扰，保证组织长期稳定的发展。

2. 战略规划的内容　作为一个产生组织战略的过程，战略规划也是一个决策过程。但必须注意的是，战略规划所面对和处理的决策议题与一般政策规划的议题是存在差异的。一般来说，战略规划的决策议题具有三个基本属性：一是稀有性，即战略决策所要处理的问题通常是没有先例的，因而这一决策是不寻常的，相当程度上具有创新性，是一个通过一定程序充分发挥决策者直觉和管理艺术的过程。二是重大性和长远性，即战略决策议题通常是涉及全局和长远发展的重大问题，就公共事业部门来说，通常表现为一定区域内科、教、文、卫、体及其他公用事业等整个领域或行业中长期发展的问题。三是指导性，战略规划的确定，意味着相应的各项较低层次的决策方向以及具体管理工作的基本框架也就随之确定。

从产出结果来看，战略规划作为战略制定活动的直接结果，一般来说应包含如下基本内容。

（1）战略目标与战略范围：说明公共事业部门通过战略管理所要达到的目标，规定组织与环境之间发生作用的范围。

（2）确定功能战略：描述实现战略目标的关键点及其实施步骤。

（3）资源配置：要阐明如何部署资源。

（4）最佳协调作用的机制：建立资源配置与竞争优势相互协调的作用机制。

（5）说明环境变化的趋势，并为环境突变配置必要的应急战略，避免过于僵化而陷入危机或困境。

从战略规划的层次来看，公共事业部门中的战略规划大致可划分为三类：第一类是涉及全国的全行业中长期战略规划。这是最高层次的应用，通常需要广泛的公民参与，且在战略实施过程中必须有相应的组织之间高度的合作与协调。第二类是地区性，如省一级战略规划。这是根据最高层次的规划并针对本地区的实际需要所作出的应用型中长期规划。第三类是局部地区的应用，这实际上是一种战略议题管理，即公共事业部门根据本身的性质和法定管理范围，从上述战略规划中选择特定的议题，形成相应的计划来进行管理，而非全面性的战略规划。

战略规划反映了战略制定者的价值观念。对公共事业部门来说，决策者必须树立正确的价值观，在公平与效率上作出恰当的平衡。比如在制定公共卫生事业发展战略规划时，尽管追求效率具有一定的正义性，但公平性，特别是对于弱势群体的关怀与照顾常常更值得重视，因为其关乎生命与健康。

（二）公共事业部门战略规划过程

综合不同学者的解析，公共事业部门的战略规划过程主要包括以下逻辑步骤。

1. 回顾历史，确定理想　这一步骤的目的在于使战略决策者与其他参与者取得共识，决定公共事业部门的发展方向。具体包括三个方面的工作：一是要回顾公共事业部门的历史渊源和创办理念；二是要明确政治、法律、政府指令等权威网络对于公共事业部门的限定性要求；三是要确认自身作为公共组织的使命与理想。为此，公共事业部门应回答一些基础问题，主要包括但不限于以下几个方面。

（1）我们是什么样的组织，我们应该做什么，我们追求的主要价值是什么？

（2）我们所要满足的社会及政治需求是什么，法律法规的规范是什么？或者说，我们组织的服务对象是什么，服务对象需要什么，我们应当而且能够进入什么样的服务领域？

（3）我们应该通过什么样的方式和行动去满足这些需求？

（4）我们应如何处理与战略相关利益对象的关系？

（5）我们在进行行动时，不同于其他组织的条件是什么？

2. 评价现状，确定战略议题　这一步骤的任务是通过关键事件找出公共事业部门的现状与理想之间的差距，分析研究产生差距的根源，利用 SWOT 分析工具，清晰地展示现有情况下组织的优势与弱点以及来自外部环境的威胁和机遇，并通过一定的方式确认战略议题及其优先次序。

3. 设计和评估备选战略　这一步骤的主要工作是在前述工作的基础上，结合 SWOT 分析所揭示的战略类型，设计并综合分析各种可能的备选战略，为下一步战略选择奠定基础。

4. 战略选择与战略具体化　这一步骤的主要任务包括两个要点：一是要在充分考虑备选战略的可能性与可行性之后，作出适合组织发展使命的战略选择；二是要准确、清晰地表达战略，形成战略规划，包括战略目标与指标以及有关的重要步骤、责任、期限和所需要的资源、组织结构等。

四、战略实施

战略实施（strategy implementation）阶段是落实、执行战略规划和逐步实现目标的活动，是公共事业部门实施战略管理的行动阶段。

（一）战略实施与战略规划的关系

战略实施是战略规划的延伸，战略规划和战略实施既有区别又有联系。两者在以下五个方面存在着显著的差别（表8-1）。

表8-1　战略实施与战略规划的区别

比较要点	战略实施	战略规划
工作阶段	行动中管理和分配资源	行动之前部署力量
工作目标	效率	有效性

比较要点	战略实施	战略规划
工作性质	行动过程	思维的过程
工作技能	激励和领导	直觉和分析
工作范围	多数人之间的协调	少数人之间的协调

（二）战略实施的关键要点

公共事业部门战略实施是一项实践性很强的管理活动，涉及组织管理的方方面面，以下是公共事业部门推进战略实施时需要特别注意的四个关键要点。

1. 明确实际目标与进展指标 尽管在战略规划阶段对战略目标有了明确的界定，甚至规划了一定的行动计划来分期实现阶段目标，但是这些目标绝不可能自动实现。在公共事业部门战略实施阶段，有必要结合实际进一步明确各部门、各阶段的具体目标，发展出可供观察与考核的进展指标，既考虑战略管理的总体任务，又考虑利益相关者的诉求，从而保证战略得到更好的实施。对管理者来说，一种可能的选择就是既确保战略管理目标有效实施，同时也满足利益相关者当前的要求。

2. 进行有效的资源配置 资源配置是战略实施中的一项中心活动，是战略规划得以成功执行的保障，要配置足够的人力、时间、注意力、金钱、行政和支持服务以及其他一些资源来保证战略的成功实施。与此同时，战略管理还要求组织资源能够按照一定的优先顺序进行合理配置。对于公共事业部门战略实施来说，在分配资源时，总体上应向以下三个方面倾斜：一是要倾向于远景贡献大的组织行动，以发挥资源的引导作用；二是倾向于对关键战略的支持，以发挥资源对战略成功的保证作用；三是倾向于风险程度较高的领域，防止风险实际发生带来的打击。

3. 建立有效的组织结构，使组织机构与战略相匹配 组织结构通常既是战略实施的有效手段，又是战略管理的客观成效。"战略决定结构"是战略实施阶段所必须依据的原则，不同的战略要求不同的组织结构与之相适应，一个好的战略需要通过相应的组织结构去执行。有国外学者提出，适应战略的新型组织结构至少要满足三个要求：一是履行基本职能的效率要求；二是不断创新的要求；三是面临重大威胁时能作出基本的反应，以避免僵化的要求。

4. 重视领导的作用 执行战略规划需要有人来领导，这个领导权并不是具有领导气质的个人所掌握的一种神秘力量，而是一项管理职能。对于公共事业部门来说，领导者在战略实施中的重要作用，可以从对外、对内两个方面来概括。对外而言，领导者首先要让外界了解到，公共事业部门能够通过战略实施完成一系列特定的任务，赢得立法部门的认可、行政部门的支持以及利益集团和公众的赞同；其次，是要为公共事业部门战略实施争取政府和社会的资源支持，包括争取资金、人员、权力和场地等。对内而言，领导者主要有以下两个方面的功能：第一是向组织灌输战略价值观念，包括战略规划所界定的组织使命、目标和角色定位，并将其与组织的生存需要和个人利益需要结合起来，调解部门之间、组织与个人之间的各种冲突，形成有利于战略实施的组织气氛。第二是设置激励机制，结合组织成员的个人偏好、人际关系等创设激励措施，引导组织成员为战略实施贡献力量。

（三）战略实施的基本手段

战略实施的过程中，为达到同一个目的可能有不同的手段，或者为达到设定的目标必须结合多种手段。战略实施的主体可以根据需要对各种手段进行挑选或组合，基本手段主要包括以下四种。

1. 政治手段 公共事业部门战略实施的最直接、最有效的手段就是依靠政治权威，一般包括政治指令、规定和制度等形式。政治手段具有强制力和权威性，最易使战略得到推行，因为下级对于上级的行政命令一般都要不折不扣地执行，否则会受到处罚。如果行政命令是适当的、周密的，那么采取政治手段将会收到最好的效果。但很少有行政命令能面面俱到，而且下级人员是被动地执行命令，因此沟通与反馈是运用政治手段实施公共事业部门战略规划时值得注意的重要问题。

2. 法律手段 法律是规范人们行为的强制性手段，具有普遍约束力。在条件成熟时，一旦公共事业部门的战略规划上升到法律层面，就具有强制执行力，成为公共事业部门战略实施的便捷而有效的手段。法律在较长时期内都是稳定的，不会朝令夕改，因此公共事业部门运用此手段贯彻落实战略规划成本较低。法律属于一种基本的行为规范，对于讲究细节的公共事业部门的战略实施来说可能适用性不强，因此运用时要注意其适用范围。

3. 激励手段 无论是私人组织还是公共事业部门，在推动战略规划落实的过程中，都不可避免地要考虑激励问题。但对于公共事业部门来说，有效的激励显得较为困难。有研究发现，公共事业部门的成员对于金钱激励的偏好一般不如私营部门的成员强烈，而是更注重工作的稳定性、被委以重任、得到上级的赏识等，因此在给予有效激励方面相对于私营部门来说要复杂得多。此外，领导者给予员工奖励需要一定的时机，并非随时都有机会，所以短期内组织成员可能会有挫败感，可能失去工作的动力。但是一旦组织找到适当的激励方式和时机，采用有效的激励措施，那么必将发挥巨大的作用，有利于促进战略规划的有效推行。

4. 组织文化手段 组织文化是组织成员共有的一整套假设、信仰、价值观和行为准则，是在长期的组织活动中形成的。组织文化在公共管理实践中很早就得到了实际运用。一个组织通常有着自己的行事风格和组织关系，这些的形成绝非一朝一夕的，改变也不是轻而易举的。有的组织可能人情味浓一点，偏重亲和氛围的人际关系，而有的组织则更偏重管理的效率和科学化，两种气氛的截然不同令这两类组织各有不同的行事风格，甚至管理效果。因此，公共事业部门实施战略管理，应重视借助其自身特有文化的推力作用。

五、战 略 控 制

公共事业部门战略管理肇始于应对环境变化的需要。实际上，环境的变化是贯穿于整个战略管理过程中的，不但在战略规划制定过程中，也在战略规划的实施过程中。当组织的内外环境发生变化时，战略即便制定和实施得再好也可能会过时。因此，对战略实施进行同步绩效评价和过程控制，就成为战略管理过程的一个重要环节。从控制机制的角度来看，战略绩效评价为战略过程控制提供了信息和依据，是管理者调整、修正甚至终止战略实施的前提和基础。

公共事业部门战略控制（strategic control）的基本活动主要包括三个方面。

一是前提控制。考察战略管理的环境变化状况与战略规划的适应性，着重考察现行战略规划所依据的环境因素中有关机会与威胁、优势与弱点是否发生变化，以及发生了何种变化。此外，还应该回答以下有关战略规划本身的一些关键问题：战略是否恰当，风险程度有何变化，时间进度是否应当调整等。如果发生变化，相应的战略也应随之调整。

二是实施控制。衡量战略实施绩效，将战略规划的预期目标和战略实施的实际进展与结果进行比较，研究实际所取得的成绩。对战略实施的监控是确认组织战略能否继续成功实施的前提。其中的关键环节是确立绩效评价的指标，一般的评价指标可以从财务评价、顾客评价和时间进度评价等角度来开发。

三是采取控制措施。在前述两项工作的基础上，通过对战略前提和实施的控制，依据组织的具体情况和未来发展趋势，对现行战略实施作出战略持续、战略修正或是战略终止的决定。

第三节　公共事业部门的战略类型

了解公共事业部门的战略类型，有利于区别不同的环境，为公共事业部门选择和确定适当的战略。本节主要介绍两个重要视角的相关理论，一是保罗·纳特与罗伯特·巴可夫的研究成果，二是戴维·奥斯本和彼德·普拉斯特里克的"5C"战略理论（以下简称"奥斯本'5C'战略"）。

一、公共事业部门的战略

美国学者保罗·纳特和罗伯特·巴可夫在《公共与第三部门的战略管理》一书中，总结了关于私营部门战略类型划分的研究成果，并以此为据探索了公共事业部门的战略类型（strategy type）。

纳特和巴可夫认为，战略是与环境相匹配的，可以根据环境的类型来确定战略。对私营部门来说，环境的类型是通过市场变动情况和竞争者的行动来界定的，然而对于公共部门而言，对于社会公众需求的变化，政府常常通过立法、行政手段施压于公共事业部门，要求公共事业部门采取行动来作出反应，以满足新的需求，因此对变动的社会需求的关注取代了对市场变化和竞争者的关注。根据公共事业部门在以下两方面的感受，即社会公众对其回应权威（立法、行政部门）网络的期望（外部回应度）和公共事业部门采取行动的压力的大小，可以将公共事业部门所面临的战略管理环境分为骚动的环境、平静的环境、局部平静的环境和动荡的环境等四种类型，并由此发展出了与之相对应的公共事业部门不同战略（图8-3）。

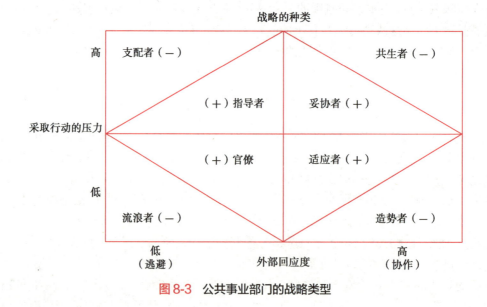

图8-3　公共事业部门的战略类型

（一）高行动性战略

在骚动的环境下，公共事业部门的高行动性战略包括支配者和指导者两种战略类型。支配者战略强调用行动应对快速出现的新需求，极少考虑对合法权威的回应。该战略的动机是自由选择行动并使行动与责任分开。

指导者战略属于中等到高度行动取向的战略，能增加对重要需求的回应度，对其行动承担中等的责任。这种战略常常是骚动环境下社会公众对其回应外部权威网络要求不断提高时被采用，由支配者战略转变而来。

（二）低行动性战略

与局部平静的环境相适应的是低行动性战略，包括造势者和适应者两种战略类型。造势者战略实际上是不采取行动的战略。这种战略的制定者研究每一个信号，以确定行动是否有保障，并不断公告将要采取的行动，但不能对问题进行定性，也没有对问题进行优先顺序的排列，结果日常工作被大量不重要的问题充斥，宣称要做的事情与其能做的事情之间有较大差距，因此事实上很少将这些行动付诸实施。实践中，采取这种战略的公共事业部门并不鲜见，它们总是不停地列出问题清单，但从不着手处理。

在局部平静的环境下，采取行动的压力进一步增加时，公共事业部门的造势者战略就不得不向适应者战略转变。可以认为，适应者战略中包含着一些造势者战略的成分，但不同之处在于适应者战略为问题议程注入了更多的行动成分，通过一系列行动管理其所熟悉的局部环境，也相对积极一些。一般当组织能对外界需求作出适度回应，并且它面临的环境仍处于可预测状态时，适应者战略仍是一种有效的战略。

（三）行动与回应度的结合

行动与回应度的结合包括流浪者、官僚、妥协者和共生者四种战略。有些公共事业部门，由于立法目标不明确等原因，所面临的环境要求也很少，就有可能会采取流浪者战略，这是偷懒型的战略。例如某些社会团体在平静的环境下，其使命非常模糊，仅做一些表面工作以营造正在做工作的气氛，并逐渐习惯于这种无所事事的状态。

官僚战略要求公共事业部门只为非常明确的需求采取适度的行动，并且只按照事先规定的流程和标准作出适度的回应。在平静的环境中，这是最低限度可以被接受的战略。例如某些公共事业部门，为保证组织的生存而在资金紧缩时期不被裁撤，其所有的工作仅仅是回应外部公众明确的需求。

当公共事业部门面临明显的行动压力时，就必须采取比官僚战略更为积极的战略——妥协者战略。在组织资源有限的情况下，某些公共事业部门常常采取只满足重要顾客的需求，或者只回应确有需求的顾客的战略。妥协者战略通常比官僚战略要复杂得多。如果这些需求特别紧迫，就需要对资源重新分配并制订出新的计划。当新的需求以越来越快的速度出现时，采取行动的呼声会变得非常强烈，要按照顾客需求的优先顺序来分配资源，战略变革具有一定的长期性。

共生者战略是最主动的一种战略。当环境处于动荡状态，而且各种社会需求变化迅速时，就必须通过加强部门之间的合作才能对形势作出回应。要求建立统一的机构或者整合职能重叠的不同组织，以满足社会公众急剧变化的需求。

（四）战略转换

公共事业部门不会长期采取同一战略，而是要经历一系列战略姿态的转变，如从适应者战略转向妥协者战略，或从指导者战略转向妥协者战略。其中，要证明向共生者战略转变的正当性相对较难，要维持共生者战略也很难。一般而言，当组织所处的环境非常动荡，而且其权威网络中的重要人物也认识到这一情形时，组织才可以继续维持共生者战略。当然，高效的组织会在认识到环境的动荡时，以共生者战略取代妥协者战略。

二、奥斯本的"5C"战略

始于 20 世纪 70 年代末的新公共管理运动产生了许多理论思想，有效推动了政府改革。奥斯本等人在《摒弃官僚制》一书中围绕政府再造提出了"5C"战略，具体为核心战略、结果战略、顾客战略、控制战略和文化战略五个类型。"5C"战略不仅能有效推动政府改革，对于公共事业部门战略管理也具有借鉴作用。

（一）核心战略

政府要认清找准自身角色定位，明确政府或公共组织的目标是什么。即要先有科学精准的角色定位，而后制定政府或公共组织的目标和策略。核心战略的要义在于确定组织的目标，涉及政府的核心职能，即掌舵职能。这就意味着要革除政府角色定位以外的不必要职能，以及私营部门能够做得更好的职能，做最正确、最合适的事。

实施核心战略的三个基本途径如下。

1. 准备行动 一旦领导者准备行动，就必须通过放弃、出售或者转移给其他机构，剔除对核心目标不再有用的职能。其工具主要有绩效和项目评估、准私有化以及授权代理。

2. 掌舵与划桨分离 即将政策与规章制度制定的角色同服务提供及执行角色分离开，并将不同的服务职能、执行职能分属不同的组织，有助于每个组织只专注于达成一个明确的目标。其工具主要包括灵活的绩效框架、竞标等。

3. 改进目标 其工具包括结果目标、掌舵组织、战略开发、绩效预算、长期预算等。

当然，这三种途径并没有先后之分，只需要从解决最迫切的问题入手。

（二）结果战略

结果战略的主要特征是公共部门实施企业化管理，引入竞争机制和以绩效管理为基础的激励机制，以鼓励公职人员自我驱动，培养创新精神，从而提高组织绩效。结果战略的三个基本途径如下。

1. 企业化管理 这是实施结果战略最强有力的一种途径，因为它所产生的竞争是一种自动的、持续不断的过程，无须签订合同，没有强加后果，政治家们甚至不参与决策。当然，它并非适合所有的公共事业组织。企业化管理的工具主要有公司化、企业基金、使用者付费以及内部企业化管理等。

2. 有序竞争 有序竞争要求政府与服务潜在的提供者（私人公司或公共机构）以绩效为基础展开合同竞争。公共官员可通过竞争标杆进行绩效测量，并与其他类似组织的绩效进行比较，这样就能产生心理和财政上的有益结果。其工具主要有竞标、竞争标杆等。

3. 绩效管理 这是当企业化管理和有序竞争都不适合时的选择，利用绩效测量、绩效标准、奖励和惩罚达到激励的目的。绩效管理要注意以下两个方面的问题：一方面，公共机构的绩效通常都是依据其过去的绩效记录或者预先设定的绩效目标来测量的，这样就可以知道其绩效是否改进或达到了既定目标。但由于没有竞争者与其比较，所以无法知道其他组织是否做得更好，或者其绩效究竟好到何种程度。另一方面，绩效管理改进绩效的过程通常较为缓慢。

上述三种途径并不是互相排斥的，以公共企业运作的公共组织或以合同方式竞争的公共组织通常都要通过绩效管理来使其竞争优势最大化。

（三）顾客战略

组织不仅要遵循命令链对其行为绩效负责，也要对其顾客负责，这也可以视为产生结果的一种途径。所以说，顾客战略是建立于结果战略基础上的。对顾客负责，就要求公共部门改变其行为模式，这是一种强有力的变革杠杆。核心战略界定了公共组织对什么负责，结果战略改变了负责的方式，而顾客战略则研究对谁负责的问题。实施该战略首先要界定顾客、执行者及权益相关者，而界定组织的主要顾客是最关键的一步。所谓主要顾客，就是组织的工作主要用来帮助的个人或团体。

公共事业部门从满足顾客的需求出发，大力改善公共部门和公众之间关系，并对公共事业部门组织结构进行变更重组，不断提高服务水平，以便符合和顺应顾客的需求。如在公共服务领域建立充分有序的竞争，保障顾客拥有选择公共服务的权利，建立服务评价指标体系，认真倾听顾客的意见和建议等。实施顾客战略的主要途径如下。

1. 顾客选择公共组织 这主要适用于公共组织的服务职能，而非政策职能。其工具主要有公共选择制度、建立顾客信息系统和经纪人制度等。

2. 竞争性选择　通过允许顾客控制资源，并将其置于相互竞争的服务提供者之中，把顾客战略与绩效结合起来，其主要工具有竞争性公共选择制度、代金券和补偿计划。

3. 顾客质量保证　即制定顾客服务标准，并对能够很好地满足顾客需求的组织进行奖励。这是绩效管理的顾客方案，其主要工具有建立顾客服务标准、顾客赔偿机制和顾客申诉制度等。

（四）控制战略

控制战略是一种建立于共同愿景、价值观和公开绩效期望基础上的新体制，通过组织内部层级往下实行分权，或对外分权延伸到社区。只有在组织成员致力于共同的使命和目标，并对自己的行为负责的前提下，控制战略才能发挥作用。

公共事业部门将部分权力下放至较低层级执行机构或社区，与较低层级的执行机构或社区分享权责，以减少中间层级，从而提高服务效率。主要途径有内部授权和对外授权：前者是通过一定方法把权力在内部下放，包括组织控权和雇员授权；后者是将权力外放给社区组织。控制权转移有三种途径。

1. 组织授权　即通过废除规则和其他控制来对组织进行授权，这些规则和控制常常是中央行政机构、立法部门、行政部门及高层级政府强加于组织的。其主要工具有行政控制分权、放松管制、现场管理、豁免政策、政府间放松管制等。

2. 雇员授权　即通过减少或废除组织内部的层级管理控制，将权力往下推行至一线人员。其工具主要有减少管理层级、组织分权、工作团队、劳资伙伴关系、雇员建议计划等。

3. 社区授权　即将公共组织对决策、资源和任务等的实质性控制权转移给社区。其工具主要有建立社区治理机构、合作规则、社区投资基金、社区管理组织、社区 - 政府合伙公司等。

（五）文化战略

上述战略能否实施成功，很大程度上取决于能否成为公共部门组织文化的一部分，否则有可能导致工作人员温和的抵制、意志消沉甚至是组织的分崩离析，因此公共部门需要明确的战略来再造组织文化。

公共事业部门通过破除旧习惯、撼动心灵、改善心智模式来重建组织文化，重构工作人员的价值观、行为规范和工作态度，促使工作人员从顾客立场产生新的行为习惯，在心理上对顾客需求予以认同和承诺，帮助工作人员充分理解公共部门确定的目标以及如何完成工作任务，从而促使每位员工都能够为顾客提供有价值的服务。

变革公共部门文化的三种途径如下。

1. 改变习惯，创造新经历　强调将工作人员置于挑战原有工作习惯的新经历中，以促使其产生新的行为方式。改变习惯的工具，主要有知遇顾客、在顾客的位置体验、职位轮换、重新进行工作设计等。

2. 撼动心灵，缔结新盟约　即说服工作人员放弃原有的工作方式，开发新型的、截然不同的工作方式。其工具主要有新符号、新故事、颂扬成功、珍视失败、投资工作场所建设、重新设计工作场所等。

3. 赢得心智，开发新的心智模式　该途径可以帮助工作人员改变固有的思维方式和行为习惯，重新理解组织的目的、作用、目标、价值、原则和战略。其主要工具有设定绩效标杆、建立学习型团体、产生使命感、建立共同愿景、明确表达组织的价值和理念、给新成员指导等。

需要说明的是，这三种途径必须兼顾。

（六）应用战略组合

为了实施战略推行的"最优化"，应该预先了解各战略之间的相互影响以及如何整合才最为有效。人们在实践中就会发现，各种战略往往相互交叠，一些措施使用不止一种战略，各种战略也会很自然地被组合起来。

1. 在使用核心战略将掌舵与划桨相分离时,也使用结果战略和控制战略来转变执行机构的行为模式。

2. 配套使用结果战略和控制战略,不要顾此失彼。

3. 在要求公共事业部门对顾客负责时,也要为绩效设定结果并加以控制。

4. 在使用核心战略来改善掌舵时,也使用绩效管理(结果战略),以将所需要的结果转化为执行机构的目标。

5. 要不厌其烦地开发公共事业部门的组织文化,并将控制权交给工作人员。

第四节　公共事业部门战略管理的问题与改进

战略管理作为一种管理工具,在包括公共事业部门在内的公共部门管理中得到了高度重视和广泛应用。公共事业部门需要战略管理,而且战略管理已给公共事业部门带来显著的积极效果。当然,反对和批评的声音也从来没有停止过。本节尝试概括公共事业部门应用战略管理的积极效果以及对公共事业部门应用战略管理的批评。

一、公共事业部门战略管理的正面效果

战略管理在公共事业部门的应用取得一定成效,可以解决下列组织与管理上的问题,诸如:可以加强组织的规划,解决跨部门的功能问题,强化组织的整体管理能力,建立资源的优先顺序,发展可行的决策制定过程,以及改善组织绩效等。约翰·布赖森在《公共和非营利组织战略规划》一书中对此作了总结。

第一,最明显的潜在好处是对战略思考与行动的推进,促使组织更多收集关于组织内外环境和各种行动者利益的信息,更为关注组织的学习,以及对组织未来发展方向的鉴别和行动优先性的确定。

第二,战略规划聚焦于组织面临的紧要争端和挑战,有助于核心决策者明确组织的使命,帮助组织明确其战略目标,协助决策者根据对未来的预测作出决策。

第三,可以提高组织责任感和绩效。战略规划有助于组织明确目标,弄清楚内外需求并对压力作出明智的反应,有效地应对快速变化的环境,从而推进组织责任感和绩效的提高。

第四,战略规划还能直接给组织成员带来好处,使政策制定者和计划者能更好地履行职责,完成任务,加强组织成员的团队工作和专业能力。

综合而言,战略管理对公共事业部门具有下列积极的效果。

1. 有利于公共事业部门明确战略性发展方向　战略管理聚焦于公共事业部门本身的能力与外部环境,对于组织未来发展的远景提供了战略性、前瞻性的思考,有利于为组织的发展明确战略方向。

2. 有利于指导公共事业部门确立配置资源的优先顺序　任何组织都是在资源稀缺的状况下进行运转的,在资源有限的情况下,如何将有限的资源运用于发展的关键领域是管理者必须作出的困难选择。借助战略管理,组织可以有效地将有限的资源用于战略性、关键性的发展领域。

3. 有助于强化公共事业部门对环境的适应能力　战略管理十分重视对环境的感知、分析与判断,十分重视对外部环境变迁的管理。这种特性有助于组织在动荡、多元、复杂环境下的运作和管理,有助于强化组织的适应能力。

4. 为公共事业部门改革与发展制定追求卓越的标准　战略管理为组织设计了一套未来发展

的远景,可以为组织的运作制定追求卓越的标准,为组织发展科学定位。

5. 为公共事业部门提高绩效提供评估和控制的基础　战略管理十分重视战略执行与评估问题,从而为组织的绩效评估、实施控制奠定良好的基础。

二、公共事业部门战略管理的限制和困难

由于公共事业部门与私营部门存在明显差异,即使战略管理在私营部门屡屡取得佳绩,但完全照搬到公共事业部门也会产生问题。实践中,战略管理在公共事业部门的应用存在限制和困难。

1. 公共事业部门的战略计划过程过于呆板　面对要求作出快速反应的外部环境或者迅速变化和动荡不定的外部环境时,公共事业部门的战略计划过程显得过于迟钝。

2. 公共事业部门战略管理存在责任悖论　战略管理可能与长期存在的责任问题产生冲突。即如果战略是组织制定的,当其内容损害了政治官员的利益时,公共事业部门及其领导者就面临被追究责任的问题。

3. 公共事业部门战略管理存在目标设定困难　公共部门由于自身的公共性,往往存在着多重目标,而有些目标之间可能相互冲突或矛盾。组织目标的含糊不清使得公共部门在设计战略目标时存在诸多困难。

4. 公共事业部门领导者任期短暂导致很难发展长期战略　许多公共事业部门的领导者是有任期的,在有限的任期之内,很难专注于发展组织的长期战略。

上述问题的焦点还是集中在公共事业部门与私营部门的差异上,这确实是公共事业部门应用战略管理时必须正视的关键。然而,这并不意味着公共事业部门不能实行战略管理,恰恰相反,战略管理在公共事业部门领域仍然有着重要价值和良好前景,只要符合实际、不僵化、不教条,战略管理的价值将会越来越明显。

三、公共事业部门战略管理的改进

公共事业部门的战略管理虽然存在问题和限制,但组织对未来发展无聚焦、无战略、无计划的危害会更大。为了公共事业部门战略管理的有效实施,使其更好地服务公众和社会,可从以下方面进行改进。

(一)重视战略规划制定的过程

战略管理的主要目的是将战略思维融入公共事业部门管理的各个阶段。公共事业部门制定战略规划不是仅仅关注于计划本身,真正有价值的是以战略思维考察组织的过程,对组织进行自我检查,分析内部的不足和问题,思考如何应对外部环境的变化。战略计划不是公共事业部门战略管理的最终结果,要避免战略规划的形式化,更要避免将战略计划以僵化的形式强制性地应用于各部门。

(二)重视战略管理的实施

战略实施是将战略管理方案付诸实践,产生现实效果的过程。公共事业部门的战略实施是战略管理过程中的关键环节,只有将战略付诸实施,战略才能起到应有的作用。公共事业部门的战略实施不可避免地涉及组织内部的变革,往往比私营部门更为艰难,必须充分利用组织对资金、信息等资源的配置,调动各级人员的积极性,采用行政、法律和激励等多种手段,促进战略的顺利实施。

(三)重塑公共事业部门组织文化

战略管理是涉及公共事业部门全体成员、各个层级和所有部门的管理过程,要求公共事业部

门克服组织的惰性，培养各级管理人员的创新精神和战略思维能力，创造有利于战略管理和变革的组织文化，使组织从上至下具有共创未来的共同愿景。只有当全体成员都致力于新文化的创造，组织成员才会获得塑造其习惯、情感和心灵的源泉，确信战略所指向的目标是正确的，以及该战略的实施所带来的变化将使组织长期受益。

（四）改变公共事业部门领导者的绩效考评方式

公共事业部门领导者要自愿地舍弃追求短期利益的想法，树立长期战略的观念。领导者由于绩效评估的时限问题，容易从自身利益出发考虑问题，更倾向于选择短期内有成效的活动。公共部门有必要改变绩效评估的标准，将公共部门领导者是否开展战略管理纳入任期内评估考核的范畴。这一举措更有助于提高领导者实施战略管理的主动性和积极性，有利于公共部门的长期发展。

本章小结

1. 随着信息化、经济全球化和方兴未艾的政府改革，公共事业部门的组织结构、职能、角色和社会关系都发生了较大变化。战略管理以系统的方法从组织内部的优势与弱点和外部环境的机会与威胁出发，审视组织未来的发展，成为公共事业部门应对环境不确定性和迎接时代新挑战的有效手段。

2. 公共事业部门战略管理的过程包括战略规划、战略实施和战略控制三个阶段。战略规划是指确定组织的目标，形成可供选择的若干战略和选择可操作的战略方案。战略实施是战略管理的行动阶段，需要将已选择的方案付诸实施。战略控制则是监督战略实施过程，判断战略实施的绩效，解决战略实施过程中的各种问题，并依据评估结果作出战略持续、修正或者终止的决定。这三个阶段相辅相成，融为一体，战略规划是战略实施的基础，战略实施是战略控制的依据，战略控制又为战略规划和实施提供经验和教训。

3. 公共部门战略管理理论产生的时间并不长，以对企业战略管理理论的借鉴和引入为主。目前公共部门战略的分类主要建立在企业战略类型理论的基础上，根据社会要求公共部门采取行动的压力（环境的平静或动荡）和公共部门的外部回应度（积极或消极的行动）的不同，将公共部门战略分为八种类型。

4. 公共事业部门的战略管理具有增强组织的环境适应能力、明确战略性发展方向等积极效果。由于公私部门的巨大差异，在将战略管理引入公共部门时出现了一系列问题，如目标设定的困难、责任问题、战略计划过程过于呆板，因此有必要对公共事业部门的战略管理进行改进，只有这样才能有助于战略管理的成功实施。

思考题

1. 公共事业部门战略管理的属性包括哪些？
2. 公共事业部门战略管理的过程是怎样的？
3. 根据纳特和巴可夫的公共事业部门战略类型，面对当今社会公众日益增强的公共服务需求，公共事业部门应采取哪类战略？
4. 根据"5C"战略的内容，结合实际谈谈公共事业部门应如何提高服务质量和效率。
5. 战略管理在公共事业部门的应用存在诸多限制和困难，应如何改进？

（王盈盈）

第九章　公共事业绩效管理

公共事业管理最直接的结果就是向社会生产和提供公共事业产品。同企业一样，公共事业产品的生产和提供也是一个投入和产出的过程。为了生产和提供更多更好的公共事业产品，公共事业管理过程必然是追求绩效的过程，即绩效管理的过程。公共事业的绩效管理是公共事业部门的内部管理，它既通过管理提高绩效，也通过管理不断地对管理结果进行科学评估。公共事业绩效管理过程是一个公共事业管理部门的自我评估过程，即内部评价过程，是一个以评估促绩效，绩效和评估互动的过程。

进一步看，公共事业管理的最终目的是保证和提高公众的基本生活质量和水平，增进社会公共利益。因此，一方面公共事业管理的绩效必须以社会需求的满足程度和公共利益的增进水平为标准来进行管理和作出自我评价；另一方面，其管理的最终绩效必须在整个社会发展的背景下和公众满意程度的背景下，通过客观的评价标准和方法作出评判。公共事业管理部门绩效的自我评估结果与社会评价结果相一致，才是最有效率和效益的公共事业管理。

第一节　概　　述

公共事业绩效理念的确立和绩效管理的形成，是当代公共事业管理的重要标志之一。绩效管理在公共事业管理部门中的应用有其特定的内涵和要求，也具有重要的价值，因而，绩效管理成为推进公共事业管理部门深入改革、提高绩效的重要策略和工具。

一、绩效与绩效管理

（一）绩效

从管理学的角度来看，绩效（achievement）包括个人绩效和组织绩效两个方面。从字面意思分析，绩效是"绩"与"效"的组合。

"绩"就是业绩，体现组织的效益目标，包括目标管理和职责要求两部分内容。组织要有组织的目标要求，个人要有个人的目标要求，目标管理能保证组织和个人向着期望的方向前进，实现目标或者超额完成目标可以给予奖励，比如奖金、提成、效益工资等。职责要求就是对员工日常工作的要求，比如业务员除了完成销售目标外，还要做新客户开发、市场分析报告等工作，对这些职责工作也有要求，能否达到要求的体现形式就是工资。

"效"就是效率、效果、态度、品行、行为、方法、方式，是一种行为，体现的是组织的管理成熟度目标。"效"包括纪律和品行两方面内容：纪律包括组织的规章制度、规范等，纪律严明的员工可以得到荣誉和肯定，比如表彰、奖状、奖杯等；品行指个人的行为，只有业绩突出且品行优秀的人员才能够得到晋升和重用。

绩效这一概念，用在经济管理活动方面，是指社会经济管理活动的结果和成效；用在人力资源管理方面，是指主体行为或者结果的投入产出比；用在公共事业管理中，则是为了衡量公共事业管理活动的效果，是一个包含多元目标在内的概念。

可以从以下几个方面来理解绩效的含义：第一，从绩效内容与外延的规定性来看，绩效反映的是组织及其人员在履行职能或岗位职责过程中，在一定时间内以某种方式实现某种结果的过程。在职能或岗位职责履行以外所产生的结果不能视为绩效。第二，从绩效产生的主体来看，绩效包括了组织整体绩效、个人绩效和项目绩效。第三，从绩效质与量的本质属性来看，绩效并不等于产出本身，也不等于任务或产品本身。绩效是投入所获得的产出及其所产生的社会效果，绩效不仅有量的规定性，也有质的规定性。第四，从绩效形成的过程来看，绩效具有一定的周期，具有投入—获得中期结果—获得最终结果的周期性发展过程，时间对绩效形成具有影响作用。

所以，绩效是一个组织或个人在一定时期内的投入产出情况，投入指的是人力、物力、时间等资源的消耗，产出指的是工作任务在数量、质量及效率方面的完成情况。

公共事业管理绩效是指公共事业组织在生产和提供公共服务或产品过程中取得的成果及其所产生的社会效益。

（二）绩效管理

绩效管理（performance management）是指各级管理者和员工为了达到组织目标而共同参与的绩效计划制订、绩效辅导沟通、绩效考核评价、绩效结果应用、绩效目标提升的持续循环过程，绩效管理的目的是持续提升个人、部门和组织的绩效。

美国国家绩效评估组织中的绩效衡量小组曾为绩效管理下了一个经典性的定义：所谓绩效管理，是指利用绩效信息协助设定已达成一致的绩效目标，进行资源配置与优先顺序的安排，以告知管理者维持或改变既定目标计划，并且报告成功达成目标的管理过程。

绩效管理是一个完整的过程，是由收集绩效信息、确定绩效目标、划分考核指标、进行绩效考核、根据考核结果改进绩效等流程构成的行为体系，是持续提高管理绩效、不断促进有效管理的过程。它既包括对组织绩效创造过程的管理，也包括对组织绩效结果的评估；既包括对个人绩效的考核，也包括对组织绩效的考核。

（三）公共部门绩效管理

20世纪80年代中期以来，西方国家为应对科技进步、全球化和国际竞争的环境条件，解决政府财政危机和信任危机，在新公共管理运动的影响下，积极采用私营部门的管理方法和策略，公共部门普遍引入了以强化责任和顾客至上为理念的绩效管理方法。

作为对绩效进行管理的科学管理方法，绩效管理在公共部门和私营部门都表现出对个人绩效的重视和对组织绩效的追求，并通过系统跟踪绩效的方法提高组织满足顾客和社会大众需求的程度。但公共部门的服务对象是社会公众，其产出大多是无形的公共服务，并且不以营利为目的；而私营部门的服务对象是其产品和服务所面对的顾客，以营利为直接目的。

因此，公共部门绩效管理作为从私营部门引入的管理方法和理念，与私营部门绩效管理相比，既有共通之处，也有其独特内涵。公共部门绩效管理指的是以公共部门为关注对象，以经济、效率、效益、服务质量的提高和公民满意为目标，其内涵是以任务为导向、以结果为导向、以公众为导向、以社会为导向和以市场为导向，将公众的需求作为公共部门存在发展的前提和部门改革、组织设计方案应遵循的目标。

（四）公共事业绩效管理

公共事业绩效管理则是公共部门绩效管理在公共事业领域的具体体现。公共事业绩效管理是在政府管理改革的实践中形成的，其基本做法是将公共事业组织目标分解为公共事业组织成员的职责，并与资源的配置和整个组织系统的控制、评估相结合。例如在英国的财政管理改革中，就以提高每个部门的绩效为目标，在一个组织和一个制度中，各级管理者都具有如下职责。

第一，对其目标有清楚的认识，在任何可能的地方都有办法去评估与这些目标有关的方法、产出和绩效。

第二，为最大限度地使用资源而有明确规定的责任，包括对产出和资金价值的严格监视。

第三,有效地获取履行其职责所需要的信息(特别是成本方面的)等。

正因为如此,绩效指标被认为是测量组织在实现既定目标时所取得进展的体现。绩效管理在相当程度上被视为组织系统整合组织资源以达到其目标的行为,并认为它与其他方面纯粹管理的最大不同在于它包括了全方位的控制、监测、评估组织所有方面绩效的工作,强调系统的整合。由于管理工作的目的就是提高绩效,因而在这一意义上,绩效管理代表着公共事业组织全方位的管理工作,是公共事业组织管理者最主要的职责。

(五)公共事业绩效管理的兴起

在当代,随着政府改革的深入及其相应的公共事业管理体制改革,绩效受到了前所未有的重视,新的绩效理念被引入包括公共事业管理部门在内的整个公共部门,并落实于管理过程中,形成了包括公共事业部门在内的整个公共部门的绩效管理。这一发展的基本原因如下。

1. 社会发展的迫切要求导致从 20 世纪 70—80 年代开始的世界范围内的政府改革。第一,随着时代的发展,公众在各方面对政府的需求日益增加,使得政府的角色越来越重要,政府承担的社会管理职能日益扩张,所提供的公共服务也日益增多。第二,政府功能的扩张与强化必然增加政府的管理成本,加重公众负担或政府财政赤字压力;而随着民主化的进程,公众要求政府以最经济的手段提供更多、更好的服务。因此,在预算赤字和财政压力不断增长的情况下,提高绩效就成为政府管理中必须首先解决的一个大问题。第三,公共事业管理部门作为履行社会管理职能的主要部门,正是职能扩张最为明显的部门,也是与公众联系最为紧密并受压力最为直接的部门,因而政府绩效管理改革主要在公共事业管理部门展开和进行。绩效理念及绩效管理成为公共事业管理的重要组成部分,成为整个公共部门绩效管理的最主要体现。

2. 随着新型公共事业管理体制的形成,绩效管理成为公共事业管理的必然要求。随着公共产品理论尤其是准公共产品理论的形成和发展,人们对公共事业管理规律认识的不断深入,以及公共管理社会化改革的推行,以新型公共事业产品生产和提供方式为基础,以政府为核心,包括非政府组织等在内的多元管理主体系统开始形成,绩效管理也随之成为必然要求。

二、公共事业绩效管理的意义

应运而生的公共部门绩效管理在公共事业管理中具有十分重要的意义,这主要体现在以下几个方面。

(一)绩效管理有利于提高公共事业管理部门的绩效

公共部门管理在客观上涉及投入与产出的关系,公共部门提供公共服务的数量和质量在根本上取决于这一投入和产出的比例,而绩效管理的核心正是将成本与效益相联系,力求以最低的成本获得最大的效益(既有经济效益,亦包括社会效益)。因此,作为一个管理工具,在公共部门绩效管理中引入成本 - 效益机制是十分必要和可行的,也切实符合公共部门管理的基本需要。尤其是对于新型的多元管理主体、多元资金投入,以生产和提供准公共产品为主的公共事业,其本身就带有准公共性,既要注重社会公平,更须考虑资金价值的管理,这就更显其重要性和必然性。

成本 - 效益机制对公共事业管理绩效的促进,主要表现在以下两方面。

1. 结果导向 传统的政府管理比较强调投入和过程,而不重视结果,更没有相应的制度化措施对结果予以保证,虽然一直都在追求行政效率,但往往导致形式主义、公共资源的浪费和官僚主义。绩效管理不否认程序和规则,但一切必须以公共产品的数量和质量是否能够满足公众的需求来衡量,并根据结果的需要来组织、落实和协调管理,从而为减少或克服以往管理的种种弊端开辟了一条路径。

2. 责任机制 这是"结果导向"的体现和落实,包括管理人员的责任落实、资源的优化配置及整个组织系统的协调等。在相当程度上，责任机制为促进绩效提供了可能。相应地，责任落实、过程和结果评估、与绩效相联系的奖励或惩罚也成为提高管理者个人积极性的激励机制。

（二）绩效管理有利于明确公共事业管理部门的责任

公共事业管理部门的主要职能是提供公共产品和服务，与公众的生活密切相关，是公共部门中与公众联系最为直接和紧密的部门，也是受到最多关注的部门。随着时代的发展，公众要求政府负责制定公共事业产品生产和提供的总体框架，并承担起以下责任：一是必须制定合理的关于公共事业产品生产和提供的公共政策；二是公共支出必须获得公众同意并按正当的程序支出；三是资源的有效配置；四是资源必须使用在预定的结果方面。

因此，就需要对公共事业管理部门是否承担起这些责任进行评判。显然，绩效管理在公共事业管理部门中的应用，也为公众从组织外部正确地认识和评价公共事业管理的结果提供了可能，并在相当程度上成为公众对公共事业管理部门进行监督和促进公共事业管理部门提高绩效的有效工具。

（三）绩效管理有利于推动公共事业管理部门从重过程向重结果转变

传统的公共部门管理主要强调过程和投入，不重视结果，往往导致形式主义和官僚主义；而当代公共部门管理不仅强调程序和规则的重要性，更强调结果，即是否满足公民需求。

目前，包括公共事业管理部门在内的整个公共部门虽然存在对管理结果的评估，但还是更关注过程和投入。在这种情况下，实施具体的管理措施之前往往缺乏量化指标，评估带有随意性，也缺乏客观性和科学性，因而失去了评估的意义。确定科学的可量化的指标来对管理目标进行分解和评估是绩效管理的基本方式。作为一个评估工具，绩效管理为科学地评估公共事业管理部门的内部管理提供了可能。因此，实行公共事业管理部门的绩效管理，有利于推动从重过程向重结果转变。

（四）绩效管理有利于激励机制和约束机制的建立与完善

绩效管理不仅是提升公共部门管理水平的有效途径，更是提升部门成员素质的有力保障。通过客观、公正、准确地评价部门和成员的工作业绩、能力和态度，并将绩效考核的结果与岗位调整、培训和薪酬相挂钩，可以激励部门成员不断提升个人素质，从而实现公共部门的发展目标。

任何管理，包括公共部门的管理，都需要某种诱因机制（incentive mechanism）的存在，才能充分发挥员工的主观能动性，激发员工的工作热情。组织的诱因机制最重要的是将绩效与奖惩联系起来。通过绩效评估，为组织的激励措施提供依据，建立在绩效评估基础上的奖惩有利于激励机制和约束机制的建立与完善。

三、公共事业绩效管理的过程

由于公共事业部门所提供公共服务或产品的特殊性，公共事业绩效管理是一个范围广泛、内容复杂的系统工程。公共事业绩效主要表现在管理公共事务和供给公共服务过程中的投入、产出、中期成果、最终成果及其社会影响。绩效管理工作主要集中在通过对公共事业管理活动的花费、运作过程及其社会效果等方面的测定来测量公共事业管理实现绩效目标的程度，并由此划分绩效等级、发现绩效问题，从而提高绩效。公共事业绩效管理过程不是一个单一的行为过程，而是包含了确定绩效目标、阐明评估目的要求与任务、构建可量化的评估指标和评估标准、划分绩效等级、公布评估结果、运用评估结果等环节在内的综合行为系统过程。公共事业绩效管理的活动过程，可以从发生顺序和功能活动两个方面进行分析。

（一）从发生顺序的角度分析

从发生的先后顺序来看，公共事业绩效管理是一个包括绩效目标的确立、绩效目标的实施和检查评估目标完成情况的系统过程。

1. 绩效目标的确立和分解　所谓绩效目标的确立，就是根据相关绩效信息和公共服务的要求，依据一定的指标和方法，将组织目标转化成可测量的绩效目标或指标。而绩效目标的分解，就是将绩效目标根据组织的部门和人员岗位进行分解，即转化为具体的部门和人员的责任要求，同时进行必需的资源配置。

2. 绩效目标的实施　即组织中各个部门和人员根据所承担的绩效责任，展开管理实施工作。

3. 绩效目标的评估　这一评估实际上分为两个方面：一是在实施过程中的评估，这实际上是一种根据绩效指标进行的控制反馈工作；二是在整个管理过程结束后，对最终结果是否达到目标进行的评估。

（二）从功能活动的角度分析

从功能活动的角度看，公共事业绩效管理基本上是由绩效评估、绩效衡量和绩效追踪三个方面的活动组成的。

1. 绩效评估　即对组织绩效的评估，绩效评估的过程也就是组织要达到一定的目标、如何达到这一目标以及评估是否达到这一目标的系统的管理过程，是一个运用绩效评估来提高和达到组织绩效的过程。从评估的对象来看，绩效评估涉及组织活动和人员等各个方面，既可以是整个组织的绩效、计划的绩效，也可以是个人的绩效。目前在公共事业管理部门中，比较重视的是将组织绩效和个人绩效相结合的评估。

2. 绩效衡量　绩效管理的重点也是难点，是要将组织目标分解为可测量的绩效目标，因此绩效管理中的一个功能性活动，就是为了能尽可能科学和客观地进行评估，管理者必须制定一套能衡量组织目标实现程度的绩效指标体系，或者说是一套可以衡量组织绩效的标尺，以对组织内部与外部、组织内部或外部不同时期的管理效果进行测量比较。

3. 绩效追踪　即对组织的绩效进行不间断的观察、记录和分析，以此作为提高组织绩效的依据，促进组织绩效的提高。

第二节　公共事业绩效管理评价指标与方法

绩效评估是整个绩效管理的核心，而绩效管理能否成功，相当程度上又取决于绩效衡量指标体系。在基本结构上，公共事业管理绩效指标与整个公共部门的绩效指标是一致的，但又有公共事业管理的具体要求。

一、评　价　指　标

目前，从公共事业管理既要重视经济效益，更要注重社会效益的基本要求出发，公共事业组织的绩效指标一般有四个基本方面，即"4E"。

（一）公共事业绩效的基本指标

1. 经济（economic）　经济指标一般是指公共事业部门投入管理项目中的资源水准，是指一个公共事业组织在既定的时间内，在获取一定的收益或得到一定产出的情况下花费的成本。作为公共事业组织来说，这一指标还包含着其支出，即取得结果的花费是不是按照法定程序进行的。经济指标关注的是绩效管理中的"投入"项目或"投入"的方向，以及如何使投入得到最经济的利用。按法定程序进行投入，以最低的投入生产或提供了既定数量和质量的公共产品或服务的公共事业管理，在经济方面就是好的管理。这一指标并不关注服务对象问题，而是关注如何生产既保证既定公共产品的数量和质量，又消费最少的资源。经济指标通常可以用货币来表示。

2. 效率（efficiency） 效率指标所要评价的是一个公共事业组织在既定的时间和预算投入下，产生的公共服务结果。如果说经济指标所追求的是在既定的收益下所付出的成本最小化，那么效率指标追求的则是以一定的代价获取最大的收益。因此，效率是投入与产出之间的比例关系，它关注的同样是如何生产即手段的问题，而这种手段通常也可用货币方式进行表达。公共事业组织的效率指标通常包括服务水准的提供、活动的执行、服务与产品的数目、每项服务的单位成本等。

公共事业组织的效率包含两个方面的内容：一是生产效率，即生产和提供公共产品或服务的平均成本；二是配置效率，即公共组织所提供的公共产品或服务是否满足了利益相关者（即其利益与公共产品的生产和提供有关系的个人和群体）的不同偏好，也就是公共事业组织所提供的公共产品或服务的项目中，如国防、社会治安、文化、教育、卫生、社会福利、环保等，其预算比例及投资的先后是否符合公众的偏好顺序，即公众的需求顺序和需求水平。

3. 效果（effect） 效果是衡量公共事业管理结果的另一个重要指标，它关注的是实施管理后，公共服务的情况是否有所改善。效果指的是公共服务实现公共事业管理目标的程度，如福利状况的改变程度、公共产品使用者的满意程度等。它在相当程度上是指公共服务符合政策目标的程度。针对公共事业管理结果的衡量，效率指标主要适用于可以量化的或货币化的公共产品或服务。但在公共事业管理中，有很多服务是难以量化的，而且分配效率也不容易理解，因而只能从管理实施前后的状况或行为的改变来进行衡量或评价。效果指标能衡量公共服务实现既定目标的程度，因此在公共管理中十分重要。

效果关注的是公共事业管理的目标或结果，通常是以产出与结果之间的关系进行评价的。效果可以分为两类：一是现状的改变程度，如国民受教育的提高状况、环境质量的变化程度、交通状况的改变程度等；二是行为的改变幅度，如社会犯罪行为的减少幅度等。

4. 公平（equity） 公平指标关注的基本问题是接受公共服务的团体或个人是否都受到公平的待遇，弱势群体是否得到了公平对待并享受到所需要的服务。公平指标是对公共事业管理最重要的本质的实现程度的衡量。在传统的政府管理中，公平并没有受到应有的重视。自 20 世纪 70—80 年代的政府管理改革以来，公平问题日益受到重视，并逐步成为衡量政府管理绩效的重要指标，这无疑是一个巨大的进步。但必须指出的是，一方面公平指标在市场机制下较难进行界定；另一方面也是更为重要的是，公平的内涵是与政治和社会制度密切相连的，不同的社会制度和政治制度下，公平具有不完全相同的内涵和指向，因此难以制定公平指标。

（二）公共事业绩效指标制定分析

尽管"4E"指标包括了公共事业组织绩效指标制定的基本内容，但在一定程度上还是抽象的，只是指导公共事业绩效管理的一般性标准。在实际中，公共事业管理的对象不同，其管理主体系统中不同组织的性质和要求也不完全相同，因此在进行绩效评估中受到的影响或限制因素就会不一样，相应地，进行绩效评估的指标乃至同一指标的量化程度就不可能完全一致。也就是说，在具体的管理中，不同的公共事业组织或从事不同的管理活动时，需要制定绩效指标的。

在当代，公共事业管理是整个公共管理中与公众联系最为直接的部分。特定的公共事业产品生产和提供方式构成的管理体制，决定了它与私营部门相比具有公共性；而与提供纯公共产品的部门，如国防部门等相比，又具有明显的经济性，在一定程度上是纯公共管理与纯企业管理间的过渡带。因此，在公共事业管理绩效指标的制定中，必须重点考虑到以下因素的影响或制约。

1. 社会因素 公共事业产品生产和提供的最终目标是为社会服务，这是对涉及公共事业管理的所有组织的基本要求，因此应制定公平、效果等指标对其绩效进行评价。

2. 经营性因素 公共事业管理是向社会生产和提供公共事业产品，主要以特定商品的形式向公众提供，存在交易形式，不是免费的；另外，经营效率是非政府组织和涉足其中的企业存在的关键,同时政府机关也必须注重公共支出的资金价值。因此,必须有相应的经营性指标对绩效进行评估,甚至一些涉足公共事业产品(如邮电、通信、铁路等)生产的企业,还应该根据相关的公共政策和要求,制定出特定的营利性指标来进行绩效评估。

3. 竞争因素　既然公共事业产品是一种特定的商品,在一些公共事业产品的生产和提供中,就存在着生产者争取公众的竞争。在正常的竞争情况下,生产者的竞争性强,就表示其产品的质量高,赢得了更多的公众,同时也在一定程度上显示出其管理的绩效水平高。因此,通常可以从考察竞争性出发,设定一些非财务性的绩效指标来进行评估。

4. 公共事业产品的公共性纯度因素　公共事业中不同类别产品的公共性纯度并不完全一致,在非竞争性和非排他性方面的表现也不相同,即便是同一类别中的不同具体产品,其公共性也不完全相同。例如就教育产品而言,在总体上其公共性与社会科学研究就不相同,而在其内部来说,普通教育产品和高等教育产品的公共性也不同。因此,涉足具体的公共事业产品生产和提供的组织必须有符合自身产品特点的绩效评估指标。

总之,公共事业管理绩效指标的制定是一个具体问题具体分析的过程。当然,公共事业组织根据具体情况所制定的具体绩效指标,也有水平高低或优劣之分。国外学者对公共管理中绩效指标优劣评价的一些分析具有启发意义,如公共管理学者卡特(Neil Cater)就提出,好的绩效指标应符合以下标准:①界定清楚而有一致性;②应由组织的所有者使用,不可依靠外人或环境因素;③必须和组织的需求与目标有关;④被评估的单位或个人不可影响绩效指标的运作;⑤必须有广博性(涵盖管理行为的所有面向)和一定的范围(集中有限数量的绩效指标);⑥建立绩效指标所使用的信息必须正确和广泛;⑦必须为组织的各级人员所接受,符合组织文化。

二、评 价 方 法

(一)目标管理法

"目标"一词包含多层意思,代表对某种愿望在将来的某一特定时间和特定条件下能够顺利达成的期待。在一个具体的公共事业组织中,目标往往是指在一个特定时期内对组织、部门及个体活动成果的期望,是公共事业组织使命在一定时期的具体化,是衡量组织、部门和个人活动有效性的标准。而一个公共事业组织部门往往由许多部门及员工组成,只有当这些部门及其员工对组织活动作出了符合组织期望的贡献时,公共事业组织的目标才可能实现。

1. 目标管理

(1)概述:目标管理是上下级管理人员共同确定目标主要职责范围的过程,是一种实施管理计划和考核的方法,涉及个人和组织的关系。目标管理是一种化组织需要为个人奋斗目标的管理哲学,也是一种组织实施计划和控制的管理方法,其中心思想就是要由集体的努力及自我控制来完成组织的共同目标。

(2)性质:目标管理是以行为科学为基础的管理思想和管理方法。目标管理强调管理人员应该达到组织所要求的目标,但不是由上级来指挥和控制的,也就是说,应当用更严格、更精确、更有效的内部控制来取代传统的外部控制,即目标管理和自我控制。目标管理还强调参与的重要性,只有本人参与并最终确认的目标,才能为组织成员提供持久的导向并调动工作热情。因此,目标管理是一种以激励代替惩戒,以民主代替集权的管理方式。

2. 实施步骤

(1)制定公共事业组织总体的目标:公共事业组织的高级管理者应该根据整个组织的使命与长期发展的战略,并结合目前组织所处的外部环境与内部资源约束情况,制定组织的总体发展目标。在整个目标管理的系统中,制定总体目标是目标管理工作的开端,同时也决定了整个组织的发展方向,因为每个部门的目标和每个员工的个人目标都要以组织总体目标为参照。制定总体目标应注意遵循以下几条原则。

第一，目标应具有整体性。一套完整有效的公共事业部门目标体系的建立首先从高层管理者确定总体目标开始，总体目标应该依据国家政策的要求和发展规划来制定。在制定总体目标时应明确组织内各部门的作用，同时要发动全体组织成员参与总体目标的讨论，最后组织各部门根据总体目标和自身的实际情况提出本部门的分目标。在讨论组织目标体系的过程中，高层管理者可以根据总体目标的要求，审视并适当调整组织结构。科学合理的组织结构是落实总体目标体系的重要保证。

第二，目标应该符合 SMART 原则。SMART 原则具体是指：①具体性（specific），即目标是对期望成果的简要概述，应尽量具体明确。②可衡量性（measurable），即应当有衡量目标是否达成的具有可操作性的标准和尺度。可衡量的指标不仅为考察目标是否达成提供了方便，同时也向员工灌输了一种量化管理的意识。③可实现性（attainable），即要求目标符合组织、部门、员工的个人实际情况，是经过努力可以达到的。④相关性（relevant），即制定目标时要尽可能体现客观要求与任务的关联性。⑤时限性（time-bound），是指目标的完成要有明确的时间限制。

第三，目标应具有动态性。如今组织所处的外部环境纷繁复杂而又瞬息万变，因此制定的目标不仅要具有稳定性，还要具有灵活性。要根据客观情况变化，从实际出发，判断目标是否需要调整。如果外部环境确实发生了巨大的变化，制定目标时不具备目标赖以达成的环境，那就应该根据现有的情况及时调整目标，以保证组织能够在日益激烈的竞争中保持应变能力。

第四，目标还应具有挑战性。制定有挑战性的目标有利于激发员工的工作热情，帮助员工快速提升业绩。

从表面上看，目标有挑战性和可实现性是一组矛盾。但是作为管理者，在制定各级目标时必须找到这两者间的平衡。通常的原则是略高于员工平均能力水平，即要求目标是经过努力后，组织中的大部分员工能够达成的。如果大多数人员无法达成目标，则说明目标制定过程中沟通不足，目标制定者对实际情况缺乏了解。尽管随着形势的发展，目标可能会失去指导意义，但如果目标定得过低，大多数员工都能够轻松地超额完成任务，则说明目标制定过程中各级人员回避挑战，团队资源没有得到充分利用，没有调动员工潜能，员工无法获得经过不断努力达成目标的精神激励，这样的目标同样是失败的。合格的目标能够调动员工不断挑战自我，提升绩效，让员工在工作中有所提高，获得精神上的激励与满足，最终实现员工与组织共同进步。

第五，控制目标的数量。为了保证目标体系的完整性，组织往往倾向于制定一系列的目标。但是目标不是越多越好，目标太多会造成员工对单一目标精力的分散。让目标集中可以使员工集中精力，解决一个完整的事情。

（2）将整体目标层层分解，建立各层级的绩效目标：总体目标制定以后，必须要有相应的措施来支持总目标的达成。因此，需要将总目标层层展开，逐步分解，使各部门、各环节及各个员工都有自己明确的分目标，从而把任务变成员工的具体行动，把责任落实到每一个人身上。

目标管理方法中分目标设定的过程与传统方法有所不同。传统的目标设定过程是由上级定好目标后，将不同目标分配给下级来完成；而目标管理的方法更强调员工的参与，即上下级通过沟通，就达到什么样的绩效目标及如何达到目标达成一致。

（3）对目标的达成情况进行定期评估与监控：公共事业部门管理者应当关注绩效目标的实施情况，以保证各部门、各岗位的工作不偏离目标。在这个过程中应注意以下两点。

第一，建立监控体系。目标实施过程中的考核制度对目标实施过程的监督贵在坚持，要把对责任主体的目标完成情况的考核制度化、常态化、定期化。随时掌握目标任务运行情况的变化及目标完成进度，并适时向责任主体提出改进意见。

第二，监控与协调支持相结合。在督查的同时还要注意为责任主体提供帮助。根据目标任务的运行状况，及时帮助员工解决目标完成过程中遇到的困难和问题。

（4）进行绩效评价并根据目标达成情况进行奖惩：在一个目标管理周期结束后，管理者应该对下属员工的目标达成情况作出评估，将实际的绩效水平与预先设定的绩效目标相对比，并根据目标的达成情况进行奖惩。目标管理是特别看重结果的绩效管理方法，因此，进行奖惩的依据也只能是绩效目标达成情况，而非在目标实施过程中该员工的努力程度。

目标达成情况的考核结果必须与奖惩相结合。对于超额完成绩效目标、绩效突出的员工，应该进行物质上和精神上的奖励。对于因为工作不负责任、不努力而导致工作目标无法完成的，要根据责任追究制度，对当事人和相关的责任人进行惩罚。只有奖惩得当，才能强化达成目标的行为，对目标管理产生正面的促进作用。

（二）360°反馈法

近年来，一种新的考核方法"360°反馈法"已经被许多组织所采用，公共事业部门同样也可以采用这个方法进行考核。360°反馈法为员工提供了一个更全面、客观的考核结果并且尽可能地结合了所有方面的信息，这些方面包括：同事、上级、员工本人、下属以及客户等。

1. 概述 360°反馈法（360° feedback）也称为全景式反馈（panoramic feedback）或多源评价（multi-source assessment），是指一个组织中各个级别的、了解和熟悉被评价对象的人员（如其直接主管或老板、同事及下属等），以及经常与其打交道的外部顾客对其效绩、重要的工作能力和特定的工作行为与技巧等提供客观、真实的反馈信息，帮助其找出组织及个人在这些方面的优势与发展需求的过程。

公共事业部门运用360°反馈法进行绩效评价，通过全面系统的评估，不仅可以了解社会公众对公共事业部门绩效的评价，也能在自我评估的基础上形成正确、客观的认识，既体现出公共事业部门公共服务、社会参与的性质，同时也避免了绩效管理过程中绩效评估结果带来的不正当竞争。

2. 实施步骤

（1）确定目标（define objective）：首先应设计通过绩效考评与反馈需要达到什么样的目标，例如，依据绩效考核的结果对员工进行培训以提高其生产技能，或者对管理者的领导力进行评价。

（2）发展职能标准及主要行为（develop competency/dimensions）：第二步是根据考评的目的决定考评的职能标准及主要行为。例如，若考评的目的是了解领导人员的培训需求，就必须先明确组织要求一位优秀的部门领导人所必须具备的职能，有可能是分析能力、沟通能力、发展部属才能等，或是个人影响力、创新能力等。

职能确定后，再根据每项职能定出主要行为。例如就分析能力来说，其主要行为可能是能辨别事件的因果关系、搜集不同资料、了解问题、归纳不同的资料、作出合乎逻辑的结论等。

（3）根据职能标准设计问卷（design questionnaire）：职能及主要行为确定后，即可着手进行问卷设计。问卷的题目可从职能的主要行为来挑选，由于其正是组织期望被评估者所应展现的行为，因此以此作为评测的标准很有意义。

（4）选定被评估人及评估人（select targets and evaluators）：设计问卷的同时，可选定此次被评估的对象（target），并为每位被评估对象评分选定评估者（evaluator）。选择评估人的考量是必须与被评估人有充分的互动，有机会观察其行为，有些组织是由上级领导来决定评估者，有些组织则是由被评估人挑选，并经由领导同意，可参考组织文化来调整。

（5）沟通及培训（communication and training）：是整个流程的核心步骤，沟通及培训深刻影响评分的心态及正确性。沟通的主要原则是必须清楚告知被评估对象考评的目的以及对组织和个人的利益，让参与者知道这一新的考评方法对他们的好处是什么；另外，通过沟通让其了解运作的细节及作答的标准，让参与者对评测的公平、公正、保密充满信心。其实在整个过程中一直在进行沟通，而领导者的支持和参与对过程的影响很大，因此，一般建议在高层领导对此考评方法了解后才考虑执行。

（6）测试（pilot test）：问卷完成后，可先请一些人员测试，测试的重点在于检查有无问题表述不清晰，以及问题中所描述的行为是否无法观察等，根据测试人员的反应作出调整。

（7）执行考评（conduct evaluation）：问卷的形式有很多种，包括纸质问卷、在线直接作答等方式，可根据组织的设备、预算及人力来选择。在执行该步骤时，必须给评估者充足的时间来完成所有的问卷，并将问卷传送及回收的时间考虑在内。

（8）分析资料及撰写报告（analyze data and create report）：当所有的问卷都回收后即可进行资料输入及分析，此时做到严格保密非常重要，因为执行此步骤的人会看到问卷的内容，这也是要借助其他事业部门或组织来执行的原因。

（9）提供反馈和发展行动计划（provide feedback and develop action plan）：公共事业部门针对反馈的问题制订行动计划，也可以由咨询组织协助实施。由咨询组织独立进行数据处理和结果报告，其优越性在于报告的结果比较客观，并能够提供通用的解决方案和发展计划指南。但是，组织的人力资源管理部门应当尽可能在评价实施中起主导作用，因为任何组织都有自身特有的问题，而且，公共事业部门的发展战略与关键管理者的工作息息相关，将多方面的专家意见相结合，评价效果会更好。

（三）平衡计分卡

从 1992 年卡普兰与诺顿在《哈佛商业评论》发表第一篇关于平衡计分卡的文章到 2000 年《战略中心型组织》一书的出版，平衡计分卡已从最初的业绩衡量体系转变成为用于战略执行的新绩效管理体系，其应用和研究已取得重大突破。

1. 概述　平衡计分卡（balanced score card）简称 BSC，最初是应用于公共组织之中，以组织战略为导向，从财务、客户、内部运营、学习与成长四个角度，将组织的战略落实为可操作的衡量指标和目标值的一种新型绩效管理体系。公共事业部门也可以通过财务、客户、内部运营、学习与成长四个方面来进行绩效管理，其基本的实施原理和方法与公共组织是类似的。

2. 维度

（1）财务维度。

（2）客户维度。

（3）内部运营维度。

（4）学习与成长维度。

3. 实施步骤

（1）制定组织远景目标与发展战略：平衡计分卡贯穿于组织战略管理的全过程。由于应用平衡计分卡时要把组织经营战略转化为一系列的目标和衡量指标，因此对公共事业部门战略有较高的要求，组织应在符合和保证实现组织使命的条件下，在充分利用环境中存在的各种机会和创造机会的基础上，确定公共事业部门同环境的关系，合理地调动公共事业部门的结构和分配组织的全部资源，从而制定出适合本公共事业成长与发展的组织远景目标与发展战略，以更好地为社会公众服务。

（2）沟通和联系：与公共事业部门的所有员工沟通组织的远景和战略规划，根据组织的战略，从财务、客户、内部运营、学习与成长四个角度设定具体的绩效目标。在绩效目标制定过程中，要注意倾听员工的反馈，并且取得大多数员工的支持和赞同。

利用各种沟通渠道（如定期或者不定期的刊物、信件、公告栏、标语、会议等）让各层管理人员知道组织的愿景、战略、目标与绩效衡量指标。在全员中对公共事业部门的远景规划与战略构想进行深入的传达和解释，并把绩效目标以及具体的衡量指标逐级落实到各级组织，乃至基层的每一个员工。

（3）计划并制定挑战性的目标：确定年度、季度和月度的具体绩效考核指标数值，与公共事业部门的各种计划和预算相结合,注重各类指标之间的相互依存关系,并将员工的浮动薪酬(或绩效薪资)与目标考核结果挂钩。

(4)战略反馈和学习:定期汇报各个部门的绩效考核结果,听取员工的意见,通过评估与反馈分析,及时对相关考核指标作出调整,必要时(如遇到重大问题时),经过决策层、管理层的认真研究,也可以对战略作出相应调整。另外,平衡计分卡还有助于提升员工战略性学习的能力。通过学习,组织可以拓展自己的能力,以应对外部环境的变化,更好地为公众工作。

(四)标杆管理法

要建立良好的公共部门绩效指标,实际上不仅需要明确组织目标,进行单位内部或组织内部的比较,还需要进行组织与外部的比较,从而保证所制定的绩效指标体系能通过评估真正促进组织绩效的提高,即不仅仅是组织内部纵向的提高,在组织所在的地区或行为中也获得提高。标杆管理就是具有这一功效的重要的管理工具。

1. 基本含义及价值 标杆管理(benchmarking management)又称基准比较,起源于 20 世纪 70 年代末至 80 年代初。标杆管理的概念可概括为:不断寻找和研究同行一流组织的最佳实践,并以此为基准与本企业进行比较、分析、判断,从而使企业不断改进,进入一流企业的行列或赶超一流企业,创造优秀业绩的良性循环过程。其核心是向业内或业外的最优秀的企业学习。通过学习,企业重新思考和改进经营实践,创造自己的最佳实践,这实际上是模仿创新的过程。标杆管理是站在全行业甚至更广阔的视野上寻找基准,突破企业的职能分工界限和企业性质与行业的局限,重视实际经验,强调具体的环节、界面和流程,因而更具有特色。标杆管理逐渐成为企业优化、企业实践、调整经营战略的指导方法,与企业再造、战略联盟并称为 20 世纪 90 年代三大管理方法。

从绩效管理的角度看,由于标杆的设定为组织提供了绩效改进的信息,因而组织绩效标杆的设计在绩效管理中有十分明显的作用。对一个组织来说,虽然可以根据组织内部完成的既定目标来衡量绩效,但从根本上说,绩效的高低与卓越与否,实际上是与其他组织比较而言的。因此,为了真正提高组织绩效,在组织的绩效管理中,可以寻找某些表现优于自己的组织或在某些方面优于自己的组织作为绩效比较的对象,分析它们优于自己的原因,它们哪些方法、程序是需要学习并引进的。可见,标杆管理实际上是促进组织学习与改革,提高绩效的重要途径。

2. 作用

(1)有助于组织博采他人之长、为我所用:公共事业部门虽然不同于一般的企业,但是随着社会思想的转变、公众意识的觉醒,以及国家大政方针的改变,公共部门也必须更多地考虑如何提高自身的绩效。通过标杆管理取他人之长、补自己之短,可以让公共事业部门更具效率地为社会提供产品或服务。

(2)有助于正确认识到自己与更优秀组织之间的差别:标杆管理为组织设立了管理的基准,为组织在管理实践中提供了可供比较的参照系。通过实施标杆瞄准,领导者可以知道组织的经营绩效应当达到而且可以达到的水平,以及组织目前的绩效水平与组织应该并且可以达到的最佳经营结果之间存在差距的原因。

(3)有助于组织确认自身的优势与劣势:与基准标杆进行比较,可以帮助组织发现自身的缺点和不足,有助于组织扬长避短。

(4)有助于组织决定各种改进活动的先后顺序与轻重缓急:与标杆进行比较的过程能够帮助组织发现影响战略目标实现的关键因素及其在组织战略实现中所占权重,并通过行动计划反映组织中哪个实践活动是应最先进行的,哪个实践活动最适合组织的发展。

(5)在组织面临下滑时及时提供预警:作为基准的标杆组织在管理中曾遇到的情境可以为组织提供警示,防止重蹈覆辙。

3. 应用步骤 标杆管理的规划实施有一整套逻辑严密的步骤,大体可分为以下四步。

第一步：确定标杆类型。在大量搜集有关信息和相关专家学者参与的基础上,针对具体情况确定不同的学习标杆单位。

第二步：确定标杆项目。设立标杆并不是要学习标杆单位所有的方面,而是要有选择地学习其先进的标杆项目。要运用多种途径和方法进行实际调查,获取需要得到的标杆项目的数据和资料,进行有效的整理、加工和分析,然后与本部门现有的管理、服务、效益和技术状况进行比较,从而确定本部门的发展目标。

第三步：制定具体措施。这是实施标杆管理的核心,因为标杆本身并不能解决部门存在的任何问题。各部门在设立标杆类型及标杆项目之后,一方面要创造一种环境,使本部门的人员能够自觉和自愿地进行学习和变革,以实现发展目标；另一方面还要找出自身的具体差距,创建一系列有效的计划和行动,通过制定详细的改进措施,赶上并超越比较目标。

第四步：评估考核结果。实施标杆管理不是一蹴而就的,而是一个长期的过程。针对上一阶段的实施情况都要有一项重要的反馈和后续工作,即重新检查和审视。对标杆研究的假设和标杆管理的目标进行评价、考核与分析,为以后进一步改进工作打下更好的基础。

4. 实施中存在的误区 标杆管理是一项很严谨规范的管理方法,必须认真理解和把握,否则容易出现偏差。下面是实施标杆管理中常见的误区。

(1)不注重数据的真正来源,仅把注意力集中于数据和标准本身：标杆管理者往往注重绩效数据,但对数据的来源不重视,这样难以进行对口比较。标杆管理的真正价值应该是弄明白产生优秀绩效的过程并向其学习,包括建立在标杆值数据之上的过程分析、过程在建和新方案实施,以帮助组织找出差距,增强核心竞争力。仅仅注意一些定量的数据和定性的标准而不解决过程是不行的,也是无法达到标杆值的。

(2)把标杆管理理解为一段时间内的突击活动或运动：标杆管理是企业的长效管理,是一种长久持续的学习改进过程,而不是一次性过程,也不是阶段性的突击活动或运动,它是改进企业管理的日常工作,甚至是要伴随企业整个生命周期的。标杆管理是属于战略管理层次的管理方法,它追求的不是某一时段的经营成果绩效的提高,而是通过提高组织的核心竞争力,持续地提高公共事业组织的绩效。

(3)标杆管理仅仅针对产品和服务：尽管一些组织利用标杆瞄准来比较组织之间绩效的差异性,但是这些组织的绩效改进重点往往局限于那些与消费者或顾客直接相关的产品与服务本身,而在其他职能领域,即使真的存在绩效差距,管理者也通常表现出难以接受,甚至排斥。

(4)标杆管理被理解为劳动竞赛：从某种意义上讲,劳动竞赛的目的是提高效率,更注重最终数量的比较,而不是过程的优化。当然,以往的一些劳动竞赛中也有提出全方位竞赛的,如赛质量、赛效益、赛过程等,更有提出“比学赶帮超”概念的。这些提法和做法虽然含有标杆的因素,但绝非管理概念上的标杆管理,其实质重在激发热情、实现原有方式的加速运转和既定效果数量的叠加,而非过程的重新塑造。简言之,劳动竞赛是数量的增加和由此激发的少量能力的增加；而标杆管理是对照优秀者实行的过程与环境的改造,从而产生与优秀者相同的能力,并通过往复循环导致数量的持续增加。标杆管理的推行不仅仅是管理工作的改进,而是要涉及所有生产要素的整合,包括企业布局、生产结构、物资供应链、组织结构的重组等等。

(5)“典型培养”式的标杆：集中优势资源人为树立标杆的做法在现代管理中毫无意义。它可以带来暂时的光环和荣誉,但在市场经济下,最终只能得到反向效果：一是注重形式而轻视实效,劳民伤财；二是经验无法推广,反而容易挫伤员工积极性,与标杆管理中提高核心竞争力的目标格格不入。

(6)偏离顾客和员工：执行的障碍不利于标杆管理者开展工作。障碍之一来自员工,有些员工往往不愿与新政策合作。标杆管理最终的执行者是员工,因此,应该让员工从一开始就清楚这一过程。另外,为了很快实现标杆管理目标,开展标杆活动的企业有时会采取“快收慢付”等手段来达到利己的收集数据的目标,这反过来会影响与顾客、供应商及员工的关系。

(7)对标过程中的唯条件论:在对标过程中很容易产生"学不了"的想法和情绪,原因在于仅仅注意别人的客观条件,而忽视对其主观因素的分析。大多数情况下,优劣条件的排列符合正态分布,问题在于主观上如何去主动适应条件、充分运用条件和积极创造条件。克服这一点的关键是加强过程分析,不放过每一个细小因素。有时一些细小的因素容易被忽视,但是如果解决好了就能收到牵动全局的良好效果。所以,发挥主观能动性,开动脑筋细致分析过程因素,就可以达到向先进标杆学习的目的。

(五)其他绩效评价方法

绩效评价除了绩效指标与评价主体以外,其他绩效评价方法是对绩效结果进行分析和评价,以便形成简单明了的结果,使人员和管理者都能一目了然,并能将这些结果直接加以利用。对绩效结果的分析和评价是传统绩效评估的主要内容之一,相应的方法也逐渐形成和完善。

1. 关键事件法 关键事件法是管理实践中运用较为普遍的方法,对公共事业部门绩效评估具有一定的借鉴意义。应用时一般采用日记法,即上级在平时不断地(如每天结束的时候)对员工的表现作详尽记录,每一位需要考核的员工都有一本"工作日记"或"工作记录",上面记载的是日常工作中员工突出的、与工作绩效密切相关的事件,既可以是极好的事件,也可以是极坏的事件。关键事件的记录者一般是员工的主管,在记录时,应着重对事件或行为的记载,而不是对员工的评论。

(1)关键事件法的优点:第一,是以员工在整个考核期的行为为基础,避免了考评中的近期化误差;第二,关键事件法依据的是员工的日常事实记录,这使得考核中考核者的许多主观误差得到了较好的控制。

(2)关键事件法的缺点:首先,对于"关键事件"的内容,不同的主管有不同的界定;其次,给每个员工记录"工作日记"会耗费主管许多时间;第三,它可能使员工过分关注主管到底写了些什么,对"工作日记"产生恐惧和抵触,不利于考核的实施。

2. 行为差别测评法 行为差别测评法是先通过一个类似于关键事件法的工作分析程序获得员工大量的工作记录描述,这些描述涵盖了从高效到低效的各种行为表现,然后对这些描述进行细致的整理和归类,根据相似性对行为项目进行分组,每一组项目都具有一个概括性的描述,这些概括性的描述成为衡量绩效的基准,称之为"绩效标本"。之后,将这些"绩效标本"安排在问卷中,并发放给由抽样产生的 20 位在职者和其上司。对问卷涉及的有效和无效行为的信息进行分析,最后据此制作测评表。

3. 评语法 评语法是公共事业部门中普遍应用的一种方法,它赋予"考核内容"和"考核要素"以具体的内涵,使每一分数有对应的描述,从而使评价直观、具体和明确。但评语法只是在总体上对员工绩效进行评定,不能用作人事管理的依据。在部分情况下,评语法受到管理者主观因素的影响,并不一定具有客观公正性。

第三节 公共事业管理外部评价

公共事业管理的过程和结果涉及社会公共利益,因此,公共事业管理部门通过绩效评估和管理努力提高绩效来满足公众需求是必须的,也是重要的,但其管理结果是否满足了公众的需求和社会发展的需要,还必须结合外部评价来分析。外部评价主要有社会评价和公众满意度评价。由于公众利益客观上存在差异,不同的利害关系人对同一公共事业管理的绩效或结果极有可能作出不同的评价。因此,无论是对公众满意度的分析,还是对公共事业管理结果的社会分析,都需要以客观而科学的评价标准和方法来进行。

一、公共事业管理的社会评价

公共事业管理的社会评价，是从公共事业管理结果对社会发展目标所作的贡献与影响的角度进行评价，这是从公共事业管理外部，而且主要由非公共事业管理机构来进行的评价。这种评价把公共事业管理的结果放在整个社会的发展中，从全社会的角度出发，分析评判公共事业管理的最终结果对社会发展目标的影响程度，从各个方面综合评价其结果对社会发展的贡献。

（一）公共事业管理的社会评价指标

1. 公共事业管理社会评价的基本指标　对公共事业管理的社会评价，其基本的指标是效率（efficiency）、效果（effect）和公共职责（public duty）的履行。

社会评价中的效率，仍然是公共事业管理机构的投入和产出问题，但与公共事业管理机构内部对效率的评估不同的是，社会评价中关注的效率，是公共事业管理的投入 - 产出与整个社会投入 - 产出的关系。

社会评价中的效果，主要是看公共事业组织的管理结果与目标的吻合程度，这在一定意义上是对公共事业绩效管理相关指标的认可问题，是对绩效衡量的再评价。同时，作为一种社会评价指标，更重要的是还必须分析公共事业组织特定的管理结果对社会所产生的影响。

社会评价中的公共职责，一是看公共事业组织进行管理的结果是否体现了公共事业管理的本质要求，同时要分析公共事业组织是否对管理结果负责；二是看其管理的程序是否公正并具有合法性；三是考察公共事业组织是否公开回应了来自社会各方面的要求，以及是否回答了公众的询问，因为公共事业组织作为涉及公共利益的管理机构，除涉及国家机密或法律所规定的保密内容外，其工作应该是公开的。

2. 公共事业管理社会评价中的社会指标　为了保证公共事业管理社会评价的科学性和公正性，通常可以通过社会指标及相应的方法来进行评价。

所谓社会指标（social indicator）是指所观测各部分人口的社会情况与长期变化趋势的统计数字，其中的社会情况包括特定社会中社会成员生活的外在与内在环境。社会指标是以统计数字来表示的，既有主观的，也有客观的，既可以反映公众对公共事业管理满意程度的主观情况，也可以反映社会变化的特定内容，从而提供公共事业管理所需要的相关信息。这些信息可以大致分为两类，一类是公共事业管理的形成原因分析，另一类是公共事业管理实施的结果分析。

公共事业管理对象信息的社会指标，是构成整个社会指标体系的一个组成部分。一般来说，涉及公共事业管理社会评价的社会指标，可以以公共事业的对象为基本方面，根据公共事业产品的特点来确定具体的测量指标（表9-1）。

表9-1　公共事业管理社会评价指标举例

指标	指数
教育程度	教育事业费占 GDP 的比重、大学生毛入学率等
医疗卫生	每万人拥有病床数、每万人拥有的医生数等
基础设施	人均道路面积、人均地下排水管道长度、人均园林绿化面积等
社会保障	社会救济总人数、收养收容性社会福利事业单位个数等
文化	人均公共图书馆藏书量、广播电视人口覆盖率等
公共体育	体育设施的建设、体育运动会的举办、运动会的夺金次数等
环境保护	城市维护费占 GDP 的比重、工业废水排放达标率等

必须指出的是，就我国公共事业管理的社会评价而言，由于新型的公共事业管理体制正在形成和完善过程中，因此有关公共事业管理社会评价的指标体系建立还处于起步阶段。如何制定科学的公共事业管理指标体系，从而全面而正确地反映出公共事业管理对社会发展的影响和意义，是当下探索的方向。

（二）公共事业管理的社会评价方法

公共事业管理社会评价的基本方法，是将管理之前和管理之后的情况进行对比分析，判断和评价公共事业管理的结果对社会发展的影响，即通常所说的前后比较法。在公共事业管理的社会评价中，这一方法的运用通常有以下三种形式。

1. 简单"前—后"对比分析法　简单"前—后"对比分析法是最基本的前后比较法（图9-1）。

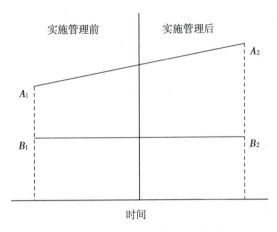

图9-1　简单"前—后"对比分析法

在图9-1中，A_1代表实施管理前的情况，A_2代表实施管理后的情况，A_2-A_1表示的是公共事业管理的效果。这种方法简便易行，但是由于公共事业管理不是社会政治系统中能对社会现象变化起作用的唯一因素，而社会现象的变化通常是由多种因素引起的，因此这种简单的前后描述法难以确定所观察到的社会现象的变化究竟是由公共事业管理引起的，还是其他因素导致的，或者哪一种因素起主导作用。

2. "投射—实施后"对比分析法　"投射—实施后"对比分析法是将实施管理前的基本情况作为基点，假设没有实施管理，将原有的情况按照既有的发展趋势所可能有的发展投射到公共事业管理实施后的评估点上，并将所得到的投影与管理后的实际情况进行对比，从而对公共事业管理的效果作出评价。这一方法的基本原理如图9-2所示。

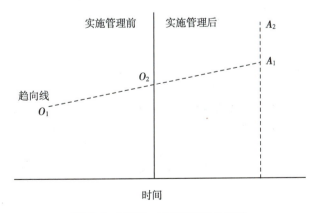

图9-2　"投射—实施"对比分析法

在图9-2中，O_1O_2是根据实施公共事业管理之前各种情况建立起来的趋向线；A_1为该趋向线外推到实施管理后的某一点的投影，即如果没有实施管理，在该点会发生的情况；A_2为实施管理后的实际情况，A_1A_2即实施公共事业管理后的效果。可见，这种方法是在前一种方法上的改进和发展，其优点是，通过投射已尽可能将其他影响因素都过滤掉了，分析得出的结果可以完全归于所要评价的公共事业管理。运用这一方法的关键是，必须在尽可能收集公共事业管理实施前与公共事业管理目标相关的环境等方面的数据基础上，建立起正确的实施公共事业管理前的趋向线。

3. "有—无"对比分析法 "有—无"对比分析法是在实施公共事业管理前、后的时间点上，分别将实施和没有实施管理的两种情况进行比较，然后再比较两次对比的结果，从而确定公共事业管理的效果（图9-3）。

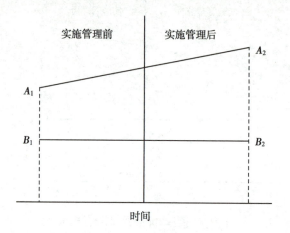

图9-3 "有—无"对比分析法

在图9-3中，A_1和B_1分别表示公共事业管理实施前有和无公共事业管理两种情况，A_2和B_2分别表示公共事业管理实施后有和无公共事业管理两种情况，则A_2-A_1为有公共事业管理条件下的变化结果，B_2-B_1为无公共事业管理条件下的变化结果，这样，$(A_2-A_1)-(B_2-B_1)$就是公共事业管理实施后的效果。

（三）公共事业管理社会效果评价的主要内容

在公共事业管理的社会评价中，在分析评价其效率和对公共事业管理职责的履行的同时，应重点对其社会效果进行分析，因为公共事业管理的效率及其公正性在一定程度上是要落实到其社会效果上的，是通过社会效果来表现的。社会效果的评价，主要应注意在下述方面评价公共事业管理是否作出了贡献。

1. 公共事业管理与人们生活质量的提高 保证和提高公众的基本生活水平是公共事业管理最为直接的目标。在现代社会，随着经济的发展，人们对生活水平的要求日益提高，不仅体现在基本的衣食住行方面，更体现在对健康以及丰富的文化生活的要求等方面，而这一切主要依靠公共事业管理部门生产和提供相关的公共事业产品来实现。例如，卫生产品的提供可以改善公众的卫生保健条件，有利于提高公众的身体素质和健康水平；教育、文化、体育等产品的提供，则可以提供必要的设施、机会和条件等，如建设或增加电视台、电台、图书馆、博物馆、运动场等，可以向公众提供学习、娱乐及锻炼的条件和机会，从而提高公众的科学文化水平或身体素质等。所以，可以借助一定的指标和方法，从公众生活质量是否提高入手，对公共事业管理的效果进行评价。

2. 公共事业管理与社会经济增长 公共事业管理是通过实施一定的项目和进行日常管理，生产和提供相应的公共事业产品来为公众服务的，其中相当一部分产品具有溢出效应，如提供教育、文化、卫生等产品,在满足公众需求、提高其素质的同时,实际上也提高了劳动者的素质,从而也从特定的角度对社会劳动生产率的提高起到了推动作用。因此,可对比相关的公共事业管理实施前后全社会或某一地区的经济增长速度等指标的变化情况,并运用一定的方法来进行分析。

3. 公共事业管理与社会收入分配改善 公共事业的基本性质是公共性,即公共事业产品的生产和提供是面向社会全体公众的,是以保证和提高全体公众的基本生活质量为目标的。公共事业产品以特定的商品方式向社会公众提供,在一定程度上促进了社会财富的均等分配。例如,在现代社会中,个人收入水平往往与其受教育的水平呈正相关。因此,义务教育这一教育事业产品的提供,必然会在一定程度上改变社会成员收入的总体格局。另外,一些国家会在非义务教育阶段(如高等教育阶段)采取奖学金等方式对来自不同社会阶层家庭的学生进行资助,这也相当于进行了一种特定的收入分配的改变。因此,可以通过公共事业是否改变社会收入来进行评价。

二、公共事业管理的公众满意度评价

公共事业管理是通过公共事业产品的生产和提供为社会服务的,因而其与公众关系的本质不是管制而是服务,社会和公众的意愿与要求是公共事业管理的出发点和归宿。因此,评价公共事业管理机构绩效,不仅仅要看其经济指标和效率指标的高低,还必须考察其所做的工作满足了社会公众需要的程度,其绩效评估结果是否得到公众的认可,公众对其提供的公共服务是否满意。

(一)公共事业管理公众满意度评价的产生及实质

以公众是否满意来对公共事业管理结果作出评价,是20世纪70年代世界范围内开始的政府管理改革运动中,"行政就是服务,公众就是顾客"改革的必然结果。

在这场政府管理改革中,作为对公众民主要求的回应,同时也为了提高政府管理的效率,以公共选择、管理主义等理论为基础,以英国的政府改革为起点,一些国家开始在公共管理领域引入市场的理念和原则。一方面通过将政府与公众的关系视为产品提供者与顾客的关系,树立或增强服务公众的意识,改变和强化公共部门对公众的责任机制;另一方面主张并实施打破政府对公共服务的垄断,建立公私机构之间的竞争,使公众获得自由选择服务的机会,从而迫使公共部门降低服务成本,改善服务方式,提高效率和服务质量。

公共事业管理的宗旨是向公众提供公共服务,既然在相当程度上公共事业组织和公众是生产者和提供者与顾客的关系,那么,公共事业组织的服务就必须围绕公众的需求进行,只有当所提供的服务满足了作为消费者的公众的需求,且对服务满意时,公共事业组织的服务才是良好的服务,从而实现公共服务这一特殊"商品"的价值,公共事业组织才能真正产生绩效。因此,公众对公共事业管理的满意程度,也就必然成为衡量公共事业组织绩效的指标,是在一定程度将公共服务摆放到了特定的市场中,用市场所要求的方法进行的一种市场检验。实际上,从公共事业管理的角度看,公众满意程度评价是通过公共事业组织的服务对象,融经济、效率、效果和公正为一体所作出的评判,根本上是对公共事业组织绩效全面、综合和终极性的评价。

(二)公共事业管理公众满意度评价的方法

既然公共事业管理公众满意度评价在基本机制上是一种市场检验,尤其是现代公共事业产品生产和提供的特定方式本身具有经济性及与市场的联系,因此在衡量公众对公共事业管理的满意程度时,可以采取以下方法进行。

1. 通过调查,分析公众对公共事业管理的满意度 就公众对公共事业管理满意程度的调查而言,这实际上是为了获取公众对公共事业管理的一种主观评判,是评价公众满意程度的一个重要指标。公众对公共事业管理的主观评判，主要来源于对公共事业产品生产和提供的亲身感受，以及根据所获得的间接信息在其知识范围内所作的理性判断。这些判断或评价主要包括公共事业产品生产和提供的公正性和效率，以及具体产品的数量和质量等。

对公众进行调查的主体应该是非公共事业组织，调查的方法可以分为直接调查法和间接调查法。

2. 对公共事业产品进行"市场分析" 公众对公共事业管理的满意程度是通过对公共事业产品的评价来反映的。如果有关法律和政策保证了公共事业产品生产和提供的公正性，并且对同一公共事业产品有一家以上的生产者，也就是公众对公共事业产品有选择的自由并且能够选择，那么公共事业管理机构在公共事业产品这一特定市场上的状况就会折射出公众的满意程度，进而反映出公共事业管理的绩效。

对公共事业产品的"市场分析"，主要应考察公共事业产品的市场占有率。一般来说，公共事业产品的市场占有率高，就意味着该公共事业产品适合公众的需求且质量好，以及有一个良好的服务体系，这一服务体系既能及时地对公众的需求作出回应，又能提供对具体公共事业产品的应有的服务（包括售后服务）——相当一部分的公共事业产品本身就是一种商品，存在服务（包括售后服务）的问题。

（三）实施公共事业管理公众满意度评价的条件

公众满意度是现代公共事业管理评价中一个全新的理念，一个重要的评价手段，要实施这一评价必须至少具备以下条件。

1. 建立新型的公共事业产品生产和提供体制 这里所说的"新型"，基本含义是指公共事业管理体制中，公共事业产品的生产和提供方式必须是以符合准公共产品特点为基础建立的。在这一体制中，既有以政府为核心的多元管理主体系统，又有包括公共支出、社会投资等多元资金的投入。公共事业产品的生产和提供既体现出公共性，又保持了与经济的内在联系。

2. 公共事业产品生产企业有竞争的自由和公平竞争的环境 既然存在一个公共事业产品生产和提供的特定市场，同时要让公众真正享受到优良的公共服务并获得满意，对从事公共事业产品生产和提供的组织来说，其中必须要有竞争。为此，在法律和政策构成的制度空间下，从事公共事业产品生产和提供的各类组织，不管是政府组织还是非政府组织，乃至涉足公共事业产品生产的企业组织，在获取进入生产的机会和进行顾客竞争时，不会由于组织类型的不同以及与政府的关系不同而得到不同的条件或受到不同的待遇。

3. 公众有选择的自由和必需的民主意识 要真正反映出公众对公共事业管理的满意度，公众必须首先拥有在不同的公共事业产品生产者和提供者之间选择产品或服务的自由。有比较才能有鉴别，才能有真正的满意。公众的这一选择自由既依赖于拥有不同的公共事业产品的生产者和提供者，也取决于公众可以在不同的公共事业产品生产者和提供者中进行自主挑选，这实际上是民主的需求。同时，作为公众来说，作出自主的选择不仅仅是一种制度安排的逻辑结果，更是自身民主意识的理性必然。只有如此，才能对公共事业管理绩效作出深入的认识和评判。

本章小结

1. 公共事业的绩效管理是绩效和评估的互动过程，是各级管理者和员工为了达到组织目标而共同参与的绩效计划制订、绩效辅导沟通、绩效考核评价、绩效结果应用、绩效目标提升的持续循环过程。公共事业管理的基本绩效指标是经济、效率、效果和公平，同时应根据公共事业管理的特点具体分析。

2. 公共事业绩效管理的活动过程，可以从发生顺序和功能活动两个方面进行分析。从发生的先后顺序来看，公共事业绩效管理是一个包括绩效目标的确立、绩效目标的实施和检查评估目标完成情况的系统过程；从功能活动的角度看，公共事业绩效管理基本上是由绩效评估、绩效衡量和绩效追踪三个方面的活动组成的。

3. 公共事业管理的外部评价主要有社会评价和公众满意度评价。社会指标是社会评价科学性的重要保证，而简单"前—后"对比分析法是评价的基本方法。公众满意评价是在公共事业产品这一特定市场上的市场检验，根本上是对公共管理机构绩效全面、综合和终极性的评价。

思考题

1. 什么是公共事业绩效管理？它是如何产生的？
2. 公共卫生领域实行绩效管理的意义是什么？
3. 公共事业绩效管理的评价指标是什么？各自的基本内涵是什么？
4. 公共事业绩效管理的评价方法有哪些？
5. 什么是公共事业管理的社会评价？其评价方法和主要内容是什么？
6. 实施公共事业管理公众满意度评价的基本条件是什么？
7. 卫生系统部门(包括医疗机构、公共卫生机构、卫生监督机构等)要获得绩效管理的成功,需要具备哪些条件？

（曹文君）

第十章　公共事业项目管理

　　项目管理是 20 世纪 50 年代发展起来的综合性和应用性的管理学科和实践方法,与技术经济学、项目评估学、投资经济学、财务管理、计算机、系统工程等学科有着密切的联系,是现代管理学的重要组成部分,在建筑、航空航天、医药卫生、水利工程、通信、化工等重大领域发挥着巨大作用。

　　目前,我国公共管理环境和公共事业管理模式正发生着巨大的变革,政府将公共事业管理模式引入项目管理,在实现公共事业从垄断式管理向服务式管理转变、提高公共事业管理绩效、改善公共服务质量、缓解公共事业组织财政压力、满足公众需求等方面表现出了明显的优势。

第一节　公共事业项目管理概论

一、项目与项目管理的概念

　　"项目"早在 4 000 多年前就已存在,著名的古埃及金字塔,我国的万里长城、都江堰水利工程等,都是广为称颂的典型项目。虽然"项目"自古就有,但项目管理则是在二战后才逐渐被人们认识与接受的,这是由于二战时期需要在短时间内研制出新式武器,这些前所未有的项目不仅技术复杂,参与人员众多,而且时间也非常紧迫,因此需要通过项目管理来进行协调,合理安排时间,以便高效地完成项目。

　　"项目"的定义有多种,英国项目管理协会(APM)对"项目"进行了界定,并将其确定为英国的国家标准:项目是为了在规定的时间、费用和性能参数下满足特定的目标而由一个人或某一组织所进行的具有规定的开始和结束日期、相互协调的独特活动的集合。美国项目管理协会(PMI)在其项目管理知识体系(PMBOK)中对项目所下的定义是:项目是为了创造某项独特的产品或服务而进行的一项临时性任务。联合国工业发展组织在《工业项目评估手册》中提出,项目是对一项投资的一个提案,用来创建、扩建或发展某些工厂企业,以便在一定周期时间内增加货物的生产或社会服务。

　　整合上述有关项目定义的要素,可以将项目定义为:一个组织为实现自己既定的目标,在一定的时间、人员和资源的约束条件下,以必须达到约定的质量水平为目标,所开展的具有一定独特性的一次性工作。

　　传统上,项目管理的直观概念就是"对项目进行管理",属于管理的范畴,管理的对象就是项目。随着项目管理实践与理论体系的发展,人们一般从两个角度对项目管理下定义:一是指一种管理实践,是有意识地按照项目的特点和规律进行组织管理的活动;二是指一门管理学科,是以项目管理活动为研究对象,探求项目活动的科学组织管理方法的学科。综上,项目管理是在有限的资源条件下,为满足项目各利益相关者对项目的要求和期望,运用项目管理及相关学科的知识、技能、方法与工具,对项目的全过程进行计划、组织、领导和控制的活动。

（一）项目的类型及特点

项目的分类方法有很多种，可以从不同的角度对项目进行分类。

1. 按项目规模分类 根据投入项目的劳动、项目持续时间、项目投资额等指标，可以将项目分为大项目、中等项目及小项目。在采用这种方法对项目分类时，不同的国家、行业会有不同的标准。

2. 按项目的复杂程度分类 项目所包含的内容、技术、组织关系、人员关系的复杂程度存在相当大的差别，根据这些差别，可以把项目分为复杂项目和简单项目。

3. 按项目的结果分类 项目的结果基本上有两类，即产品和服务，项目也可以分为结果为产品的项目、结果为服务的项目，以及结果兼有产品和服务的项目三大类。

4. 按行业分类 按项目所在的行业，可以把项目分为工业项目、农业项目、卫生项目、教育项目、社会项目、投资项目、建设项目等。

无论何种项目，都具有如下基本特点。①目标性：项目的结果可以是某种期望的产品或特定的服务。项目的目标遵循 SMART 原则，即具体性、可衡量性、可实现性、相关性和时限性。②一次性：每个项目都有确定的起点和终点，当一个项目的目标已经实现或项目的需求不再存在时，项目就到达了终点。项目的一次性与项目持续时间的长短无关，例如，一个"社区慢病调研"项目只需要几周或几个月时间，而一个艾滋病控制项目可能需要持续 5~8 年。③系统性：项目是为实现特定目标而展开的多项任务的集合，是一系列活动的有机结合，是一个完整的过程。④制约性：每个项目都在一定程度上受到客观条件和资源的制约，例如人力资源、财力资源、物力资源、时间资源、技术资源、信息资源等。无论什么项目，其资源都不会是无限的，因此，合理地分配和利用现有资源是项目管理的重要内容。⑤其他特性：由于项目的产出与众不同，所以一般都具有创新性；项目独特性、制约性和一次性的特点，导致其具有风险性；项目团队常常是因为实施一个具体的项目而组建的，项目完成后，项目团队就会解散，项目团队成员会被重新分配，由此表现为项目组织的临时性。

（二）项目管理过程及特点

从金字塔的建造到都江堰水利工程的设计与实施，项目管理实践虽然从人们开始社会生产活动之日起就产生了，但是项目管理理论却是从管理学科中逐渐发展起来的。一般认为，近代项目管理是二战后的产物，早期主要应用于发达国家的国防工程建设方面。从 20 世纪 60 年代起，随着世界经济的快速发展，项目管理的理论与实践也经历了一个快速发展阶段，项目管理的理论、方法和技术不断发展，应用领域逐步扩大，在经济社会建设中发挥着越来越大的作用。我国引入现代项目管理理论并开展的第一个项目，是 1984 年由世界银行贷款的鲁布革水电站建设项目，由于该项目的经济效益明显，形成了所谓的"鲁布革冲击"，大大促进了项目管理在建设、电力、化工、煤炭等领域的推广应用。1991 年，中国项目管理研究委员会（Project Management Research Committee，PMRC）成立，并相继开展了项目管理知识体系、学历与非学历教育、资质认证等方面的研究与实践，对推动我国项目管理学科的发展、提高项目管理水平和促进经济社会发展起到了积极的作用。近年来，我国在卫生信息化建设、重大疾病防治、公共卫生体系建设、卫生人才培养、卫生机构基础建设等方面，开展了很多项规模不等的卫生项目建设，使卫生行业的项目管理得到了长足的发展。项目管理过程是"带来某个结果的一系列行动"，它由一系列复杂的子过程有机组成。以我国的公共卫生项目管理为例，其过程分为：①卫生项目概念阶段，即卫生项目的形成阶段或项目的起始阶段；②卫生项目的计划阶段，也称为项目的设计、规划或开发阶段；③卫生项目的实施阶段；④卫生项目评价阶段。

项目管理的主要特点：①项目管理是一项复杂的工作；②项目管理具有创造性；③项目管理需要集权领导和建立专门的项目组织；④项目管理者在项目管理中起着非常重要的作用。

二、公共事业项目的特点与分类

（一）公共事业项目的特点

公共事业项目是指政府、社会事业团体或社会福利机构等公共事业管理主体直接或间接向社会公众提供公共产品，以促进国民经济和社会发展、改善公共生活质量、提高社会文化水平和人口素质而进行的组织和配置社会资源的一次性活动。根据公共事业项目的性质和范围，可以将其特点归结如下。

1. 公共事业项目的公共性　一个项目所能提供的产品或服务按其是否具有竞争性和排他性分为三类：私人物品、准公共产品和公共产品。竞争性是指某一产品只能向一个消费者提供，而不能同时供多个消费者消费的性质；排他性是指个人在消费某一产品时，会将一些人排斥在该产品的消费过程之外，不让他人使用该产品，也不允许他人享有该产品带来的利益。公共产品的特征是非竞争性和非排他性，即公共产品可以集体消费，并且是免费的。准公共产品是介于私人物品和公共产品之间的物品，如收费公路可以集体使用，但却将不付费者排除在外。公共事业项目的产品或服务一般都是准公共产品和公共产品。

公共事业项目是经济系统和社会生活系统的重要组成部分，它为整个社会运转提供基础条件，是生产和生活共同使用的领域。它不单纯是为个别人、个别家庭、个别单位服务，而是为整个社会或局部区域提供社会化服务。因此，公共事业项目提供的产品或服务具有公共性。

2. 公共事业项目效益的外部性　外部效应是指项目实施对其他生产者或消费者产生的有利或不利影响。许多公共事业项目（特别是公共基础设施项目）的投资效益和经济效益，尽管可以用投资回收期的长短以及获取利润的多少等直接经济指标来衡量，但公共事业项目的效益经常体现为间接效益和社会效益的提高，包括因为没有该公共事业项目将面临的损失。由于公共事业项目具有较大的社会影响，因此项目的外部效应较大。许多公共事业项目效益的外部性是间接体现的，公共事业项目不仅产生经济效益，还产生社会效益和环境效益；不仅要着眼于物质资料的生产，还要充分体现精神文明建设的需求，如良好的公共关系、整洁文明的市容、投资环境的建设等。此外，公共事业项目的效益经常需要在较长周期内才能得到充分体现。例如，城市园林绿化提高了环境质量，给人们创造了良好的休息娱乐场所，使人民群众的身心得到健康发展，可以减少疾病的发生和传播。

3. 公共事业项目运转的系统性和协调性　公共事业项目的运转是一个有机的综合体，是社会大系统中的一个子系统。这就要求系统内部诸因素以及系统和外界环境之间要协调一致，这样公共事业项目才能保持良好的状态。例如，城市基础设施项目在时间、空间以及总量平衡、结构平衡方面相互联系的紧密程度是非常高的，以至于可以把一个城市的全部基础设施建设工程看作一个持续多年的特大项目。因而，城市基础设施项目建设具有整体性，如城市交通建设与供排水设施建设、供电供气设施建设、园林绿地建设之间有着很密切的联系，是一个大的系统整体，需要配套建设。以水资源的开发利用为例，防洪、水资源保护、城市供水、排水、污水处理、污水利用构成一个复杂的水分支系统，水分支系统内部的各项设施也是相互依存、相互制约的。

（二）公共事业项目的分类

可以按照不同的标准对公共事业项目进行分类。

1. 按照公共产品的种类分类　按照公共产品种类的不同，可以将公共事业项目分为公共卫生项目、科技项目、教育项目、文化项目和体育项目等。

公共卫生项目是以提高人民群众的健康水平、改善人们的医疗条件和生活条件、提高人们的身体素质为目的的项目，包括医疗卫生项目、环境卫生项目、妇幼保健项目等。

科技项目是指由科技管理机构出资，在国家科技计划中实施安排，由单位或个人承担，并在一定的时间周期内进行的科学技术研究开发活动。科技项目的目的在于落实国家科教兴国战略，巩固国家的综合实力和国际竞争力，提高科学技术转化为生产力的能力和速度。

教育项目是指以培养和提高受教育者的认知技能、劳动技能、文化修养、道德水平等为目的的活动，包括高等教育、基础教育、职业教育、岗位培训等各级各类普通教育和成人教育项目。

文化项目的目的在于通过文化交流开阔人们的视野，改善和调整人们的知识结构，陶冶人们的情操，提高文化修养，从而提高全社会的文化水平，加速社会精神文明建设。文化项目包括图书馆、博物馆、美术馆、文化馆、展览馆、档案馆、电影院、戏院（剧场）等的建设项目。

体育项目以增强劳动者体质、促进劳动者智力开发、减少因病伤而损失的劳动时间、提高劳动生产率、满足劳动者精神和文化生活的需要、为其身心健康全面发展创造条件为目的，包括群众体育设施、运动训练设施和运动竞赛设施等（如体育场、游泳池、射击场和训练房等）的建设项目。

2. 按照投资来源划分　分为政府投资项目和非政府投资项目。公共事业项目面向社会公众提供公共产品，政府在公共事业项目中起着特殊的作用。在很长的一段时期，国内的公共事业项目主要是由政府投资兴建和经营。在国外，许多国家的政府也在公共事业项目的建设和管理中发挥重要作用。

项目的投资来源不是划分项目是否属于公共事业项目的基本条件。就公共事业项目建设和运行的资金来源看，资金有可能来自政府财政预算，这类项目属于政府投资项目；资金也有可能来自非政府机构、社会资本或个人投资，则这类项目属于非政府投资项目。

3. 按照项目投资的国别划分　可分为国内公共事业项目和国际公共事业项目。来源于国内政府部门、社会团体、福利机构、基金会、企业或个人资助的项目，称为国内公共事业项目；反之，则为国际公共事业项目。随着世界经济一体化和全球化趋势的加强，国外资本进入我国公共事业项目领域进行投资和参与经营的情况越来越普遍。

4. 按照建设模式的不同划分　从政府、市场分工的角度，将公共项目建设管理模式分为三类。这三类分别为财政性直接投资为主的代建制，民间融资为主的建造 - 运营 - 移交（build-operate-transfer，BOT）模式、转让 - 经营 - 转让（transfer-operate-transfer，TOT）模式、公私合作（public private partnership，PPP）模式和多种经济成本并存、组建国有专门公司的运作模式。这三种模式可以衍生出多种项目融资模式。因此，这三种典型模式之间的比较分析对于公用事业引入项目融资具有普遍的指导意义。

三、公共事业项目管理的概念与原则

（一）公共事业项目管理的概念

公共事业项目主要是指教育、科技、文化、卫生、体育等社会公共服务领域的项目。公共事业管理是部分行政组织和社会公共组织依法对社会公共产品的生产、公共服务的提供、公共秩序的维护等所进行的规划、组织、决策、协调和控制过程。公共事业项目管理是公共事业管理的重要组成部分，是指公共事业组织为实现其满足公共需求、维护公共利益的宗旨，通过项目申请的形式获得资金、人力等社会资源，对项目进行有效的计划、组织、实施和评价，从而达到预定目标的管理活动。公共事业项目管理的主体是公共组织，客体是各类公共事业项目，基本目标是保证社会公共利益。

（二）公共事业项目管理的原则

项目管理是组织实现其战略目标的重要手段，在组织的生存和发展中处于十分重要的地位。公共事业项目管理既有一般项目管理的共性，又有其自身的特点。因此，在公共事业项目管理的过程中应遵循以下原则。

第一，紧扣组织宗旨，以目标群体为导向。宗旨是组织的灵魂，是其存在和发展的依据。公共事业组织是不以营利为目的的、向社会提供广泛的社会服务的组织，因此公共事业组织在项目设计和实施的过程中要紧密结合组织宗旨,充分考虑目标群体的需求。

第二,重视申请环节,强化过程监督。公共事业组织开展的项目主要来源于组织外部,通常需要向外部机构,如基金会、政府部门、企业等申请。因此,要重视项目申请环节,做好项目选择、可行性分析、项目申请书撰写等环节,努力提高项目申请的成功率,为组织向社会提供公共服务争取资源支持。项目申请成功后,也应加强实施过程中的多方监督,提高项目运作的效率。

第三,关注社会效益,兼顾项目运行效率。公共事业组织开展的项目不以营利为目的,与私营部门追求经济效益相比,更关注项目的社会效益。但公共事业项目管理也需要优化资源配置、控制成本,以确保项目运行的效率。

第二节 公共事业项目管理过程

项目管理是一种整合性工作,要求每个项目过程和产品过程都与其他过程恰当衔接与联系,以便彼此协调。在一个过程中采取的行动通常会对这一过程和其他相关过程产生影响。例如,项目范围变更通常会影响项目成本,但不一定会影响沟通管理计划或风险程度。过程间的相互作用经常要求对项目需求和目标进行折中平衡。具体的平衡方法则因项目而异,因组织而异。有些情况下,为了获得所需的结果,需要反复地执行某个过程或某组过程。对于公共事业项目管理过程,同样可以将它看成一个由不同阶段组成的系统流程,按项目的生命周期可分为以下阶段:项目概念阶段、项目计划阶段、项目实施与控制阶段、项目终结与后评估阶段。每个阶段均有其特定的内容和需要解决的问题。

一、项目概念阶段

(一)撰写项目建议书

项目建议书是立项的前提条件,是承约商按客户的要求提供给客户的有关客户需求的承约申请。公共事业项目建议书是对拟开展的公共事业项目所作的轮廓设想和初步选择的建议性文件,是在宏观上考察拟建项目是否符合投资者长远规划、宏观经济政策和国民经济发展要求,初步说明项目实施的必要性,初步分析人力、物力和财力等建设条件的可能性与具备程度的文件。对于公共事业组织来说,项目建议书的撰写是决定能否得到资助方审批的重要环节之一。

项目建议书主要从总体上对拟建项目的目标与产出、进度计划、资金估算、社会效益和经济效益等进行说明,作为决策者选择项目的初步依据和进行可行性论证的基础。因此,一般情况下,项目建议书至少应该包括以下内容。

1. 项目概要　该部分内容包括:机构的背景信息、使命与宗旨;项目要解决的问题和解决问题的方法;项目申请方的能力和以往的成功经验等。

2. 项目背景、存在的问题和需求　该部分通常包括以下信息:项目范围(问题与事件、受益群体);项目产生的宏观背景与社会环境;提出项目的理由和原因以及其他长远的战略意义等。这一部分需要凸显项目实施的必要性。

3. 目标、产出与受益群体　该部分要详细介绍项目的总体目标、阶段性目标与任务以及各目标的评估标准。总体目标通常是一个长期的、宏观的、概念性的、比较抽象的描述。总体目标可以分解成一系列具体的、可衡量的、带有明确时间标记的阶段性目标。

4. 解决方案与所需资源　该部分需要介绍如何解决问题以达到目标,即采用什么方法、开展什么活动来实现预期目标;充分说明项目所选择的方法是科学、有效、经济的;客观表明采用这种方法时可能面临的风险和挑战。此外,还要列出在方案执行中需要的条件和资源,包括由谁、在什么时候、使用什么方法、做哪些事、做这些事的人要具备什么能力和技能等。

5. 费用预算与效益　该部分需要叙述和分析费用预算中的各项数据、总成本与各分成本，包括人员、设备的费用等。其中，人员经费类别可以包括工资、福利和咨询专家的费用；非人员经费类别可以包括差旅费、设备费和通信费等。要写出所需经费的总数以及与项目相关的财务与审计方法。尽管公共事业项目的社会效益难以量化，但还是应该利用一些数据对其加以分析和估算。例如，一个为吸毒人员免费提供戒毒服务的机构，无法评价其经济效益，但其社会效益是可以估算的：通过服务于一名吸毒人员，可以减少哪些方面的社会问题，可以对吸毒人员的医疗、失业、犯罪等相关费用进行估算。

6. 项目进度计划（时间表）　该部分需要详细描述各项任务的先后顺序以及起始时间。可以用一个带有时间标记的图表（如甘特图）来表示，这样就可以一目了然地说明"在什么时候做什么"，以及各项工作的先后顺序、逻辑关系等。

7. 项目组织架构　该部分需要描述为了达成项目目标，需要什么样的执行团队和管理结构。执行团队应包括所有项目组成员（志愿者、专家顾问、专职人员），并说明他们与项目相关的工作经验、专业背景、学历等。执行团队的经验与能力往往在很大程度上决定着项目的成败。另外，还要明确项目的管理结构，应该明晰地写出项目总负责人、财务负责人及其他各分项目的负责人。如果是两个或多个机构合作完成一个项目，还需要说明各机构的分工。

（二）项目可行性研究

"先论证、后决策"是现代项目管理的基本原则。公共事业项目可行性研究是在公共事业项目作出实施决策前，为判断该项目是否合理可行而对与其相关的社会、经济和技术等各方面情况进行调查研究，全面分析论证，为项目决策提供科学依据的过程。对不同项目，可行性研究的深度和复杂程度不同，一般包括如下内容。

1. 初步可行性研究　分析项目建议书所提出的项目的必要性、合理性、风险性和可行性，评价项目建议书中所得出的各种结论，从而作出项目是否立项的决策。项目可行性分析一般包括以下方面的内容。①技术可行性分析：对于项目所采用的技术手段和项目产出的技术要求等方面的分析与评价。对于公共卫生项目，技术可行性主要表现为项目理论的合理性。②经济可行性分析：即对项目的投入与产出方面的分析和评价。③项目的运营可行性分析：即对项目所需的各种条件和项目产出物投入运营后所需的各种支持条件的分析与评价。对于公共卫生项目，其主要表现为项目成果的可持续性。④项目的综合可行性分析：即将上述各单项综合在一起进行分析与评价。

2. 详细可行性研究　在初步可行性研究的基础上，根据项目管理的需要和要求，可进一步详尽地研究项目的可行性，它一般要比初步可行性分析复杂得多。

（三）项目团队的构建

项目正式立项后，进入启动阶段。启动阶段的主要工作是建立项目管理组织以开展项目的管理工作，解决的是项目管理组织的构建问题。为了使公共事业项目管理工作保持明确的方向性和连续性，该管理组织需要配备足够的人员，并明确每个成员的权利与职责。公共事业项目管理的组织结构可以设计成三个不同的层次：领导小组、管理小组和各种类型的工作小组。

第一个层次是领导小组，由政府职能部门或其他公共事业组织的领导组成。领导小组的建立要解决三个方面的问题：首先，制定启动战略，确定下属管理小组和各个工作小组的职责与任务，制定衡量公共事业项目的业绩标准。其次，对政府公共事业项目管理工作提供战略和政策方面的指导。领导小组成员并不是把全部时间都用于项目管理工作，而是通过定期开会来批准计划和检查公共事业项目进展情况，以实现对项目的宏观控制。最后，在项目管理中起协调作用。部门领导之间的沟通对项目管理的成功起到非常关键的作用，部门领导之间的协调可以大大减少沟通障碍或矛盾冲突。

第二个层次是管理小组，由政府职能部门和项目承包单位选调出的专职人员组成。公共事业项目管理小组建立的目的是编制项目计划、制定衡量工作业绩的标准以评估项目进展是否顺利，确保项目工作按既定的日程进行，并提供日常指导和决策。管理小组对领导小组负责，在领导小组的领导下协调和处理下属各工作小组提出的方案。

在项目管理体制中，公共事业项目一般实行项目管理人负责制。项目管理人是项目的负责人，负责公共事业项目的组织、计划和实施全过程。项目管理人是决定项目成功与否的关键人物，作为项目负责人，其责任就是通过一系列领导和管理活动，使公共事业项目的目标得以实现，并使项目利益相关者满意。在公共事业项目的实施过程中，项目管理人的主要任务体现为对项目目标有一个全局的观点，制订计划，报告项目进展，控制反馈，组建团队，在不确定的环境下对不确定问题进行决策，在必要的时候进行谈判并解决冲突，以确保项目的成功实施。公共事业项目管理的实践证明，公共事业项目负责人必须具备相应的素质和能力，如良好的品质、健康的身体、全面的理论知识、系统的思维能力、娴熟的管理能力、积极的创新能力、卓越的领导能力以及丰富的项目管理经验。

第三个层次是工作小组，由项目承包单位的人员组成。工作小组可能不止一个，不同工作小组分别负责资源、技术、财务、采购等方面的问题，执行管理小组的指令，解决项目过程中的具体问题，提出解决方案以供管理小组决策，对管理小组负责。

二、项目计划阶段

（一）公共事业项目计划概述

一般而言，项目的计划包括如下几个方面：一是制订项目计划；二是和项目利益相关者进行必要的沟通，并达成承诺；三是维护已经制订的计划。其中，制订项目计划的起点是产品和项目的需求。

当项目可行性研究结果表明公共事业项目已经具备了必要条件时，项目管理人和项目团队就需要着手制订公共事业项目计划。公共事业项目计划是为完成项目目标而对项目实施工作中的各项活动作出的安排，是项目实施的蓝本，规定了执行哪些活动、什么时候执行、由谁执行、执行活动的质量要求、活动成本、评估活动绩效的方法及标准等。

公共事业项目计划是指导组织、实施、协调和控制项目过程的文件，是避免浪费、提高效率的手段，不但要确定目标，还要设计实现目标的有效方案、措施和手段。项目计划可以是阶段性计划，也可以是全程性计划，这取决于项目的性质、时间跨度和项目团队掌握的详细资料等。一般而言，项目和项目环境总是处于变化之中，因此，计划也要适时作出修改。

在制订项目计划之前，必须首先明确项目团队所拥有的或可支配的资源，了解项目目前已完成的工作情况，同时确定未来的工作目标。项目计划一般要做以下工作：一是收集资料，即收集制订公共事业项目计划的资料、数据、依据和前提等，如以往的历史资料、组织方针、制约因素以及假设前提等；二是学习制订公共事业项目计划的方法、工具、技术、知识和经验等；三是编制公共事业项目计划书和相关文件。

（二）公共事业项目计划的作用

制订一个良好的项目计划是公共事业项目管理的关键。任何项目管理都是从制订项目计划开始的，项目计划是项目实施的基础，是一种协调工作、交流思想和分析变化影响的工具。

项目计划是为方便项目的实施、协商、交流和控制而设计的，其目的是使整个项目始终处于可控制的状态。其具体作用表现为：第一，项目计划可以确定项目管理成员的工作责任范围及相应的职权，以便按照既定要求去指导和控制项目工作，从而减少风险；第二，项目计划可以使项目管理成员明确自己的努力目标，以及实现目标的方法、途径及期限，并且确保时间、成本及其他资源要求的最小化；第三，项目计划可以促进项目管理成员及项目委托人和管理部门之间的交流和沟通,提高客户的满意度,并使项目各项工作协调一致,同时在协调关系的过程中了解哪些是关键因素;第四,项目计划可以作为分析、协调、记录项目范围变化的基础,也是预定时间、人员和经费等的基础。项目计划为项目的进一步跟踪和控制提供了一条基准线,可以用于衡量进度、计算各种偏差、决策修正措施等。

(三)公共事业项目计划的原则

制订项目计划,要遵循以下基本原则。

1. 目的性　任何项目都有明确的目标,以反映该项目特定的功能、作用和任务。因此,项目计划就是围绕实现项目目标而制订的。

2. 系统性　项目计划本身是一个系统,由一系列分目标及实现这些分目标的各个分计划组成。各个分计划不是孤立存在的,彼此之间相对独立,又紧密相关,从而使制订出的项目计划也具有系统的目的性、相关性、层次性、适应性、整体性等特征,使项目计划形成一个有机协调的整体。

3. 动态性　这是由项目的生命周期所决定的。一个项目的生命周期短则数月,长则数年,在此期间,项目环境常处于变化之中,这就有可能使项目的实施偏离项目基准计划,因此项目计划要随着环境和条件的变化而不断调整和修改,以保证完成项目目标,这就要求项目计划要有动态性,以适应不断变化的环境。

4. 相关性　项目计划是一个系统的整体,构成项目计划的任何分计划的变化都会影响到其他计划的制订和执行,最终影响到项目总计划的正常实施。因此,制订项目计划要充分考虑各分计划间的相关性。

5. 职能性　项目计划的制订和实施不是以某个组织或部门内的机构设置为依据,也不是以实现自身的利益或满足自身要求为目的,而是以项目和项目管理的总体要求与职能需要为出发点,涉及项目管理的各个部门和机构。

三、项目实施与控制阶段

公共事业项目实施是公共事业项目管理的决定性环节。在实施过程中,项目实际进度会由于内部条件的不确定性和外部环境的随机性而发生变化。因此,项目管理人和项目团队需要对项目各阶段进行监督和控制。所谓监督和控制,是指监督和衡量项目进展情况,若发现实际情况偏离目标,应找出原因并判断这种偏离是否会最终影响目标的实现,必要时应采取措施使过程按照计划进行。

因此,公共事业项目实施与控制阶段的工作是追踪公共事业项目的进展,根据项目计划的要求提出具体的改进方案和矫正对策,该阶段的工作要点是诊断、分析和调整。项目管理小组要经常将实际进展与计划进度相比较,监控项目工作的日程和预算执行情况,以便发现进度的偏差,及时采取应对措施。当某项工作进展显示公共事业项目可能延期时,要找出实施的关键路线,采取积极的应变措施,保证关键活动按时完成。

(一)公共事业项目的实施

公共事业项目实施的主要内容有:执行项目计划,按照已有项目计划开展各项工作,并根据项目实施中发生的实际情况,进一步明确项目计划所规定的任务和范围;采取各种质量保证和监控措施,确保项目能够符合预定的质量标准;提高项目团队的工作效率和对项目进行高效管理的综合能力;采购与招标、合同管理等。以公共卫生项目为例,项目实施主要包括以下内容。

1. 项目的启动　按照相关法律、法规的规定,经过必要的程序,一旦项目获得相关部门的批准,项目的管理者就着手实施项目计划。项目管理者将组织正式的项目启动会,宣传、说服和动员各级各类卫生机构开展工作;开展相关的培训,协调项目实施单位在人员、财务、物资、相关业务方面的合作与交流事宜；规范完善项目章程；任命项目负责人和组建团队；签署各方项目委托书等。

2. 项目的监测 项目一旦进入实施阶段，管理人员就需要利用信息系统对项目的实施情况进行跟踪与报告，这就是项目监测。其一方面是对项目计划的执行情况进行监督，包括时间、质量、资金、进度等方面；另一个方面是对影响项目目标实现的内、外部因素的变化情况和发展趋势进行分析与预测。

3. 项目的控制 项目的实施范围涉及项目的所有工作，贯穿项目全过程。在项目实施过程中，会有很多不可预测的情况发生，从而导致项目范围蔓延或萎缩、时间延后、质量降低、费用超支或使用不足等情况。为了在项目重要环节点进行监督管理，需要利用各种方法发现存在的问题或苗头，加强项目管控，使得项目严格按照预定的计划执行。

4. 项目的督导 由于项目会受到外部环境因素的影响，在实施过程中，项目执行者往往难以把握，特别是一些全国性或区域性大型公共卫生项目，由于各项目地区实施项目的条件和环境差异较大，当地政府及卫生组织对项目的理解和支持程度也不完全相同，需要项目的高层管理者对项目的实施情况进行监督和指导，以保证整个项目按计划执行。例如，我国政府承接的世界银行贷款卫生项目，是由国家卫生主管部门、世界银行及省级卫生项目管理机构定期派出相关专家组织赴项目地区进行监督指导，通过对比项目计划与实施执行情况，纠正实施过程中发现的问题，督促项目进程，或调整项目计划，或开展技术指导，及时帮助纠正项目实施过程中出现的偏差，以保证项目目标的实现。

（二）公共事业项目监控的步骤和策略

项目监控系统主要覆盖项目的三个方面，即投入、过程、产出。投入是指实施项目的现有资源，如人力、经费、设备、物资和工作时间等；过程是在现有的项目资源下，为达到项目的预期结果而开展的一系列活动；产出是在一系列活动开展后，项目能够立刻得到的结果，如发放的物品数量、接受培训的人数、活动覆盖的人数、获得服务的人数等。其中，最重要的是对过程的监控，主要包括以下三个层级递进的步骤。

一是制定监控标准。项目过程监控要从编制计划开始，各项计划是公共事业项目过程控制的基本标准，计划从数量、质量、时间、成本和效益等方面作出规定，控制工作应以各项实施计划为准绳。

二是衡量执行结果。将项目的实际执行情况与标准和计划作比较，据此发现问题。衡量的方法有直接观察法、统计分析法、例会报告法等。

三是采取措施纠正偏差。发现问题、找到偏差后，要分析产生偏差的原因，采取可行的有针对性的纠偏措施，或者重新修订计划，或者重新调配资源，或者改善管理方法。

公共事业项目监控的方法和策略主要有以下几种。

第一，保留控制权。公共事业项目实施过程中，具体工作由团队成员去做，要把必要的权限交给他们，但在团队成员完成任务后，应把相应的权限及时收回。在把工作权限委托给下属时，下属的自我控制能力就变得非常重要。遇到难题或不利局面时，需要由项目团队和利益相关者进行分析讨论，提出建议，拟定多种备选方案，并择优选取方案。为了保持对项目的控制，项目管理人要对团队成员的工作给予指导和帮助。

第二，保持决策者的信息畅通。项目管理团队可支配的资源及权力都是有限的，对于一些重大问题，必须争取公共事业项目决策者的支持，提前将重大问题报告给他们，使其能够根据及时、准确和可靠的信息作出决策。如果有需要决策者批准的问题，要提前准备好相关资料和文件，着重摸清问题产生的相关背景，以便决策者及时作出判断。

第三，充分利用决策层的协调能力来加强监控。在对项目进行监控时，往往需要项目团队以外的有关职能部门的配合。由于决策层可以统率全局，因此在许多情况下，由项目实施组织的决策者负责沟通协调,可以加强对项目的监控。

第四,加强沟通。加强项目内外和上下的沟通,顺畅信息交流,做到上情下达,这是实行项目控制的基本条件。项目团队应当建立起完善的沟通网络、信息反馈机制和定期报告评价系统。

(三)公共事业项目的控制

项目控制是项目管理人员的主要职能。例如,项目管理者通过项目监测发现某项目的结束时间有拖延,就可能需要调整人员的安排计划,或者要求现有人员付出额外劳动,同时增加其他资源投入,那么项目管理者就必须在预算和进度之间进行权衡。由此来看,各级项目经理是进行日常项目控制的主体。在许多大型项目中,往往设置项目办公室,项目控制就成为项目办公室的主要职责;一些小型项目没有设立项目办公室,项目控制职能一般由项目负责人或其委托的项目管理人员负责。目前,在一些政府发起的卫生项目中,还规定由项目监理公司作为第三方参与项目的质量控制。随着项目管理制度的不断完善,公共卫生项目的质量控制逐步由项目组织的内部控制,转变为内部控制与外部控制相结合的方式,以提高项目执行质量。项目控制过程具体如下。

1. 制定项目控制目标,建立项目绩效考核标准　项目控制目标包括项目的总体目标和阶段性目标。总体目标通常就是项目的合同目标;阶段性目标可以是项目的里程碑事件要达到的目标,可以由项目总体目标分解来确定。绩效标准通常根据项目的技术规范和说明书、预算费用计划、资源需求计划、进度计划等来制定。

2. 衡量项目实际工作状况,获取偏差信息　通过将监测所获得的信息以及各种项目执行过程的绩效报告、统计数据等文件与项目合同、计划、技术规范等文件对比,及时发现项目执行结果和预期结果的差异,以获取项目偏差信息。

3. 分析偏差产生的原因和趋势,采取适当的纠偏行动　项目进展中产生的偏差就是实际进展与计划的差值,一般会有正向偏差和负向偏差两种。正向偏差不一定是好事,负向偏差也不一定是坏事,关键是看正向、负向偏差产生的原因。

(1)造成项目偏差的责任方通常有卫生管理机构、项目执行机构、项目相关部门和机构以及不可抗力因素等。

(2)造成项目偏差的根源有项目目标的原因、项目理论与项目假设的原因、项目计划的原因、项目实施过程的原因等。

(3)偏差趋势分析主要是分析偏差会随着项目的进展增大还是缩小,是偶然发生的还是必然会发生的,以及对项目后续工作的影响程度等。

(4)偏差分析的目的就是确定纠偏措施,明确纠偏责任。只有掌握了项目偏差信息,了解了项目偏差的产生根源,才可以有针对性地采取适当的纠偏措施。而只有明确了造成偏差的责任方和根源,才能分清应由谁来承担纠正偏差的责任和损失,以及如何纠正造成偏差的行为。

四、项目终结与后评估阶段

(一)公共事业项目终结

1. 项目终结的概念　公共事业项目终结是公共事业项目管理组织向项目业主交接项目的阶段,这一阶段的工作主要包括项目竣工验收、评估工作质量、分析项目成功或失败的原因以确定今后公共事业管理的内容等。

公共事业项目出现下列情形时,就要适时终结:项目目标已经实现;项目超出预算或严重不能按计划进展,难以实现目标;公共事业组织或合作者的战略发生变化;项目无法得到必需的资源,项目融资无法实现;环境发生变化;项目不再拥有竞争力或者实际价值;项目被无限期延长。

2. 项目终结的种类　根据项目的最终结果,可将项目终结分为成功式终结和失败式终结。前者是由于项目达到了预期目标,按计划圆满结束;后者则相反。

根据造成终结的原因,可将项目终结分为正常式终结和非正常式终结。在项目正常终结后,应进行项目验收和后评估,实现项目的移交和清算。非正常式终结是指项目由于种种原因不能完成原定计划目标,或者项目管理者主动放弃项目实施而造成项目任务无法完成。

根据项目终结的性质,可将项目终结分为自然式终结、整合式终结、内含式终结和绝对式终结。①自然式终结是一个逐渐终结的过程,通过缩减或停止项目资源的供应而使其自生自灭,一般不成功或无力继续实施的项目采用这种方式终结。②整合式终结多被成功项目采用,当项目终结时,项目的结果将被完全融合为组织的一部分。若是组织内部项目,则整合式终结是分散与派遣项目成员最有效的方式。③内含式终结也称为附加式终止,指的是项目终止时,项目团队被发展成为系统或组织的一个组成部分,其项目成员及所属财产、资源等可直接转移给新成立的部门。④绝对式终结指项目一旦终结,与项目相关的所有实质性活动都将停止,但管理活动仍在进行。

3. 项目终结的程序　作出项目终结的决策后,就要开始项目终结的具体实施过程。通常为了使公共事业项目有一个较好的结果,特别是对一些大型项目或有较大影响的项目,有必要对终结过程进行计划,整理各种相关资料,做好相应的人员安排,并提交项目终结的详细报告。项目终结程序通常包括以下步骤。

第一,作出项目终结决策。在作出终结决策之前,要仔细核查项目的工作范围,从而确定项目是否已经完成。在这一过程中,现场查看是一种有效的方法,它可以避免遗留问题的出现和发现项目成员对工程过于乐观的估计。第二,列出工作活动清单。把项目中需要完成且易被忽视的工作列在清单上,并安排专人负责,以引起足够的重视。第三,征得项目成员的一致意见并召开结束会议。当项目成功时,项目团队成员比较容易达成终结意见;但如果项目由于某些原因而将非正常终结时,则项目成员会产生分歧,这时,一定要争取使团队成员在项目终结决策上达成共识。第四,做好内部沟通。当项目负责人作出终结决策时,要及时通知项目成员,使成员能够了解项目终结的最后期限,以便他们根据时间的要求来调整自己的工作进度。第五,做好外部沟通。把项目终结日期及时通知客户等利益相关者,这样不仅能帮助项目组织及时清收款项,还可以为项目节省一定的开支。第六,进行项目决算。财务部门成员要总结项目全过程的资金情况,为项目的后评估提供第一手资料。第七,合理处置资源。把项目中使用过的设备、仪器和剩余的物资、原材料归集起来并登记入册,暂借或租用的设备要及时归还。第八,项目移交。当上述工作全部完成时,就可以把项目移交给有关部门。

(二)公共事业项目后评估

1. 项目后评估概述　公共事业项目后评估是相对于项目前评估(即项目论证)而言的,是指对已经完成的公共事业项目的目标、执行过程、效益、作用和影响进行系统、客观的分析,通过考核、检查来确定项目预期的目标是否达到,项目的主要效益指标是否实现,并分析项目成功或失败的原因,总结经验教训,为未来新项目的决策和管理提供借鉴。

项目后评估与项目论证的区别在于:项目论证的目的主要是确定项目是否可以立项或实施,主要应用预测技术来分析评价项目未来的效益,以确定项目是否可行;项目后评估则是在项目完成后总结项目的执行过程,并通过预测而对项目的未来进行分析和评价,其目的是总结经验教训,以改进决策和提升管理水平。

2. 项目后评估的内容　基于现代项目后评估理论的发展,公共事业项目后评估的基本内容包括项目目标后评估、项目效益后评估、项目影响后评估、项目管理后评估以及项目持续性后评估。下面将重点介绍项目目标后评估、项目效益后评估和项目管理后评估。

(1)项目目标后评估:公共事业项目目标后评估的任务是评定公共事业项目立项时各项预

期目标的实现程度,对照原定的主要指标检查项目实现的实际情况和有关变更,分析偏差产生的原因,以判断目标的实现程度。目标后评估的另一项任务是对决策目标的正确性和合理性进行分析评价。有些项目的原定目标不明确、不符合实际情况或遇到重大变数以致项目实施过程发生了重大变更,对此,项目后评估时要对此进行分析和评价。

(2) 项目效益后评估:即财务评价和经济评价,但基于公共事业项目本身的特点,项目效益后评估应侧重项目的社会效益评估,兼顾项目的经济效益评估。

公共事业项目的社会效益评估是指从国家或社会整体发展目标出发,评价项目对收入分配、社会公平、环境保护等社会发展目标的影响。公共事业项目主要是教育、科技、文化、卫生、体育等社会公共服务领域的项目,社会效益是第一位的追求,因而对公共事业项目的社会效益评估要看单位投资在上述服务领域取得的改善效果。

项目微观经济效益后评估是指从公共事业项目本身出发,根据国家现行财税制度和现行价格,测算项目投产后的成本与效益,分析项目的财务净效益,检验财务效益指标的计算是否正确,以确定项目在财务上的可行性。尽管公共事业组织是非营利组织,但为了可持续发展,以及为社会提供更优质的公共服务,一般也要求项目管理以收抵支,自求收支平衡或者略有结余。

项目宏观经济效益后评估通常是指从宏观的角度分析公共事业项目对国民经济和社会的贡献,检验经济效益指标的计算是否正确,分析与评估项目在财务上的营利性和偿还能力,采用影子价格和国际经济参数审查项目投入和产出预算是否科学合理,全面客观地反映项目的宏观经济效果。通过宏观经济效益评估,对项目进行比较、筛选,可以在全社会范围内实现人、财、物等资源的优化配置。

(3) 项目管理后评估:公共事业项目管理后评估以项目目标和效益后评估为基础,结合其他资料,对整个项目周期中各阶段的管理工作进行评价,目的在于通过对项目各阶段管理工作的实际情况进行分析研究,作出比较和评价,了解目前公共事业项目管理工作的水平,并通过总结经验教训使之不断改进和提高,为更好地完成以后的项目目标服务。项目管理后评估主要包括项目过程后评估、项目综合管理后评估以及项目管理者评估。

项目后评估的结果汇总后需要形成一份项目后评估报告,其内容一般包括摘要、项目概况、评估内容、主要变化和问题、原因分析、经验教训、结论和建议等。

3. 项目后评估的方法　公共事业项目后评估的方法主要有财务评估法、国民经济评估法和社会评估法。公共事业项目一般同时具有效率和公平两个目标,最终目标是社会综合效益的最大化,更强调宏观社会效益和经济效益。因此,公共事业项目的后评估更注重社会评估和国民经济评估。

(1) 公共事业项目财务评估法是在国家现行财税制度和价格体系下,分析计算项目直接产生的财务效益和费用,编制财务平衡表,计算评估指标、考察项目的盈利能力、清偿能力等财务状况,据此判断项目财务可行性的一种分析评估方法。一般采用现金流量分析、静态和动态获利性分析及财务报表分析等基本方法。

(2) 公共事业项目国民经济评估法是按照资源合理配置的原则,从国家整体角度和社会需要出发,采用影子价格、影子汇率、影子工资、社会折现率等经济评估参数,计算和分析国民经济为投资项目所付出的代价以及投资项目对国民经济所作出的贡献,以评估投资项目在经济上的可行性。国民经济评估可以直接进行,也可以在财务评估的基础上进行。

(3) 公共事业项目社会评估法是指从国家或社会整体发展目标出发,除了在经济学范围对项目产生的社会影响进行评估外,还进一步分析评估项目对实现国家或地方各项社会发展目标所作的贡献与影响,也包括项目与当地社会环境的相互影响。公共事业项目社会评估法主要有文献调查法、问卷调查法、专家讨论法、访谈法和观察法等。

第三节　公共事业项目管理范畴

公共事业项目管理的纵向过程和横向范畴是紧密结合的。公共事业项目管理不仅要在项目生命周期内协调从立项到评估的管理过程，还要处理不同阶段中项目时间、资金、质量、人力资源、风险管理等范畴。

一、公共事业项目时间管理

公共事业项目时间管理又称进度管理，是为了确保项目准时完成而进行的一系列管理活动，包括具体进度计划、进度优化、进度控制等工作。进度问题在项目生命周期中引起的冲突最多，按时交付项目是项目管理者面临的最大挑战之一。因此，成功的项目时间管理是实现项目目标的关键。

（一）项目进度计划

项目进度计划是在项目工作结构分解的基础上，对项目活动作出的一系列安排，包括项目活动定义、项目活动排序、项目时间估算以及项目进度计划的编制。

1. 项目活动定义　是指界定完成项目目标、交付成果或半成品所必须进行的具体活动。通过活动定义可以得到项目活动清单，它不仅包括本项目中将进行的所有活动，还包括对每一个活动的具体说明，以确保项目成员能够理解该项目工作应该如何完成。

2. 项目活动排序　是指确定各活动之间的依赖关系和前后秩序，并使之形成文档。这项工作可以手工完成，也可利用计算机进行（如使用项目管理软件），或者二者结合使用。

3. 项目时间估算　是指对完成项目的各种活动所需时间所作的估算。时间估算应尽可能接近实际并不断更新，以保证项目的正常实施，避免失控。影响项目时间估算的因素主要有参与人员的熟练程度、工作能力和效率以及突发事件和项目计划的调整等。

4. 项目进度计划的编制　项目进度计划的编制方法主要有甘特图法、关键路径法。其中，甘特图法是一种应用比较广泛的方法。甘特图又称横道图，它通过日历形式列出项目活动工期及其相应的开始和结束日期，为反映项目进度信息提供了一种标准格式。关键路径法是一种运用特定的、有序的网络逻辑来预测总体项目历时的网络分析技术，它可以确定项目各活动最早与最晚的开始和完成时间。

（二）项目进度优化

项目进度优化又称项目进度调整，是指在项目实际的运行过程中，根据项目遭遇的实际情况，对项目计划所作的一种建设性调整。项目进度优化的途径主要有以下两种：第一，在不增加资源使用的前提下压缩项目时间，即改变活动间的逻辑关系来缩短总时间，主要是将原来某些前后衔接的活动改为互相连接。同时，适当减少非关键活动的资源供给，将扣除的资源投入关键活动中，从而缩短关键活动的持续时间。第二，时间 - 费用优化法。为了加快项目进度必须增加投入，以最少的投入增加得到最优的计划。可以根据网络分析得到项目活动的费用率、极限项目时间、每项活动可以压缩的时间以及相应要增加的成本，并据此调整项目的时间和每个活动所需的费用，以达到最佳效果。

（三）项目进度控制

项目进度计划的制订是为了指引项目实施者按照计划行事，但由于计划阶段的工作具有很大的主观性，难免与实际情况不相符，因此项目进度控制尤为重要。通过对项目实施的全程进行跟踪，查看记录和报表，将实际进度与计划进度进行比照，当实际进度超出了一定限度时，就需要及时纠正。

1. 加强对项目团队成员的管理 项目负责人要用授权、激励和纪律等各种方法和措施来强调按进度计划执行项目的重要性。由于项目是由不同的团队成员共同完成的，并不是由项目负责人独立完成的，因此，项目负责人应该授权给团队成员，让其各尽其责，也可适时地利用各种奖罚制度来敦促项目团队成员，以利于进度计划的实施。

2. 利用甘特图等进度图表实施控制 甘特图具有直观、形象等特点，有助于及时找到实际进度与计划的偏差，避免由于拖延时间而耽误项目的顺利进行。值得注意的是，利用图表的方式确认时间和工作量的完成情况时，应定期进行检查，如果发现问题，应立即分析问题出现的原因，并及时进行调整。图 10-1 为某项目的任务甘特图。

任务甘特图

任务名称	计划开始日期	计划天数	计划结束日期
项目确定	2021/1/1	5	2021/1/6
问卷设计	2021/1/6	4	2021/1/10
试访	2021/1/9	2	2021/1/11
问卷确定	2021/1/10	1	2021/1/11
实施执行	2021/1/11	15	2021/1/26
数据录入	2021/1/26	5	2021/1/31
数据分析	2021/1/31	4	2021/2/4
报告提交	2021/2/2	5	2021/2/7

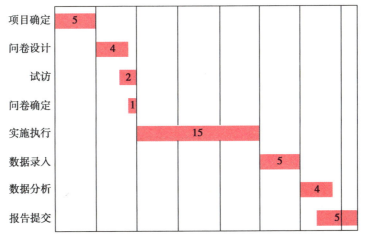

图10-1 某项目的任务甘特图

二、公共事业项目资金管理

公共事业项目资金是公共事业项目执行过程中所耗费的各种费用的总和，包括项目基础投资、前期费用、项目执行中的管理费和其他费用等。公共事业项目资金管理是指为了保证项目实际发生成本不超过项目预算成本而进行的资源计划、资金估算以及资金控制等活动。

（一）项目资源计划

项目资源计划是指确定完成项目活动所需资源（包括人力、设备、材料、能源等）的种类、数量、质量、来源等，从而为项目成本估算提供信息的活动。实际的项目资源计划主要包括以下内容：一是资源需求分析，包括工作量、人员需求量、材料需求量、设备需求量等的计算；二是资源供给分析,主要分析资源的可获得性、获得的难易程度以及获得的渠道和方式;三是资源分配,这是一项系统工程,既要保证各项任务得到充足的资源,又要努力实现资源最小化。

(二)项目资金估算

项目资金估算是指对项目执行前后的费用进行尽可能精确的估算,是安排项目进度的前提,其精确性尤为重要。项目资金的估算方法有自上而下法(专家法)、自下而上法、参数模型法、计算机工具法。由于公共事业组织申请的主要是研究型和干预型项目,所以主要采取专家法。专家法是在项目资金估算精确度要求不高的情况下使用的项目资金估算方法,通过比照已完成的类似项目的实际资金来估算新项目的资金。通过召开座谈会、讨论会等形式,由专家共同探讨,提出项目资源计划方案,在意见比较一致的基础上确定项目资金。合理的资金估算既能保证项目前期申请获得批准,又能保证项目中后期执行得到充足的资金支持。

(三)项目资金控制

在项目资金管理的实践中,常常会出现项目超支的情况,产生该情况的主要原因有:项目前期估算偏低、项目质量标准提高、项目进度调整、项目管理失误和不可抗力的影响。项目资金控制是指为保障项目实际的资金不超过项目预算而进行的管理活动。对公共事业组织这样的非营利机构来说,项目资金控制的方式主要有直接管理和托管机构代管。直接管理是对于已经合法注册的组织,项目资助方通过与其签订双方协议,将项目资金直接划至公共事业组织账户,由项目组织直接管理自身的项目资金;托管机构代管是对于未经合法注册的组织,项目资助方通过与项目组织、托管机构签订三方协议,将项目资金划至第三方账户,由第三方代管项目经费(要求第三方是已经注册的非营利组织或资助方在项目组织的项目管理办公室)。

三、公共事业项目质量管理

(一)项目质量概述

质量指的是产品的适用性,即产品在使用时能够满足用户需要的程度。项目质量就是项目的可交付成果满足项目相关方要求的程度。一般而言,项目的最终结果作为一种产品,其质量标准与一般产品并无本质区别。但是,作为一种特殊产品,项目除具有一般产品所具有的质量标准(如性能、使用寿命、安全性、经济性)之外,还具有其特定的内涵。就公共卫生项目而言,项目的社会效益和长远影响是项目管理者应该优先考虑的质量标准。

公共事业项目质量是诸多因素共同作用的结果,主要影响因素有:①人员素质,包括项目决策者、管理者和工作者的生理素质、文化水平、技术水平、决策能力、沟通协调能力、组织能力等。②材料与设备质量,这是项目最终得以成功的物质条件,包括构成项目实体的各种原料、半成品以及进行项目实施的各类机械、电子仪器设备等的质量;③操作程序,科学的实施程序不仅可以大大节约项目开展的时间,而且可以有效改善项目执行质量;④环境条件,主要包括项目的技术条件、社会条件和宏观经济条件,这些条件同样对项目质量产生影响;⑤目标群体的观念,这一点对公共卫生项目质量的影响尤其明显,如果目标群体缺乏相关意识,便难以取得满意的结果。

(二)项目质量管理的原则与内容

项目质量管理是指通过建立质量目标,设定质量标准,使用质量计划、质量控制和质量改进等措施来确保质量目标得以实现的全部管理活动。它是决定项目成功与否的关键因素,是管理的核心内容之一。优质的项目质量管理,无论是对项目相关方,还是对国家、对社会都有重要的战略意义。

良好有效的项目质量管理应遵循以下原则:一是顾客导向性原则,项目质量管理应该以客户满意为中心,充分了解客户的需求,把客户最大限度满意作为管理工作的重心。二是全员参与性原则,每个工作成员的活动和行为都会对项目的最终结果产生影响,所以项目负责人要提高项目团队成员的质量意识。三是系统性原则,如前所述,项目质量取决于多种因素,项目质量管理是一个系统工程，必须全方位、多层次地进行管理。四是持续性原则，项目质量管理必须贯穿项目实施的全过程，同时对任何质量问题都应该坚持实施从检查到处理、再到改进的全过程。

项目质量管理一般包括项目质量规划、项目质量控制和项目质量保证三大板块。项目质量规划是指为了实现项目目标而对项目质量管理进行计划，它包括设立项目质量目标、制定项目质量标准、确定项目采用的质量体系以及所要求的活动。项目质量控制是指为了使项目质量符合规定的要求而对项目的生产过程、采购工作、材料设备等采取的一系列控制措施，包括确定质量控制对象、制定控制标准、明确应采用的控制方法、规定质量的验证方法等内容。项目质量保证是指为了提供足够的证据来表明项目质量能满足规定标准和要求，并且使项目利益相关者信任这种质量水平所采取的活动。它包括两个方面：一是项目内部保证，即项目组织向项目经理及项目领导层所提供的质量保证；二是项目外部保证，即项目组织向外部的项目客户或目标群体所提供的质量保证。

（三）项目质量管理的工具

1. 因果图　又称鱼骨图，见图 10-2。问题陈述放在鱼骨的头部，作为起点，用来追溯问题来源，回推到可行动的根本原因。在问题陈述中，通常把问题描述为一个要被弥补的差距或要达到的目标。通过看问题陈述和问"为什么"来发现原因，直到发现可行动的根本原因，或者尽量全部列出每根鱼骨上的合理可能性。要在被视为特殊偏差的不良结果与非随机原因之间建立联系，鱼骨图往往是一种有效的工具。基于这种联系，项目团队应采取纠正措施，消除在控制图中呈现的特殊偏差。

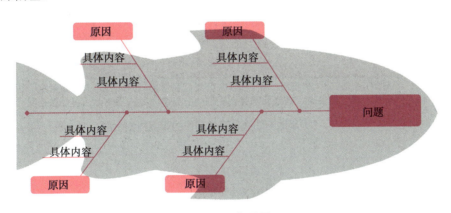

图 10-2　鱼骨图

2. 帕累托图　是一种特殊的垂直条形图，用于识别造成大多数问题的少数重要原因（图 10-3）。在横轴上所显示的原因类别，作为有效的概率分布，涵盖 100% 的可能观察结果。横轴上每个特定原因的相对率逐渐减少，直至以"其他"来涵盖未指明的全部其他原因。在帕累托图中，通常按原因类别排列条形，以测量频率或后果。

3. 直方图　是一种特殊形式的条形图，用于描述集中趋势、分散程度和统计分布形状（图 10-4）。与控制图不同，直方图不考虑时间对分布内的变化的影响。

4. 控制图　该图用来确定一个过程是否稳定，或者是否具有可预测的绩效。根据协议要求而制定的规格上限和下限，反映了可允许的最大值和最小值（图 10-5）。超出规格界限就可能受处罚。上下控制界限不同于规格界限。控制界限根据标准的统计原则，通过标准的统计计算确定，代表一个稳定过程的自然波动范围。项目负责人可基于计算出的控制界限，发现须采取纠正措施的检查点，以便预防非自然的绩效。虽然控制图最常用来跟踪批量生产中的重复性活动，但也可用来监测成本与进度偏差、产量、范围变更频率或其他管理工作成果，以便帮助确定项目管理过程是否受控。

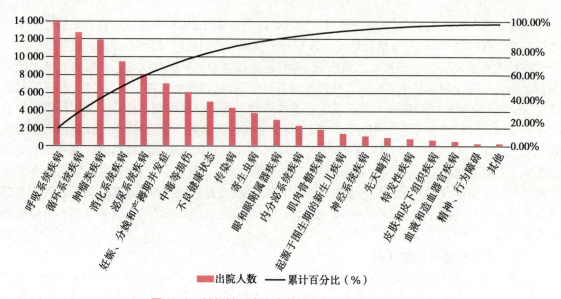

图10-3　某年某医院住院患者疾病分类的帕累托图

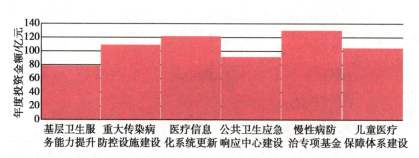

图10-4　某地不同医疗卫生项目的年度投资金额

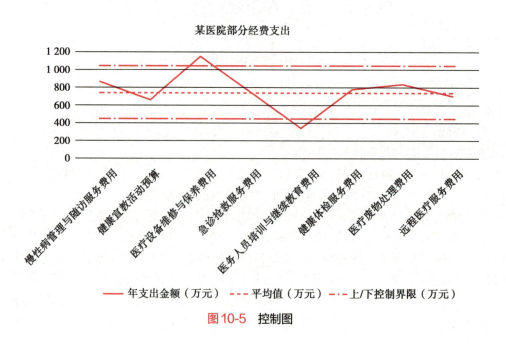

图10-5　控制图

四、公共事业项目人力资源管理

项目人力资源管理是指在对公共事业项目目标、规划、任务、进展情况以及各种变量进行合理的分析、规划和统筹的基础上，采用科学的方法，对项目过程中的所有人员（包括项目负责人、项目核心团队和项目志愿者、项目协调人、项目资助方等）给予有效的协调、控制和管理，使其为了同一项目目标紧密配合，激励并保持其对项目的热情和奉献精神，最大限度地发掘其潜能，以最终实现项目目标的过程。

（一）项目人力资源管理的内容

项目人力资源管理是对人力资源的取得、培训、保持和利用等方面所进行的计划、组织、指挥和控制活动。主要内容包括：第一，项目人力资源规划。根据项目对人员数量、质量和结构的具体要求，运用科学的方法对项目的人力资源需求和供给进行预测，制定相应的政策和措施。第二，项目人员招聘。根据项目人力资源规划招募适合的、具有一定潜力的人员，既包括项目组核心成员，也包括项目小组负责人和项目志愿者。第三，项目人员培训和开发。为了使项目人员获得与工作相关的知识、技能和态度，组织相关的培训以提高项目人员的工作效率。在培训和开发过程中，要善于发现和团结项目志愿者中的骨干，使其更好地发挥作用。第四，项目薪酬管理。公共事业组织的工作人员需要有志愿精神，但并不意味着不领取报酬，通过建立公平、公开、透明的补助制度，可以激励和促进项目人员的潜能。第五，项目绩效评估。绩效评估是指对工作行为的测量过程，也是将绩效结果反馈给项目人员的过程。

（二）项目人力资源管理的关键

项目人力资源管理的关键在于如何激发项目人员的热情，提高相关人员的工作效率，即如何采用有效的激励方式来激发项目人员积极性的问题。公共事业项目具有特殊的社会公益性，从一定意义上说，其项目人员的工作建立在志愿服务精神的基础上。这就决定了对项目人员的激励不能仅仅停留在满足其生理、安全需要的层次上，而应更多地考虑其社会情感、自我实现等方面的需要。一般而言，对公共事业项目人员的激励主要有以下几种。

1. 物质激励　包括给予一定的工资报酬，提供交通费、工作餐，提供特定的项目纪念章等物品。

2. 社会情感激励　通过友谊、亲密关系、信任、认可、表扬、尊重、荣誉等社会情感性的方式来激励。对于公共事业项目人员来说，最重要的是付出的劳动得到认可，取得的劳动成果受到尊重。在项目执行过程中，让项目人员参与协助项目组织的决策、召开表彰大会等都有利于激发项目人员的积极性。

3. 项目自身的激励性　公共事业项目本身给人带来的新颖感、挑战感、满足感和成就感也是值得重视、发掘和利用的有效激励方式。项目对项目人员的智力和技巧提出了较高的要求；项目具有培训性，在工作中项目人员能够感受到自身的进步和成长；工作中项目人员会接触到不同的人（如项目资助方代表、项目组其他成员、目标人群等），提供了交往机会，扩大了项目人员的社交范围；项目工作顺利完成后，项目人员能感受到工作带来的自豪感和成就感。基于项目自身的激励性，项目负责人需注意工作内容的丰富性、时间安排的灵活性、人员培训的合理性等细节，这样才能收到事半功倍的效果，既能满足项目人员的需要，又能满足项目的整体需要，从而提高项目的工作效率。

五、公共事业项目风险管理

公共事业项目管理本质上就是风险管理，项目管理团队的目标和任务就是有效处理各种风险和突发事件。

（一）项目风险概述

风险意味着将来会出现的某种不确定性或损失的可能性。项目风险是指在实现项目目标的过程中所存在的不确定性或可能发生的突发事件。卫生项目风险管理就是对卫生项目活动中涉及的风险进行识别、评估并制定应对政策和监控方案，以最少的成本最大限度地回避和减少风险事件所造成的负面影响，从而实现卫生项目总体目标的过程。总的来看，项目风险和其他风险一样，也具有如下特征：第一，不确定性。不确定性是项目风险的本质特征，它指的是风险发生的必然性、时间、地点、程度及影响都是不确定的。第二，客观性。项目风险的存在是不以人的主观意志为转移的，这主要是因为不确定性是任何事情都具有的，只要具备一定的条件，这种不确定性就会成为现实。第三，相对性。项目风险的相对性意味着某个事件对于一个实力单薄、管理能力不足、社会经验缺乏的项目团队而言是一种风险，而对实力强大的团队却只是一个正常事件。第四，阶段性。一般而言，项目风险是阶段式发展的，主要包括风险潜伏阶段、风险发生阶段、风险发生影响阶段和风险处理阶段。

项目风险多种多样，根据风险来源的不同，可以分为以下几种：第一，自然风险。由于自然力的作用而产生的风险，如暴雨、台风、海啸、地震等造成的项目进度滞后、财产损失以及人员伤亡等。第二，社会风险。由于个人、团队、政府或国际社会的不可预见行为或突发事件而导致的风险，如战争、经济形势的恶化等因素对项目结果造成不良影响的可能性。第三，管理风险。项目领导层或管理层决策失误、经营不善、市场恶性竞争等原因造成的项目损失的可能性。

（二）项目风险管理及步骤

项目风险管理是项目管理人员对可能影响项目的不确定性或潜在的不利事件进行预测、识别、分析和处理并力求最大限度地达成项目目标的活动。项目风险管理一般包含以下内容：项目风险识别、项目风险分析、项目风险处理。

1. 项目风险识别 即确定风险的来源和风险发生的条件，描述风险特征，确定风险等级和风险类型，并将其记录在案的管理活动。项目风险识别一般包含以下几项工作：第一，确定风险识别的依据。项目识别的主要依据是相关的资料和数据，完整齐备的资料和数据是进行风险识别的前提条件，这些资料主要包括项目产品或服务的说明书，项目的前提、假设和制约因素描述书，以前出现过的类似该项目的案例。第二，寻找合适的识别方法和工具。一般而言，现代项目风险识别的主要方法和工具有头脑风暴法、德尔菲法、流程图、系统分析法、情景分析法等，在实际风险识别工作中，各种方法的适用性取决于项目本身的特点。第三，项目风险识别的结果。得出正确的识别结果是项目风险识别的目的所在，风险识别的结果一般包括已识别的项目风险和潜在的项目风险。

2. 项目风险分析 包括分析风险的性质、估算风险事件的发生概率以及可能产生的不良影响的程度。常用的风险分析方法有风险定性分析和风险定量分析。前者是通过估算风险发生的概率和风险发生后对项目目标的影响，对已识别的项目风险进行优先性评估，主要方法有风险概率评估法、风险影响矩阵和风险紧迫性分析等；后者是指对定性分析过程中识别出的对项目需求存在重大影响而排序在先的风险进行的量化分析，主要方法有风险敏感性分析、决策树分析和模拟分析等。

3. 项目风险处理 是指根据风险性质而采取合适的应对策略的过程和活动。常见的风险处理策略包括风险回避、风险转嫁、风险降低、风险接受、风险利用、风险促进等。需要注意的是，这些方法主要适用于以下两种情况：一是项目风险超过了项目管理人员能够接受的水平和处理能力；二是项目风险在项目管理人员能够处理的范围之内。在这两种情况下，处理风险的策略是不同的，在实际情形中应酌情来选择。

本章小结

1. 项目是指一个组织为实现自己既定的目标,在一定的时间、人员和资源的约束条件下,以必须达到约定的质量水平为目标,所开展的具有一定独特性的一次性工作,具有目标性、一次性、系统性、制约性等特点。项目管理是在有限的资源条件下,为满足项目各利益相关者对项目的要求和期望,运用项目管理及相关学科的知识、技能、方法与工具,对项目的全过程进行计划、组织、领导和控制的活动。

2. 公共事业项目是指政府、社会事业团体或社会福利机构等公共事业管理主体直接或间接向社会公众提供公共产品,以促进国民经济和社会发展、改善公共生活质量、提高社会文化水平和人口素质而进行的组织和配置社会资源的一次性活动,具有公共性、效益的外部性、运转的系统性和协调性等特点。公共事业项目管理是公共事业管理的重要组成部分,是指公共事业组织为实现其满足公共需求、维护公共利益的宗旨,通过项目申请的形式获得资金、人力等社会资源,对项目进行有效的计划、组织、实施和评价,从而达到预定目标的管理活动。

3. 公共事业项目管理过程是科学性与艺术性的统一,可以被看成一个由不同阶段组成的系统流程。按项目的生命周期可分为项目概念阶段、项目计划阶段、项目实施与控制阶段、项目终结与后评估阶段。

4. 公共事业项目管理的纵向过程和横向范畴是紧密结合的,不仅要在项目生命周期内协调从立项到评估的管理过程,还要协调每个不同阶段中纷繁复杂的工作。公共事业项目管理的范畴主要包括项目时间管理、项目资金管理、项目质量管理、项目人力资源管理、项目风险管理等。

思考题

1. 简要概述公共事业项目管理的全过程。
2. 结合实际,谈谈如何构建公共事业项目团队。
3. 联系实际,谈谈如何看待项目管理实践中"重申请、轻管理"的现象。
4. 如何优化项目进度计划?
5. 公共事业项目质量管理中需要考虑的影响因素有哪些?

（田志强）

第十一章 公共危机管理

在现实生活中，一些突发事件具有产生的必然性，由此而导致的公共危机也必然会发生。因此，对于公共危机的管理，需要形成具有自身特点的管理内容体系。由于公共危机的复杂性，需要掌握公共危机的特点，建立公共危机管理组织，按照公共危机管理的过程进行危机应对，同时为公共危机管理提供各种保障，确保及时化解危机，维护社会公共秩序。

第一节　公共危机管理概述

一、公共危机的内涵

（一）危机的概述

从字面上理解，危机是危险与机遇并存的意思。国内外学者基于对危机的研究结果而形成了不同的理论。如荷兰学者乌里尔·罗森塔认为，危机是一种严重威胁社会系统的基本结构或基本价值规范的形势；美国学者罗森豪尔特认为，危机是指对一个社会系统的基本价值和行为准则架构产生严重威胁，在不确定性极高的情况下必须对其作出关键决策的事件。总体来说，危机具有威胁性、复杂性和公众高度关注性等特点。从情境的角度来看，危机是指有危险、祸害的时刻，或指十分紧要的危险关头；从事件的角度来看，危机是指具有严重负面影响和不确定性的重大事件。危机有自然因素导致的，也有人为因素导致的。危机可以分为不同的类别：按照内容来划分，可分为金融危机、生态危机、公共卫生危机等；按照影响的主体来划分，可分为公共危机、个人危机等。

（二）公共危机的内涵

1. 公共危机的概念　公共危机是指由突发或特定事件引起的，严重威胁或危害社会公共利益和公共安全，并可能引发社会混乱或公众恐慌，需要公共部门运用公共权力、公共政策和公共资源紧急应对和处理的危险境况或非常事态。

2. 公共危机的分类　引发公共危机的原因是多方面的，包括自然灾害（包括火灾、风暴、地震、洪水等）、公共安全突发事故、恶性刑事案件、恐怖事件、疾病传播（公共卫生问题）、自然环境恶化（如环境污染）等。根据公共危机事件的发生过程、性质和机制，公共危机主要分为以下四类：一是自然灾害，主要包括水旱灾害、气象灾害、地震灾害、地质灾害、海洋灾害、生物灾害和森林草原火灾等；二是事故灾难，主要包括工矿商贸等企业的各类安全事故、交通运输事故、公共设施和设备事故、环境污染和生态破坏事件等；三是公共卫生事件，主要包括传染病疫情、群体性不明原因疾病、食品安全和职业危害、动物疫情以及其他严重影响公众健康和生命安全的事件等；四是社会安全事件，主要包括恐怖袭击事件、经济安全事件和涉外突发事件等。

在我国突发公共事件总体应急预案中，各类突发公共事件按照其性质、严重程度、可控性和影响范围等因素，一般分为四级：I级（特别重大）、II级（重大）、III级（较大）和IV级（一般），并依次用红、橙、黄、蓝来表示，并实行分级分类管理。

红色等级（I级）主要对应那些随时可能发生、事态正在不断蔓延，一旦持续下去可能对国家大部分地区和国家经济带来危害的突发性事件。这种突发性公共危机一旦发生,需要调动和协调整个国家的资源和力量来进行处置和应对。这一等级主要适用于那些影响面积特别大、危害时间长、后果特别严重、发生概率特别大的突发性事件,如核事故、传染性疾病等。

橙色等级(Ⅱ级)主要对应于那些发生概率较大,事件一旦发生,难以在有限时间、空间内进行处置,需要宣布一定区域实行危机状态并需要动员一定区域的所有社会资源和力量对突发危机进行应急处理的事件。这种预警等级适用于那些面积大或危害后果严重、持续时间长、发生概率较大的危害性公共危机事件,如洪水、地震、森林火灾等。

黄色等级(Ⅲ级)是对那些事件临近,事态有扩大趋势,发生概率较大,事件一旦发生能够在有限时间和空间内处理的情况进行预警。这种预警等级适用于那些影响面积小或持续时间较短、链发性相对较弱、发生概率较大的事件,如冰雹、台风、海啸等灾害。

蓝色等级(Ⅳ级):预计将发生一般性危机,事件即将临近,事态可能扩大,发生概率较低,仅对较小范围内的公共安全、政治稳定和社会经济秩序造成威胁,只需要调度个别应急处理部门就能进行处置的事件。

3. 公共危机的特点

(1)突发性和紧急性:公共危机往往是在意想不到、没有准备的情况下突然爆发的,也就是说在危机发生之前,人们很难意识到会发生危机。由于危机出现得突然,又有较强的破坏力和负面影响力,人们往往会措手不及。处理不当可能会给公共生活和公共秩序带来巨大的破坏,需要社会公众和公共管理部门及时应对,化解危机,消除影响,减少损失。由于危机是突然出现的,可利用的资源十分有限,例如信息不对称、技术手段缺乏、物资保障不到位等,使决策和指挥控制、民众反应与配合等都十分紧急。

(2)不确定性和易变性:斯特恩认为,从决策者的角度看,一个需要作出决策的危机有三个必要和充分的条件,即对基本价值的威胁、紧急性和不确定性,它们构成了内外部集体环境的变化状态。公共危机的不确定性和易变性是由其发生突然、时间紧急,并且不清楚具体原因所致,表现为公共危机的偶然性和随机性。

(3)社会性和扩散性:危机可以涉及不同的对象,而公共危机则特指影响大众生活的和社会秩序的危机,因此,社会性是公共危机的必备特点。由于公共危机的发生和发展具有动态性,因此,其影响和危害具有扩散的特点。扩散性就公共危机影响的过程和波及范围而言的,往往一个公共危机现象在其发展过程中会引起一连串的相关反应,一个公共危机有可能引爆另外的公共危机,一些学者称之为"涟漪反应"或"连锁反应"。

(4)决策的非程序性:在危机状态下,由于短时间内获取的信息量较少,但又需要在极其有限的时间内制定出处理方案,无法按照正常的决策程序去完成,因此对决策者的要求较高,所作出的决策主要依靠决策者的判断,这种决策是非程序化的决策。

二、公共危机管理的内涵与特点

(一)公共危机管理的概念

公共危机管理是以政府为主的公共组织遵循危机管理的理念,与其他社会组织或大众合作,对潜在的公共危机事件进行预测、预警、监控以及防范,或对已发生的公共危机事件作出及时的应急处理,解除危机并开展危机善后工作的管理活动。公共危机管理的概念有三层含义:一是必须正视因为大自然的不可对抗性而出现的各种不同程度的公共危机的客观存在;二是必须以科学的态度和方法对待公共危机的认识及管理;三是处理公共危机不能只依赖政府,而要在政府的带领下集合社会上的各种力量来治理公共危机。对公共危机管理含义的理解需要清楚三个方面的问题:一是公共危机管理主体是谁,谁来实施管理;二是公共危机管理什么,即管理的对象是什么;三是怎么进行公共危机管理,管理的具体内容和方式是什么。

(二)公共危机管理的特点

1. 紧迫性 危机的发生往往是突然的,它对社会有着严重的负面影响并让人们在无准备的情况下难以防范。因此,对危机事件的管理是一种在紧急情况下以及在有限时间内作出的行为选择。

2. 不确定性 人们在危机发生前的预测一般具有不确定性,即使是在危机发生后,由于人们的主观能动性,人们的判断也会产生偏差。比如在突发公共卫生事件爆发前,由于无法准确判断它会带来的影响及后果,人们会出现心理恐慌。

3. 链条反应 危机通常会引发连锁链条反应,也就是危机的"蝴蝶效应",这就对人们在应对危机方面的反应速度提出要求。因此,对危机处理的有效性很大程度上取决于应对危机的反应速度。

4. 权变性 危机发生的原因有很多,并且它们在发生的过程中所表现出的形式也很不相同。危机的规模、程度以及持续性会随着不同的环境因素而发生变化,因此,这就要求人们在处理各种危机时要做到举一反三,根据危机事态的变化而采取相应的危机管理方法。

5. 心理约束性 人们在危机状态下会产生一种高度紧张的心理状态,这种状态往往表现为焦虑、担忧、恐慌、害怕。这种心理状态会降低人们的认知能力和分析判断能力,从而影响到对危机事件的应变能力。因此,危机管理对人们的心理素质要求是非常高的。

6. 综合性 危机事件本质上是一个综合性的、立体性的事件,公共危机管理涉及多个部门并需要协同管理机制。因此,公共危机管理具有综合性的特点,要求政府进行危机管理时要有一个专门的综合性协调管理机构,统一协调并指挥相关机构来共同实施危机管理。

第二节　公共危机管理体制

一、公共危机管理的原则

公共危机管理面对的情况高度复杂,具有较高的要求,因此需要遵循一定的原则。公共危机管理的一般性原则:一是时间性原则,即采取紧急处置手段,及时控制危机事态的发展,是危机管理的第一原则;二是效率性原则,即公共危机蔓延速度很快,要求政府快速反应,有效动员社会资源;三是协同性原则,即参与危机应对的人员和力量来自各个方面,比如交通、医疗、通信、消防、食品等领域,协同一致特别重要;四是科学性原则,这项原则主要针对的是工业技术引起的灾害以及由自然灾害造成的危机事件,如地震、海啸等,对于此类危机事件,必须注重科学性、技术性,多征求专家的意见。以突发公共事件为例,《国家突发公共事件总体应急预案》提出应对突发公共事件的原则包括以下几个方面。

(一)以人为本,减少危害

切实履行政府的社会管理和公共服务职能,把保障公众健康和生命财产安全作为首要任务,最大限度地减少突发公共事件及其造成的人员伤亡和危害。

(二)居安思危,预防为主

高度重视公共安全工作,常抓不懈,防患于未然。增强忧患意识,坚持预防与应急相结合、常态与非常态相结合,做好应对突发公共事件的各项准备工作。

(三)统一领导,分级负责

在党中央、国务院的统一领导下,建立健全分类管理、分级负责、条块结合、属地管理为主的应急管理体制。在各级党委领导下,实行行政领导责任制,充分发挥专业应急指挥机构的作用。

（四）依法规范，加强管理

依据有关法律和行政法规，加强应急管理，维护公众的合法权益，使应对突发公共事件的工作规范化、制度化、法制化。

（五）快速反应，协同应对

加强以属地管理为主的应急处置队伍建设，建立联动协调制度，充分动员和发挥乡镇、社区、企事业单位、社会团体和志愿者队伍的作用，依靠公众力量，形成统一指挥、反应灵敏、功能齐全、协调有序、运转高效的应急管理机制。

（六）依靠科技，提高素质

加强公共安全科学研究和技术开发，采用先进的监测、预测、预警、预防和应急处置技术及设施，充分发挥专家队伍和专业人员的作用，提高应对突发公共事件的科技水平和指挥能力，避免发生次生、衍生事件；加强宣传和培训教育工作，提高公众自救、互救和应对各类突发公共事件的综合素质。

二、公共危机管理的组织机构

虽然公共危机是非常态化存在的，但是由于其具有巨大的影响力和可能存在的破坏性，政府必须将公共危机管理纳入到日常管理中，而不能只在公共危机发生后才进行临时应对。因此，政府必须建立相应的管理组织机构。目前我国公共危机管理组织机构主要分为五大类，即决策机构、综合协调机构、职能机构、辅助机构和决策咨询机构等。

（一）公共危机管理决策机构

在国家层面，国务院是我国公共危机应急管理工作的最高行政领导和决策机构。在国务院总理领导下，由国务院常务会议和国家相关突发公共事件应急指挥机构负责突发公共事件的应急管理工作；必要时，派出国务院工作组指导有关工作。地方各级人民政府是本行政区域内突发公共事件应急管理工作的行政领导机构，负责本行政区域各类突发公共事件的应对工作。地方各级政府是公共危机管理的行政领导和决策机构，政府负责人和有关部门负责人是公共危机应对指挥决策的核心人员。

（二）公共危机管理职能机构

应急管理部是我国公共危机管理的专门职能部门，下设若干议事机构，如国家防汛抗旱总指挥部、国务院抗震救灾指挥部、国务院安全生产委员会、国家森林草原防灭火指挥部、国家减灾委员会等。应急管理部的职能是组织编制国家应急总体预案和规划，指导各地区各部门应对突发事件工作，推动应急预案体系建设和预案演练；建立灾情报告系统并统一发布灾情，统筹应急力量建设和物资储备并在救灾时统一调度，组织灾害救助体系建设，指导安全生产类、自然灾害类应急救援，承担国家应对特别重大灾害指挥部工作；指导火灾、水旱灾害、地质灾害等防治；负责安全生产综合监督管理和工矿商贸行业安全生产监督管理等。公安消防部队、武警森林部队转制后，与安全生产等应急救援队伍一并作为综合性常备应急骨干力量，由应急管理部管理，实行专门管理和政策保障，采取符合其自身特点的职务职级序列和管理办法，提高职业荣誉感，保持有生力量和战斗力。应急管理部要处理好防灾和救灾的关系，明确与相关部门和地方各自职责分工，建立协调配合机制。各地方政府也相应设立了应急管理机构，其职能与应急管理部类似，并接受应急管理部的业务指导。

（三）公共危机管理综合协调机构

公共危机管理的内容较为复杂，涉及的相关部门较多，因此，在决策机构下面，一般还有一个独立的、高于各职能部门和机构的综合协调部门，其在危机管理中发挥综合协调作用，能够充分调动各方面资源来应对危机。

（四）公共危机管理辅助机构

公共危机管理除了应急管理部门及某个特定危机对应的直接部门外，还会涉及其他众多部门。如突发公共卫生事件的公共危机应对中，除了卫生健康委员会和应急管理部门外，还会涉及交通、通信、信息、商务、公安、财政等部门。因此，不同部门会依据有关法律、行政法规和各自的职责，负责相关类别的公共危机的应急管理工作。

（五）公共危机管理决策咨询机构

国务院和各应急管理机构建立各类专业人才库，可以根据实际需要聘请有关专家组成专家组，为应急管理提供决策建议，必要时参加突发公共事件的应急处置工作。决策咨询机构一般分为三类：第一类是官方的决策咨询机构，如政府的政策研究室、信息情报部门等；第二类是半官方的政策研究机构和决策咨询机构，如一些事业单位的咨询研究机构；第三类是民间的政策研究和咨询机构。

第三节　公共危机管理过程

一、公共危机的预警

与危机过程中其他阶段相比较而言，预警是相当便捷和经济的社会危机管理办法。在某种程度上，危机的预防和警示比危机事件发生后的处理更为重要，突发公共危机如果能够在爆发前被控制，可以节约大量的人力、物力和财力等资源。各地区、各部门要针对各种可能发生的公共危机，完善预测预警机制，建立预测预警系统，开展风险分析，做到早发现、早报告、早处置。根据预测分析结果，对可能发生和可以预警的突发公共事件进行预警。预警级别依据突发公共事件可能造成的危害程度、紧急程度和发展势态，一般划分为四级：I级（特别严重）、II级（严重）、III级（较重）和IV级（一般），依次用红色、橙色、黄色和蓝色来表示。预警信息包括突发公共事件的类别、预警级别、起始时间、可能影响范围、警示事项、应采取的措施和发布机关等。预警信息的发布、调整和解除可通过广播、电视、报刊、通信、信息网络、警报器、宣传车或组织人员逐户通知等方式进行，对老、幼、病、残、孕等特殊人群以及学校等特殊场所和警报盲区应当采取有针对性的公告方式。

（一）公共危机预警的含义

公共危机预警，是指危机管理的主体根据本国或本地区有关危机现象过去和现在的数据、情报和资料，运用逻辑推理和科学预测的方法技术，对某些危机现象出现的约束性条件、未来发展趋势和演变规律等作出科学的估计与推断，并发出确切的警示信号，使政府和民众提前了解事件发展的状态，以便及时采取相应策略，防止或消减不利后果，以维护社会规则和秩序稳定的活动。

（二）公共危机预警的功能

社会的发展伴随着各种各样危机的发生，如何预防和控制公共危机事件的爆发，维持社会秩序的稳定，成为目前世界各国政府工作面临的重要问题。公共危机预警作为公共危机管理的前哨，对人们正确分析评判各种社会因素、指导人们有效应对危机事件的发生、避免应急的盲目性和滞后性发挥着重要的作用。

1. 预见功能　公共危机预警的首要功能是能够预见危机事件的发生，从而提前做好相关防范工作。任何事物的发展都具有一定的规律，危机事件的发生也不例外，可以通过对这些规律的了解和把握，在一定程度上预测事物的下一步发展动态，判断可能发生的危险，从而及时采取相关措施来进行防范和控制。公共危机预警的预见功能，就是通过掌握特定事件的规律和指标，在危机事件的潜伏期及时发现事态的异常变化，预见公共危机发生的可能和发展的动向，为采取相关防范措施提供依据。

2. 监控功能　公共危机预警的监控功能主要是指对公共危机指标的分析和评估，从而及时地监测和控制公共事件的发生。事件的发展方向和动态是不断变化的，可能会带来一定的负面效应甚至导致危机事件的爆发，因此对于公共事件发展的监控是十分必要的。只有对相应指标进行持续的监测，才有可能控制危险因素，避免公共危机事件的发生或者最大限度地降低危机所带来的损失。政府在监测工作中，可以运用相应的模型和方法，根据科学的指标体系对危机事件的轻重缓急进行评估，将其划分为不同的等级，分别进行具体的处理，采取有效措施来控制危机的发生和发展。

3. 防范功能　公共危机预警机制的作用就是防范危机事件的发生。危机事件的爆发通常给社会和人民带来严重的损失，避免危机的发生和将危机带来的损失减少到最小值成为政府职能部门的主要任务。然而，公共危机事件由于其本身具有的不确定性和复杂性，完全避免其发生是极其困难的，但是在一定程度上降低危机带来的损失则是可以做到的。完善的公共危机预警机制可以在公共危机爆发的潜伏期对可能存在的危险因素进行分析和评估，预测到在哪些方面可能出现什么样的问题，从而尽量避免或减少危机带来的社会负面效应，起到防范的作用。

4. 延缓功能　许多危机的损害程度和规模非常严重，在很大程度上是因为危机管理部门没有认识到一些危机是难以完全避免的，比如一些非人力所能干预和避免的自然灾害，对此只能尽可能地利用已有的和潜在的条件来尽力延缓其发展的速度，减少其所带来的损失，避免危机的扩大和升级。公共危机的预警即使不能阻止危机的最终发生，也可以通过力所能及的手段尽可能延缓危机的发生，从而为紧急救援或采取相应的防范措施预留更多的时间，有利于减少危机带来的损失。

（三）公共危机预警的方法

1. 经验性预测　经验是在对过去所发生的危机事件进行总结的基础上形成的一般性常识性思维。当出现类似情况时，人们能够根据经验、知识，综合运用逻辑推理，对预警对象的性质进行分析和判断。这种利用直接的经验和直观的预测技术来进行公共危机的判断和预警，属于定性预测法。经验性预测的优点是快速、方便；缺点是不够严谨、缺乏理性，因为危机的发生情况可能千差万别。

2. 数学模型预测　由于危机的发展存在一些关键因素和变量，因此，可以通过现有技术进行模拟。其中数学模型预测是常用的方法之一，通过搜集统计数据并应用运筹学、系统工程理论等，对危机的爆发进行预先的模拟，预测可能发生的一些情况，这种方法称为定量预测法。数学模型预测的优点是可信度高；缺点是可能无法模拟所有情况的发展，而且有些数据难以获得，如果变量的选择不合理，就可能导致结果不科学。

3. 动态模拟预测　结合经验性预测和数学模型预测的优缺点，鉴于危机的变化多，需要一种动态模拟预测方法。动态模拟预测是应用权变理论，根据危机情况的变化实时预测可能发生的结果或产生的影响，为危机的及时应对提供决策依据。这种动态模拟预测可以综合使用经验和数学模型方法，优点是能够动态预测危机情况的变化和结果；缺点是耗费的投入较多，有时也未必能够预测到所有的动态变化。

总之，这三种公共危机预测方法有各自的优点和缺点，在面对不同类型或领域的危机时，可以选择具有相对优势的预测方法。随着技术的发展，现代预测模拟技术由于融合了定性和定量预测方法各自的优点，而成为未来的发展趋势。

二、公共危机应急响应

（一）公共危机应急响应的含义

以公共危机中的突发事件为例，《中华人民共和国突发事件应对法》中对应急响应的规定是，当突发事件发生后，按照突发事件的性质及其危害程度，履行统一领导职责的人民政府应当立即组织有关部门采取应急措施，调动应急救援队伍和社会力量，按照有关法律法规组织处置突发事件。

突发公共危机事件应急响应的概念包括狭义和广义两个层面。狭义的突发公共危机事件应急响应仅指在突发公共危机事件发生后对事件进行应急处置这一单一环节，即为了应对已经发生的突发公共危机事件而进行的计划、组织、指挥、协调、控制等工作。而广义的突发公共危机事件应急响应是指为了预防和减少突发公共卫生事件的发生，通过预防、准备、监测、预警、处置、救援、恢复、评估等一系列措施，控制、减轻和消除突发公共危机事件及其社会危害和影响的一系列策略、措施和行动的总称。

（二）公共危机应急响应的方式

按照各类突发公共事件的性质、严重程度、可控性和影响范围等因素，《国家突发公共事件总体应急预案》将突发公共事件分为四级：I级（特别重大）、II级（重大）、III级（较大）和IV级（一般）。

1. 出现下列情况之一时启动I级响应

（1）造成30人以上（含30人）死亡（含失踪），或危及30人以上（含30人）生命安全，或者100人以上（含100人）中毒（重伤），或者直接经济损失在1亿元以上的特别重大安全生产事故。

（2）需要紧急转移安置10万人以上（含10万人）的安全生产事故。

（3）超出省（区、市）人民政府应急处置能力的安全生产事故。

（4）跨省级行政区、跨领域（行业和部门）的安全生产事故。

（5）国务院领导同志认为需要国务院安全生产委员会响应的安全生产事故。

2. 出现下列情况之一时启动II级响应

（1）造成10人以上（含10人）、30人以下死亡（含失踪），或危及10人以上（含10人）、30人以下生命安全，或者50人以上（含50人）、100人以下中毒（重伤），或者直接经济损失在5 000万元以上、1亿元以下（不含1亿元）的安全生产事故灾难。

（2）超出市（地、州）人民政府应急处置能力的安全生产事故灾难。

（3）跨市地级行政区的安全生产事故灾难。

（4）省（区、市）人民政府认为有必要响应的安全生产事故灾难。

3. 出现下列情况之一时启动III级响应

（1）造成3人以上（含3人）、10人以下死亡（含失踪），或危及10人以上、30人以下生产安全，或者30人以上（含30人）、50人以下（不含50人）中毒（重伤），或者直接经济损失较大的安全生产事故灾难。

（2）超出县级人民政府应急处置能力的安全生产事故灾难。

（3）发生跨县级行政区的安全生产事故灾难。

（4）市（地、州）人民政府认为有必要响应的安全生产事故灾难。

4. 发生或者可能发生一般事故时启动IV级响应 一般事故主要是指可能造成的破坏性不大，且事态容易控制的事故。

总之，应急响应是动态的，根据事件信息和事件的变化，应急响应级别会进行动态调整。如随着危机事件的升级，响应级别随之提高；而随着危机事件逐步得到有效控制，响应级别也随之调低。

三、公共危机的应急处置

特别重大或者重大突发公共事件发生后，各地区、各部门要立即报告，最迟不得超过4小时，同时通报有关地区和部门。应急处置过程中，要及时续报有关情况。特别重大或重大突发公共事件发生后,事发地的省级人民政府或者国务院有关部门在报告信息的同时,要根据职责和规定的权限启动相关应急预案,及时、有效地进行处置,控制事态。在境外发生涉及中国公民和机构的突发事件时,我国驻外使领馆、国务院有关部门和有关地方人民政府要采取措施来控制事态发展,组织开展应急救援工作。对于先期处置未能有效控制事态的特别重大突发公共事件,要及时启动相关预案,由国务院相关应急指挥机构或国务院工作组统一指挥或指导有关地区、部门开展处置工作。需要多个国务院相关部门共同参与处置的突发公共事件,由该类突发公共事件的业务主管部门牵头,其他部门予以协助。在特别重大突发公共事件应急处置工作结束,或者相关危险因素消除后,现场应急指挥机构予以撤销。

(一)公共危机应急处置的含义

公共危机应急处置是指以政府为主体,其他社会组织为辅助力量,通过政策、法律、制度的作用,借助各种资源来预防和应对已发生或者可能发生的公共危机,以维护社会正常的生活秩序和社会公众利益。

(二)公共危机应急处置步骤

一是充分了解与公共危机相关的信息。决策者需要根据危机事件的属性、特征、信息的多少等,充分了解危机事件的本质,采取相应的预测方法来预测危机事件的发展态势。二是在掌握相关信息的基础上,分析问题复杂性和应对可能性,进行危机研判。在决策者的认知视角下,决策者主要从问题复杂性和应对可能性两个方面形成决策判断,即明确"要做什么"和"可不可行"的问题。在应急情况下,决策者需要考虑和制订具体的应对方案,包括有类似经验的应对方案、符合目前情况的现有方案、根据实际情况制定的方案等。然后,决策者需要分析各种方案的可行性。在高度不确定情境下,决策者通常也会通过模拟或引入外部专家参与决策等方式,增强危机决策的风险研判能力。三是在分析研判的基础上,出于"理性经济人"假设以及"风险 - 收益"评判,决策者尽可能作出利益最大化的决策选择。

(三)公共危机应急决策方式

1. 公共危机处置的理性决策 理性决策通常也称为科学决策,它假设管理者在决策时能够运用理性和逻辑,选择实现利益最大化的决策。以突发公共卫生危机事件为例,管理者应尽可能作出理性决策,包括科学分析突发公共卫生危机的特点、确定解决问题的目标、制订多个解决方案、对不同的方案进行比较分析、选择最优的方案。

2. 公共危机的非理性决策 非理性决策是指决策者在遇到困难的决策问题而难以作出决定,或者无法客观判断决策问题,或者决策方案之间没有明显的优劣差异,或者决策问题要求决策者迅速作出反应,而没有搜集信息、分析论证的机会时,决策者只能依照自己的习惯、猜测、本能等非理性的心理因素,或者盲从权威的分析意见来作出决策。客观地说,任何决策过程都存在这种非理性因素的影响,当非理性因素在决策过程中占据主导地位时,这个决策就是非理性决策。

四、公共危机的事后恢复与重建

对突发公共事件中的伤亡人员、应急处置工作人员,以及紧急调集、征用的有关单位及个人的物资,要按照规定给予抚恤、补助或补偿,并提供心理及司法援助。有关部门要做好疫病防治和环境污染消除工作。保险监管机构督促有关保险机构及时做好有关单位和个人损失的理赔工作。要对特别重大突发公共事件的起因、性质、影响、责任、经验教训和恢复重建等问题进行调查评估。根据受灾地区恢复重建计划组织实施恢复重建工作。根据《中华人民共和国突发事件应对法》的相关规定,公共危机"事后恢复与重建"包括五个方面:停止应急处置措施;进行损失评估;制订恢复重建计划,支援恢复重建工作,恢复正常社会秩序和公共设施,制定优惠政策;开展救助、补偿、抚慰、抚恤、安置、心理干预等工作；进行事后调查与总结报告等。

（一）停止应急处置措施

《中华人民共和国突发事件应对法》规定，突发事件的威胁和危害得到控制或者消除后，履行统一领导职责或组织处置突发事件的人民政府应当停止执行应急处置措施，同时采取或者继续实施必要措施，防止发生自然灾害、事故灾难、公共卫生事件的次生、衍生事件或者重新引发社会安全事件。公共危机事件发生后的处置启动应当及时，同时，终止危机处置措施的决定也应当适时。在实践中，要根据危机事件的性质、特点和实际情况来确定停止执行应急处置措施的时间，但应急处置措施的停止并不等于应急处置工作的终结。停止执行应急管理措施，是因为突发事件及其影响已经得到了有效的控制，继续采取这些措施已经没有必要。但是这并不意味着导致突发事件发生的风险隐患已经完全消除，在停止实施应急处置措施后，政府仍应当根据实际需要采取必要措施，特别是要及时启动危机后的恢复管理计划。

（二）组织危机损失评估

突发事件应急处置工作结束后，应当立即组织对公共危机事件造成的损失进行评估，组织受影响地区尽快恢复生产、生活、工作和社会秩序，这是恢复重建工作的前提与基础。可按"摸清情况、分级建档、分区建档、抓住重点、更新规划"的思路，既从微观层面对已经发生的危害作出评估，又在宏观层面对受影响地区的抗风险程度、关系民生的各项资源的承载能力进行相应评估。评估应分为快速需求评估和初步损害评估两个阶段。快速需求评估的目的是认清危机程度，确定在危机应对中救生及维持生命所具备的资源；初步损害评估的目的是获得灾害影响的准确信息，以确定所需服务、人员、资源的要求，在此基础上判断是否需要申请援助。危机损失评估的内容主要包括直接损失和间接损失，如突发事件中死伤的人数、各种设施设备的损失、公私财务损失等；除了物质损失外，还有精神创伤。同时应组织专家科学评估重建能力和可利用资源情况，为恢复重建方案的制定和具体实施提供数据支持，以确定恢复重建所需要资源与救助的种类与数量。危机损失评估要利用各种手段和信息来源，快速判断可能影响的范围、受灾人口数、需要避难撤离的人数、重要企事业单位数以及对交通、电力、供水、供气等系统的影响；要求地区调查、统计、上报、核查实际发生的灾害损失，为灾民救济、保险理赔、制订恢复重建计划等提供依据，同时也可以为评价决策成败及减灾效益等提供依据。危机损失评估对恢复重建最为重要，它直接为重建规划提供依据。

（三）制订并实施恢复重建计划

政府在对损失情况、重建能力以及可利用资源进行评估后，应根据损失评估报告、受影响地区的实际情况与需要，尽快制订并实施恢复重建计划。受公共危机事件影响地区的政府应当及时组织和协调公安、通信、铁路、民航等有关部门恢复社会治安秩序，尽快修复被损坏的交通、通信、供水、排水、供电、供气、供热等公共设施。在制订恢复重建计划时，要综合考虑因危机事件受损地区的经济、社会、地理环境、文化等方面的特点和实际情况，在内容上要包括突发事件应对情况、突发事件造成的影响与损失、已经开展的工作和今后的工作流程等。在危机状态下，尤其要突出善后处理、调查处理、基础设施恢复重建、住房重建、征用补偿、人员安置、巨灾保险理赔、灾后防疫、心理危机干预、法律援助等方面的内容。适时制订恢复重建计划，有助于区分短期（短期的紧急处理）和长期（长期的恢复管理）问题，有助于确定工作重点，明确任务，以便指导具体的危机恢复行动。

（四）开展救助、补偿和心理干预等工作

突发事件发生后，各级政府以及民政部门通过临时安置、基本生活救助等措施，尽快帮助受到影响的公民恢复正常生活，减轻损失。受突发事件影响地区的政府应当根据本地区遭受损失的情况，制订救助、补偿、抚慰、抚恤、安置、心理干预等善后工作计划并组织实施，妥善解决在处置突发事件时发生的矛盾和纠纷。

1. 救助　救助是指对在突发事件中致病致伤人员给予的医疗、物质等方面的帮助。设置社会救助制度，对公民，特别是因各类突发事件遭受人身或财物损害的公民进行社会救助，是政府应尽的法律责任。社会力量（非政府组织和个人）可以通过捐款、捐物以及参与"三孤人员"安置等志愿活动的形式参与善后救助，在政府善后救助过程中发挥补充性、辅助性的作用。救灾捐赠救助的适用范围主要包括解决生活困难、转移和安置灾民、倒损房屋重建等救灾有关的用途和管理。

2. 补偿　补偿主要有两种情况，一种是对财产征用的补偿，另一种是对依法采取应急处置措施所造成的损害的补偿。为了有效应对危机事件，政府及其部门可以征用单位和个人的财产。政府要依照国家有关规定，对应急处置工作中征用的劳务和物资、装备给予补偿，并在使用完毕或者突发事件应急处置工作结束后及时返还征用的物资和装备。征用的物资和装备在应急处置过程中损毁或灭失的，政府应负责修复或依法予以补偿。所需救济经费由政府财政安排，必要时申请上级财政给予支持。此外，行政机关采取应急处置措施致使公民、法人或者其他组织的合法权益受到损害的，应当依法及时予以补偿。如果没有明确法律规定的，通常应当按被征用财产同等价值或者毁损实际价值进行补偿。

3. 抚慰、抚恤和安置　抚慰是指对受到突发事件影响的民众进行心理引导，帮助他们尽快摆脱恐惧心理及紧张状态。公共危机事件给人们带来的不仅是物质损害，还有心理影响。心理影响又分为短期的影响（如恐惧、悲观、厌烦、埋怨、对抗等）和长期的影响（如心理创伤等）。抚恤是对突发事件中的因公受伤或致残的人员，或因公牺牲以及病故的人员家属进行安慰，并给予物质帮助。抚恤分为伤残抚恤和死亡抚恤两种。突发事件应急处置工作结束后，应当按照相关法律、行政法规和有关规定，对有关人员进行抚恤。安置是指对突发事件中失去住房的人员提供居住条件。在恢复重建工作中，首先应当及时为受灾人员提供临时居住场所，然后积极开展住房重建工作。

4. 心理干预　心理干预是指在心理学理论指导下有计划、按步骤地对一定对象的心理活动、个性特征或心理问题施加影响，使之发生朝向预期目标变化的过程。相关调查显示，公共危机事件对人们的心理具有非常深刻的短期和长期影响。因此，应着力于建立多元化的灾害心理救助和干预体系。一是政府应组织专家小组设立评估指标体系，对受灾害影响的人员进行心理评估，并及时组织心理咨询专家，启动工作流程，对相关人员开展心理咨询、安抚救援工作，降低灾后精神疾病的发生率，努力消除突发事件造成的精神创伤。二是培训心理救助志愿者，建立援助共同体。除专业干预人员外，培训大批成熟、自我控制力强的志愿者，是灾后心理救助顺利开展的基本保证。灾后的心理救助专业人员应与志愿者协同形成有效的专业人才共同体。三是采取各种措施，大力提高心理救助队伍的专业化水平，从技术层面和心理层面为社会工作者和志愿者提供督导和支持，使其掌握各种心理救助的专业技术和方法，提高心理救助工作的科学性和高效性。四是建立合理的心理救助人力资源管理系统。心理救助工作应该由国家统一部署和管理，建立专门的灾害心理救助管理部门，负责全国心理救助人员的调配和调遣，对受灾人群进行适时、长期的心理救助。五是制定心理救助人员资格审核标准。建立和完善心理危机干预的分级、分阶段标准及相关从业人员的资格准入制度，专门规定心理危机干预的部门、内容、支撑系统与专业性工作要求。

（五）总结危机管理经验教训

危机管理经验教训的总结评估工作是对危机管理全部工作、全部过程的回顾和评价。其中涉及危机管理小组成员工作情况、危机管理计划的实施状况的评价。总结评估的目的是寻找危机管理计划、危机管理小组的强项和弱点，了解危机管理绩效，学习经验和吸取教训，从而为完善公共危机预警、改善危机管理效果奠定基础。危机管理经验教训的总结评估工作一般可分为三个步骤：一是调查，即对突发事件发生的原因和相关处置的全部措施进行系统的调查；二是评估，即对突发事件的处置工作进行全面的评估，包括对预警系统的组织和工作内容、应变计划、处置决策、处置执行等各方面的评估，要详尽地列出突发事件处置工作中存在的各种问题；三是整改，即对突发事件的处置工作中存在的各种问题综合归类，分别提出整改措施，并要求有关部门逐项落实。危机管理经验教训的总结评估工作应形成文字资料，即总结评估报告。总结评估报告一般应包括：危机发生的真正原因是什么；危机管理小组是否有效率地完成应做的事情；对危机事件所造成的情况，危机管理计划是否可以有效地预期和解决；公共部门管理体制是帮助还是阻碍了危机管理工作；是否提供了对危机损害的评估等。

五、公共危机信息的发布

突发公共事件的信息发布应当及时、准确、客观、全面。要在事件发生的第一时间向社会发布简要信息，随后发布初步核实情况、政府应对措施和公众防范措施等，并根据事件处置情况做好后续发布工作。信息发布形式主要包括授权发布、发新闻稿、组织报道、接受记者采访、举行新闻发布会等。

（一）公共危机信息发布的主体

1. 新闻办公室 要建立起规范的新闻发布制度，就必须设立新闻办公室作为工作机构。目前，我国中央政府各部级部门设立有专门的新闻办公室，一般由 6~10 人组成。在地方政府层面，省市级的新闻办公室通常设在省市党委的宣传部内，省级新闻办公室一般由 8~11 人组成，市级新闻办公室由 3~5 人组成，人员有时候具有宣传和新闻发布双重身份。

在公共危机发生后，新闻办公室承担搜集危机信息、分析信息、确定新闻发布口径、联络媒体和召开新闻发布会等工作。公共信息属于公众所有，对政府部门来说，发布重大公共信息不仅是一项权力，更是一种必须履行的义务。新闻办公室面对突如其来的公共危机，将会面对公众和各种媒体，因此政府新闻办公室必须精心选择新闻发布方式。总体来说，新闻发布主要有三种形式：一是将新闻稿件直接主动交给新闻媒体；二是举办新闻发布会、记者招待会、媒体吹风会或媒体见面会，与媒体记者进行面对面交流，或主动向公众发布有关信息；三是接受媒体记者的采访，回答媒体记者的提问。新闻办公室发布的新闻可能是文字的，也可能是口头的，但都要形成完整的文本或提纲，保证不偏离主题。

2. 领导人 在公共危机新闻发布中，领导人具有不可替代的重要作用。通常在重大危机出现的时刻，需要稳定公众情绪、鼓舞士气、创造良好的舆论环境时，由政府领导人出面发布新闻，其作用是新闻办公室和其他新闻发言人所无法比拟的，各级政府的负责人都具有舆论领袖的地位，在舆论引导方面能够起到非常重要的作用。

面对公共危机，政府领导人发布新闻有着独特的要求，需要经过精心的准备：一是合理设置新闻发布主题。领导人发布的新闻主题必须是重大事件，且由领导人亲自出面表明态度、发表评论。二是选择适当的新闻发布方式。如在选择媒体时，既要选择本地媒体，也要选择外地媒体；有些情况下，既要选择国内媒体，也要选择国外媒体，保证新闻发布的公正性和可信性。三是预测和监测新闻发布情况。由于领导人的身份较为特殊，影响效应有时会成倍放大，这就要求新闻发布活动的组织者对新闻发布所有可能发生的情况和后果作出预测，并提前做好相应安排，防止产生不良影响的情况发生；同时做好对新闻发布后的舆论反应监测工作，对可能发生的应对失当及时采取补救措施，保证新闻发布活动真正成功。

3. 新闻发言人 由于新闻办公室是政府的办事机构，不具有政府形象的代表作用；而领导人除非必要，一般不经常性面对媒体和公众来进行新闻发布。因此，一般由新闻发言人作为政府或政府有关部门的代言人。目前各级政府和部门都建立了新闻发言人制度，经常与媒体保持联系，及时发布公众关切的信息，对于维护公众的知情权和提高政府的形象起到重要作用，也有利于信息公开,是政府与公众沟通的桥梁。

在公共危机发生后,新闻发言人需要尽可能了解危机各个方面的信息,根据政府的要求和公众关切的问题,提前做好新闻发布准备。新闻发言人一般通过新闻发布会的形式进行新闻发布,及时向公众发布危机的有关信息,稳定民心;新闻发言人也可以接受媒体的采访,通过专访的形式回应社会的关切,为危机的处理创造良好的外部环境,同时能够获得更多人对危机处置的理解和支持。同时,新闻发言人要善于引导舆论,使媒体能够自觉自愿地围绕新闻发言人所发布的议题进行报道和追踪。

由于新闻发言人是政府形象的代表,需要具备较高的政治素质和专业的新闻发布方面的知识。具体要求如下:一是新闻发言人要准确把握新闻的含义,深刻认识公共危机新闻的特征,把新闻事件信息及时、详尽、准确地传达给媒体和公众,关键信息包括何人、何时、何地、何事、何原因,以及怎样发生,后果如何,已经采取了什么措施等,防止其他不良信息渠道对社会产生危害。二是新闻发言人要有快速反应能力。一旦有突发紧急事件发生,新闻发言人往往没有过多时间去做准备,这就需要新闻发言人平时关注各个方面的问题,锻炼应对危机的各种能力,熟悉危机信息传播机制和路径,懂得如何通过新闻发布为处理突发事件创造舆论机遇。三是新闻发言人必须熟悉新闻语言,及时准确地讲述客观事实。应将提前准备的新闻稿和脱稿现场表达相结合,恰当运用数字,善用例证;注意控制发言的时长,以达到解释疑惑的目的即可;尽量避免过激的言语,以免与媒体记者产生正面冲突。

(二)公共危机信息发布形式

1. 公共危机的新闻通稿 在公共危机发生后,为了全面描述危机发生情况,正确引导舆论,新闻发布部门一般会起草一个新闻通稿,主动提供给有关新闻媒体。新闻通稿分为消息稿和通讯稿,提供了新闻的基本元素,满足媒体的基本需求,有利于统一媒体对危机事件的报道口径,对引导舆论起着重要导向作用。但是新闻通稿的内容缺乏报道新闻稿的个性和特色,媒体一般不会直接采用新闻通稿的内容,而是会根据自己的判断对新闻通稿进行加工或处理。因此,新闻通稿能够发挥对危机事件新闻传播的正面效应。

2. 公共危机的采访 新闻媒体为了报道的真实性、生动性以及独家性,会提出采访的要求。采访的对象可能是领导人、新闻发言人,也可能是危机事件的当事人或责任人。在危机发生时,如果政府部门来不及准备新闻通稿,可以让新闻发言人或熟悉危机情况的有关人员接受媒体采访。采访可以是众多媒体的集体采访,也可以是个别媒体的单独采访。采访的好处是信息沟通充分,能够与媒体之间建立良好的沟通关系,但是对采访对象的要求较高,需要采访对象具有较强的应变能力,同时对危机事件的信息掌握要尽可能充分。

3. 新闻发布会 公共危机发生后最常用、最有效的新闻发布方式就是召开新闻发布会,通常是将一些媒体、部分公众和相关政府官员召集在一起,以新闻发布或问答等形式进行。新闻发布会的地点通常由发布会的组织方确定,一般以危机事件发生的所在地作为发布会的地点。在新闻发布会上,应主动为媒体或公众提供向政府官员提问的机会,同时政府官员也可以借用提问而向媒体和公众传达有关危机信息。目前,在发生有重大人员伤亡的自然灾害、安全事故、群体事件、重大传染病等危机事件后,基本上都会通过新闻发布会发布有关信息。

第四节　公共危机管理的保障、宣传与监督

一、公共危机管理的保障

根据突发公共事件管理的有关规定,各有关部门要按照职责分工和相关预案做好突发公共

事件的应对工作,同时根据预案切实做好应对突发公共事件的人力、物力、财力、交通运输、医疗卫生及通信保障等工作,保障应急救援工作的需要和灾区群众的基本生活,以及恢复重建工作的顺利进行。

(一) 公共危机管理的制度保障

为了预防和减少突发公共事件的发生,控制、减轻和消除突发事件引起的严重社会危害,规范突发事件应对活动,保护人民生命财产安全,维护国家安全、公共安全、环境安全和社会秩序,地方各级人民政府和县级以上各级人民政府有关部门违反法律规定、不履行法定职责的,由其上级行政机关或者监察机关责令改正。有下列情形之一的,根据情节对直接负责的主管人员和其他直接责任人员依法给予处分:未按规定采取预防措施,导致发生突发事件,或者未采取必要的防范措施,导致发生次生、衍生事件的;迟报、谎报、瞒报、漏报有关突发事件的信息,或者通报、报送、公布虚假信息,造成后果的;未按规定及时发布突发事件警报、采取预警期的措施,导致损害发生的;未按规定及时采取措施处置突发事件或者处置不当,造成后果的;不服从上级人民政府对突发事件应急处置工作的统一领导、指挥和协调的;未及时组织开展生产自救、恢复重建等善后工作的;截留、挪用、私分或者变相私分应急救援资金、物资的;不及时归还征用的单位和个人的财产,或者对被征用财产的单位和个人不按规定给予补偿的。对于编造并传播有关突发事件事态发展或者应急处置工作的虚假信息,或者明知是有关突发事件事态发展或者应急处置工作的虚假信息而进行传播的,责令改正,给予警告;造成严重后果的,依法暂停其业务活动或者吊销其执业许可证;负有直接责任的人员是国家工作人员的,还应当对其依法给予处分;构成违反治安管理行为的,由公安机关依法给予处罚。单位或者个人不服从所在地人民政府及其有关部门发布的决定、命令或者不配合其依法采取的措施,构成违反治安管理行为的,由公安机关依法给予处罚。单位或者个人违反规定,导致突发事件发生或者危害扩大,给他人人身、财产造成损害的,应当依法承担民事责任;构成犯罪的,依法追究刑事责任。

(二) 公共危机管理的人力资源保障

公共危机管理涉及各个方面的人员,其中公安(消防)、医疗卫生、地震救援、海上搜救、矿山救护、森林消防、防洪抢险、环境监控、危险化学品事故救援队伍,核与辐射事故、铁路事故、民航事故、基础信息网络和重要信息系统事故的处置队伍,以及水、电、油、气等工程抢险救援队伍是应急救援的专业队伍和骨干力量。地方各级人民政府和有关部门、单位要加强应急救援队伍的业务培训和应急演练,建立联动协调机制,提高装备水平;动员社会团体、企事业单位以及志愿者等各种社会力量参与应急救援工作;增进国际交流与合作。加强以乡镇和社区为单位的公众应急能力建设,发挥其在应对突发公共事件中的重要作用。中国人民解放军和中国人民武装警察部队是处置突发公共事件的骨干和突击力量,按照有关规定参加应急处置工作。

(三) 公共危机管理的财物保障

要保证突发公共事件应急准备和救援工作所需资金,对受突发公共事件影响较大的行业、企事业单位和个人要及时研究提出相应的补偿或救助政策,并对突发公共事件财政应急保障资金的使用和效果进行监管和评估。鼓励自然人、法人或者其他组织(包括国际组织)按照《中华人民共和国公益事业捐赠法》等有关法律、法规的规定进行捐赠和援助。建立健全应急物资监测网络、预警体系和应急物资生产、储备、调拨及紧急配送体系,完善应急工作程序,确保应急所需物资和生活用品的及时供应,并加强对物资储备的监督管理,及时予以补充和更新。地方各级人民政府应根据有关法律、法规和应急预案的规定,做好物资储备工作。

(四) 公共危机管理的社会生活保障

做好受灾群众的基本生活保障工作,确保灾区群众有饭吃、有水喝、有衣穿、有住处、有病能得到及时医治。卫生部门负责组建医疗卫生应急专业技术队伍,根据需要及时赴现场开展医疗救治、疾病预防控制等卫生应急工作，及时为受灾地区提供药品、器械等医疗卫生设备。必要时，组织动员红十字会等社会卫生力量参与医疗卫生救助工作。要保证紧急情况下应急交通工具的优先安排、优先调度、优先放行，确保运输安全畅通；要依法建立紧急情况下社会交通运输工具的征用程序，确保抢险救灾物资和人员能够及时、安全送达。根据应急处置需要，对现场及相关通道实行交通管制，开设应急救援"绿色通道"，保证应急救援工作的顺利开展。要加强对重点地区、重点场所、重点人群、重要物资和设备的安全保护，依法严厉打击违法犯罪活动。必要时，依法采取有效管制措施，控制事态，维护社会秩序。建立健全应急通信、应急广播电视保障工作体系，完善公用通信网，建立有线和无线相结合、基础电信网络与机动通信系统相配套的应急通信系统，确保通信畅通。有关部门按照职责分工，分别负责煤、电、油、气、水的供给，以及废水、废气、固体废弃物等有害物质的监测和处理。

（五）公共危机管理的技术保障

积极开展公共安全领域的科学研究；加大公共安全监测、预测、预警、预防和应急处置技术研发的投入，不断改进技术装备，建立健全公共安全应急技术平台，提高我国公共安全科技水平；注意发挥企业在公共安全领域的研发作用。

二、公共危机管理的宣传

各地区、各部门要结合实际，有计划、有重点地组织有关部门对相关预案进行演练。宣传、教育、文化等有关部门要通过图书、报刊、音像制品和电子出版物、广播、电视、网络等，广泛宣传应急法律法规和预防、避险、自救、互救、减灾等常识，增强公众的忧患意识、社会责任意识和自救、互救能力，全面提高社会公众对公共危机的自我防护意识。

三、公共危机管理的监督

突发公共事件应急处置工作实行责任追究制。对突发公共事件应急管理工作中作出突出贡献的先进集体和个人要给予表彰和奖励。对迟报、谎报、瞒报和漏报突发公共事件重要情况或者应急管理工作中有其他失职、渎职行为的，依法对有关责任人给予行政处分；构成犯罪的，依法追究刑事责任。

本章小结

1. 公共危机管理是以政府为主的公共组织遵循危机管理的理念，与其他社会组织或大众合作，对潜在的公共危机事件进行预测、预警、监控以及防范，或对已发生的公共危机事件作出及时的应急处理，解除危机并开展危机善后工作的管理活动。

2. 公共危机管理原则：以人为本，减少危害；居安思危，预防为主；统一领导，分级负责；依法规范，加强管理；快速反应，协同应对；依靠科技，提高素质。目前我国公共危机管理组织机构主要分为五大类，即决策机构、综合协调机构、职能机构、辅助机构和决策咨询机构等。

3. 公共危机管理过程包括公共危机的预警、公共危机应急响应、公共危机的应急处置、公共危机后的恢复与重建、公共危机信息的发布等，每个过程都有相应的详细内容。

4. 根据突发事件管理的有关规定，各有关部门要按照职责分工和相关预案做好突发公共事件的应对工作，同时根据预案切实做好应对突发公共事件的人力、物力、财力、交通运输、医疗卫生及通信保障等工作，保障应急救援工作的需要和灾区群众的基本生活，以及恢复重建工作的顺利进行。

思考题

1. 简述公共危机的内涵及特点。
2. 联系实际,阐述我国公共危机管理的组织结构。
3. 结合实际,谈谈突发公共卫生危机的管理过程。
4. 为了有效应对公共危机,应从哪些方面提供公共危机管理保障?
5. 当某地发生突发公共卫生事件后,为了快速有效控制事态发展,从公共危机管理的视角分析如何进行突发公共卫生危机管理。

(姚中进)

第十二章　公共事业分类管理

按照我国学科划分,公共管理包括公共事业管理、行政管理、劳动与社会保障、土地资源管理、海关管理、健康服务与管理等。由于各行业性质与特点不尽相同,相应的事业部门的性质与特点也有差别。本章将以卫生事业、教育事业、科技事业、文化和旅游事业、体育事业为代表,介绍和分析公共事业管理的主体、特点、涉及的重要部门等要素。

第一节　卫生事业管理

《"健康中国2030"规划纲要》提出,到2050年建成与社会主义现代化国家相适应的健康国家。党的十八大以来,党中央把维护人民健康摆在更加突出的位置,作出实施健康中国战略的重大决策部署。党的十九大报告提出,实施健康中国战略,为人民群众提供全方位全周期健康服务。党的二十大报告提出,推进健康中国建设,把保障人民健康放在优先发展的战略位置,深化医药卫生体制改革。卫生事业早已成为整个公共事业的重要组成部分,它既关系到每个人的利益,也深刻影响着国家和社会的发展,因而政府必须根据卫生事业产品的基本特点和要求,介入卫生产品市场,构筑起中国式现代卫生事业管理模式。

一、卫生事业管理概述

(一)卫生事业

1. 卫生事业的概念　卫生事业是我国公共事业的组成部分,指国家和社会为预防和控制疾病,通过对公共卫生环境条件的改善,为维护和增进人民健康所采取的有条理、有规划的组织体系、系统活动和社会措施的总和。这些组织和活动以追求社会效益为目的,由政府领导并提供必要的资源补助,因此卫生事业具有较强的公益性质。

2. 卫生事业的特点

(1)卫生事业的公益性和福利性:卫生事业同时具有"人人需要、共同受益"的本质属性和以个人消费分配为补充形式存在的社会属性。卫生事业不以营利为目的,是一种旨在促使社会全体成员共同受益的公益事业,以实现维护和增进人民健康的目的。卫生事业可以实行福利政策,也可以保本经营,但基本特征是服务于全体人民、服务于群体、让所有人受益。福利并不与劳动直接相连,它是政府或社会团体通过再分配形式给劳动者或社会成员的一种物质帮助或照顾。我国卫生事业的福利性主要体现在医疗保障的福利政策上,主要指医疗保障基金的筹集按照不同人群的实际需要和可能,由国家、社会、个人三方合理负担。医疗卫生服务收费体现的福利性,主要体现在对不同的卫生服务内容采取不同的收费政策,例如,政策要求对预防保健公共卫生服务等免费或适当收费。总之,卫生事业是一项对人民意义重大的非营利性公益事业,是社会保障体系的重要组成部分。

(2)卫生事业的系统性和复杂性:卫生事业涵盖多个层级和多个子系统,包括卫生筹资系统、卫生管理系统、卫生服务系统、医疗保障系统、卫生执法系统、医学教育系统和科研系统等,其中任何一个子系统又可以进一步细分为多个下级系统。卫生事业改革牵一发而动全身,卫生事业的发展依托于整个系统功能的全面发展,了解卫生事业的系统性有助于从整体上认识卫生事业各个子系统之间的关系。现实中,由于卫生事业发展面临着人民医疗需求的增长和医疗资源有限的矛盾,这一本质特征决定了卫生事业的制度设计、目标实现、现实运行存在许多困难,面临十分复杂的局面。

（3）政府在卫生事业中发挥着主导的作用:维持生命健康是人类生产活动的前提条件,也是人类最基本的权利。疾病发生的不可预测性使得仅仅依靠个体和家庭没有办法满足保障健康的需求,并且一些突发重大传染病不是单靠个人就能解决的,需要动用全社会的力量,由政府来主持应急和解决。政府在卫生事业中发挥作用的形式有很多,其中最重要的两方面作用是:设计卫生制度和政策,并管理卫生机构;为卫生事业的运行和发展提供资源上的帮助。

3. 卫生事业的重要性 卫生事业涉及千家万户,关系着亿万群众的根本利益。发展卫生事业,实现人人享有基本卫生保健的目标,是人民群众最关心的现实问题之一,对提高全体国民健康素质、维护社会公平正义、保障公民基本权益、促进社会和谐稳定,都具有十分重要的作用。随着社会的发展进步和人民生活水平的不断提高,人民群众对医疗卫生服务的需求日益提高,对卫生事业发展的关注度亦不断提升,卫生事业的地位也将越来越高,其作用日益凸显。

（二）卫生事业管理

1. 卫生事业管理的内涵 卫生事业管理是指卫生事业组织(包括政府、卫生行政部门及其他有关部门)根据卫生事业的规律和特点,优化卫生政策,编制卫生规划,对卫生资源进行优化配置,将其及时合理地提供给全体人民,并对维护和增进人民健康的组织体系、系统活动和社会措施进行管理。卫生事业管理致力于最大限度地维护和增进人民健康,并促使卫生资源公平分配、合理利用,建立和保持整个卫生系统的高质量、高效率和可持续发展,保持社会各阶层在卫生筹资和获取医疗保健服务方面的公平性。

2. 卫生事业管理的对象

（1）各种卫生机构及其构成要素:各种卫生机构包括卫生服务和提供机构、卫生行政机关、医学教育和科研机构、为卫生事业发展提供财政和政策支持的政府机构等。组织的构成要素包括人力资源、资金、物资设备、时间和信息。卫生事业管理活动,就是通过调整这些机构之间的关系,规范这些机构的行为,提高卫生工作的质量,保证卫生工作的效率和公平,保证社会的卫生安全。

（2）卫生服务的提供者及相关人员:提供卫生服务的各级各类卫生技术人员、卫生行政人员、医疗保险机构的经办人员、接受卫生服务的各类人员,都是卫生事业管理的对象。卫生事业的管理过程,就是通过调整这些人员之间的关系,规范这些人员的行为,激发服务活力,实现卫生服务的质量、效率和公平,保证社会的卫生安全。

（3）组织为实现职能而开展的各项活动:管理主体通过计划、组织、领导、控制来发挥管理功能。卫生事业管理的职能活动包括编制并实施卫生规划,配置卫生资源,明确卫生服务提供内容及方式,监督卫生组织及组织行为,评价绩效,优化卫生政策等。

3. 卫生事业管理的内容

（1）优化卫生政策:卫生政策是指政府为保证人民健康而制定的方针、措施和行为规范。卫生政策对卫生事业发展的影响是巨大的,一个国家或地区卫生事业发展的成败得失,很大程度上取决于这个国家或地区卫生政策的优劣正误。因此,卫生事业管理首先是对卫生政策的管理,卫生政策管理包括卫生政策的研究制定、实施和政策分析评价。

（2）协调推进深化医药卫生体制改革:医药卫生体制的完善与卫生事业的管理是协同发展的,推进医药卫生体制改革对维护和促进人民健康具有深远意义。通过提出深化医药卫生体制改革的重大方针、措施,组织深化公立医院综合改革,推进管办分离,健全现代医院管理制度,制定并组织实施推动卫生健康公共服务提供主体多元化、提供方式多样化的政策措施等来推进医药卫生体制改革，进一步提升卫生事业管理水平。

（3）科学地编制和实施卫生规划：科学编制卫生规划是卫生工作的重要职能，也是卫生事业管理的主要内容。卫生事业管理通过正确的卫生规划明确发展目标，选择适当的行为规范和措施，规定合理的卫生资源投入，保证卫生工作沿着正确的轨道前进。如在抗击传染病疫情方面，国家制定并组织落实疾病预防控制规划、国家免疫规划以及严重危害人民健康公共卫生问题的干预措施，制定检疫传染病和监测传染病目录。

（4）合理配置卫生资源：卫生事业的运行和发展需要运用大量的卫生资源，这些资源包括人、财、物、技术、信息等，卫生事业管理就是要科学地管理这些资源，合理地配置这些资源，实现卫生资源的优化配置，提高资源利用效率，提升卫生服务的质量。

（5）提升卫生系统功能：卫生事业管理所针对的上述机构和人员组成了复杂的体系，如医疗服务体系、卫生管理体系、公共卫生体系、卫生监督执法体系等，这些体系共同组成了卫生系统。卫生事业管理追求的是这些体系的良性互动和有机配合，追求系统功能的整体优化和系统产出的最大化。

二、卫生事业产品的公共性分析

1997 年颁布的《中共中央、国务院关于卫生改革与发展的决定》中明确指出，"我国卫生事业是政府实行一定福利政策的社会公益事业"。2009 年，《中共中央　国务院关于深化医药卫生体制改革的意见》将医药卫生事业定性为关系亿万人民健康和关系千家万户幸福的重大民生问题，提出要坚持公共医疗卫生的公益性质。2019 年 12 月 28 日，经十三届全国人大常委会第十五次会议表决通过的首部卫生健康"基本法"《中华人民共和国基本医疗卫生与健康促进法》于 2020 年 6 月 1 日开始正式实施，其中第三条提出，我国医疗卫生与健康事业应当坚持以人民为中心，为人民健康服务，应当坚持公益性原则。党的十八大以来，党中央明确了新时代党的卫生健康工作方针，把为群众提供安全、有效、方便、价廉的公共卫生和基本医疗服务作为基本职责，把公益性贯穿医疗卫生事业全过程。习近平总书记强调，无论社会发展到什么程度，我们都要毫不动摇把公益性写在医疗卫生事业的旗帜上。党的二十大报告中明确提出，深化以公益性为导向的公立医院改革。上述法律和方针政策概括了我国卫生事业的根本性质，明确了卫生事业具有公益性，政府必须实行一定的福利政策，卫生事业不能以营利为目的。

但卫生事业不是纯公共产品，不可能采取由政府全部包办的办法，卫生事业的运行和发展需要政府、市场、社会各种力量都来发挥作用。根据具体的情况，有些卫生领域以政府发挥作用为主，有些卫生领域则适宜由市场来发挥主要作用。例如，重大疾病的预防和控制以及中低收入群众的基本医疗保障就需要政府来组织并提供资助；而一部分医疗服务的提供则适宜充分发挥市场的作用；一些政府机构从事活动的传统领域，也可以向社会第三部门开放，如非营利性医疗保险的经营管理就可以向社会第三部门开放，可以由社会第三部门组织管理部分非营利性的医疗保险机构，并与政府部门办的医疗保险机构展开竞争。

卫生事业具有公益性主要表现在以下两个方面。

（一）卫生事业产品具有正外部性

相对于卫生事业的内部性来说，其外部性特征更为突出。卫生事业产品的内部性是指医疗卫生机构通过收取与成本相适应的费用，提供医疗服务来帮助患者治疗身体疾病、延长生命并提高生活质量。而其外部性则是指医疗卫生机构通过对患者的诊治、疾病的预防、卫生环境条件的改善等，使患者个体免除病痛，挽救了生命，增长了人们的健康知识，从而提高了劳动力素质，有益于社会生产的发展和社会的稳定进步。尤其是疾病预防控制中心对诸多传染性疾病的大面积防治,如对脊髓灰质炎、白喉、肺结核等的防治,虽然需要一定的成本投入,却可以大大降低人口的死亡率和社会的治疗费用。而且由于一些疾病具有传染性,不及时治疗和控制不仅会危及被感染者的生命,还会传染他人,造成疾病蔓延,产生负外部效应。如乙肝病毒可通过血液、性接触、母婴等途径传播,传染性较强,而通过对易感者、新生儿和高危人员等群体进行乙肝疫苗接种是较为有效的阻断传播的手段。可见,卫生事业产品收益具有突出的外部性。

(二)卫生事业产品具有一定的非排他性和消费竞争性

不同行业的卫生事业产品之间在排他性和竞争性上的差异是很大的。一般来说,突发事故救护是纯公共产品,具有非排他性和非竞争性;疾病预防控制和医学研究中的基础医学研究,如病理研究等,也具有非排他性和非竞争性,属于接近纯公共产品的准公共产品。然而,随着人们对卫生消费需求的提高和个性化、层次性的出现,与医疗资源的有限性产生矛盾,因而在卫生事业产品上也存在着消费竞争性,如医疗资源较好的医院往往"一床难求",优质的医学人才通常也倾向于在这类医疗机构就业,上级医疗机构的规模不断扩大。但大规模的扩张可能会导致医疗资源的浪费和成本资源的降低。此外,上级医疗机构的虹吸效应会阻碍基层医疗卫生机构的发展,不利于分级诊疗的实现。

三、卫生事业管理的主体

卫生事业管理的主体是指以促进、恢复和维护人群健康为基本目的的卫生组织。卫生事业管理主体根据其层次和功能不同可以划分为三类。

(一)卫生行政组织体系

卫生行政组织是在卫生管理方面行使国家政权的公务机关,是各级政府根据国家卫生事业管理的方针政策,管理全国或地方公共卫生、编制卫生规划、制定卫生法规和进行监督检查的机构。卫生行政组织体系是由卫生行政组织构成的集合,对卫生服务组织发挥计划、组织、控制、领导和激励等管理职能。它包括卫生行政管理组织、卫生监督管理部门、疾病预防控制管理机构、中医药管理机构、医疗保障管理机构等。

1. 卫生行政管理组织 卫生行政管理组织(health administration organization)是指通过制定和执行卫生政策、法规等来引导和调控卫生事业的发展,将组织和管理卫生相关事务作为主要职能的政府组织。

卫生行政管理组织是国家公共行政组织的一种,是医疗卫生公共政策的具体执行机构,通过法律手段贯彻和执行国家的卫生与健康工作方针、政策和法规,是具有合法性、强制性、权威性的政府机构。卫生行政管理组织在内部结构上具有集中统一、系统化和层级分明的结构特征。

2. 卫生监督管理部门 卫生监督管理部门(health supervision organization)指的是国家卫生行政机构或行政性组织,它们依据法律、法规对社会公共卫生事务进行监督管理,是国家行政体系的重要组成部分。政府授予地方各级卫生监督局(所)行使国家卫生监督的权力,从事卫生监督管理活动。

3. 疾病预防控制管理机构 疾病预防控制管理机构主要负责制定传染病防控及公共卫生监督的政策,指导疾病预防控制体系建设,规划指导疫情监测预警体系建设,指导疾病预防控制科研体系建设,进行公共卫生监督管理以及传染病防治监督等。

2021年5月13日,国家疾病预防控制局正式成立,意味着疾病预防控制机构的职能从单纯预防控制疾病向全面维护和促进全人群健康转变,不仅能更好地应对突发公共卫生事件,组织并调动力量进行防控,还能顺应健康发展新趋势,积极应对人民健康发展新需求。

4. 中医药管理机构 中医药管理机构主要是指对中医药工作进行管理活动的国家各级行政机关,其基本职能是组织、规划、指导和协调各级中医药卫生服务机构、教育机构和科研机构,运用中医药进行防病治病,开展科学研究等活动。

我国的中医药管理机构是按照行政层次设置的,是隶属中央和地方各级政府,进行中医药管理的机构。国务院设立国家中医药管理局,各省、自治区、直辖市以及下属的各级政府均设立相应的中医药管理部门,形成了系统的中医药行政管理体系。

5. 医疗保障管理机构　医疗保障管理机构的主要职责包括负责拟定医疗保险、生育保险、医疗救助等医疗保障制度;组织制定并实施医疗保障基金监督管理办法,医疗保障筹资和待遇政策,城乡统一的药品、医用耗材、医疗服务项目、医疗服务设施等医保目录,支付标准和收费,药品、医用耗材的招标采购政策,定点医药机构协议和支付管理办法等;负责医疗保障经办管理,以及公共服务体系和信息化建设等。

(二)卫生服务组织体系

卫生服务组织是以保障居民健康为主要目标,直接或者间接地向居民提供预防服务、医疗服务、保健服务、康复服务、健康教育和健康促进等服务的组织。卫生服务组织体系由不同层级和不同功能的卫生服务组织构成。卫生服务组织在接受卫生行政组织领导的同时,还接受上级卫生服务组织的业务指导,并指导下级卫生服务组织,实现卫生服务纵向的连续供给。卫生服务组织体系包括医疗服务机构、公共卫生服务机构、数字医疗服务机构及其他卫生服务组织机构等。

1. 医疗服务机构　医疗服务机构指的是经卫生行政部门批准设立的从事疾病诊断、治疗的卫生专业组织,包括各类医院和基层医疗卫生机构。

(1)医院:医院是医务人员向患者提供诊治疾病、照料患者等卫生服务的场所,配备有一定数量的病床、医务人员和必要的设备,通过医务人员的集体协作,达到保障人民健康的目的。

(2)基层医疗卫生机构:其作用在于融医疗、预防、保健工作为一体,为居民提供初级卫生保健服务。基层医疗卫生机构包括社区卫生服务中心(站)、乡镇及街道卫生院、村卫生室、门诊部及诊所。

2. 公共卫生服务机构　提供公共卫生服务的机构主要包括疾病预防控制中心、专科疾病防治机构、健康教育机构、妇幼保健机构、急救中心(站)、采供血机构、卫生监督机构等专门从事公共卫生服务的专业机构。除专业公共卫生机构,根据我国卫生机构的职能界定,综合医院也要提供一定的公共卫生服务,如疾病预防、传染病报告、应急救治等。城市社区卫生服务中心(站)和农村乡镇卫生院、村卫生室等,承担着城乡居民的医疗、预防、保健、康复等综合性服务,也是我国公共卫生体系的重要组成部分,更是我国城乡居民基本公共卫生服务的主要提供者。

3. 数字医疗服务机构　数字医疗是把现代计算机技术、信息技术应用于整个医疗过程的一种新型的现代化医疗方式,是公共医疗的发展方向和管理目标。数字医疗服务机构涵盖了数字医院、互联网医院、移动医疗平台、电子医疗系统和远程医疗服务系统等多种形式。

4. 其他卫生服务机构

(1)医学教育机构:是指按照社会的需求有目的、有计划、有组织地培养医药卫生人才的教育机构,一般多指医药类高等学校和设有医学专业的综合类高等学校。

(2)医学科研机构:是指依据临床需求,紧密结合医学领域重点疾病防治的发展现状和趋势,整体推进我国医学科技发展、加快医学科技成果临床转化和普及推广的专业机构。

(三)社会卫生组织

社会卫生组织(social health organization)指不以营利为目的,主要开展公益性或互益性活动,独立于党政体系之外的正式的与卫生有关的社会实体,包括卫生社会团体、卫生基金会、卫生社会服务机构和国际卫生组织。

1. 卫生社会团体　卫生社会团体包括卫生学会和卫生协会。学会是由科技工作者自愿组成的科学学术性团体,是科技发展的必然产物。比如中华医学会是中国医学科学技术工作者自愿组成并依法登记成立的学术性、公益性、非营利性法人社团,是党和国家联系医学科技工作者的桥梁和纽带,是发展中国医学科学技术事业的重要社会力量。协会是由某行业工作者、行业内组织为达到特定目标,通过签署协议自愿组成的团体或组织。卫生协会是由符合一定条件的卫生行业工作者组成的卫生行业组织,弥补了政府行政组织的不足,促进了卫生行业的组织管理。中国妇幼保健协会是由妇幼卫生健康相关的企事业单位、相关的社会团体以及妇幼卫生健康工作者自愿结成的全国性、行业性、非营利性的社会组织。中国妇幼保健协会的宗旨包括提高妇幼卫生健康服务质量和行业管理水平,推动妇幼卫生健康事业发展,为增进妇女儿童健康和社会主义现代化服务。

2. 卫生基金会 基金会是指为兴办、维持或发展某项事业,对国内外社会团体和其他组织以及个人自愿捐赠的资金进行管理的机构。其宗旨是通过无偿资助,促进社会的科学、文化、教育事业和社会福利救助等公益事业的发展。卫生基金会包括红十字会等组织。如中国红十字会是我国统一的红十字组织,是从事人道主义工作的社会救助团体,是国际红十字运动的成员。中国红十字会以保护人的生命和健康,维护人的尊严,发扬人道主义精神,促进和平进步事业为宗旨。

3. 卫生社会服务机构 卫生社会服务机构包括残疾人联合会和社会福利机构。中国残疾人联合会简称中国残联,是国家法律确认、国务院批准的由残疾人及其亲友和残疾人工作者组成的人民团体,是全国各类残疾人的统一组织。社会福利机构包括社会福利院、养老院(敬老院)和残疾人康复中心等机构。

4. 国际卫生组织 国际卫生组织可分为运作型国际非政府组织和倡议型国际非政府组织。常见的运作型国际非政府组织有世界卫生组织、红十字国际委员会、联合国儿童基金会、联合国教科文组织等。

公共卫生工作涉及每个人的健康与利益,发挥社会组织的作用,实现社会的广泛参与,是卫生工作公益性质的主要体现。有关研究表明,不健康的生活方式、行为或者习惯是当今许多需要控制疾病的主要影响因素,要改变人们的生活方式,必须从民众自身做起。特别是在一些高危行为控制和干预工作中,社会组织和民众自身的参与可以起到政府所不具备的作用。因此,必须大力推进政府与社会中介组织的合作,引导、支持民众的参与。

四、卫生事业管理的目标管理模式

"十四五"规划是全面建设社会主义现代化国家的启航规划,明确了卫生事业管理的目标管理模式。我国将按照国家发展各项卫生事业的基本战略方针,结合卫生改革与发展的实际情况,全面推进健康中国建设,确立以人民健康为中心的管理目标。这意味着要把保障人民健康放在优先发展的战略位置,坚持以人民健康为中心,深入实施健康中国行动,完善国民健康促进政策,织牢国家公共卫生防护网,为人民提供全方位、全生命周期的健康服务,以实现卫生事业管理的目标。

(一)医疗服务机构的目标管理模式

由于信息不对称和道德风险的存在,医疗服务领域需要采取适当的管理模式来确保市场的健康发展。而坚持公益性是保证我国医疗卫生事业基本价值取向和保障人民生命健康的基本要求,医疗服务价格应受到政府的监控。根据不同的医疗服务对象,医疗机构可以采用不同的方式提供医疗服务。第一,各类医疗机构可以根据政府合同为其服务对象提供免费医疗服务;第二,可以根据与社会医疗保险机构等第三方的协议,按约定价格和约定的质量为其服务对象提供基本医疗服务;第三,其他特殊医疗卫生服务的价格则可以完全实现市场化。

除了关注医疗服务机构的不同供给模式,加强公立医院综合建设仍然是重点。目前,公立医院在医疗服务市场中发挥核心作用,需加快建立现代医院管理制度,深入推进治理结构、人事薪酬、编制管理和绩效考核改革，加强公立医院精细化管理。

（二）公共卫生服务机构的目标管理模式

公共卫生服务机构的宗旨是要促进基本公共卫生服务均等化，提高公共卫生服务与管理的精细化和全程化水平，提升居民的健康素养，推进实施公共卫生服务项目分级分类服务与管理，保障居民享受全方位全周期的健康服务。同时，基层医疗卫生机构作为我国公共卫生体系的重要组成部分，更是我国城乡居民基本公共卫生服务的主要提供者，要重点发挥基层医疗卫生机构的兜底作用，织牢国家公共卫生防护网，保障人民健康。另外，要加强突发公共卫生事件应急处置的管理，预防与控制重大传染病的发生与流行。疾病预防与控制和突发公共卫生事件应急管理属于社会公益事业。为提高公共卫生服务机构应对突发公共卫生事件能力，保障人民生命安全，需改革疾病预防控制体系，强化监测预警、风险评估、流行病学调查、检验检测、应急处置等职能。落实医疗机构公共卫生责任，创新医防协同机制。完善突发公共卫生事件监测预警处置机制，加强实验室检测网络建设，健全医疗救治、科技支撑、物资保障体系。

（三）"互联网＋"医疗卫生服务的发展模式

"互联网＋"医疗是国家积极支持、鼓励发展的新型医疗服务模式，完善"互联网＋"药品供应保障与医疗保障结算服务对于"互联网＋"医疗的发展至关重要。2019年8月发布的《国家医疗保障局关于完善"互联网＋"医疗服务价格和医保支付政策的指导意见》、2020年10月颁布的《国家医疗保障局关于积极推进"互联网＋"医疗服务医保支付工作的指导意见》等相关政策文件，明确提出要完善"互联网＋"医疗服务的价格和支付政策，支持"互联网＋"医疗服务模式创新，进一步满足人民对便捷医疗服务的需求，提高医保管理服务水平，提升医保基金使用效率。

"三医联动"是指医保体制改革、卫生体制改革与药品流通体制改革的三方联动，即医保、医疗、医药"三医"联动改革。传统的"三医联动"缺乏可操作的行动抓手，而互联网能促进更好、更优的资本和运营资源利用，可将三者进行业务整合、管理整合与要素整合。因此，构建整合式、一体化的互联网＋"三医联动"模式，是"三医联动"实现模式的未来发展趋势。通过优势互补，加强联系，形成良性竞争机制，将利益进行合理分配，加强各部门之间联系，减少业务重复与资源浪费，保障信息系统的互联互通及医保有效对接等。通过完善互联网的信息沟通，不仅可以实现医疗、医药、医保的信息互联，还可以加强三个部门间的协同合作，为提升医疗服务的效率、保障人民生命健康提供多方支持。

第二节　教育事业管理

教育是一种人类所特有的培养人的社会活动。习近平总书记曾强调，实现中华民族伟大复兴，基础在教育。新形势下，我国必须加快教育事业的改革和发展，深入实施新时代人才强国战略，加快建设世界重要人才中心和创新高地，为2035年基本实现社会主义现代化提供人才支撑，为2050年全面建成社会主义现代化强国打好人才基础。

一、教育事业管理概述

（一）教育事业管理的内涵

教育有广义和狭义之分。广义的教育是指所有能增进人们的知识和技能、影响人们思想意识和道德品质的活动；狭义的教育则主要指学校教育，即教育者根据一定的要求，有目的、有计划、有组织地对受教育者的身心施加影响，把他们培养成为社会所需要的人的活动。

教育管理也有广义和狭义之分。广义的教育管理包含教育行政和学校管理，是指对整个国家的教育行政系统及各级各类学校组织进行教育投资、教育督导、教育结构管理方面的计划、组织、指导和控制,从而实现为国家培养人才的目标。狭义的教育管理是指学校管理,它以专业类学校和企业类办学为管理对象,管理内容主要包括学校的管理原则、管理过程、全面质量管理、管理制度和管理机构及领导人员,以及学校内部与外部关系的管理,目的是有效地实现学校的教育目标。

（二）教育事业管理的内容

教育事业管理的内容涵盖教育体系构建、政策法规制定、资源分配、教学组织、学生与教师管理以及教育督导与评价等多个方面。其中,作为教育事业管理中的重要方面,教育体系是由基础教育、职业技术教育、普通高等教育和成人教育、特殊教育、民族教育等按照一定的原则和规律所构成的有机整体(图12-1)。教育体系内的各种教育目标不同,形式有异,但又互相衔接,内容上相互渗透、相互影响。不同种类的教育满足人力资源开发和劳动力生成过程中的不同需求,发挥着不同的功效。

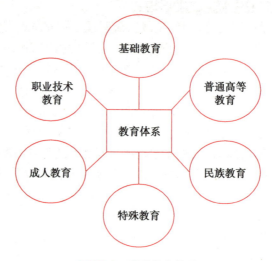

图12-1 我国教育体系

1. 基础教育 基础教育指学前教育和普通初等、中等教育。初等教育(小学)为六年制;中等教育分为初级中学和高级中学,通常均为三年制。另外有少数把小学和初中合并在一起的九年一贯制学校。

2. 职业技术教育 职业技术教育主要包括普通中等专业学校教育、技工学校教育、职业中学教育,以及多种形式的短期职业技术培训。其直接目的是将教育所提供的理论知识转化为劳动能力,增强国民的就业竞争力,推动产业增长,具有技术性、操作性、短期性、实用性等特征。职业技术教育是现代教育的重要组成部分,是工业化、生产社会化和现代化的重要支柱。

3. 普通高等教育 普通高等教育指专科、本科、研究生等高等学历层次的教育,相应的教育机构包括综合大学、专门学院、专科学校、研究生院等。高等教育中,大学专科学制为2~3年;本科学制通常为4年,医科为5年,此外有少数工科院校实行5年制;硕士研究生学制为2~3年,博士研究生学制为3~6年。

4. 成人教育 成人教育是指针对成人开展的教育活动,旨在帮助他们提升知识技能、增强职业竞争力、促进个人发展。成人教育机构众多,包括独立设置的职工大学、农民大学、干部管理学院、行政干部学院,也包括普通高等学校中设立的继续教育学院、成人教育学院等,以及扫盲和其他形式的教育机构。成人教育是专门为走上工作岗位以后的成人设置的教育,为成人再次接受学校教育提供机会,使职工与干部素质不断提高,以适应知识不断更新的时代要求。

5. 特殊教育　特殊教育是面向视力、听力、言语、肢体、智力、精神、多重残疾以及其他有特殊需要的儿童青少年提供的教育。特殊教育机构包括培智学校、盲人学校、聋哑学校、语言障碍儿童训练中心等，以及附设在普通学校的特殊教育班或者供残疾儿童随班就读的普通学校。特殊教育的教育宗旨是促进残疾儿童青少年自尊、自信、自强、自立，实现最大限度的发展，切实增进残疾儿童青少年家庭福祉，努力使残疾儿童青少年成长为国家有用之才。

6. 民族教育　民族教育由国家民族事务委员会直属高校、地方政府教育部门及民族自治地方教育机构等共同开办，旨在满足少数民族教育需求，传承和发展民族文化。它注重多元文化的共存与融合，强调针对性与包容性。民族教育为构建和谐社会和促进国家发展作出了重要贡献。

（三）教育事业管理下的活动类别

根据教育事业活动的目的和功能，可以将教育事业管理下的活动划分为以下三大类别。

1. 以满足社会共同需要为主要目标的教育活动　这里的"社会共同需要"是指为保证社会的稳定和发展，其社会成员必须具有的最基本的素质。在现代社会，这一社会共同需要是由社会发展程度和公共财政能力所决定的。根据社会和经济发展的需要，以及公共财政所能提供的支持，国家通常规定公民有义务接受一定程度的教育——义务教育，义务教育阶段的教育经费主要由公共财政负担。义务教育主要是普通教育，其内涵包括作为特定社会的公民道德教育、知识和能力教育、体育教育，以及相应的法制教育、国防教育等。此外，一些特殊教育也由公共财政负担。

2. 以满足个人和家庭需要为主要目标的教育活动　这里的"个人和家庭需要"包括个人和家庭的物质与精神生活水平提高的需要。就前者而言，在现代社会生活中，个人及家庭的各种物质需要得到满足的程度，越来越取决于个人及家庭接受各种相关教育的程度。这主要体现在，随着人类社会知识的积累和技术的发展，职业对就业者素质的要求越来越高，因而个人就业的机会在相当程度上取决于个人的就业能力，而这又在相当程度上取决于个人受教育的程度，个人及其家庭成员的文化教育水平也就成为决定其经济收入水平的一个重要因素。就后者而言，现代社会精神生活水平的提高，既涉及经济消费，又涉及知识消费：既需要消费者付出一定的时间和金钱，又需要消费者拥有相应的知识和文化。因此，个人和家庭成员的文化教育水平，也就决定了其精神生活提高的可能。这类教育活动的经费显然不适合由公共财政来负担。

3. 以满足企业需要为主要目标的教育活动　在市场经济条件下，企业作为独立的市场主体，必须以各种形式参与市场竞争。而随着科学技术的发展，现代企业之间的市场竞争虽然与企业的规模和企业的资金等密切相关，但在相当程度上更取决于企业科技实力、生产效率的提高，这些因素无不与企业员工的文化素质、技术能力和教育水平有关。就此而论，现代企业之间的竞争实质上是人才竞争，是科技与教育竞争。因此，为了保证企业的生存和发展，企业就必须不断地开展企业教育活动，以提高员工的素质、能力和水平，这些教育的基本形式有企业常设的职业学校提供的教育，以及不定期的员工培训等。同时，为了适应企业专门职责技能的养成，通常在义务教育阶段之后，社会也有一些专门针对企业需要的教育活动，如职业学校、区域性的技术学院的教育活动等。这类教育活动是一种以满足企业生存和发展需要为主要目标的教育活动，在其外部受益主体中最直接的受益者首先是企业本身。因而在公共财政能力有限的情况下，这类教育经费也不应作为公共财政支出。

二、教育事业产品的公共性分析

现代社会的教育事业，是一个由不同层次、不同类别的教育活动构成的庞大体系。由于各层次教育活动的目的和功能不同，在一定的条件下，不同层次和不同类别的教育活动及其产品的公共性的程度也不尽相同，必须根据一定的标准来对具体的教育活动进行划分。

（一）教育事业产品具有一定的非排他性和消费竞争性

教育事业产品的非排他性主要表现为在一定的范围内，一个人消费教育产品，并不排斥其他人同时消费。如在现代教育中，在班级教学这种特定的教育模式下，班级中的某一个学生听课，并不影响班级中的其他同学在同一时间和同一范围内听课，即具有非排他性。但这种非排他性是属于有限的非排他性，限制在一定的范围内，原因如下：教师的声音传播范围有限；学生的基础不同，而班级教学下的教师必须针对程度不同的学生进行"因材施教"，但教师的精力是有限的。虽然现代科学技术的发展带来的教学手段的扩大使教育的受益面成倍地增加，但由于教育是一种集知识、道德和情感等在内的传授活动，教师与学生直接面对面的教育和交流是不可缺少的。因此，为了保证教育效果，就需要增加班级，增加支出，这就产生了排他性。

教育事业产品又具有一定的消费竞争性。这一竞争性表现在随着消费者（学生）的增加，教师数量、教学设施等也就必须相应增加，从而使教育的总成本增加，但在一定的范围或历史时期中，教育的投入是有限的，即教育产品的供给能力是有限的，而教育需求却在增加，于是产生了教育产品量的需求竞争，加之消费者对教育产品质量的要求，数量有限的优质教育产品必然引发消费竞争。教育事业产品的竞争是一种特殊的市场竞争。

（二）教育事业产品具有正外部性

教育是一种同时具有内部收益和外部收益的过程和活动。人是教育的对象，因而教育事业的直接结果首先体现在受教育者身上，这是教育事业产品的内部收益。这一内部收益表现为受教育者在接受教育后，知识有所增加，掌握了一定的技术，因而社会适应能力和获取工作的能力有所提高。相应地，随着个人受教育程度的提高和能力的增强，用人单位可以获得质量相对较高的劳动力，因而愿意支付更高的劳动力价格，受教育者也能获得较高的报酬。同时，在现代社会，教育事业作为一种公共事业，其目标建立在个性发展需求和社会发展需求有机结合的基础上，因而教育在通过对受教育者的培养，让其适应社会、获得自身发展，产生内部收益的同时，也解决了社会发展的需求，这就是教育事业产品的外部收益。社会所有的政治、经济和文化活动都是人的活动，因此教育的外部收益也表现在社会的经济、政治和文化发展的各个方面。

三、公共事业组织在教育事业管理中的作用

我国教育事业管理体系由教育行政组织机构、学校组织机构和教育中介机构共同组成。

（一）教育行政组织机构

我国最高的教育行政管理机构为教育部，教育部以下有各省、自治区和直辖市的教育厅（局），省级以下有市、县、区等教育管理机构，所有这些教育行政管理机构综合在一起，构成了我国庞大的教育管理网络。正是通过这一网络，国家的教育事业才得以维持、运转和发展。

在教育发展的不同时期，教育部规划的重点也不同。"十三五"时期，教育事业发展的重点是教育的公平和质量，高等教育进入了普及化阶段。"十四五"时期的规划明确提出，全民受教育程度要不断提升，劳动人口平均受教育年限提高到 11.3 年，这就需要建设高质量的教育体系。而展望 2035 年，建成教育强国、国民素质达到新高度便是教育事业未来发展的新目标。

（二）学校组织机构

学校是专职人员和专门机构承担的有目的、有系统、有组织、有计划的以影响受教育者的身心发展为直接目标并最终使受教育者的身心发展达到预定目的的社会活动。学校作为基层教育组织，担负着开展教育教学活动、传播文化和知识的职能，同时也担负着对学校这一机构的人、财、物等进行有效管理的职能。没有后一种职能，学校的前一种职能也就无法真正实现。

2021 年 7 月，中共中央办公厅和国务院办公厅印发《关于进一步减轻义务教育阶段学生作业负担和校外培训负担的意见》，"双减"政策正式出台。这一政策的核心在于以下方面：一是全面

压减作业总量和时长,减轻学生过重作业负担;二是提升学校课后服务水平,满足学生多样化需求;三是坚持从严治理,全面规范校外培训行为;四是大力提升教育教学质量,确保学生在校内学足学好;五是强化配套治理,提升支撑保障能力;六是扎实做好试点探索,确保治理工作稳妥推进;七是精心组织实施,务求取得实效。

（三）教育中介机构

教育中介机构是指处于学校、政府之间,具有独立的地位,为国际、国内的教育文化发展和交流提供服务的法人实体。有学者将介于政府和高等学校之间的教育中介机构称为"缓冲组织",认为它可以发挥学术权威在政府和高等学校之间的协调作用。

美国当代著名教育家欧内斯特·博耶博士概括了教育中介机构的三种功能。

（1）影响政府决策的教育中介机构可以扮演一个压力团体的角色,代表高等学校对政府施压,从而对政府的政策产生影响。

（2）担负执行政府决策的责任,完成或部分完成政府下达的任务。

（3）提供服务,特别是为个体提供服务。

我国现有的教育中介机构可分为三种类型:第一类,教育评估中介机构,如教育评估院等;第二类,教育服务性中介机构,如各种各样的人才交流会、留学教育与国际交流服务中介;第三类,教育行业协会,如教师工会、教育学会、课程与教学专业委员会等。这些中介机构分别起着评估、服务、交流的作用,已成为教育系统的一个不可分割的部分。

四、教育事业管理的目标管理模式

结合我国教育事业管理体制改革和发展的实际情况,我国现行教育事业管理的目标管理模式如下。

一是坚定不移用习近平新时代中国特色社会主义思想铸魂育人,确保教育领域始终成为坚持党的领导的坚强阵地。学习宣传阐释党的创新理论,把学习贯彻习近平新时代中国特色社会主义思想作为首要政治任务。落实教育优先发展战略地位,深入实施"十四五"教育发展规划。坚持优化增效、补短扬长,新增教育投入更多用于薄弱环节,完善普惠性学前教育经费保障机制。

二是加快完善德智体美劳全面培养的育人体系,促进学生健康成长和全面发展。深入推进"双减",继续把"双减"工作摆在突出位置、作为重中之重,着力巩固学科类培训机构压减成果,在法定节假日、休息日、寒暑假指导各地开展常态巡查,坚决关停违规学科培训机构。促进学生身心健康全面发展,加强和改进学生心理健康教育工作,实施学生心理健康促进计划,做好科学识别、实时预警、专业咨询和妥善应对。加强学校铸牢中华民族共同体意识教育,以增进共同性为方向,推动铸牢中华民族共同体意识教育与中小学德育和高等学校思想政治工作紧密融合。

三是全面提升教育服务能力,为构建新发展格局提供坚强支撑。加快培养、引进国家急需的高层次紧缺人才,积极参与建设国家战略人才力量,实施好国家重大人才工程。增强职业教育适应性,引导中职学校多样化发展,培育一批优质中职学校,积极推动技能型社会建设,大力营造国家重视技能、社会崇尚技能、人人享有技能的社会环境。深入推进"双一流"建设,扎根中国大地、瞄准世界一流,引导高等学校强化学科重点建设。

第三节　科技事业管理

科学技术是第一生产力,发展科学技术事业是人类社会生存与发展的共同需要和共同目标。

我国在创新型国家建设上成果丰硕,载人航天、探月工程、深海工程、超级计算、量子信息、"复兴号"高速列车、大飞机制造等领域取得一批重大科技成果。展望未来,当今世界正经历百年未有之大变局,新一轮科技革命和产业变革深入发展,国际力量对比深刻调整。展望2035年,我国要建成科技强国、人才强国。科技的发展首先需要掌握科学技术活动的基本特性,从公共事业管理的角度,为了促进我国科技的发展,需要了解公共事业组织在科技事业发展中的地位和作用,并通过管理和规范来不断完善现代科技事业管理模式。

一、科技事业管理概述

(一)科技事业管理的内涵

科技事业管理是指公共事业组织依照科学技术自身的发展规律和特点,运用管理科学的理论与方法,对各项科学技术活动进行组织和筹划,以求在时间和经济上最合理、最有效地达到预定的科学技术发展目标的管理活动。在长期的发展过程中,科技事业管理自身形成了丰富的内容。

(二)科技事业研究的划分

科学技术对于现代社会发展有着重要的推动作用,科学技术由无数具体的科学技术事业产品构成,并渗透到社会的各个领域。按照科学技术研究活动的性质,可以将其划分为以下几类。

1. 基础科学研究 基础科学研究是以自然现象和物质运动形式为研究对象,探索自然界发展规律的科学,主要研究自然科学中的基本问题和基础理论。基础科学研究需要回答"是什么""为什么"的问题,是整个科学技术的理论基础,对技术科学和生产技术起指导作用。与具体的应用技术研究相比较,它提供的是物化的可能,是科技与经济发展的源泉和后盾,是新发明或技术研究的先导。

2. 应用技术研究 应用技术研究主要是进行技术发明活动,对应于基础科学研究,它主要是回答"做什么""怎么做"的问题。它在基础科学研究的基础上,根据现实的需要综合利用知识,将科学研究提供的物化可能变为现实。这一类研究活动的特点是直接针对现实的社会,尤其是企业的需要,产品容易商业化和市场化,并通过市场方式提供。

3. 公益性研究和技术推广 公益性研究主要是指一些涉及人民整体利益、难以分割的技术研究,如气象服务、灾害预防和应对等方面的研究等。技术推广主要是指涉及人民利益和社会整体利益、影响社会经济发展的技术的推广,如农业方面的种子改良技术等的推广。这些技术是社会发展的一种基础性需要。在一定程度上,公益性研究和技术推广都属于技术研究或技术发明的范畴,但由于涉及人民的共同利益和社会发展的基本需求,因此难以实现市场化。

总的来说,按照追求目标的不同,科技事业研究主要分为两大类:一类是以满足社会共同需要为主要目标的科技活动,这一类研究致力于解决整个人类社会生产和发展的基本问题,反映的是整体社会的共同利益要求,并且这一类科技事业研究难以量化或商品化,一般不以市场的方式提供;另一类是以满足企业或市场需要为主要目标的科技活动,这一类科技事业研究一般可以直接提高企业的生产效率和产品的市场竞争力,从而为企业带来利润。

二、科技事业产品的公共性分析

科技事业研究本身并不直接等同于科技事业产品,但其研究成果可以作为科技事业产品的一种形式。当科技事业研究取得一定的成果时,这些成果可以被转化为科技事业产品,如专利、技术秘密、科技论文、专著等。科技事业产品作为公共事业产品的一部分,具有准公共性的特征。但是,科技事业研究具有不同的类别,其所对应的不同类别的科技事业研究成果(即科技事业产品）的准公共性仍然存在着差别。

（一）非排他性和非竞争性的差别

非排他性和非竞争性是公共产品的基本特征,在科技事业研究中,基础科学研究以及公益性研究和技术推广的产品具有较强的非排他性和非竞争性。以基础科学研究为例,基础科学研究所得出的科学定律、规律和原理,其表现形式是抽象的,反映人类在认识自身和世界本质方面的不断深化和突破。基础科学研究的基本目标是对人类未知领域的探索而不是营利,因而科学定律、规律和原理一经得出或验证,是公开发表和公布的,难以商品化和市场化,任何人都可以学习和应用,任何个人的学习和应用都不会影响到他人的学习和应用,具有非排他性和非竞争性。

需要注意的是,应用技术研究的产品不仅具有一定的排他性,而且具有一定的消费竞争性。应用技术研究的成果是具体的,有时还具有独创性,并且大都可以商品化,其中一些技术商品在现代社会是受到专利保护的。因此,虽然一项技术可以在一定范围内共享,但这种共享是受专利法或技术转让合同保护的;而且基于市场竞争的需要,一项技术的使用范围是有限的,具有消费竞争性。由此可知,应用技术研究的产品的公共性较为不明显。

（二）科技事业产品具有正外部性

所有的科技事业产品均具有较强的外部收益。科学技术的发展不仅体现在具体部门或个人通过运用基础研究、应用技术研究、公益性研究和技术推广等方面的成果获得了收益,同时也体现在使没有直接使用相应研究成果的人在观念上发生了变化,以及人们将这些成果运用于不同的产品生产上而使产品的功能增加或者成本降低。科技事业研究会给整个社会生活的各个领域带来生活质量和生产效率的提高,从而在一定程度上推动社会的前进。具体来说,基础科学研究、公益性研究和技术推广的外部效益要高于应用技术研究的外部效益。

三、科技事业管理的主体

科技成果的提供也分为公共提供（政府提供）、市场提供和混合提供三种基本方式,这也决定了科技事业管理的主体是多元的。科技事业管理的主体既可以是政府的科研部门,也可以是企业,还可以是其他专门从事科学研究的非政府机构。以下将对科研管理体系、科研体系、科研中介机构进行具体介绍。

（一）科技管理体系

总体来说,我国的科技发展管理体系模式是高度集中型的。在这种模式下,政府将科技活动管理、相关的生产活动管理和资源分配的最终权力集中在特定的权力部门,其他部门负责制定和实施相应的政策或短期项目。总体来说,我国的科技发展管理体系模式正在经历变革。在新的模式下,政府通过中央科技委员会来统筹推进国家创新体系建设和科技体制改革,同时科学技术部的职能也进行了相应的调整,以优化科技创新全链条管理、促进科技成果转化、促进科技和经济社会发展相结合等职能。科学技术部不再管理经济社会领域科技发展问题,相关领域科技管理职责划转到相关部委,同时将高技术发展相关管理职能转入国家自然科学基金委员会。通过对科学技术管理的组织结构进行调整,以适应新的科技发展需求,共同构成我国的科技管理体系。

（二）科研体系

我国的科研体系主要由国有研究开发机构、高等学校、企业、非营利科研机构等方面的科技力量共同组成。

1. 国有研究开发机构 国有研究开发机构是我国研究开发的重要力量,主要包括国有企事业单位中的科技研究与技术开发机构。按学科分组,这类机构涉及包括数学、信息科学与系统科学、力学、管理学等57门学科;按机构服务的国民经济行业分组,涉及包括农业、林业、畜牧业、渔业等 75 个行业；其地域范围遍及全国各个省市。

2. 高等学校　和世界上其他许多国家一样，在许多科学研究领域，尤其是在自然科学基础理论研究领域，我国高等学校进行的研究工作是较为重要的组成部分。我国正在深入推进"双一流"建设，扎根中国大地、瞄准世界一流，引导高等学校强化学科重点建设，实施一流学科培优行动和基础学科深化行动。

3. 企业　随着我国科技体制改革的深入，我国的科研主体已经实现了从独立的科研院所向企业的战略转变，并且国家鼓励推动科研平台、科技报告、科研数据进一步向企业开放，创新科技成果转化。

4. 非营利科研机构　非营利科研机构以推动科技进步为宗旨，不以营利为目的，主要从事应用基础研究或向社会提供公共服务。

（三）科技中介机构

根据我国科技部的界定，科技中介机构是指为创新主体提供社会化、专业化支撑和促进创新活动的机构。这类机构在促进科技成果快速转化、降低科技创新成本、提高科技成果交易效率和有效规避技术创新风险等方面发挥着独特的作用。科技中介机构按其参与科技活动的形式，可以分为三类：一是直接参与服务对象技术创新过程的机构，如生产力促进中心、创业服务中心、工程技术研究中心等；二是主要利用技术、管理和市场等方面的知识，为创新主体提供咨询服务的机构，如科技评估中心、科技招投标机构、情报信息中心、知识产权事务中心和各类科技咨询机构等；三是主要为科技资源有效流动、合理配置提供服务的机构，如常设技术市场、人才中介市场、技术产权交易机构等。

科技中介机构为科技创新活动提供了重要的支撑性服务，在有效降低创新创业风险、加速科技成果产业化进程、全面提升国家创新能力方面发挥着不可替代的关键作用。但与此同时，科技中介机构的渠道功能不显著，对供给端的导向功能欠缺，协调创新能力有限，产业全链条服务能力有待提升。

四、科技事业管理的目标管理模式

创新驱动发展是我国科技事业管理的核心战略。坚持创新驱动发展，全面塑造发展新优势是科技事业管理的目标。坚持创新在我国现代化建设全局中的核心地位，把科技自立自强作为国家发展的战略支撑，面向世界科技前沿、面向经济主战场、面向国家重大需求、面向人民生命健康，深入实施科教兴国战略、人才强国战略、创新驱动发展战略，完善国家创新体系，加快建设科技强国。

为在当前激烈的国际竞争中抢占科技创新的先机，强化国家战略科技力量，需要对科学技术事业管理体制进行改革，制定科技强国行动纲要，健全社会主义市场经济条件下新型举国体制，打好关键核心技术攻坚战，提高创新链整体效能，推进科技事业的发展。

具体来说，需要针对不同的科技事业研究的特点来进行相应的改进。首先是基础科学研究持之以恒加强。基础科学研究具有为整个社会发展做奠基的作用，但同时又存在着难以量化和市场化的特点。"十四五"规划提出，国家将加大基础研究财政投入力度、优化支出结构，对企业投入基础研究实行税收优惠，鼓励社会以捐赠和建立基金等方式多渠道投入，形成持续稳定投入机制。建立健全符合科学规律的评价体系和激励机制，对基础研究探索实行长周期评价，创造有利于基础研究的良好科研生态。

其次，事关国家安全和发展全局的基础核心研究领域，制定实施战略性科学计划和科学工程。瞄准人工智能、生命健康、空天科技、深地深海等前沿领域，实施一批具有前瞻性、战略性的国家重大科技项目。从国家急迫需要和长远需求出发，集中优势资源攻关新发突发传染病和生物安全风险防控、医药和医疗设备等领域关键核心技术。

最后，对于应用技术研究，针对其容易市场化的特点，引导企业成为开发应用技术研究的主力军，建立相应的研究与开发机构，加大科技投入，推动企业技术进步、创新。国家不必直接举办这类研究活动，而是给予研究机构一定的鼓励和支持，如各种产业政策和税收优惠政策等，并建立相应的规范制度，科学引导、有序进行改革与转变。完善技术创新市场导向机制，强化企业创新主体地位，促进各类创新要素向企业集聚，形成以企业为主体、市场为导向、产学研用深度融合的技术创新体系。

在新的科技事业管理体制下，独立研究机构和高等学校的科研机构等将成为专门从事上述研究的主力军，贯彻尊重劳动、尊重知识、尊重人才、尊重创造方针，深化人才发展体制机制改革，持续发展新型研究型大学、新型研发机构等新型创新主体，推动投入主体多元化、管理制度现代化、运行机制市场化、用人机制灵活化。此外，要推动科研院所与高等学校多种形式的联合，通过优化组合，为科研人才互相合作提供平台，优化科研资源的利用和效率的提高，促使科研水平进一步提高。

第四节　文化和旅游事业管理

文化是人类物质文明与精神文明的总和，而旅游是宣传和弘扬文化的载体。在全面建设社会主义现代化国家的新阶段，文化和旅游事业活动的内容愈加丰富，在社会生活中占有重要的地位。习近平总书记强调："旅游是不同国家、不同文化交流互鉴的重要渠道，是发展经济、增加就业的有效手段，也是提高人民生活水平的重要产业。"可见，文化和旅游事业活动也是经济增长的重要方面。文化和旅游事业产品具有鲜明的准公共产品特征，但具体到不同的文化活动，其准公共性又具有明显的差异。

一、文化和旅游事业管理概述

（一）文化和旅游事业管理的基本内涵

文化和旅游事业管理是文化和旅游行政部门依据国家和所属地方的方针、政策、法律、法规，对各项文化事业实行规划、组织、调控、引导和监督的行为过程。文化事业管理有两项基本任务：一是对文化和旅游事业机构及设施的管理；二是统筹文化事业和旅游业发展，为社会主义精神文明建设创造文化条件。

（二）文化和旅游事业活动的基本类别

文化事业管理涉及的内容很多，从工作内容看可分为艺术管理、群众文化管理、图书馆和美术馆管理、文物管理、新闻出版业管理、版权管理，以及广播、电影、电视事业管理等；从工作性质看又可分为队伍管理、业务管理、经营管理、市场管理、外事管理、财务管理、技术管理、安全管理等。

在旅游事业管理方面，从旅游产品供给体系看，目前旅游产品以 A 级旅游景区、旅游度假区、乡村旅游、红色旅游等为主要载体。近年来，随着文化事业活动的日益丰富，体育旅游、工业旅游、研学旅游、沉浸式体验等新业态层出不穷。这些内容丰富、形态繁多的文化和旅游活动，根据其活动的目的和功能，大致可分为公益性文化和旅游事业活动以及营利性文化和旅游事业活动两大类别。

1. 以满足社会共同需要为主要目标的公益性文化和旅游事业活动　公益性文化事业活动是指一个国家或社会中，每一个公民都应该享有而且能够享有的文化生活，或者说是以大众为活动主体的，主要以满足社会共同的文化需要为目标的文化事业活动。公益性旅游事业活动是指以旅游为载体的公益性文化事业活动，其目的是实现以文塑旅、以旅彰文。

现代社会的公益性文化事业活动，主要有以下基本内容或活动形式：一是公共图书馆，即面向社会，向公众提供图书资料服务的图书馆。这是公众获取知识和信息、接受教育的一个重要渠道，也是一个国家或地区社会经济文化发达水平的重要标志。二是文物、博物馆和纪念馆。三是公众文化事业，通常由群众性的文化事业机构及其活动组成，如我国的群众艺术馆、文化站及其开展的活动等。

公益性的旅游事业活动是以红色旅游为代表的公益性旅游活动。红色旅游即把红色人文景观和绿色自然景观结合起来，把革命传统教育与促进旅游产业发展结合起来的一种新型的主题旅游形式。其打造的红色旅游线路和经典景区，既可以让游客观光赏景，也可以使游客了解革命历史，增长革命斗争知识，学习革命斗争精神，培育新的时代精神，并使之成为一种文化。

2. 以满足个人需要为主要目标或具有营利性的文化和旅游事业活动　现代经济的发展，尤其是在科学技术水平提高的前提下，使得社会能在保证公众基本文化需要的基础上，在相当程度上针对不同群体乃至个人的文化和旅游的多元化需要，提供相应的文化和旅游产品。由于针对的是个人消费，因而这类文化和旅游产品具有较明显的商品性，具有营利性，并形成了相关的文化和旅游市场。营利性文化事业活动包括以下四类：新闻、出版和广播电视事业；影视音像业；演出业；娱乐业。而新闻、广播电视事业作为现代传媒，虽然相互间有各自不同的服务对象定位，在同一行业中不同的主体也有自己的服务对象定位，但在相当程度上还是大众传媒，即应面向社会公众，以满足社会共同需要为目标。同时，也正是由于存在这种广泛的社会需要，因而其自身具有较强的发展能力，可以进行企业化经营。至于营利性旅游事业活动，除了由非营利性社会组织、事业单位等开展的旅游活动外，为了维持旅游活动的持续开展，其他旅游活动基本都是营利性的。

二、文化和旅游事业产品的公共性分析

虽然文化和旅游事业产品按其活动的目的和功能，可以分为公益性文化和旅游事业产品以及营利性文化和旅游事业产品，但由于文化和旅游事业活动的特点，其产品具有公共事业产品的基本特点——准公共性。文化和旅游事业产品的准公共性与教育事业产品的公共性有相似之处，体现在下述的两个方面。

（一）文化和旅游事业产品具有一定的非排他性和一定的消费竞争性

文化和旅游事业产品的消费大多具有无形性、延伸性、渗透性的特点。在一定范围内，一个人消费文化和旅游事业产品，如一个人看电视、听广播、参观景区、参观博物馆、看展览，并不影响和排斥其他人同时消费，因此文化和旅游事业产品具有非排他性。但是，这一非排他性是有限度的。比如演员的声音和演出动作的可视听范围是有限的，展览场地的可容纳范围也是有限的，因而当消费者人数增加到一定数量时，必然需要增加演出和展出场次。公益性景区中，公共旅游资源具有公共性，但公益性景区的空间容量、环境容量均有阈值上限，人数超过上限时要采取分时段预约制进行观赏。

文化事业产品的竞争性，表现在随着消费者增加到一定量，总成本也必然相应增加，而文化需求的满足又是与一定的社会进步相联系的，是以经济的发展为基础的，因而相对于公众不断增长的文化需求，文化事业产品的供给能力是有限的。这样，在文化事业产品供给能力有限的情况下，必然产生需求竞争，如优秀的或可视性强的演出和影视作品、时尚娱乐项目等的消费就存在竞争。而旅游事业产品的竞争性与文化事业产品的竞争性相比，既有共性，也有个性。共性体现在随着景区内人数的增加，提供景区内公共资源所需要的维护成本增加，导致旅游事业产品存在

一定的竞争性。个性体现在公益性景区中的饮食、住宿、购物活动则更多的是私人产品。

这里要指出的是，由于文化和旅游事业产品还具有层次性、多样性的特点，许多消费项目是在满足公众基本文化需求的基础上，针对公众不同层次和不同样式的文化和旅游需求进行生产的，如娱乐业就具有这样的特点，因而这类文化和旅游事业产品具有更强的排他性和更强的竞争性，而且这种竞争基本上就是一种市场竞争。此外，一些具有营利性的文化和旅游事业产品的竞争也基本上是市场竞争。正因为如此，现代社会中文化和旅游事业较教育事业总体上具有更强的产业特征，文化和旅游产业这一概念已得到广泛的社会认同。

（二）文化事业产品具有外部收益性

在市场经济条件下，文化和旅游事业产品的消费是一种大众的消费。文化和旅游事业产品的生产首先是针对大众不同层次的需求展开的，文化和旅游事业产品的社会功能也是通过文化和旅游消费主体的消费来实现的，即文化和旅游事业产品的外部收益是通过内部收益来发挥的。文化和旅游事业产品的内部收益表现为大众在消费文化和旅游事业产品后，精神享受和文化娱乐的需求得到了满足，文化素质得以提升，这些为激发创造性和劳动积极性提供了重要条件，促进了自身的全面发展。

文化和旅游事业产品的外部收益主要表现在以下几个方面。

1. 社会的优秀文化遗产将通过文化和旅游活动，尤其是有引导的文化和旅游活动得到继承和发展；同时文化事业产品的生产和提供过程也是一个实践过程，正是在这个过程中，符合时代发展需求、又有自身民族特色的当代文化得以形成。

2. 随着民族的、现代的、大众的、健康的文化的形成和发展，文化和旅游事业产品的消费在满足大众精神文化需求的同时，也陶冶了情操、提高了文化修养，进而形成一个良好的社会文化氛围。这不仅有助于个体自身创造力和工作积极性的激发，也有助于公民道德素养的提高，进而有利于社会的稳定。

3. 正因为在现代市场经济条件下，文化和旅游事业活动与经济有着更紧密的联系，因而文化和旅游事业也是社会经济发展的一个增长点。

总之，在现代社会中，作为上层建筑的文化和旅游事业对社会进步和经济发展起着十分重要的推动作用。正因为如此，现代社会中一个国家或地区文化和旅游事业的发展水平成为该国家或该地区经济发展水平的重要标志，体现着该国家或该地区的文明程度。

三、公共事业组织在文化和旅游事业管理中的作用

公共事业组织中的文化和旅游事业管理组织，是指国家为了发展社会主义先进文化，由国家举办或者其他组织利用国有资产举办的，主要从事公益性文化和旅游活动、为人民提供文化服务，独立于政府和企业之外的非营利组织。文化和旅游事业组织具有社会服务性、非营利性和非政府性的特征。

文化事业管理组织具有以下三种主要形态。

（一）文化和旅游行政组织

文化和旅游行政组织是行使文化和旅游管理职能的行政组织，承担着拟定文化和旅游政策措施，起草文化和旅游法律法规，统筹国家文化事业的规划、文化产业和旅游产业发展，以及组织和调控等职能。

从文化和旅游行政组织的横向结构来看，文化和旅游行政组织按管理对象的不同分为各类行政管理部门，包括艺术、公共服务、科技教育、非物质文化、产业发展、资源开发等的行政管理部门；按功能可分为决策部门、执行部门、监督部门和反馈部门。从文化和旅游行政组织的纵向结构来看，可以将其分为四个层级，即高层、中层、低层、基层，包括从中央到基层的各级文化行

政组织。其中每一层级履行的职责和发挥的功能各不相同。一般而言，高层负责制定长远规划、总目标及方针政策；中层负责制定具体目标，执行上级的决策，协调下级的活动；低层负责贯彻执行上级的决定，组织协调本地区、本单位的工作；基层负责落实上级的决定，开展具体的工作。

（二）文化和旅游事业单位

文化和旅游事业单位是指受国家各级文化和旅游行政部门直接管理的，生产文化和旅游产品、提供文化和旅游服务的独立的社会组织。具体包括：音乐、歌舞、戏曲、话剧、杂技等艺术表演团体，地方公共图书馆、博物馆、文化馆等，文学艺术、文物研究单位，画院，文化和旅游部艺术发展中心，文化和旅游部全国公共文化发展中心，文化和旅游部民族民间文艺发展中心。文化和旅游事业单位既不同于文化和旅游行政管理机关，也不同于文化和旅游企业单位，其资金主要由国家财政拨款（目前也有些单位实行自收自支），没有创利创税任务，服务对象是全社会的公众。

文化和旅游事业单位主要是为全社会提供公共文化服务，它必须由政府主导。但是，由于公共文化和旅游产品有很大一部分属于准公共产品，因而在相当程度上具有经营性意义，特别是文化馆、艺术馆等设施。一方面，由于它们的容量有限，因而在服务对象达到一定程度之后，出现功能饱和，不能再为更多的人提供服务，形成"拥挤"现象。为此必须采用一定的手段加以限制，这种限制的有效方法就是出售入场券，以此来调节接受服务的"量"。另一方面，这些公共服务设施本身具有可经营性，它们通过经营可以提高现有设施提供服务的质量，如可以通过限制人数而使享受服务的消费者更好地接受服务，可以用经营的办法增加收入，用以保障设施的维护，以提高服务品质等。但是，必须注意到，其经营成分不论有多大比例，都不能改变其公共服务的性质，不能使公共服务设施成为单纯牟利的工具。

（三）文化和旅游中介机构

文化中介机构是指在文化经济市场中，为交易的双方提供信息、促成交易而收取佣金等报酬的文化服务机构。此类机构由自然人、法人在取得必要的文化经纪资格证书，在有关政府机构注册登记并领取文化中介机构的营业执照后成为文化市场的经营型主体。该类机构具体涉及文化信息、文化产品、文化人才以及文化生产传播的资料、设备和技术等文化市场要素，从事文化的策划、居间、行纪、代理、咨询、出租等经纪活动。其形态包括个人独资文化企业、文化经纪人事务所与文化经纪公司。文化中介机构是文化商品交换发展到一定阶段的必然产物，其市场功能主要有以下几个方面：一是扩大文化信息传播渠道，加速文化商品流通；二是促进文化资源合理配置，拓展文化再生产规模；三是开发文化专业市场，构建支柱文化产业格局；四是引导文化经济消费，培育文化消费群体；五是推动文化事业体制的转换，健全社会主义文化市场体制。

旅游中介机构是指帮助旅游主体顺利圆满完成旅游活动的中介组织，即向旅游主体提供各种服务的旅游部门和企业。在旅游活动的全过程中，旅游主体若要充分地享受到旅游客体提供的乐趣，必须借助所有为其提供服务的旅游中介体，即旅游业。旅游业包括三个方面：直接提供服务的旅游企业，如旅行社、餐饮店、交通企业（航空公司、轮船公司、陆上客运公司及港站）；辅助服务的旅游企业，如旅游商店、旅游工艺企业；开发旅游服务的部门、机构，如政府旅游管理机构（外事办公室、旅游局）、旅游协会、旅游培训机构（旅游教育高等院校、旅游中等教育学校、短期旅游培训机构）。所有这些方面的机构、部门、企业都是旅游中介机构。旅游中介机构能够更好地满足公众更高层次的文化和旅游需求，促进旅游产业的发展。

四、文化和旅游事业管理的目标管理模式

结合我国文化和旅游事业改革和发展的实际情况，我国现行文化和旅游事业管理的目标管理模式如下。

一是坚持马克思主义在意识形态领域的指导地位，坚定文化自信，坚持以社会主义核心价值观引领文化建设；围绕举旗帜、聚民心、育新人、兴文化、展形象的使命任务，促进满足人民文化需求和增强人民精神力量相统一，推进社会主义文化强国建设。

二是持续推动文化和旅游融合发展，坚持以文塑旅、以旅彰文。加强区域旅游品牌和服务整合，建设一批富有文化底蕴的世界级旅游景区和度假区，打造一批文化特色鲜明的国家级旅游休闲城市和街区。推进红色旅游、文化遗产旅游、旅游演艺等创新发展，健全旅游基础设施和集散体系，强化智慧景区建设。

三是完善文化市场综合执法体制，制定未成年人网络保护、信息网络传播视听等领域法律法规。传承弘扬中华优秀传统文化，深入实施中华优秀传统文化传承发展工程，强化重要文化和自然遗产、非物质文化遗产系统性保护，推动中华优秀传统文化创造性转化、创新性发展。促进我国各类文化事业和文化产业的全面发展，有效地满足人们日益增长的各种文化生活需要。

四是不断完善旅游事业管理体系。坚持创新驱动发展，深化"互联网＋旅游"，推进智慧旅游发展；构建科学保护利用体系，保护传承好人文资源，保护利用好自然资源；完善旅游产品供给体系，激发旅游市场主体活力，推动"旅游＋"和"＋旅游"，形成多产业融合发展新局面。

五是拓展大众旅游消费体系，提升旅游消费服务，更好满足人民多层次、多样化需求。

六是建立现代旅游治理体系，加强旅游信用体系建设，推进文明旅游。

第五节　体育事业管理

体育产业是人类活动的有机组成部分，是现代社会生产和生活成熟阶段的必然产物。"十四五"规划明确提出，到2035年要建成体育强国、健康中国。没有全民健康，就没有全面小康。党的十八大以来，全民健身领域一份份重磅文件接续出台，以推动全面提升中华民族健康素质。国家极为重视体育产业在稳增长、促改革、调结构、惠民生方面的积极作用，而体育事业的发展离不开体育事业管理。

一、体育事业管理概述

（一）体育及体育事业

体育是以人体活动为基础的事实和现象。人体活动是人类生存和发展过程中的一种自然现象，自从有了人类，人体活动就存在于人类的生产和生活活动中。伴随着人类生存状况和生活条件的改善以及人类文明的进步，人体活动的方式、内容和意义发生了变化，逐渐偏重于竞技、健康、教育、娱乐休闲等人体活动，也就是现代所称的体育。

在我国，体育事业是指由国家或社会兴办的，为全体公民或社会某一部分人提供体育产品或服务的公益性体育事业单位及其开展的各项活动，它不以营利为目的。

随着我国社会经济的发展和政府改革的深入，体育事业发生了很大的变化。体育的健身功能在国家意义上升华，正式成为"健康中国"战略的重要组成部分。而体育的社会交往功能，则演化出更加繁复的价值意义。在现代国际外交环境下，体育比赛具有展示中国形象、促进外交的媒介价值。在市场经济背景下，体育具有推动高端服务业发展的市场价值。在我国社会经济、生态、公共空间建设极大改善的条件下，体育还具有满足人民对美好生活向往的生活服务价值，虽然政府对体育事业的财政支持已经无法满足人民对体育活动日益多元化的体育需求。而体育价值体系中，最深刻的层次是它的文化意蕴，也就是在体育活动中表现出来的坚韧、进取、团结、公平、文明等精神特质，这些在民族文化精神的塑造中具有积极的作用，对于国家和社会建设具有精神鼓舞价值。

（二）体育事业管理的内涵

体育事业管理是各级政府及其体育行政部门和各种体育事业单位对体育相关领域内的活动和事务进行组织协调、统筹规划、服务监督的行为，包括宏观体育行政和微观体育管理两个层面。

体育行政是政府对体育事业的宏观管理，是各级政府及其体育行政部门以体育法律和法规为基本依据，以整个国家的体育事业为管理对象，对有关体育行政系统和体育企事业单位的事务进行决策、组织和调控的行政行为。政府或体育行政部门通过出台体育法规政策、制定长远和阶段性发展规划、提出体育各相关领域发展的指导性意见及行业技术标准等，综合运用行政、经济、法制、教育、技术等手段，达到政府或体育行政部门的目标。体育行政的特点是宏观性、间接性。

体育事业单位对自身活动的管理是体育事业管理的微观层面，其管理内容主要涉及体育事业单位的管理原则、管理制度、管理机构及人员、运行机制和对具体体育活动的组织与协调等。其目的是在各种约束条件下，最有效地利用各种资源，实现体育事业单位的自身管理。

总的来说，体育事业管理的总目标是对体育领域各种活动的管理，涉及体育意识、体育人口、竞技运动水平、体育设施、体育投入、体育产业、体育科技、体育管理体制等内容。可以看出，体育事业管理的内容非常庞杂，体育事业管理必须由政府、有关部门和单位共同完成，体育行政离不开体育事业单位的支持，体育事业单位的管理也离不开政府的引导。鉴于我国体育事业的客观现实，以及体育事业管理体制转轨时期的历史情况，这里侧重从宏观视角阐述体育事业管理的主要内容和问题。

二、体育事业产品的公共性分析

公共体育产品是比较典型的准公共产品，其准公共性主要表现在以下两个方面。

（一）公共体育产品具有一定的非排他性和一定的消费竞争性

体育产品的消费大多具有无形性、延伸性的特点。在一定范围内，一个人跑步、进行球类活动、游泳、观看体育比赛等，并不影响其他人进行同类活动。也就是说，在一定范围内，一个人消费体育产品，并不排斥其他人同时消费，体育产品具有非排他性。但是，这一非排他性是有限度的。这是因为体育活动大多数需要一定的场地和设施，虽然有的活动对场地和设施的要求不高，但毕竟有要求。同时，随着社会的进步、体育消费需求个性化的出现和体育需求层次的提高，人们对活动场地和设施的要求也越来越高。此外，竞技体育的欣赏更具有场地条件限制。因此，当消费者增加到一定数量时，必然需要增加场地和设施，即增加成本，或者必须限制参与人数。

相应地，体育产品的消费竞争性是由于总成本随着消费者的增加而增加，而体育需求的满足是与一定的社会进步相联系的，是以经济的发展为基础的，因而相对于人民不断增长的体育需求，体育事业产品的供给能力是有限的。这样，在体育产品供给能力有限的情况下，必然产生需求竞争。这种需求竞争通常产生在普遍受欢迎的高水平竞技体育产品的提供方面，如当今世界上普遍受欢迎的足球世界杯赛、奥运会比赛等就存在消费竞争性。

这里要指出的是，体育产品还具有层次性、多样性的特点。许多消费项目是在满足公众基本体育消费需求的基础上，针对不同层次和不同类型的体育消费需求进行生产的。

（二）公共体育产品具有外部收益性

体育活动的主体是人，体育产品已成为一种消费品，因而不论是针对社会公共需求的还是针对个人不同体育消费需求的体育活动，都具有内部收益，表现为个人体质的增强、体育知识和技能的丰富与提高，精神得到享受和放松等，乃至体育企业通过提供体育产品获得利润等。体育活动由于自身的特点,也具有明显的外部性。

第一,体育活动尤其是公益性体育活动,在满足全体社会成员的体育消费需求的同时,提高了全体社会成员的身体素质与健康水平,从而提供了社会生存、发展的必不可少的基本条件之一。第二,不同层次和满足不同需求的体育活动的开展,也会推动体育产业与体育市场的发展,从而提高国民经济增长的速度和质量。第三,全面发展不同层次的体育,可以提高国家或地区的体育运动水平,一方面能给予公众高水平的、完全不同于文化艺术享受的感性艺术享受,从而陶冶情操;另一方面,能振奋民族精神,增强国家与民族的凝聚力,塑造良好的国家形象,提高国家声誉,扩大国际影响。当今世界,这种现象比比皆是。当然,不同的体育产品由于其活动的直接目标和在社会中的功能是不同的,相互之间在非排他性和竞争性以及外部性上存在差别。

三、公共事业组织在体育事业管理中的作用

公共体育管理部门主要由政府体育管理部门和社会体育管理部门组成。

(一)政府体育管理部门

在我国,政府体育管理部门又分为两个子系统,即政府专门体育管理系统和政府非专门体育管理系统。

政府专门体育管理系统由各级体育局组成,在政府专门体育管理系统内,最高领导权力属于国家体育总局,国家体育总局是国务院主管全国体育工作的职能部门。在这个系统内,下一级体育局接受上一级体育局业务上的指导,同时受该级人民政府在人事、财务等方面的行政领导。如省、自治区、直辖市体育局受国家体育总局的业务指导,又受所在省、自治区、直辖市人民政府的行政领导。

政府非专门体育管理系统是指国务院所属的一些部委下设的体育管理部门,如教育部设有体育卫生与艺术教育司负责指导大中小学体育、卫生与健康教育、艺术教育、国防教育工作,协调大中学生参加国际体育竞赛和艺术交流活动。在大多数部委中不设体育管理部门,但设有体育事业单位,如各行业体育协会。各行业体育协会在所属部委领导下,作为中华全国体育总会的团体会员,负责开展本行业的体育运动。

(二)社会体育管理部门

社会体育管理部门也分为两个子系统,即社会专门体育管理系统和社会非专门体育管理系统。社会专门体育管理系统是由专门从事体育管理工作的社会组织构成的,下设三个子系统,即中华全国体育总会系统、中国奥委会系统和中国体育科学学会系统。社会非专门体育管理系统的内容更为广泛。某些群众性组织虽然不是专门的体育组织,但它们下设体育部门,如工会下设宣传教育部、共青团下设文体部。

四、体育事业管理的目标管理模式

结合我国体育改革和发展的实际情况,我国现行体育事业管理体制改革的主要目标是:广泛开展全民健身运动,增强人民体质,建设体育强国。具体来说包括以下四个方面。

一是实现区域互动的体育事业全面发展。"十四五"规划明确了体育融入京津冀协同发展、粤港澳大湾区建设、长三角一体化发展等重大区域发展战略的路径和方法,通过重大区域重点项目的辐射带动作用,逐步缩小区域体育发展水平差距,推动体育基础设施全面升级、全民健身热潮喷涌勃发、体育产业结构优化调整、体育人才培养科学高效、体育文化建设繁荣兴盛、体育开放水平大幅提升。

二是优势驱动体育事业特色发展。鼓励各地发挥地区优势,打造各类具有区域特色的体育

示范区、功能区，比如支持甘肃省建设丝绸之路体育健身长廊、青海省青藏高原生态绿色民族体育旅游融合示范区等，发挥体育的经济功能、社会功能、文化功能、生态功能，根据不同区域的地理特征和资源禀赋，通过"体育+""+体育"，精准设计特色体育发展路径，有助于促进各类体育要素合理流动、高效集聚。

三是城乡体育事业联动，一体化发展。党的十九届五中全会明确提出全面实施乡村振兴战略，通过打造体育特色村庄可实现体育助力乡村振兴工程，如通过打造最美乡村体育赛事，打造各具特色的体育赛事名城等具体举措，推动体育与旅游、健康、养老等产业融合发展，同时发挥县城、县级市城区、特大镇体育补短板功能，辐射带动新农村建设。以体育为载体，为城乡统筹协调发展和乡村振兴新平台建设注入新活力。

四是完善全民健身公共服务体系，推进社会体育场地设施建设和学校场馆开放共享，提高健身步道等便民健身场所覆盖面，因地制宜发展体育公园；保障学校体育课和课外锻炼时间，以青少年为重点开展国民体质监测和干预；坚持文化教育和专业训练并重，加强竞技体育后备人才培养，提升重点项目竞技水平，巩固传统项目优势。

本章小结

1. 由于医疗卫生自身所具有的特点，卫生事业管理具有一定的复杂性和难度。与此同时，卫生事业的发展具有深远的影响，能够推动国民健康素质的提高。卫生事业具有突出的外部效益和部分排他性以及消费竞争性。按照卫生事业目标管理模式来对卫生事业体制进行改革，能够有效地提高医疗卫生管理效率，合理配置和使用医疗卫生资源。

2. 教育事业主要分为基础教育、职业技术教育、普通高等教育和成人教育四大部分。此外，教育事业还包括特殊教育和民族教育。教育事业根据社会共同需要、个人和家庭需要及企业需要，还可以分为不同性质的教育活动，但都具有较强的外部效益，具有部分排他性和部分消费竞争性。为了确保教育事业顺利发展，造福千秋后代，应对教育事业进行不断的改革并设立目标管理模式。

3. 科技事业研究分为基础科学研究、应用技术研究、公益性研究和技术推广。科技事业管理能够满足社会共同的需要和企业发展的需要。科技事业产品属于准公共产品，具有突出的外部效益。其中，基础科学研究以及公益性研究和技术推广的产品具有较强的非排他性和非竞争性的特点，应用技术研究产品则具有一定的排他性和竞争性。开展科技事业的主体可以有多个。为促进科技事业发展，必须明确科技事业管理的目标管理模式。

4. 在现代社会中，文化和旅游事业活动的内容日渐丰富，在社会生活中占据了重要地位。文化和旅游事业产品具有鲜明的准公共产品特征，主要分为两大类：公益性文化和旅游事业活动以及营利性文化和旅游事业活动。推动文化和旅游事业的市场化发展能够进一步丰富文化和旅游事业的内容，并有效地满足人民日益增长的各种文化生活需要。

5. 大力发展体育事业能够极大地提高国民的身体素质。体育事业具有部分非排他性和消费竞争性以及外部收益性的特点，属于准公共产品。建设体育强国，需要进一步繁荣体育市场，促进各类体育事业、产业的全面发展。

思考题

1. 简述卫生事业管理的内涵、特点，并对其公共性进行分析。
2. 简要分析教育事业的公共性。

3. 教育事业按活动目的和功能是如何分类的?

4. 简述科技事业管理的主体、内容,并对其公共性进行分析。

5. 简述文化和旅游事业的类别,并对其公共性进行分析。

6. 简述我国体育事业的目标管理模式,并对其公共性进行分析。

（张　翔）

第十三章　社区公共事业管理

　　社区是社会的重要组成部分,在和谐社会的建设管理中起着重要的基础性作用。随着我国社会主义市场经济体制的发展,政府、市场与社会的分化日益明显,社区作为社会发展的基本单元,正逐步发挥起越来越重要的作用。社区公共事业管理作为社区建设的重要内容,其角色和功能也日益彰显。社区公共事业管理是社区建设深化发展的产物,它随着我国城市社会经济的飞速发展应运而生。从学科的角度看,社区公共事业管理是一个新的研究领域,如同正在形成和发展中的中国特色社会主义公共事业管理学一样,中国特色的社区公共事业管理无论是在理论上还是在实践上都处于建构发展中。因此,学习研究社区公共事业管理,首先必须正确认识和把握这一学科的基本规范和问题,即认识社区、社区公共事业及社区公共事业管理的基本内涵及其特征,了解社区公共事业管理与其他相关管理的区别和联系,明确社区公共事业管理作为一门独立的学科其特殊的研究对象和方法,了解研究社区公共事业管理的意义。

第一节　社区与社区公共事业管理

一、社区的概念与内涵

(一)社区的概念

　　"社区"是社会学的一个基本概念,是在现代社会发展中比较普及的名词。"社区"的概念最早是由德国社会学家斐迪·滕尼斯在其著作《社区与社会》一书中提出的,英译本的书名为*Community and Society*,其中"community"就是现在所称的"社区",指的是共同体和亲密的伙伴关系。中文"社区"的称谓是在20世纪30年代初,由费孝通等学者根据滕尼斯的原意翻译过来的,费孝通也是最早使用中文"社区"一词的学者。

　　在当今的社区管理学研究中,不同学科领域的学者根据不同的研究需要,从不同的研究角度和侧重点来对社区进行定义。有的从社会群体、过程的角度去界定社区,认为社区是具有共同利益和信念的人在共同参与和组织多样性生活的过程中所构成的群体;有的从社会系统、社会功能的角度去界定社区,认为社区是享有共同利益和共同功能的人组成的群体;有的从地理区划(自然的与人文的)的角度去界定社区,认为社区是居住在一定地方的人共同生活、实现自治的共同体;还有学者从归属感、认同感及社区参与的角度来界定社区。

　　世界卫生组织于1974年集合社区卫生护理界的专家,共同界定适用于社区卫生作用的社区(community)的定义:"社区是指固定的地理区域范围内的社会团体,其成员有着共同的兴趣,彼此认识且互相来往,行使社会功能,创造社会规范,形成特有的价值体系和社会福利事业。每个成员均经由家庭、近邻、社区而融入更大的社区。"

　　根据当前我国社区的发展状况,城市中的居住社区涵盖的意义带有很强的行政色彩。早在1954年12月,由全国人大常委会第四次会议通过的《城市街道办事处组织条例》就确立了通过街道办事处加强城市居民管理的社区管理体制。《民政部关于在全国推进城市社区建设的意见》中指出:"社区是指聚居在一定地域范围内的人们所组成的社会生活共同体。"该文件还明确指出了城市社区的范围："目前城市社区的范围,一般是指经过社区体制改革后作了规模调整的居民委员会辖区。"

社区的定义归纳起来不外乎两大类:一类是功能主义观点,认为社区是由有共同目标和共同利害关系的人组成的社会团体,即功能社区;另一类是地域主义观点,认为社区是在一个地区内共同生活的有组织的人群,即地域性社区。功能社区是有特殊目的的人所组成的群体,社区成员的目的和手段不是特别明确,组织化的程度也不是很高,但是它强调社区成员为了共同的利益而参与群体的活动。我国大部分社会学者则采取地域主义观点对社区进行定义,认为社区是指由居住在某一地方的人们组成的多种社会关系和社会群体,通过从事多种社会活动所构成的区域生活共同体。在本章中,则主要从公共事业管理的角度来对社区进行定义:社区是指在一定地域内发生社会活动和社会关系,通过特定的生活方式,形成某种内在的互动关系和共同文化维系力,并具有成员归属感的人群所组成的相对独立的社会生活共同体。这一定义包含了这一人类群体及其活动区域。从公共事业管理的视角看,社区是基层生活的公共基础机构,具有以人为本的主体性、公共性和社会性的特性。

（二）社区的基本构成要素

随着工业化和城市化的发展,社区的形成与发展也逐渐引起社会学家、人类学家的普遍关注,其内涵也得到不断丰富和扩展。从 20 世纪 50 年代开始,由于联合国的推动,社区建设在世界范围内得到推广。社区更因此成为社会学、管理学、经济学等众多学科共同关注的焦点,成为当今社会一个普遍使用的词语。

虽然学者们对社区的定义与理解有所不同,但一般而言,社区的基本构成要素主要包含以下六个方面。

1. 一定数量的人口　人是社区活动的主体,也是社区存在的首要条件。任何社区都是由建立在一定社会关系基础上的一定数量的人口所构成的。人口的多少是衡量社区规模的一个重要标志,而人口结构(包括年龄结构、性别结构、职业结构、文化结构、阶层结构等)则常常反映一个社区的性质和特征。另外,社区的发展还会受到人口状况的制约和影响。

2. 一定的地域范围　社区通常指以一定地理区域为基础的社会群体,即社区具有一个相对稳定、相对独立的地理空间。任何一种社区都存在于一定的地理空间中,不管其规模大小。大到一个城市,小到一个村庄都可以被称作为社区。因此,地域是社区概念中一个重要的构成要素。

3. 一定规模的社区设置　基本的生活服务设施不仅是社区人群生存的基本条件,还是联系社区人群的纽带。社区中存在着各种生产和服务设施,这些基本的生产和服务设施在很大程度上满足了人们的生理、心理和自我发展的需要。同时,社区居民习惯以社区的名义与其他社区的居民沟通。随着时间的推移,社区居民形成一套社区防卫系统,居民会产生明确的归属感及"社区情结",表现为希望自己所在的社区能变得更加繁荣,或者不愿意迁移到别的社区。

4. 一定特征的社区文化　社区文化是社区居民在长期的共同生活中积淀而成的、为广大社区居民所共享的价值观念、民风民俗、行为规范和准则。不同的社区由于文化传统、居民文化素质、文化教育设施的发达程度以及居民受教育的机会不同,往往会形成自己独具特色的社区文化。

5. 共同的生活方式　社区作为社会生活共同体,其成员由于生活在同一地域空间,进行某些共同的社会活动,受相同的文化熏陶,往往会形成共同的、具有自身特色的社区生活方式。

6. 相同的社区意识　生活于同一地域的人们具有地缘上的归属感和心理、文化上的认同感。在社区的共同生活中,人们基于某些共同的利益,或由于面临共同的问题、想表达共同的需要,进而产生了某些共同的行为规范、生活方式及社区意识,这些形成了社区人群的文化维系力。一方面,这种社区意识有助于增强社区的凝聚力,社区居民在共同的社会生活中会因得到满足而对社区产生好感和依恋感,在心理上愿意成为本社区的一员,并以此为荣,因而也会对社区产生一种责任感；另一方面,这种社区意识还是应对城市现代化过程中所出现的人际关系冷漠的一剂良药,它拉近了社区居民之间的心理距离,从而使社区成员成为一个相互依赖的整体。

（三）社区与社会的关系

从范围上来看,社区是居住在一定区域内的人们所构成的基层生活共同体,如城市的小区、村庄或者乡镇,这些形态都包含于社会中。因此,社区是社会的重要组成部分,社区人口是社会总人口的一部分,社区的管理机构也从属于整个社会管理系统,整个社会是由若干不同类型的社区组成的。

从内容上来看,社区是一个具有较完整的社会结构体系的小型"社会"。社区由一定的人口、生态、组织、文化所组成,具备社会的要素。同时,社区还包含着多种社会关系、多种社会群体、多种社会组织和多种社会活动,因此形成了社会的一个缩影,是社会的真实写照。当前大量的社会管理、社会服务、社会保障功能从政府和单位中不断剥离出来,由社区来承接,这有力地提升了社区的功能,丰富了社区的内容,拓宽了社区的工作面,使社区从微观的层面担当起了造就"大社会"的重任,成了能协调和凝聚方方面面的中心和功能比较齐全的"小社会",其管理内容和承担的责任也逐渐变得多样化和复杂化。

从两者相互影响的程度来看,由于我国经济已由高速增长阶段转向高质量发展阶段,正处在转变发展方式、优化经济结构、转换增长动力的攻关期,经济发展的质量变革、效率变革、动力变革必然会造成利益格局的变化和社会阶层的变化。例如,紧张和高强度的工作会增加人们的精神压力,价值观念和生活方式的变化会给人们带来许多的不适应,人口流动频率的加快会使城市管理的难度加大等,这些影响社会稳定的因素会在社会中有所反映和体现,尤其会最直接地体现在社区的管理和日常生活中。社区往往处于各种社会矛盾和社会问题的交汇点和最前沿。社区只有提前做好防范工作,才能最大限度地把各种问题消化在基层,才能从根本上维持社会的安定和有序发展。

社区是基层民主政治建设的一个强有力的平台,居民自治是在基层实行直接民主的一种最好形式。通过社区建设工作的推进,社区成为基层民主自治的一个坚实的平台,社区也成为居民从参与社区事务管理走向参与社会事务和国家事务管理的起点。

二、社区公共事业管理

社区公共事业管理水平能够直接反映一个国家的行政管理水平和文明程度以及国民的基本素质和根本需要。政府对公众各方面的服务最后会通过社区工作得到具体体现,如市政建设、公用事业、居住环境、医疗保健、养老保险、生活服务,尤其是社会保障福利体系等,最终都是通过社区公共事业管理得以实现的。

（一）社区公共事业管理的概念

社区公共事业管理是一个不断发展的动态历史范畴,在不同的历史条件、文化传统中的表现形态和功能也不尽相同,其内涵与外延是相当丰富的。因此社区公共事业管理的概念具有时代色彩,随着社会和经济的发展而发展,其内涵不断丰富。

社区公共事业管理是指在政府及其职能部门的指导和帮助下,动员和依靠社区职能部门、社区单位、社区居民等各方面的力量,对社区的各项公共事务和公益事业进行一系列管理(包括自我管理)活动的过程。可以从以下几个方面对社区公共事业管理的概念进行理解。

社区公共事业管理的主体来自多方面,呈现出多元化的特点。社区公共事业管理的主体是指在一定环境中产生的以社区党政组织为核心,由社区党政组织、社区自治组织、业主委员会和社区中介机构共同构成的社区管理组织系统,具体来说包括：社区领导机构(党委、政府领导机关、作为区委派出机构的街道党工委和区政府派出机构的街道办事处)、居民委员会、驻街道的企事业单位、社团组织以及社区全体居民。它们所发挥的作用分别是：在社区公共事业管理中起主导作用的是政府(起倡导、协调、监督、调控的作用);社区建设与管理的主管部门是民政部门;社区建设与管理的依托和主体是街道办事处、居民委员会组织;社区建设的支持者是企事业单位;社区建设的中介力量是社团组织;社区建设的基础是居民。各部门具体职能如表13-1所示。

表13-1 社区各部门职能

组织名称	性质	地位与功能
街道党工委	中共区委派出机构	在街道社区的各类组织体系中处于领导核心地位,对街道社区的政治、经济、行政和社会各项工作进行政治领导
街道办事处	区政府派出机构	权力来自区政府,街道社区所有事务的管理主体,既行使行政管理职能,也行使大部分社会管理职能
居民委员会	基层群众性自治组织	成员由居民民主选举产生,实际工作中处于街道办事处的下属地位,承担大量行政性事务和社会管理事务
社会团体	非营利组织	社区社会组织,承担有限的助人、自助职能,缺乏严密的组织制度,在社区中发挥的作用较弱

社区公共事业管理的内容是社区中的各项公共事务和公益事业,包括社区卫生事业管理、社区教育事业管理、社区社会保障管理、社区环境与物业管理、社区服务业管理、社区文化事业管理、社区治安与社区公共危机管理、社区信息化管理等具体内容。

社区公共事业管理的目标是促进社区的和谐发展和最终实现社区的群众自治管理。社区公共事业管理需要不断满足和丰富社区居民的物质和精神文明生活需要,全面提高社区居民的素质和生活质量。社区居民是社区公共事业管理的对象,同时也是社区公共事业管理的主体,在社区公共事业管理中既有权对社区建设与管理提出要求,又要为社区的建设与管理尽自己的义务。

(二)社区公共事业管理的特征

社区公共事业管理的特征主要体现在以下五个方面。

1. 区域性　社区具有较强的地域限定。一般来说,社区公共事业管理是在社区的区域之内进行的,社区公共事业管理的过程是通过社区内的各类管理主体进行自我组织、自我服务和自我管理来实现的。以街道党工委和街道办事处为主导的社区公共事业管理,本着为社区居民服务的精神,通过协调各方面的力量,对社区内的各项公共事务进行管理,积极开展教育卫生、文娱体育、社区服务、社区社会保障、环境绿化养护、市容整治、治安联防以及相关政策的下达与宣传等管理活动。

2. 服务性　社区公共事业管理属于基层管理,是一项群众性的工作,应本着以人为本的服务意识,维护社区居民的根本利益,切实解决居民日常生活中的各种困难与不便,提高居民对社区的认同感和满意度。社区居民的参与支持是提高社区公共事业管理水平的坚实基础,社区居民的参与热情高,社区公共事业管理工作就能顺利地开展。社区工作好坏的重要标志,是社区居民对其所生活的社区的认同感和归属感的强弱。因此,只有不断增强服务意识,才能增强社区居民的向心力和凝聚力,才能从根本上解决社区的矛盾和困难。

3. 层次性　社区公共事业管理是一个管理系统,具有层次性。例如在城市社区公共事业管理系统中,就分市、区、街道、社区居民委员会几个不同的管理层次,不同层次的管理者扮演着不同的角色,各司其职、各负其责。如果社区公共事业管理层次不清、职责不明,就会出现管理角色越位、缺位、错位等现象,不利于社区公共事业管理整体目标的实现。需要指出的是,由于受传统因素的影响,目前我国的社区公共事业管理带有一定的行政性,政府的管理职能较强,社区的自治职能相对较弱,政府越位管理时有发生;但随着改革的深入,社区公共事业管理将日益实现民主自治管理。

4. 复杂性　社区公共事业管理的复杂性是由社区的人口要素、结构要素和社会心理要素决定的,主要体现在以下三个方面。

一是社区人口往往具有密度高、流动性大、外来人口不断增加的特点,社区中存在的可变因素使社区难以实现统一管理,增加了社区公共事业管理的复杂性和难度。

二是社区结构的异质性程度高。这不仅表现在各社区单位的性质、行政级别、规模、从事的工作等各不相同,还表现在社区居民的异质性程度在逐步提高,他们在年龄、职业、教育程度等方面都有很大的差异。其中一个重要原因是,外来人口租赁房屋居住不仅对社区文化、管理有冲击,也会使得社区文化更加多元,激励社区管理机制更加完善等,一定程度上也会推动社区管理进步,产生有利影响。由于社区存在着异质化的特点,社区公共事业管理的复杂性进一步增加。

三是社区的社会心理特征是交往意识淡薄。首先,由于社会竞争压力大,人们将大量的精力花在了工作上,无形中使得社区内的交流受到影响。其次,由于生活条件的改善,居民大多居住于独立成套的房子,淡化了人们的交往意识。再次,如今社区居民的自我保护意识与防卫心理较强,与不熟悉的邻里进行交流的意愿较弱。最后,由于科学技术的发展,电子通信技术高度发达,使人与人之间的面对面交流逐渐被通过移动设备、网络、社交软件等的交流所取代,减少了社区中人与人之间的直接交流。

5. 动态性 社区本身是随着历史发展而动态变迁的,因此社区公共事业管理者必须树立管理创新的理念,不断研究社区公共事业管理中出现的新问题、新情况,不断提出管理的新思路,不断改进管理的方法,促进社区公共事业管理体系的完善,使社区公共事业管理处于健康的动态发展过程中。

(三)社区公共事业管理的职能

社区公共事业管理是为了适应城市现代化、社会管理重心下移的发展趋势应运而生的,对社区发展的全局和具体问题具有较强的针对性,通过社区公共事业管理,可以将社区内部各方面的力量组织起来,更有效地解决社区建设的矛盾。因此,清楚地认识社区公共事业管理的职能,是顺利实施社区公共事业管理活动的基本前提,也是实现社区公共事业科学管理的重要任务。

从一般管理活动的角度来看,社区公共事业管理具有计划、组织、协调与控制等职能。

1. 计划职能 计划职能是社区公共事业管理机构的首要职能,它是指社区公共事业管理者或管理机构在计划方面所承担的职责和所发挥的作用,而所谓计划,通常是指合理地选择和确定管理目标及其实现的办法。一般来说,由计划职能所决定的计划工作基本上就是决策,即预先决定做什么、如何做和谁去做。这是一项联结现实与未来的工作,它要求有意识地决定行为过程,并且将决策建立在目的、知识和判断的基础上,是一个依靠智力作出决定的过程。可以用图 13-1表示社区公共事业管理计划职能的基本构成。

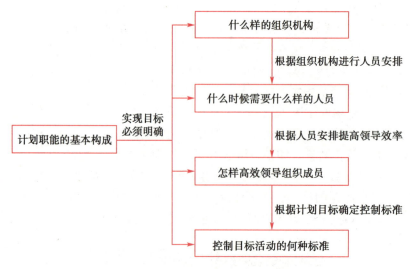

图13-1 社区公共事业管理计划职能的基本构成

2. 组织职能 管理理论认为,组织是一个动态的过程,是有意识形成的职务或职位的结构。在公共事业管理中,组织是一项依据一定的计划或目标,组成相关的部门实施必需的管理工作,是基本的管理职能。无论是管理决策还是计划的制订与具体实施,都必须从本社区的实际情况出发,组织社区的各种力量共同参与社区公共事业管理。同时,还要根据实际的发展需要,及时研究和制定相应的配套政策,以解决社区公共事业管理过程中遇到的各种实际问题。

社区公共事业管理的组织职能,要有一定的管理层次和管理幅度。所谓管理层次,是指公共组织内部纵向划分的等级数。任何公共组织都必须有层次的划分,否则难以区分工作任务和职权的轻重。所谓管理幅度,是指一名上级管理者或一个组织有效管理的下级人员或单位、部门的数目。管理幅度是衡量管理工作复杂程度的重要标志,一项工作愈复杂,管理幅度一般也愈宽。在现实中,公共组织的管理层次和管理幅度的确定是在多种因素的影响下,直接取决于以一定标准对部门的划分,或根据一定的标准对组织结构的建立。一般来说,在确定了组织结构后,该部门的管理层次与管理幅度成反比关系,即管理层次越多,管理幅度越小,管理层次越少,管理幅度越大。

3. 协调职能 协调是公共事业管理机构的主要职能之一,它与计划职能和组织职能直接相关。如果说计划和组织的职能是公共事业管理确定目标、拟定任务和选择完成任务的方式,那么协调的任务就是保证计划和组织职能的实现。社区公共事业管理不能仅仅局限于本社区这个小区域,还要注重社区与整个外部大环境的协调。因此,必须通过社区公共事业管理调动各方面的力量,协调好社区与外部的社会联系,以及社区内部单位之间、群体之间、个人与集体之间的关系。这些关系既包括人与人的情感关系,也包括人与物的关系。只有不断加强社区公共事业管理的协调能力和协调作用,才能够调动各方面力量来齐心协力关心和参与社区公共事业管理,不断创建社区公共事业管理的达标项目和优化项目,使社区公共事业管理向新水平、新台阶、新层次发展。

4. 控制职能 控制职能是在动态的环境中,社区公共事业管理者按照既定的目标和标准,对社区公共事业管理中的各项工作进行检查、监督和调节的一系列管理活动。控制职能是管理活动的主要职能之一,是管理活动中不可分割的一部分。它与计划、组织、协调职能相辅相成、相互影响,共同构成社区公共事业管理链条中的各个环节。具体来说,控制职能包括核算与检查。核算是指搜集、整理、分析关于实现工作任务的过程和完成决策的手段及结果的情况。检查则主要是了解社区各组成部分在执行社区规划过程中的进展情况以及出现的问题等。总而言之,公共事业管理的控制,就是按照公共事业管理的计划标准衡量计划的完成情况并纠正执行中的偏差,以确保计划指标实现的过程。公共事业管理的基本过程必然包含 3 个步骤:确立标准、衡量成效、纠正偏差。

(四)社区公共事业管理与相关领域的关系

1. 社区公共事业管理与街道管理的区别 社区公共事业管理并不等同于街道管理,两者在管理主体、管理目标的设定方式、管理对象、管理机制和管理内容等方面都有着很大的差异。

(1)管理主体不同:街道管理体制是行政管理,管理主体主要是街道党工委和街道办事处。而社区公共事业管理主体不是唯一的,除了起主导作用的街道党工委和街道办事处之外,还有各职能部门向社区延伸的机构,以及社区内的单位和社区居民,管理主体的范围大大扩展。因此,社区在管理过程中要强调互相合作和协调配合,动员各方管理主体的力量来共同参与和管理好社区。

(2)管理目标的设定方式不同:街道办事处是政府的派出机构,必须要对上级政府负责,完成上级指派的任务。街道管理的工作重心和重点随上级政府的工作目标而转移。而社区的工作目标虽然也由上级行政机关来设定,但强调的是自我服务和自我管理,重在体现社区的需要。

(3)管理对象不同:街道管理的对象较为单一,仅限于街道下属的企事业单位和依附程度比较大的居民委员会,而不具有行政关系的单位,特别是行政级别高于街道的单位及其居民,一般不属于其管理的对象。因此街道管理的对象范围比较狭窄,不能覆盖全部街道范围。而社区公共事业管理是一种地域化的管理,是一种包括各种机构、单位和居民在内的所有社区成员的自我服务和自我管理,管理对象面广且量多,覆盖整个社区。

(4)管理机制不同:街道管理实行的是单一的行政机制,它是以上下级的行政隶属关系的存在为前提,以人员编制、职务权力、经费投入为保证,以行政命令为手段的一种管理机制。而在社区公共事业管理中,由于各社区成员的地位和相互之间的关系与街道体制中的地位和关系有很大的不同,除了运用行政体制外,还可以利用法律机制、社团机制和道德机制来进行管理,社区公共事业管理机制是包含多种机制在内的综合性管理机制。

(5)管理内容不同:街道管理的内容主要是上级单位指派的任务,其范围非常有限。而社区公共事业管理的内容要比街道管理的内容更为丰富,只要是社区居民需要和能够满足社区居民需要的内容,都是社区公共事业管理的内容,包括地区性事务、社会性事务、群众性事务和公益性事务。其中,地区性事务涉及社区所有成员都关心的公共事务,社会性事务涉及各成员间相互关系的事务,群众性事务是涉及群众利益、需要广泛参与的事务,公益性事务是指有利于整个社会而不限于任何特定成员的事务。

2. 社区公共事业管理与物业管理的区别　　从社会学与城市学相结合的角度来看,社区公共事业管理与物业管理有着本质的区别。

(1)性质不同:从大的范畴来讲,社区公共事业管理属于软件管理的范围,而物业管理属于硬件管理的范围。如果没有硬件建设和硬件管理,社区建设和社区公共事业管理便无从谈起。社区公共事业管理要解决人际关系问题,解决人与人之间互帮互助的问题,其形式、内容和渠道是多种多样的,可以借助一定的行政手段推行,也可以利用市场手段推进。物业管理主要从事土地的合理利用和开发,房屋及其配套设施的建造和维护,对持有者、承租者、使用者和经营者的行为予以规范并依法作出相关约定。从我国目前的城市社会现状来看,物业管理既可以借助一定的行政手段推行,又可以利用市场机制推进,但主要是要合理解决人们赖以生存发展的物质条件的保障问题。从上述分析看,社区公共事业管理与物业管理所面对的是处在两个不同领域中的不同性质的问题,而不同性质的问题要用不同的方法去解决。

(2)地位不同:社会事物的地位是指某一事物在包括自身在内的多种事物的统一体中所处的位置。社区公共事业管理在管理社区的人际关系上,不仅应该而且完全可能处于主导地位,也就是说社区公共事业管理通过它自身的机构——居民委员会,有协调社区内各种社会关系的权利和义务,这是社区公共事业管理的本质特征(即管理社区内的人际关系)所决定的,也是国家的有关法规明文规定的。因此,社区内的方方面面,凡是涉及社区内人际关系的问题,以及物业管理问题,都需要社区居民委员会的参与和协调。例如,在居住区物业建造规划的最初阶段,就要听取能代表未来新社区居民委员会的有关街道办事处的建议和意见,对居民委员会办公用房、用地等要早规划、早协商,对物业管理过程中的服务价格、服务质量等问题乃至物业管理的全过程,要接受业主委员会和居民委员会的双重监督。

至于整个居住区和配套设施的规划、建造、出售、使用、维护及相关服务,则是物业管理机构的职权,在国家政策和法律许可的范围内,应由管理机构自行处置。换言之,社区的硬件建设(如房屋、土地、配套设施,含绿地、公共场所等的建设)及硬件管理以物业管理机构为主要管理者,直接向国家、社会和业主负责。物业管理机构的职权是由物业管理的物质技术及其管理的专业性决定的,又是国家有关部门授权的,两者不可分割。当然,由于社会主义市场经济体制的建立和不断完善,部门及行业间的封闭不断被打破,物业管理也随之分布于各部门、各行业之中,但其专业性仍然是其他部门和行业所不能替代的。

(3)作用不同:社区公共事业管理与物业管理的社会性质、社会地位和社会作用是相互联系的，二者的作用主要是指它们各自在城市社会系统和社区社会系统中所起的作用。在此首先要强调的是，从社会最终目的上讲，它们同经济发展和社区发展相关各部门一样，都要为不断满足人们日益增长的物质文化需要服务，都要为提高居民的生活水平、生活质量作出贡献。因此，社区公共事业管理具有不可替代的作用，加强社区公共事业管理不但能有效地提高居民的生活质量，而且能为加强城市精神文明建设、加强城市基层民主政治建设、维护城市社会稳定作出独有的贡献。

（4）管理主体不同：社区公共事业管理主体是以社区党政组织为核心，由社区范围内的政府组织、企事业单位、社团组织和居民委员会等多方面参与、共同管理的多元互助的新型社区组织。物业管理主体是业主或物业使用人，以及接受业主委托的专业化物业管理公司，管理主体双方共同行使业主自治管理与专业化管理相结合的管理职能。

（5）管理内容不同：社区公共事业管理与物业管理在管理内容上均具有综合性，但综合性的内涵不同。社区公共事业管理不仅包括"人的住用环境"的有关内容，而且包括"人的社会生活"在内的更为广泛的内容，如婚姻家庭、邻里关系、卫生保健、商业网点、科技教育、安置就业、扶贫帮困、老龄工作等。物业管理的内容主要是指围绕着"人的住用环境"的有关内容，是以物业为核心的专业化管理与服务的内容，如各类房屋建筑及附属设备、设施的维修与养护，物业环境的治安保卫、消防管理、清扫保洁、污染防治、绿化管理、停车管理，以及相关的家居生活服务等。

3. 社区公共事业管理与社区建设的联系　二者的联系主要表现在以下几个方面。

（1）社区公共事业管理伴随着社区建设而兴起：根据《民政部关于在全国推进城市社区建设的意见》，社区建设是在党和政府的领导下，依靠社区力量，利用社区资源，强化社区功能，解决社区问题，促进社区政治、经济、文化、环境协调和健康发展，不断提高社区成员生活水平和生活质量的过程。自20世纪90年代以来，全国性的社区建设逐步兴起，正是在社区建设的过程中，社区公共事业管理才被提上了议事日程。

（2）社区公共事业管理是社区建设的重要内容和重要目标：社区建设的内容大致包括社区服务、社区卫生、社区文化教育、社区环境、社区治安等。根据《民政部关于在全国推进城市社区建设的意见》，加强社区公共事业管理、建立与市场经济体制相适应的社区公共事业管理体系和运行机制是社区建设的一个重要目标。

（3）社区公共事业管理是社区建设的重要保证：加强社区公共事业管理有助于社区建设工作在制度化的轨道上有序进行，因为社区公共事业管理机构不仅可以制定一系列社区建设的法规与政策，而且可以在社区建设的实际过程中发挥计划、监督、控制、协调、指挥和领导作用，所有这一切都有助于社区建设的有序进行。

（4）社区公共事业管理和社区建设的主体和内容有许多重叠的地方：一是社区公共事业管理主体在某种程度上也是社区建设的主体，如街道办事处、居民委员会、广大居民，甚至包括社区单位和中介组织，既是社区建设的主体，也是社区公共事业管理的主体；二是社区公共事业管理的内容在某种程度上也是社区建设的内容。社区组织、社区服务、社区卫生、社区文化、社区环境、社区教育、社区治安等内容，既是社区公共事业管理的内容，也是社区建设的内容。

当然，社区公共事业管理有别于社区建设，前者侧重的是"管理"，后者侧重的是"建设"。管理显然不等同于建设，社区公共事业管理主要是从管理学的角度来研究社区，而社区建设则主要是从社会学的角度来研究社区。

第二节　社区公共事业管理的内容

随着社会经济的发展，社区公共事业管理的内容也逐渐丰富，涵盖了社区方方面面的事务，具体来说社区公共事业管理涵盖了以下几个方面的内容。

<h1 style="text-align:center">一、社区卫生事业管理</h1>

现代意义上的卫生事业是随着社会经济发展进入到一定阶段而产生的,其基本内涵和管理方式也与社会的进步和经济的发展密切相关。在当代,卫生事业是整个公共事业的重要组成部分,它既关系到每个公民的利益,又影响着国家和社会的发展,因而政府必须根据卫生事业产品的基本特点和要求,介入卫生产品市场,监督相应的卫生产品的生产并提供政策支持,构筑起现代卫生事业管理模式。

(一)社区卫生服务的产生

社区卫生服务是在二战的背景下产生的,由于战后经济萧条,加之伤员众多,多国难以应付医疗卫生费用的快速增长,因此寻求降低和控制卫生费用过高的途径成为降低卫生费用开支的必然要求。在这样的环境下,现代社区卫生服务最早在英国产生,英国议会于1945年正式批准《国家卫生服务法》,该法提出英国实行"医院专科医疗服务、社区卫生服务和全科医疗服务"三位一体的国家卫生服务制度。同时,该法规定了基本卫生保健服务主要由全科医生来提供。全科医疗起源于18世纪,是指受过一般医学训练且不分科的基层医生所提供的医疗服务,提供这种卫生服务的基层医生称为全科医生。1948年,英国正式实施国家保健服务制度(National Health System,NHS),医疗卫生服务分为三个部分:医院服务、全科医疗、家庭保健,后两者称为基层保健,主要在社区进行,因此称为社区卫生服务。1947年,美国成立了全科医生学会,并于1971年改名为美国家庭医生学会。该学会创造了家庭医生(family physician)和家庭医疗(family practice)这两个术语,力求把家庭医疗作为一种崭新的社区医疗服务模式。1958年,澳大利亚创建皇家全科医生学院,在培训全科医生、促进社区卫生服务方面发挥了重要作用。

1978年,世界卫生组织将社区卫生服务视为推进初级卫生保健的重要方法和途径,要求世界各国大力发展社区卫生服务,这极大地促进了社区卫生服务的发展。世界各国纷纷开始开展社区卫生事业,社区卫生服务在世界范围内得到了很大的发展。

(二)我国社区卫生服务的发展历程

"社区卫生"和"社区卫生服务"概念分别是在20世纪70年代末和80年代初引入我国的,到20世纪80年代中期由最初的知识性介绍开始逐步加强宣传,并逐渐被广泛认可接受。具体来说,可以把整个我国社区卫生服务发展的历程分为三个阶段。

第一个阶段是整个20世纪80年代,为社区卫生服务理念引入阶段。由于当时我国处于计划经济时代,仍然处于单位制社会,一般社会群众对行政区划和行政单位的社会划分具有强烈的依附感,除了单位,人们基本没有其他社会组织的概念。因此,这个时期关于社区卫生和社区卫生服务的启蒙宣传重点在于介绍社区卫生服务基本知识、主要作用、世界卫生组织的指导意见和要求、国外经验、我国发展社区卫生服务的必要性和条件等。这些宣传工作主要由一批热心的社会医学工作者完成,宣传的重点在于政府领导和城镇居民两个层面。通过这样的宣传,社区医学的概念和卫生专业理念逐渐在群众中广泛普及,渗透到政府和社会的各个层面,为在我国推行社区卫生建设和社区卫生服务发挥了积极的作用。

第二个阶段是20世纪80年代末至90年代末,为社区卫生服务初探阶段。这一阶段主要是发挥各方面的积极性,结合实际情况举办各类试点,着手探索研究我国社区卫生服务的实践问题。在广泛宣传、社会初步认同的基础上,国家开始支持试点实践,试点首先是在较发达的城市,如上海、深圳等地进行。随后,试点工作范围逐渐扩展到全国各地,所探索的内容也不断深化和丰富,由探知社区卫生服务在我国的可接受程度和可行性程度,逐步扩展到如何组织、如何运作、如何管理等方面。这一阶段的试点工作极大地推动了社区卫生服务的发展进程,对于研究制定社区卫生服务相关配套政策也起到了重要的作用。

第三个阶段是 20 世纪 90 年代末至今,为社区卫生服务实施阶段。这一阶段以 1997 年的《中共中央、国务院关于卫生改革与发展的决定》为开端,党和政府将城市社区卫生服务作为一项卫生基本政策确定下来,并在全国全面推行,我国社区卫生服务发展由此进入了一个新的阶段。经过试点研究阶段,政府和社会形成了比较广泛的共识,国家将社区卫生服务作为现行卫生体制和医疗卫生服务模式改革的一项重要内容正式确定下来。1996 年底,在中共中央、国务院召开的第一次全国卫生工作会议上,首次正式提出要积极发展社区卫生服务,随后于 1997 年初,即正式写入我国最高级别、最具权威的文件《中共中央、国务院关于卫生改革与发展的决定》之中,并开始在全国贯彻实施。根据中央的指示精神,全国各地在各类城市中迅速把社区卫生服务工作提上议事日程,学习试点、研究规划、着手筹建社区卫生服务机构等,形成了全面实施、蓬勃发展的局面。根据实施工作的需要,卫生部、国家发展计划委员会、劳动和社会保障部、民政部等十部委全面总结全国试点经验,于 1999 年 7 月研究制定了《关于发展城市社区卫生服务的若干意见》(以下简称《若干意见》),这是第一次以国家的名义全面系统地对社区卫生服务工作进行部署安排,为各地开展城市社区卫生服务提供了指南,把全国社区卫生工作纳入了一个初步规范的轨道,为推动全国开展社区卫生服务工作发挥了重要的指导作用。

根据有关部门的意见,社区卫生工作在全国范围内开始建立和发展。其间也遇到了各种困难。当时政府和社会发展社区卫生的要求还比较弱,国家政策的支持力度和刚性要求显得不足,实施的社会环境和配套条件还不够完备,以及《若干意见》的规定约束性和相关协调性存在缺陷和不足,鉴于这种形势,国家在深化医药卫生体制改革过程中,经过深入调查研究,认为发展社区卫生服务是符合中国实际的,应当坚持作为医疗卫生改革的一个重要突破口和发展的一个战略支点,必须坚持大力推进。因此,国务院要求原卫生部等有关部门认真总结 1997 年以来的工作经验教训,进一步采取措施,推动加快发展。

在《若干意见》的基础上,卫生部、国务院体制改革办公室、劳动和社会保障部等 11 个部委于 2002 年 8 月联合印发了《关于加快发展城市社区卫生服务的意见》(以下简称《意见》)。《意见》着眼于加快发展,着力于有针对性地解决影响发展的主要因素,着重从五个方面对《若干意见》作进一步的强调和内容补充。时隔三年,《意见》再次清楚地表明了国家发展社区卫生服务的目标和决心,更加明确了城市社区卫生服务的工作要求。但由于 2002—2003 年突发"非典"疫情,该文件的贯彻一度受到影响,城市社区卫生服务的发展未能充分达到《意见》的目的和要求。

2004 年以后,"看病难、看病贵"逐渐成为社会反映强烈的焦点问题,引起了党和政府的高度关注。在此背景下,社区卫生服务再次受到政府和社会的普遍重视,被认为是解决"看病难、看病贵"问题的一个重要途径。之前是把社区卫生服务作为卫生体制和制度改革的重要内容,着重从长远考虑;而此时期则更多的是将发展社区卫生服务作为解决当时医疗卫生问题的措施,着重于现实考虑,因此国家以前所未有的力度再次大力加强社区卫生服务工作。

2006 年 2 月,国务院颁布了《关于发展城市社区卫生服务的指导意见》,把前面两个文件的基本精神和工作要求上升为国务院文件,其中最具针对性的,也是最重要和最本质的精神在于强化政府责任和突出政策作用两个方面。国务院在该文件中明确提出:中央财政从 2007 年起对中西部地区发展社区公共卫生服务按照一定标准给予补助,中央对中西部地区社区卫生服务机构的基础设施建设、基本设备配置和人员培训等给予必要支持。这些补助和支持措施很快得到落实,为解决社区卫生服务发展的财政支持问题走出了坚定的一步,为地方各级政府做了示范,无论是直接效果,还是间接效果,影响力都非常大。

2015 年 12 月,全国社区卫生服务提升工程正式启动,指出社区卫生服务提升工程目标是到

2020 年，通过持续推进社区卫生服务提升工程，社区卫生服务机构环境得到明显改善，服务功能得到完善，服务质量大幅提升。"互联网＋社区卫生服务模式"的提出，对社区卫生服务提出了更高的挑战，要求社区卫生服务机构充分发挥互联网和信息化技术优势，不断完善服务模式，提高服务可及性。由此可见，社区卫生服务工作在国家的支持下，要紧跟时代发展步伐，将信息技术和互联网平台融入基本医疗和基本公共卫生服务各环节中，优化服务流程，提升服务质量和服务效率，方可长远发展。

2018 年，国家卫生健康委会同国家中医药局启动"优质服务基层行"活动，制定了《社区卫生服务中心服务能力标准（2018 年版）》（以下简称《标准》），指出社区卫生服务中心是公益性、综合性的基层医疗卫生机构，承担着常见病和多发病诊疗、基本公共卫生服务和健康管理等功能任务，是城乡医疗卫生服务体系的基础。该《标准》于 2019 年、2022 年、2023 年修订，《社区卫生服务中心服务能力评价指南（2023 版）》作为社区卫生服务中心自我评价与改进的依据，并作为对社区卫生服务中心实地评价的依据，使社区卫生服务发展更加规范、完善。

2021 年 6 月，国家发展改革委、国家卫生健康委、国家中医药管理局和国家疾病预防控制局共同编制的《"十四五"优质高效医疗卫生服务体系建设实施方案》中提出，各地要切实落实对乡镇卫生院（社区卫生服务中心）、村卫生室等基层医疗卫生机构的建设投入责任，全面提高基层公共卫生、全科、中医等能力；并指出争取实现社区卫生服务中心、乡镇卫生院都具备精神（心理）卫生服务能力。该方案对社区卫生服务提出了新的要求与挑战，社区卫生服务不仅仅局限于提供基本的医疗服务，更应为人的精神心理健康提供服务。

我国社区卫生服务虽然在近 10 多年来取得了巨大进步，但还是大有可为的。首先，目前社区应对突发公共卫生事件的能力和水平还有待提高，社区防疫意识不足，部分社区防疫政策实施不完善、不彻底。其次，社区卫生服务的支持力量不足，部分社区卫生服务医疗物资储备不足，人员配备短缺，导致防疫工作压力巨大，大大降低了防疫工作的效率。最后，国家治理与基层社区治理之间存在差距，国家应急反应速度很快，而基层社区工作更需要多方的参与和协调。因此，我国社区卫生服务建设还需要在摸索中不断前进。

（三）社区卫生服务的内容和措施

社区卫生服务以满足社区居民群众需要为第一要务，以保护人民群众身心健康为出发点。《若干意见》指出，社区卫生服务是"融预防、医疗、保健、康复、健康教育、计划生育技术服务等为一体的，有效、经济、方便、综合、连续的基层卫生服务"。2006 年《关于发展城市社区卫生服务的指导意见》要求社区卫生服务以社区、家庭和居民为服务对象，以妇女、儿童、老年人、慢性病患者、残疾人、贫困居民等为服务重点，以主动服务、上门服务为主，开展健康教育、预防、保健、康复、计划生育技术服务和一般常见病、多发病的诊疗服务。总体来说，社区卫生服务主要包括预防、保健、医疗、康复、健康教育和计划生育技术 6 个方面，对象涉及社区所有群众。随着我国生育政策的变化，社区卫生服务内容也相应发生变化，其中的"计划生育技术"转变为"生育支持"。同样，社区卫生服务管理也可以分为预防管理、保健管理、医疗管理、康复管理、健康教育管理及生育管理 6 个方面。

发展社区卫生服务是政府履行社会管理和公共服务职能的一项重要内容，能够有效地提供基本卫生服务，满足人民群众日益增长的卫生服务需求，提高人民健康水平，推动社区卫生服务持续健康发展。社区卫生服务强调预防为主、防治结合，有利于将预防保健落实到社区、家庭和个人，提高人群健康水平，从而进一步完善城镇居民基本医疗保险制度。社区卫生服务通过多种形式的服务为群众排忧解难，使社区卫生人员与广大居民建立起新型的医患关系，并通过健康教育、预防保健，增进社区居民健康，减少发病，既保证基本医疗，又降低成本，符合"低水平、广覆盖"的原则，对城镇居民基本医疗保险制度长久稳定运行起着重要的支撑作用。

二、社区其他事业管理

（一）社区文化事业管理

社区文化建设以面向基层、服务群众为宗旨，以提高社区居民素质、精神文化生活质量和社区综合文化程度为主要内容，构成了社区文明的核心，在社会主义精神文明建设中发挥着举足轻重的作用。

社区文化分为广义与狭义两大类。广义的社区文化是指社区居民在特定区域内通过长期的实践过程创造出来的物质文化和精神文化的总和；而狭义的社区文化则是指社区内文化现象的总和，即社区居民在特定区域内通过长期的实践过程逐步形成的富有个性的群体意识、价值观念、行为模式和生活方式等。从社区文化建设的角度看，后一种解释更为恰当，它为在社区文化建设中突出以人为本的原则，强调以人的文明素质的提高为出发点和落脚点提供了依据。

（二）社区教育事业管理

现代意义的社区教育是 20 世纪初从欧美兴起的，社区教育发展至今，逐渐被各国所接受，其内涵也不断地丰富和完善。我国的社区教育是 20 世纪 80 年代产生的一种新型教育方式。随着我国计划经济向社会主义市场经济的转变，我国社会也逐渐转变为"小政府、大社会"的形态，公众的自主性和民主意识增强，民间自发组织和非营利组织有了生存与发展的平台。行政垂直干预与管理越来越多地让位于社区的、民间的自我融合和调节，这就为社区教育的兴起提供了可能性和基础。同时，经济的发展对劳动力人口素质提出了更高的要求，但高等教育无法满足社会对人才的多元化要求。社区教育的产生顺应了经济发展的要求，可以进一步实现教育服务供给的多样化。

社区教育是在社区范围内，利用社区内的各种教育资源，以社区全体成员为对象，开展的多层次、多方面的教育活动，以最终实现社会全体成员整体素质的提高，从而更好地服务于社会，促进经济发展和社会进步。社区教育是公共事业管理中教育事业管理在基层的体现与发展，教育事业的发展需要通过社区这一平台得到体现，举办社区教育可以使教育惠及更多的人，实现教育的大众化和普及化。

（三）社区社会保障管理

社会保障是社区建设的基本内容和社区所需承担的基本功能之一。在改革进一步深化的背景下，伴随着政府职能的转变，社会生活方式也发生了深刻的变化，从之前计划经济时代的单位包办制逐渐过渡到现在的社会化生活方式，社区与社区组织取代了计划经济时代单位的地位，成为各种社会职能的主要承载者。同样，之前由单位包揽的社会保障职能，也逐渐由社区社会保障体系来承担。社区社会保障的作用与地位不断增强，涵盖了社会服务、再就业安置、社会福利与救济、社区医疗、社区老年产业等方面的内容，并且其内涵仍在不断地丰富与发展。

社区社会保障管理需要从"硬件"与"软件"两方面发展与加强。首先是社区社会保障设施的建设，如社区服务中心、社区幼儿园、教育机构、老年人服务中心、社区医院等的建设。其次是社区的各类服务组织建设，属于"软件"的发展，主要关系到社区成员切身实际问题，如社会保险金发放机构、各类社会福利机构、再就业培训机构等的建设。这些服务组织工作人员细致贴心的工作，可以提高社区成员的归属感和自我建设的意识，进一步促进社区的和谐发展。此外，需要培养社区成员的共建意识，即提高社区成员对于社区的认同感并使其参与到社区保障的建设中。社区的社会保障功能在很大程度上体现在社区内的互助组织与社区成员的帮扶活动。而这类社区内部保障与活动得以实现的前提是社区居民的积极配合与回应，这需要社区成员自身有着高度的社区认同感和归属感，以及较强的社区建设参与意识。

（四）社区服务业管理

社区服务业是一种以居住社区为载体，以满足居民生活、学习和发展的多种需求为目的，以便民利民为宗旨的新兴服务业，它是第三产业的重要组成部分，属于最终消费的社会服务业。1993年8月，民政部、国家计委、国家体改委等14个部委联合发布的《关于加快发展社区服务业的意见》明确指出，社区服务业是在政府的倡导和支持下，为满足社区成员的多种需求，以街道、居民委员会和社区组织为依托，具有社会福利性的居民服务业。社区服务业由社区福利服务业、便民利民服务业和职工社会保险管理服务业组成，是社会保障体系和社会化服务体系的一个重要行业。2013年，《民政部 财政部关于加快推进社区社会工作服务的意见》中指出，加快推进社区社会工作服务的基本原则是坚持以民为本、立足需求，坚持党政主导、社会参与，坚持分类推进、突出重点，坚持专业引领、融合发展。从城乡社区建设要求和社区居民的社会服务需求出发，构建社区社会工作服务制度，培养社区社会工作服务人才，设计和实施社区社会工作服务项目，用社区居民需求的满足程度来检验社区社会工作服务发展成效。

城市社区服务是工业化、城市化和现代化的产物，也是我国改革开放过程中发展起来的新兴服务业。随着经济社会的快速发展，人们对社区服务的需求日益增长，社区服务业也越来越受到关注，作为第三产业的新成员，社区服务业的发展将对城镇经济的发展起到重要的作用。目前，社区服务业日益成为各级政府关注的重要内容，社区服务业也正走向产业化、系列化，社区服务的形式、内容和范围更加多样化，服务水平更加专业化。

（五）社区环境与物业管理

城市化进程的加速发展，促使城市面貌不断发生变化，而社区物业管理在城市管理中发挥着越来越重要的作用。社区环境的改善直接关系到居民的切身利益和生活环境，加强社区物业管理，在改善社区环境的同时，还可以提供更多的就业岗位，维护社区秩序，营造和谐的社区氛围。良好的居住环境是形成社区居民认同感、归属感和家园感的重要影响因素，同时社区环境与物业管理也是公共事业管理中的重要内容和基层保障。社区物业管理的发展可以完善公共事业开展的基础平台，使公共事业管理真正落到实处，并且形成良好的民众基础和较高的回应度。

（六）社区治安和公共危机管理

社会是由成千上万的社区共同组成的有机统一体。社区的安全直接关系到整个社会的稳定状况。同时社区是居民生活的最基本的场所，居民的日常安全是否能够得到保障在很大程度上取决于社区安全工作是否到位，因此，社区治安在整个社会治安中占据重要地位。

一般来说，社区治安是指在一定地域内对社会治安问题的治理，是社区管理职能部门在自己所辖区域内进行的治安行政管理活动，从广义上来讲，也称为社区治安综合治理。

（七）社区信息化管理

社区信息化是信息化建设的重要组成部分，它是指通过信息技术和手段，改变社区管理和服务条块分割的状态，利用覆盖整个社区的信息网络进行资源整合、开发和利用，促进信息共享，向居民提供全方位信息服务，提高社区管理和服务水平。社区信息化是城市信息化的重要组成部分，是城市管理及社区建设的基础环节，是政府加强城市管理和为民服务的有效手段。社区信息化建设不仅有利于提高城市综合竞争力和城市品位，更有利于全面建成小康社会，改善和提高人民生活质量。

2016年中共中央办公厅、国务院办公厅印发的《国家信息化发展战略纲要》明确了我国信息化发展的战略重点，并提出着力提升经济社会信息化水平，具体分为六个方面，其中第四个方面是创新公共服务，保障改善民生。由此可以看出，推进社会信息化始终是继推进电子商务、电子政务和国家信息化发展战略的重点，而社区信息化正是社会信息化的重要组成部分。也可以说，社区信息化是国家信息化的一个重要基础。

第三节　社区公共事业管理模式

模式是构成一个事物的要素及其各要素之间的关系，以及在这一关系下各要素的活动方式。它是现实存在的，并且能对现实作出规定并产生影响。社区公共事业管理模式即把社区内部相关组织的功能进行优化组合，使其达到一种相对稳定的社区功能的状态，形成一套区域共同体的管理模式。

一、我国社区公共事业管理模式

根据政府和社区之间关系的紧密程度，我国的社区公共事业管理模式可以分为政府主导模式、社区自治模式和混合模式。

（一）政府主导模式

政府主导模式中，政府和社区具有直接的密切关系，以政府为主导，对社区进行直接管理。政府不仅通过制定相关规定和政策调节管理社区的事务，还在社区设立机构来处理社区事务及管控社区的发展，特别是在管理方式方面，具有较强的行政色彩。市、区政府始终居于领导管理地位。例如，"浦东模式"主要是政府主导、多方配合的模式，是通过以街道为基本单位，对街道下的社区进行统筹规划的共建模式。此模式的体制为"两级政府、三级管理"，主要通过加强街道权力、规范街道管理制度、增加街道财权，发挥街道对社区建设和管理的主体作用，以此来保障现代社区城市管理以及保证社区安全稳定。政府应主要发挥好自身的牵头作用，协调好社区建设中各个主体内在的关系，发挥好各个管理组织的积极作用，负责制定社区建设的相关政策和管理制度，对社区建设的大方向给予明确。企事业单位应主要发挥好自身资源丰富的优势，加强对社区的物质支持。

（二）社区自治模式

社区自治模式中，政府与社区二者是相对分离的。政府主要以间接的角色和形式参与社区事务的管理。政府的职能主要是对社区进行政策引导以及为社区自治提供法律、资金方面的支持，真正实现政府权力的下放，体现了社会主义民主，使居民成为社区主人。社会组织、企业和居民等都是社区治理的主体，政府通过自治模式能够充分地收集民意，所作出的决策往往也最能充分反映社区居民的现实需求，在自治社区中社区居民能够充分地参与到社区治理的每个环节。例如，沈阳模式是建立由社区居民、企事业单位和个体工商户共同组成的代表大会制度，通过集体决策来决定社区内部的重大事项。同时，建立由社区成员代表和社区中的人大代表、政协委员、知名人士等人员共同组成的社区议事协商制度，对社区管理委员会进行监督，并提出工作建议。社区党组织主要负责指导带领社区居民委员会进行社区管理工作，其余政府下放的部分事务则由政府拨款，社区解决。

（三）混合模式

混合模式是以转变政府职能为核心，各职能部门、居民委员会、街道办事处之间的关系新在指导与协调、监督与服务上，这种关系促进了政府职能转变，从而实现了体制创新。与此同时，定期召开社区成员会议，把监督的权力交给社区代表，引入社会中介组织，把社会中介组织定位于社区居民委员会和居民个体之间且纳入社区自治章程规范。鼓励社会中介组织的发展，提升社区居民委员会对其他社区组织的协调能力。例如，江汉模式实行"双重领导、双重监督"，通过社区居民和社区单位的自主管理，充分发挥社区工作人员和社区成员的自主性，通过一系列的评议考核监督机制，建立适当的评价标准，真正做到了各方关系明确。同时，政府责任方还积极参与,通过宏观调控来维护社区秩序。通过双向公示制、多层次的民主考核和评议,引导居民对政府部门、街道办事处和社区工作进行监督。通过创造宽容适宜的外部环境,制定法律法规,推动社区管理改革。将人员和资源下沉到社区,社区基础设施逐步完善,空间配置也趋于合理;社区服务得到扩展,政府与社区的管理相协调,形成了和谐共生机制。这一过程中,居民自治也充满生机和活力,不仅满足了社区群众的需求,社区公共事业管理秩序也得到改善。

我国社区公共事业管理模式与各地区的社会经济发展水平有着密切的关系,形成了地域特色鲜明的社区公共事业管理模式。这些模式从我国的文化传统和现实境遇出发,同国内外的社区发展和社区实践进行比较,在了解自身优势和不足的基础上,实现长足发展。

二、国外社区公共事业管理模式

国外社区公共事业管理模式通过社区成员互动、社区志愿者参与等途径,推动其科学化、专业化的进程,进而在该探索过程中找到更为有效的模式。下面介绍几种国外社区公共事业管理模式。

(一)欧洲模式

欧洲社区属于自治型管理模式。政府起领导作用,而社区居民充分利用社区组织之间的协同效应,整合社区内部包括社会组织、民间团体等各种社会机构,发挥其主导地位。社区鼓励居民积极参与到社区公共事务的决策与监督之中,通过让社区居民发挥自主意识,参与社区决策和监督决策实施成效,听取社区居民的意见,进而更好地建设社区,激发居民参与社区事务管理的积极性和主动性。这种模式的主要特点如下。

第一,社区居民有权参与社区决策和监督。社区居民充分发挥自主意识,参与社区管理。

第二,社会机构有效整合。整合社会机构贴合社区居民的意愿,可以使其更好地服务于社区居民。

(二)北美模式

美国、加拿大等国家的社区属于共享型自治模式。在这些国家的社区中,社会组织的领导成员主要通过已加入社会组织的所有成员共同选举产生,领导成员通过行使自治权,充分发挥社会组织的职能,以此促进社区发展。为更好地促进社区管理,政府规定城市社区享有在城市公共事务、文化活动以及社区发展规划方面的决策和监督权,这使社区管理享有更大的自主权。北美模式主要特点如下。

第一,民主管理。政府间接干预社区管理,主要是由社区管理委员会等社区的核心管理机构直接管理。

第二,倡导文化共享。这种模式注重加强社区居民的凝聚力,使其形成一致的价值观。居民对迁移地社区有很强烈的文化熏染,使社区内居民形成特定的社区环保意识、邻里互助意识和归属感等,有利于更好的社区管理。

第三,服务意识强烈。公众积极参与社区管理,形成了良好的社区服务精神,公民认为为自己所在的社区尽其所能是自我价值的体现,并且社区的大部分工作都是由社区招募的志愿人员完成的。

(三)新加坡模式

作为亚洲地区的国家,新加坡结合自己的实际情况,减少了政府层级结构,并让政府可以直接管理社区,形成了新加坡特有的政府主导型社区管理模式。政府直接管理社区,并在社区设立各种派出机构,行政色彩、官方色彩较浓。在社区内部设立的咨询委员会,通过收集居民意见、传达政府政策以及活动安排,协调政府与居民的关系。其特点主要有以下三点。

第一,政府直接管理社区。政府行为和社区管理行为紧密结合,政府设立专门的社区组织管理部门来负责对社区工作的指导和管理,使社区管理规范化和系统化。

第二,居民自主意识差。在政府主导的模式下,居民习惯接受制度安排和自上而下的管理模式,居民对社区管理的民主参与意识比较薄弱,忽视社区居民管理的主体作用和地位。

第三,完善的社区管理体系。社区管理各部门职能分工明确,结构严密,公民咨询委员会、社区中心管理委员会和居民委员会各司其职。

(四)其他模式

在日本、澳大利亚等国家,政府对社区管理的干预较为宽松,把一些与民生紧密联系的职能下放给了社区。虽然社区处在政府的主导之下,但也有较大的自主权,属于混合型社区管理模式。政府的主要职能是规划、指导并提供资金支持,而由社区组织对社区进行具体管理。社区的各类活动以促进社区的整体发展和居民更好的生活为出发点,通过加强政府监管并督促社区居民遵守相关规定、严格自律进行宏观调控,赋予社区组织更多的自治权力,进而让社区居民获得强烈的自我认同感和归属感。这类模式的主要特点如下。

第一,居民参与意识较强,居民都有较强的社区荣誉感和归属感,积极参与社区各项活动,有较强的社区凝聚力。

第二,政府对社区工作进行监督和指导,并不直接参与社区具体管理,政府的管理是间接性管理,并根据社区居民意愿执行。

第三,政府与社区居民协作管理,充分发挥政府的行政职能,集合居民的力量来共同促进社区的良性发展。

第四节　社区公共事业管理的发展与创新

社区及社区建设对区域的社会稳定、经济发展、文化繁荣及民生改善发挥着重要的基础作用。社区公共事业管理发展顺畅,可以优化社区人际关系,提高社区居民生活质量,提升人民幸福指数。社区公共事业管理在我国的发展经历了从引入到初探再到实施的阶段,探索出了一些符合我国国情的社区公共事业管理模式。

但是,社区公共事业管理的内涵和模式不是一成不变的。随着改革开放和社会主义现代化建设取得巨大成就,我国社区公共事业管理的发展也面临不断发展变化着的新形势与新挑战。为适应时代发展要求,社区公共事业管理的理念、模式、方式等必须与时俱进,不断创新。

一、社区公共事业管理发展面临的新形势与新挑战

(一)社区公共事业管理发展面临的新形势

"十三五"时期,我国全面建成小康社会取得了决定性成就,我国经济实力、科技实力、综合国力和人民生活水平跃上新的大台阶。社区居民生活水平显著提高,教育公平和质量有较大提升,基本公共教育均等化水平进一步提高,高等教育进入普及化阶段,城镇新增就业超过6 000万人;建成世界上规模最大的教育体系、社会保障体系、医疗卫生体系,基本养老保险覆盖超过10亿人,基本医疗保险参保率稳定在95%以上;城镇棚户区住房改造开工超过2 300万套,改造农村危房2 400多万户,城乡居民住房条件明显改善;社区公共文化服务水平不断提高,文化事业和文化产业繁荣发展;社区应对突发事件的能力和水平大幅提高。

经济高质量发展和社会快速转型对我国社区公共事业管理提出了新要求。"十四五"规划指出,中国特色社会主义新时代要坚持优先发展教育事业,进一步推进基本公共教育均等化,保障农业转移人口随迁子女平等享有基本公共教育服务;要把保障人民健康放在优先发展的战略

位置,为人民提供全方位全生命期健康服务,加强基层医疗卫生队伍建设,构建强大的社区公共卫生体系;逐步健全婴幼儿发展政策,加强对家庭照护和社区服务的支持指导,增强家庭科学育儿能力;着力健全基本养老服务体系,大力发展普惠型社区养老服务,推动专业机构服务向社区延伸,构建居家社区机构相协调、医养康养相结合的养老服务体系;健全覆盖城乡的就业公共服务体系,加强基层公共就业创业服务平台建设,支持吸纳就业能力强的服务业,稳定拓展社区超市、便利店和社区服务岗位;健全多层次社会保障体系,积极发展社区服务类社会救助等。"十四五"规划强调了社区建设和基层社区管理在我国社会稳定、民生改善、乡村振兴和实现共同富裕中的重要作用。

新时代下社区在健全党组织领导的自治、法治、德治相结合的城乡基层社会治理体系中扮演着重要角色,社区公共事业管理在幼有所育、学有所教、劳有所得、病有所医、老有所养、住有所居、弱有所扶上仍应持续发力,为建设人人有责、人人尽责、人人享有的社会治理共同体而蓄力赋能。

(二)社区公共事业管理发展面临的新挑战

我国社区公共事业管理发展面临一系列新的发展形势的同时,也面临着人才培养与科技创新两大挑战。

1. 人才培养与社会需求不匹配 随着我国经济社会改革与发展的持续深入及乡村振兴战略的进一步落实,无论是城市社区还是农村社区的发展,都需要大批优秀的公共事业管理专业人才持续输入,而目前社区专业工作者稀缺,基层人才流失严重,社区治理亟需专业人才。高等学校作为人才培养的重要基地,在社区公共事业管理的人才培养过程中承担着重要责任。我国社区公共事业管理的发展要积极对接社区需求,全面提升社区人才培养质量。

2. 科技创新与社区管理亟待融合 进入21世纪以来,全球科技创新进入空前密集活跃的时期,新一轮科技革命和产业变革正在重构全球创新版图,与此同时也对社区公共事业管理的发展提出了新挑战。在科技创新日趋异化的关键时期,推进实现新科技革命与社区公共事业管理的深度融合至关重要。一方面,以"互联网+""智能+"为代表的数字化、信息化管理蓬勃发展,将新技术、新应用融入社区公共事业管理各个环节,可有效提升智慧社区建设水平,提高公共服务精准程度,优化公共服务流程,驱动社区公共事业管理加速向网络化、智能化转型;另一方面,也应依托社区公共事业管理需求激发智能物联网的创新效能,挖掘教育、医疗、养老、公共服务、城市运行、环境保护等各个领域的广泛需求,不断拉动新技术、新应用的创新力、创造力和生产力。

二、社区公共事业管理发展的创新与改革措施

目前,我国社区公共事业管理的发展基础更加坚实,发展条件发生着深刻变化,这就迫使我国社区公共事业管理不断创新和改革,在摒弃过时的管理理念和模式的同时,必须与时俱进、乘势而上,积极采取新的治理观念和模式,使我国社区公共事业管理达到一种新的、更高层面的管理秩序与稳定状态。

(一)社区公共事业管理发展的创新

第一是理念要创新。社区工作者要树立新时代社区公共事业管理的全新理念:一是明确责任理念。社区公共事业管理应依法厘清基层政府与基层群众性自治组织的权责边界,突出政府在基本公共服务供给保障中的主体地位,建立既分工又合作的新型政社关系。二是强化服务理念。社区工作者要树立"为民、便民、安民"的社区公共事业管理服务理念,提高突发公共事件应急处置能力、自然灾害防御水平,最大限度保障居民生命安全和身体健康。三是树立民主理念。社区党组织要改变过去"什么都管、包办一切"的方式方法,管理方式由"替人民作主"向"支持、保障人民当家作主"转变,要支持社区自治组织依法自治,增强群众自我管理、自我服务、自我教

育、自我监督实效。

第二是模式要创新。为了推动社区公共事业管理制度统一、质量水平有效衔接，社区公共事业管理的模式要创新，以实现社区公共服务供给多元化。社区公共事业管理围绕公共教育、就业创业、社会保险、医疗卫生、社会服务、住房保障、公共文化体育、优抚安置、残疾人服务等领域，建立健全基本公共服务标准体系，将政府主导型、社区自治型的社区公共事业管理模式有机结合，紧紧抓住人民最关心最直接最现实的利益问题，落实更多惠民生、暖民心的举措。

第三是方式要创新。社区始终要把知民情、解民忧、化民怨、暖民心作为经常性工作，将居民的问题解决在基层，将矛盾化解在基层，将工作推动在基层。社区公共事业管理的流程要创新，鼓励社区居民通过互联网参与社区公共事业管理，加强智慧社区建设，推动数字化、信息化、网络化服务普惠应用，提升全流程一体化在线服务平台功能，推进线上线下公共服务共同发展、深度融合，持续提升社区居民在社区公共事业管理中的获得感、参与感和幸福感。

（二）社区公共事业管理发展的改革措施

1. 夯实社区公共事业管理基础　健全党组织领导、社区居民委员会主导、人民群众为主体的社区公共事业管理框架。完善政府职能部门和城乡社区在社区公共事业管理方面的权责清单制度，加强基层群众性自治组织规范化建设，合理确定其功能、规模和事务范围；完善城乡社区居民议事会、理事会、监督委员会等自治载体，健全社区居民参与社区公共事业管理的组织形式和制度化渠道。充分保障社区居民依法通过各种途径和形式参与社区事务管理。

2. 健全社区公共事业管理机制　推动社区公共事业管理资源下沉、服务重心下移、优化科技赋能，提高社区公共事业管理科学化、精准化、智能化，构建社区公共事业网格化管理、精细化服务、信息化支撑、开放共享的线上线下服务管理平台，推动就业社保、养老托育、扶残助残、医疗卫生、家政服务、物流商超、治安执法、纠纷调处、心理援助等便民服务场景有机集成和精准对接。充分发挥辖区单位、在职党员的作用，形成资源共享、活动联办、双向互动的工作和管理机制。

3. 积极引导社会力量参与社区公共事业管理　社会力量能够以多种形式参与到重大公共卫生事件的应对中，在资源、服务、合作机制等方面发挥积极作用。社会力量能够充分关注到民生问题的多重维度和多元现象，弥补政府在非基本公共服务领域的缺位或不足。因此，社区公共事业管理的发展要充分发挥社会各界的力量作用，畅通和规范各种社会力量尤其是志愿者等参与社区公共事业的管理途径，支持和发展社会工作服务机构和志愿服务组织，壮大志愿者队伍，搭建更多志愿服务平台，健全社区志愿服务体系，全面激发社区公共事业管理活力。

综上，社区公共事业管理的创新发展和一系列改革措施的落实，对不断完善社区治理体系，强化社区治理能力，提升社区公共事业共建共治共享水平，全面推进社区公共事业管理制度化、规范化、程序化发展，充分体现人民意志、保障人民权益、激发人民创造活力具有重要意义。

本章小结

1. 社区是指在一定地域内发生社会活动和社会关系，通过特定的生活方式，形成某种内在的互动关系和共同文化维系力，并具有成员归属感的人群所组成的相对独立的社会生活共同体。

2. 社区公共事业管理是指在政府及其职能部门的指导和帮助下，动员和依靠社区职能部门、社区单位、社区居民等各方面的力量，对社区的各项公共事务和公益事业进行一系列管理与自我管理活动的过程。社区公共事业管理作为现代管理的一个重要领域，其管理是由特定的管理主体、管理客体、管理目的、管理职能和管理环境等要素构成的。同时，社区公共事业管理的内容较为丰富，包括社区卫生事业管理、社区文化事业管理、社区教育事业管理、社区社会保障管理、社区服务业管理等。

3. 国内外在社区公共事业管理发展过程中分别探索出了适合本国国情的管理模式。我国社区公共事业管理模式与各地区的社会经济发展水平有着密切的关系,形成了具有中国特色的社区公共事业管理模式,主要有政府主导模式、社区自治模式、混合模式这三种模式。

4. 社区公共事业管理的发展随着我国社会进步和时代发展,面临着新的发展形势和挑战。其中,人才培养与社区需求不匹配、科技创新与社区管理亟待融合是目前最突出且亟待解决的两大难题。因此,社区公共事业管理要不断创新其管理理念、管理模式和管理方式,并采取一系列改革措施,逐步探究出一套适合我国国情的、具有中国特色的社区公共事业管理体系。

思考题

1. 社区的含义是什么?其基本构成要素包括哪些?

2. 什么是社区公共事业管理?其具备什么特征和职能?

3. 社区公共事业管理和社区建设有哪些联系?

4. 社区公共事业管理的内容有哪些?

5. 国内外分别有哪些社区公共事业管理模式?

6. 新时代我国社区公共事业管理面临着怎样的发展形势与挑战?具体应如何应对?

（曹文君）

推 荐 阅 读

[1] 崔运武.公共事业管理概论.3版.北京:高等教育出版社,2015.

[2] 朱仁显.公共事业管理概论.3版.北京:中国人民大学出版社,2016.

[3] 张晓杰.区域基本公共服务均等化:创新、协同与共享.上海:上海人民出版社,2020.

[4] 阮守武.公共选择理论及其应用研究.合肥:安徽教育出版社,2015.

[5] 廖运凤.新制度经济学.北京:知识产权出版社,2012.

[6] 孔繁斌.公共性的再生产.南京:江苏人民出版社,2012.

[7] 何艳玲.公共行政学史.北京:中国人民大学出版社,2018.

[8] 黄恒学.分类推进我国事业单位管理体制改革研究.北京:中国经济出版社,2012.

[9] 谢明.公共政策导论.5版.北京:中国人民大学出版社,2020.

[10] 宁骚.公共政策学.3版.北京:高等教育出版社,2018.

[11] 黎民.公共管理学.2版.北京:高等教育出版社,2011.

[12] 休斯.公共管理导论.4版.张成福,马子博,译.北京:中国人民大学出版社,2015.

[13] 殷俊.公共事业管理概论.北京:人民卫生出版社,2013.

[14] 崔运武.公共事业管理.上海:复旦大学出版社,2013.

[15] 刘圣中.公共管理学:结构、要素与环境.武汉:武汉大学出版社,2011.

[16] 巴克沃.绩效管理:如何考评员工表现.北京:中国标准出版社,2004.

[17] 威廉姆斯.组织绩效管理.蓝天星翻译公司,译.北京:清华大学出版社,2002.

[18] 胡税根.公共部门绩效管理:迎接效能革命的挑战.杭州:浙江大学出版社,2005.

[19] 王德高.公共管理学.武汉:武汉大学出版社,2014.

[20] 徐盛华,刘彤.项目管理.北京:清华大学出版社,2011.

[21] 温来成.现代公共事业管理概论.北京:清华大学出版社,2007.

[22] 陈福今,唐铁汉.公共危机管理.北京:人民出版社,2006.

[23] 米红,冯广刚.公共危机管理:理论、方法及案例分析.北京:北京大学出版社,2017.

[24] 哈里斯.卫生服务管理:理论与实践.陈娟,译.北京:北京大学医学出版社,2009.

[25] 曹永福.中国医药卫生体制改革:价值取向及其实现机制.南京:东南大学出版社,2011.

[26] 韩莉.我国医疗卫生资源配置研究.北京:中国社会科学出版社,2015.

[27] 厉以宁,武常岐.建设创新型国家的战略思考.北京:北京大学出版社,2012.

[28] 凌金铸.公共文化行政学.上海:上海交通大学出版社,2012.

[29] 曹爱军,杨平.公共文化服务的理论与实践.北京:科学出版社,2011.

[30] 陈洪.社区公共事业管理.北京:北京邮电大学出版社,2007.

[31] 刘超.多元治理的社区公共事业管理.湘潭:湘潭大学出版社,2014.

[32] 梁玉忠.城市社区研究.长春:吉林人民出版社,2020.

[33] 张艳国.社区管理.武汉:武汉大学出版社,2013.

中英文名词对照索引